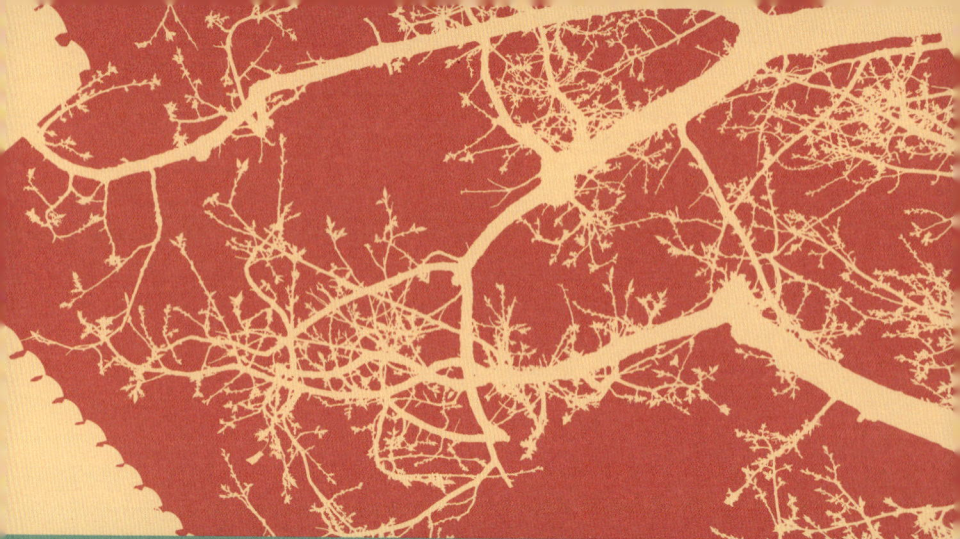

人在棘闱

张延昭 | 著

作为"行动"的科举及
其心态揭秘

社会科学文献出版社
SOCIAL SCIENCES ACADEMIC PRESS (CHINA)

目　录

导论　何为及何以为"棘闱" ……………………………… 001

序篇　表征与规训
——"棘闱"的空间意蕴探析

一　"贡院"——"取士"与"至公"的表征空间及
　　其呈现 ……………………………………………… 024
二　"棘闱"——"封闭"、"隔离"与"监督"的
　　规训空间及其生成 ………………………………… 031

正篇　人在棘闱

第一章　入闱——"盛事"的背后 ……………………… 079
　　一　"显轿"与其后的"铡刀盒子"——入闱
　　　　"皇皇大典"的背后 …………………………… 079
　　二　"点名识认"与"搜检怀挟"——考生入闱的
　　　　规训 …………………………………………… 086

第二章　在闱之一——考官被"锁院"之苦况 ……… 123
　　一　考官群体的形成 ……………………………… 128
　　二　荣耀、激动与恐惧——被"锁院"考官之
　　　　复杂心态 ……………………………………… 132

三 拟题与衡文——被锁院考官的工作压力与
　所承担风险 ……………………………………… 139
四 疾病与死亡——隔绝状态下的考官生活苦况 …… 170

第三章 在闱之二——"风檐寸晷"之下的考生 …… 189
一 考生群体——"风檐寸晷"中失语的存在 …… 189
二 "身体"在号舍之中 …………………………… 193
三 号舍之中作文完卷之苦况 …………………… 216
四 发生在号舍之中的种种离奇之事及其解释 …… 231
五 "号舍文学"的产生 …………………………… 256

**第四章 在闱之三——"功令"下的多重"互动"及其
　呈现** ……………………………………………… 267
一 唱和、礼仪、科层及其他不便言说者——考官
　群体之间的互动 …………………………… 268
二 竞争与合作——考生之间的互动 …………… 297
三 "服从"与"反抗"——考生群体与考官群体
　之间的互动 ………………………………… 319

末篇 走出"棘闱"
（代结语）

征引文献 ………………………………………………… 360
参考文献 ………………………………………………… 375
后　记 …………………………………………………… 389

导论
何为及何以为"棘闱"

　　尽管本书的主要内容是对"人"在"棘闱"这个空间的"活动"及其"心态"的揭示而不拟对这个空间的建构过程及情况进行阐述，尽管在不少科举研究者看来，"棘闱"此词意思明确，毋庸讨论。然而，如果结合此词的使用主体及使用范围，就会得出不一样的看法来。

　　就科举制度的实施空间而言，其名称一般有"贡院""试院""矮屋""科场"等多个称谓；本书在构思过程中，采用"棘闱"作为笔者对于这个考试场所的核心称谓。之所以如此，是因为我们觉得尽管在指称科举考试（主要是乡会试）场所的意义上，它们可能有使用范围的不同，但确实指向同一场所；然而就这些词语而言，其所包含的感情色彩、使用范围，以及使用者的身份、地位，却有着较大的不同。

　　"事物需要名称，名称用来指称事物"①。人是通过感觉对事物的不同品类进行区分的，"区分"的过程正是命名的过程，于是产生了丰富多彩的"同实异名"亦即"一物多名"现象。在现实中，不同的事物名称固然不可能相同；而同一种

---

① 王寅：《意义的二元观、涵义观和体认观——基于体验哲学的"一物多名"新解》，《解放军外国语学院学报》2011年第5期，第1~6页。

事物，则可能由于不同的社会成员，由于其观察事物的角度不同，而名称亦因此不同，观察者“观察同一事物的角度也可以变化，或是着眼于外部形态，或是着眼于事物的来龙去脉，或是看到制作物件的质料，或是着眼于物件的使用方法、功能等等”①，而对同一事物的指称有所不同。

对事物的命名过程既是对事物的分类或归类过程，也是人类的价值判断体系得以体现的过程。卡西尔说：“命名活动本身即依赖于分类的过程。”② 因此，对同一事物所进行的多个名称的命名过程同样也是不同个人的不同的价值体系得以澄清或显现的过程。人们用词语给事物命名，也就是用语言来描述现象；我们通过词语描述现象，反过来也通过词语来感知现象。我们通过语言描述现象的同时，其实也在通过词语对于现象有确定而清晰的表达，或者说通过语言让我们对现象的感知得以有其确定而清晰的表达；与其说“当我们的目光注视现象时，似乎也注视到了词语”③，倒不如说是通过词语，我们对于现象有了更深刻的理解。正是在这样的意义上，“现象就与词语交织在一起，构成我们的世界境域”，而作为境遇的世界才会变得可以理解，充满意义。

在此，我们比较一下“贡院”“科场”“棘闱”三个词语被用作科举考试场所的指称时的不同意蕴。

---

① 朱景松、周维网：《汉语里的异名和民族文化》，见王希杰《汉语修辞和汉文化论集》，河海大学出版社，1996，第298～299页。

② 〔德〕恩斯特·卡西尔：《人论》，甘阳译，上海世纪出版集团、上海译文出版社，2003，第211页。

③ 张志平：《词语与现象：一种现象学现象化的尝试》，载倪梁康等编著《中国现象学与哲学评论》第12辑《现象学：历史与现状》，上海译文出版社，2012，第116页。

　　固然，在这些称谓中，"贡院"是最正规的指称，政府公文使用，表示这个场所的主要功能。这是一个偏正结构的词语。"院"是"主"，作为一种空间，那么它也具有"院"的一般特征：具有一定的封闭性，具有一定的面积，可以容纳一定数量的人员在其中活动……作为建筑群落的"贡院"是随着科举制度的逐步发展而逐渐建构起来的；刚开始，比如北宋后期，只有京城的考试场所如此称谓。到了南宋时期，随着科举对于地方的影响逐渐显著，"路"一级的行政机构也开始建构考试场所，亦以此指称。这种现象沿袭到明清，京师而外，各直省的省城之中，均有占地数十乃至数百亩的庞大建筑群，以"贡院"命名。

　　"建筑常常是统治者用以引诱、感召以及恐吓的工具"①；在这个建筑空间中，"贡"体现了这个空间的用途和性质。在中国传统政治话语体系中，"贡"是地方对于中央的服从关系的规定。《尚书·禹贡》，是中央政府按照各区域的位置及其土壤、出产情况，规定了地方对于中央政府缴纳地方出产物品的数量、质量以及缴纳时间；传为周公所著、实际成书于西汉的《周礼》，制定了"九贡"的贡法，其《周礼·天官·大宰》言"以九贡致邦国之用：一曰祀贡，二曰嫔贡，三曰器贡，四曰币贡，五曰材贡，六曰货贡，七曰服贡，八曰斿贡，九曰物贡"②。要求治官大宰根据"九贡"法向诸侯各国征取贡物作为王邦的财用；仔细研究其中所开列的"九贡"，均为

---

① 〔英〕萨迪奇：《权力与建筑》，王晓刚、张秀芳译，重庆出版社，2007，第4页。
② （清）孙诒让：《周礼正义》卷三，中华书局，1987，第103～104页。

各个诸侯国所出产的物品，并未涉及向中央进献人才。然而《礼记·射义》云："是故古者天子之制，诸侯岁献，贡士于天子，天子试之于射宫。"汉郑玄注云："岁献，献国事之书，及计偕物也。三岁而贡士，旧说云：'大国三人，次国二人，小国一人。'"① 则将"士"亦列为地方向中央进贡的内容，并且中央还要对所"贡"上来的这些人员进行挑选。这个记载是不是事实，恐不可考；结合《礼记》的成书年代，去古未远，恐还有一些历史记忆与传说遗留。只是在西周，地方所贡中央之"士"为武士，以后要充作中央的军事保卫人员，故天子要"试之于射宫"以加甄别。至于西汉之"孝廉"取士制度，《后汉书》云："郡国孝廉，古之贡士，出则宰民，宣协风教。"恐有以今附古之误。汉时地方所贡、中央选拔之"贡士"，实则"文士"，而非原先西周之"武士"。

鉴于中国长期的"泥古"与"信古"的政治传统，本身只有制度设想而史实根据并不可靠的"贡士"制度，则逐渐在后世落实下来。唐高祖李渊于武德四年（621）四月初一，敕诸州学士及"早有明经及秀才、俊士、进士，明于理体，为乡里所称者，委本县考试，州长重复，取其合格，每年十月随物入贡"②，表明唐代"贡士"，即是地方把"士"与其他进贡物品一起向中央进贡，表面上看此制度渊源于《周礼》，其实仍可以看作是西汉以来地方（郡国或郡、州等）向中央"进贡人才"制度的发展，却也坐实了《周礼》的制度精神。

---

① （清）孙希旦：《礼记正义》卷六十，中华书局，1989，第1441页。
② （五代）王定保：《唐摭言》卷一"统序科第"，中华书局，1959，第1页。

至于试士之所，唐代初年是在尚书省"都堂"[①]，至唐玄宗开元二十四年（736）才开始设置专管考试的机构，命名曰"贡院"。《唐国史补》卷下《礼部置贡院》说："开元二十四年，考功郎中李昂，为士子所轻诋，天子以郎署权轻，移职礼部，始置贡院。"[②] 自此，始有"贡院"之名，然此"贡院"，刻印置官（不同于明清之后贡院内所用之"关防"，所有人员均为临时"办差"性质，而此处明确为"刻印置官"，则为专门管理考试相关事务之机构），应是对于地方所贡之士进行考试的管理机构，唐代试士，仍在都堂，北宋后期以至南宋，方得有独立空间之建构。

　　相对于"贡院"这种强调其功能性的指称，"棘闱"则强调其空间构建特征。按，"棘闱"之词，最早见于《左传》。《左传·昭公十三年》载："乃求王，遇诸棘闱以归。"注曰："棘，里名；闱，门也。棘闱音韦。孔晁云：棘，楚邑。闱，巷门。"这里的"棘"，是楚国的城邑之名；"闱"，有的版本作"围"，清朝阮元根据石经、宋本等校正为"闱"[③]。这样一个小地名，本与科举毫不相干；但到科举已经制度化、出现了

---

① 宋人高承所编《事物纪原》卷六所记"都省"条曰："汉以仆射总理六尚书，谓之都省。至唐垂拱中，改尚书省曰都省。是则都省之号，始自汉也。"同卷"南省"条曰"晋以门下名省，号北省，故以尚书为南省"。按高承为北宋元丰间人，去唐未远，所记应可信，而相关唐代科举文献中所言"都省""南省"，应皆指尚书省，本无疑义。此书本为宋高承所撰。宋人去唐不远，而相关名称多有沿用，故有此条之撰。见北宋高承《事物纪原》，明李果订，金园、许培藻点校，中华书局，1989，第337~338页。

② （唐）李肇：《唐国史补》卷下，古典文学出版社，1957，第56页。

③ （春秋）左丘明：《左传》，杜预注，孔颖达正义，北京大学出版社，1999，第1315页。

专门的考试场所——贡院之后，很快用作"贡院"的别称（主要出现在考官与考生的诗文中），是非常耐人寻味的。

首先，唐朝的制度，已经开始注意到考试场所的内外隔绝。《册府元龟·贡举部》载：贡院"关试之曰，皆严设兵卫，荐棘围之。搜索衣服，讥诃出入，以防假滥焉"①。唐代为防止考生翻越，在贡院四周围墙上插满荆棘，使考试场所与外部不相交通，从而杜绝舞弊之事。人们也就顺势用"棘闱"给这个考试场所起了一个含义极为丰富的名字。"棘闱"之最早见于唐朝文献，在舒元舆《上论贡士书》中描写了唐朝举子应试的情景："试之日，见八百人尽手携脂烛水炭，泊朝晡餐器，或荷于肩，或提于席，为吏胥纵慢声大呼其名氏，试者突入，棘围重重，乃分坐庑下，寒馀雪飞，单席在地。"②

如果说在此时，"棘闱"所写还只是实写贡院围墙、尚未以之作为贡院的代称的话，那么到了宋朝，"棘闱"作为考试场所之代称，已成为一种共识。洪迈《夷坚甲志》卷四"胡克己梦"："吾梦棘闱晨启，它人未暇进，独先人坐堂上，今兹必首选。"③

至于用作监禁犯人之所的"棘围"，如《续资治通鉴》卷九十二所载，"时盗起淄青间，有司捕群盗妻子，置棘闱中，士衡悉纵之使去。未几，其徒有枭贼首至者"④，则与本书所用之

---

① （宋）王钦若等：《册府元龟》卷640"贡举部·条制二"，中华书局，1960，第7674页上。

② （唐）舒元舆：《上论贡士书》，《全唐文》卷七二七，上海古籍出版社，1990，第3318页。

③ （宋）洪迈：《夷坚甲志》卷四"胡克己梦"，中华书局，1985，第30页。

④ （宋）李焘：《续资治通鉴》卷九十二，中华书局，1985，第2103页。

"棘闱"有明显不同,"围"与"闱"从字形、字义等方面有着明显不同,因而"棘围"与"棘闱"也是具有不同意义的两个词。然而,智慧的中国人用这种横生多刺的灌木,作为隔离设施,则早已有之,如《周易》坎卦上六云:"系用徽纆,置于丛棘,三岁不得,凶。象曰:上六失道,凶三岁也。"南宋学者林栗在注释此爻时认为:"丛棘,如今之棘围,所以限囚之出入也……棘,以木言者枣也,以丛言者刺也;今言丛棘,是丛生之棘,非九棘之谓也。"① 亦即用"棘"这种横生多刺的植物将犯罪之人包围起来,使之不得出。"棘"不仅用来隔离犯罪,有时也用于社会阶层间的隔离设施,最为典型者,是《东京梦华录》卷六"元宵"条所载,"自灯山至宣德门楼横大街,约百余丈,用棘刺围绕,谓之'棘盆'",其"十六日"条亦言"晨晖门外设看位一所,前以荆棘围绕,周回约五十七步"② ,这是用"棘"将皇帝与众人隔开,以维护皇帝安全。

"任何外在之修辞完全取决于内部思想之关切。"③ 为什么宋以后之文人(主要是考官与考生)偏爱用此词来指代考试场所?

按照语言学相关理论的解释,"通过转喻和隐喻思维来扩展词义是人的普遍认知能力"④。在作为科举制度的空间呈现的贡院的建构过程中,这个空间与外界的隔离是首先被考虑的,而"棘"这种横生多刺的植物(主要是使用其长刺的枝

① (宋)林栗:《周易经传集解》卷十五,四库全书本。
② (宋)孟元老:《东京梦华录》卷六,伊永文笺注,中华书局,2006,第541、597页。
③ 王黔首:《人心与制度——〈重刊文章规范序〉解读》,赵平略主编《王学研究》第一辑,西南交通大学出版社,2013,第27页。
④ 张辉主编《认知语义学研究》,上海外语教育出版社,2011,第199页。

桠）的阻断功能确实在一开始就被大量使用，再加上用了这个充满神秘色彩的"闱"字①，从而营造了一个在与科举无关而又对之充满兴趣的人看来充满神秘感的制度化空间。

在这种情况下，"棘闱"在《左传》中只是一个小的地名词语，本来并没有生命力，却在科举制度所创设的独特空间里，获得了新生，成为自北宋以来，人们在言说这个空间时经常使用的词语（有时也会将之简称为"闱"或"闱中"）。显然采用了借用的修辞手法。按照修辞学的解释，"借用、比喻总是以最熟悉的东西用在所借、所喻之物上，以使后者能更容易为人所理解"②。但事实上，"贡院"远比"棘闱"容易理解，而与此相关的人们，主要是考官与考生，却在私下咏诗作文时，更愿意使用此词表达某种情绪或者心态；这是为什么？

在考察这个词语的使用者时，我们不要忘了，科举考试场所还被称作"科场"，此词早在唐大中七年，即已出现在官府公告中③，然而直到北宋之后才被大量使用。相对于"棘闱"，这是个比较直白、毫无隐晦的指称，并且所指的范围超出考试场所，而成为"科举"的代称。《宋史·选举志》载："旧制，光州解额七名，渡江后为极边，士子稀少，权赴试邻州，淳熙间，

---

① "闱"字为形声字，从门从韦。"门"本义是房屋、场院等建筑空间的出入之处；"韦"古通"围"，有围绕、遮蔽、护卫、保卫等意，"韦"在"门"内，本义为门内区域。《说文》："闱，宫中之门也。"皇宫是帝王与宫妃等的起居之所，宫里的门户重重叠叠，如汉代建章宫，号称千门万户，壮观而幽深。"门"是大门，而"闱"是较小的门，可以用布帛等遮蔽。后世带有"闱"表示一定空间的词语，大都有一定的神秘性与封闭性，比如"宫闱""内闱"，引发外人的种种猜测。

② 贡华南：《味与味道》，上海人民出版社，2007，第17页。

③ （五代）王定保：《唐摭言》卷二，中华书局，1959，第14页。其引言曰：大中七年，韦澳为京兆尹，榜曰"朝廷将神教化，广设科场"。

本州自置科场，权放三名。"① 很明显，这里的"科场"是指"考场"。《元史》卷一百六十载"（李昶）颖悟过人，读书如夙习，无故不出户，邻里罕识其面。初从父入科场，侪辈少之，讥议纷纭。监试者远其次舍，伺察甚严。昶肆笔数千言，比午已脱稿。"②

不过，这个词一开始就有指代整个"科举制度"的意思，也就是这个词的使用比较虚化，将它的含义扩展到整个科举制度的范围，而考试场所的设置只是其中的主要部分之一。《宋史》卷一五五载："太宗即位，思振淹滞，谓侍臣曰：'朕欲博求俊彦于科场中，非敢望拔十得五，止得一二，亦可为致治之具矣。'"③翰林学士陈彭年，将有关科举考试的规范文件《科场条目》呈送宰相王旦，王旦投之于地，曰："内翰得官几日，乃欲隔截天下进士耶？"陈彭年闹了个老大没趣，只好惶恐而退。④

在这个词中，"科"指"科举"向无异议，自不待言；而"场"之使用，则大有讲究。汉语的"场"字，《说文解字》卷十三"土"部解释曰："祭神道也。一曰田不耕。一曰治穀田也。从土易声。直良切。"⑤ 本义为祭神所用的一片平地；很明显，这个祭神所用的一片空地，就成为一片神圣的空间。《汉书·文帝纪》载：文帝十四年下诏云："其广增诸祀坛场珪币"，唐颜师古注云："筑土为坛，除地为场。"⑥ 到后来，这个词的意义，由实有空间转向虚拟空间，人与人组成的社会空间也可以用

---

① （元）脱脱等：《宋史》卷一百九，中华书局，1977，第3639页。
② （明）宋濂等：《元史》卷一百六十，中华书局，1976，第3761页。
③ （元）脱脱等：《宋史》卷一五五，中华书局，1977，第3607页。
④ （元）脱脱等：《宋史》卷二八二，中华书局，1977，第9548页。
⑤ （清）段玉裁：《说文解字注》卷十三下，中州古籍出版社，2006，第693页。
⑥ （东汉）班固：《汉书》卷四引"颜师古注"，中华书局，1962，第126页。

"场"来表示，如"官场""战场""情场""风月场"等。

但我们看到，在用"场"字组成词的时候，"场"常常含有"争夺""竞争"的意蕴。"官场""战场"自不必说，"情场""风月场"亦是如此。故法国社会学家布迪厄的社会学思想中的一个核心词语，中文翻译者用"场域"译之，实乃得其神韵。有外国学者在对科举制度进行研究后认为，"科场成为朝廷的政治利益、士人的社会利益和经学的文化理念彼此竞争折中的场所"①，从而在实质上揭露了这个空间的唯一用途及根本性质，就是用来"争夺"；在这样的争夺之中，"朝廷的政治利益"起着事实上的主导作用。

对于"科场"，人们在使用这个词的时候，亦不自觉地运用其中的"争夺""竞争"等含义。唐朝末年，礼部尚书苏循之子苏楷，素无才行，声名狼藉，依靠父亲得中进士，唐昭宗在复试的时候以其"诗句最卑，芜累颇甚，曾无学业，敢窃科名，浼我至公，难从滥进"将其黜落，且给予"永不准进科场"的处罚；元胡三省在注此内容时，引《容斋随笔》所考证的此事来龙去脉，并认为唐人"谓贡院为'科场'，亦谓之'场屋'，言由此而决科进取争名之场也"②。明朝末年的黄道周，曾经就明季政局反复无常上书，有"去岁春月以后，盛言科场，实非为陛下科场，乃为仇隙而翻科场也"的句子③，将"科场"同"仇隙"联系起来，同样表明这也是一个容易产生"仇隙"的是非之地。并且，人们在抒发对有关科

---

① 〔美〕本杰明·艾尔曼：《中华帝国后期的科举制度》，载《经学·科举·文化史——艾尔曼自选集》，中华书局，2010，第150页。

② （宋）司马光：《资治通鉴》卷二六五，吉林人民出版社，1997，第8650页。

③ （清）张廷玉等：《明史》卷二五五，中华书局，1974，第6592页。

举及其场所的感慨时，常常不由自主地以"战场"之类词语来形容，如"无哗战士衔枚勇"吟咏北宋省试情境①、"彤庭下诏简贤良，大府新开艺战场。一道风雷严号令，九霄星斗焕文章"吟咏元代地方乡试情境②，其实就是这种思维方式的不自觉流露。至于在具体实施过程中，由于"科场"的设置本身即是为"官场"选拔后备人选，故而不仅其本身成为一个容易引起倾轧、纷争的是非之地，而且常常与官场倾轧紧密相连，打击政敌以"科场"为由头，常常是致命的后一击。因此，"科场"之词，从感情色彩而言，最多是一个中性词，除了清朝的皇皇大典《钦定科场条例》外，人们私下使用的时候，常常以贬义出现。

之所以容易产生是非，就在于这是一个"争夺"的空间。涉身于此者，都要进行多种形式的争夺。整体而言，有资格进入考试空间的人们，大都经过一番或数番征战而来，并且在此进行新的"奋战"。在进入这个空间之前，考生们已经有一定的资格；他们之所以进入这个空间，就是奔着比其原先更高一些的功名头衔来的，"贡院"自然就成了他们的竞争空间。除了考生之外，还有主持考试工作的各种官员，他们遵循朝廷的制度，对于这个空间的各种事务进行管理，而开展各种合作的时候，也在进行着形式多样、程度不同的竞争。

在这种情况下，用"科场"来指代"考场"就存在至少两个方面的不足。一是"科场"这个词意义较多，凡是与科

---

① （宋）欧阳修：《欧阳修集编年笺注1》，巴蜀书社，2007，第494页。

② （元）范梈：《八月二十日晚试院得雨次时作》，《范德机诗集》卷七，四部丛刊本。

举制度有关的事情，都可以此称谓，"考场"只是其中的一个方面。二是人们对之所产生的联想大都为负面。正如一说到"官场"，人们马上联想起钩心斗角、争权夺利等；一说到"战场"，马上想起"尸填巨港之岸，血满长城之窟"，一番厮杀，几多死伤，争夺惨烈。而"科场"中之"争夺"，不仅发生在"贡院"之中，在更多时候，它还常常延伸至考场之外，最终演变为一场最终若干大员掉脑袋、数十人丢官、数十举子丢掉前程甚至性命的惊天大案，血雨腥风，气氛凶险。王夫之曾说："贡举者，议论之丛也，小人欲排异己，求可攻之瑕而不得，则必于此焉摘之，以激天下之公怒，而胁人主必不能容。李德裕修其父之夙怨，元稹佐之，以击李宗闵、杨汝士，长庆元年进士榜发，而攻讦以逞，于是朋党争衡，国是大乱，迄于唐亡而后已。近者温体仁之逐钱谦益，夺其枚卜，廷讼日争，边疆不恤，以底于沦胥，盖一辙也。"[1] 现今有论者在对清代最大科举舞弊案——咸丰戊午科场案进行详细描述的最后，也得出类似结论说："寻绎考察中国古代最大的科场舞弊案，它向我们揭示：科场是士子文人博取功名的战场；科场是宦海人臣沉浮难测的官场；科场更是作弊徇私者身败名裂的杀场！"[2]

因此，"科场"带有强烈的负面色彩，不如"棘闱"这个词意义指代比较单一，且有经典中的出处，比较文雅，符合中国传统文人的审美观。

综上所述，在科举考试场所常用的三个词语中，"贡院"

---

① 王夫之：《读通鉴论》，中华书局，1975，第 2068～2069 页。

② 李国荣：《科场与舞弊——中国古代最大科场舞弊案透视》，中国档案出版社，1997，第 199 页。

比较正式，所指比较明确，常用于政府公文；"科场"相对虚化，其所指常常超出考试场所，而泛指科举考试的所有事宜，且常常含有一定程度的负面色彩；只有"棘闱"，少用于政府公文，也不用于指称凡是与科举有关的一切事情，常常是参与科举之人——主要是内外帘考官与考生——吟诗、作文记叙自己或与他人进行与科举考场有关的事情，或者抒发考试过程中油然而生的复杂感情时使用，尽管比较文雅，然而不但凸显了科举考试场所的两大特点：具有较强的封闭性，防范严密以及由此而产生的强烈的神秘色彩①，容易引起与之无关、不得进入其中的人的各种猜想，而且能够体现此空间的使用者，亦即此词的使用主体的那种微妙情绪与复杂心态。

需要指出的是，本研究所用之"棘闱"，指乡试、会试所用之贡院，而不指"童生试""学院试"所用之府州县考棚；之所以特地指出，是因为后者尽管亦有以"贡院"为名者，如定州贡院、阆中贡院等，尽管也有科举研究者以之作为"贡院"来描

---

① 有几条有趣材料可为佐证。储联《明斋小识》卷七所记："吴门一贩佛手柑者，辛酉至金陵，七月杪，货已倾尽，意欲往考场中观望。适寓主人为号军首，正养养忧人缺，曰：'我有腰牌，点名时嗽声呈验，可任出入。'其人喜，如践九列。至期点号军，果应名进。傍暮欲出，号官将杖，泣诉以故。号官曰：'第忍之，不过受三场辛楚耳。如欲研究，恐再得罪。'末奈何归号，然意意无偶，但之吹竿，亦在糊涂账中，吃昏闷苦也。"甘熙《白下琐言》卷三曾记："医士梁燮堂言，其家近贡院，仅隔一墙。尝于七月望日，闻铙钹声自院中出，心异之，登梯窥视，见明远楼下，火光荧荧如青磷，有无数黑人往来其间，半晌始灭。贡院平时空旷，为狐所栖，时际中元，或亦作盂兰会，以度狐耶？"况周颐《眉庐丛话》（山西古籍出版社，1997）第119页亦有"咸丰间，顺天闱中，哄传大头鬼事"，"同考官有悸而死者"；至于同光间尚"间一示现，人亦习闻而不畏之"的传闻。抛去笼罩在表面的神秘色彩，则贡院这个地方对于无缘进入此地者的感觉，由此而知。

述，然而笔者认为此二者与举行乡会试之大型建筑群不可同日而语，主要是这些建筑群的"贡院"名称并非国家命名的，且在相关文献中，也少有以"棘闱"指称它们者。故本书题名"人在棘闱"之"棘闱"是指唐"省试"场所、宋元"省试"和地方"发解试"场所以及明清乡会试场所，而非各种挂着"贡院"名头的"考棚"；本书所出现之"人"也是能够进入这些场所，参与乡会试这种大型考试的考官群体及考生群体，而将"童生"排除在外。

学术史回顾

作为中国传统社会科举考试制度的有形载体，对于科举考试场所的研究，自然也就成为科举研究绕不过去的内容之一。经过梳理相关文献，目前笔者所见者，对于科举考试场所的研究，不仅开始较晚，而且大都停留在建筑学研究及历史学研究以及二者结合的层面上。由于本书的写作重心是对"人"在"棘闱"这个空间的"活动"及其"心态"的揭示，不对这个空间的建构过程及将情况进行阐述，更不是对于此空间的承载者——科举制度进行系统研究，故此两方面的相关研究成果①，不再赘述，仅就本研究中所涉及的相关方面进行简要回顾。

---

① 建筑学上的研究较多，如马丽萍《明清贡院研究》（南京工业大学 2012 年硕士学位论文，已出版书籍），刘赟俊《1873 年江南贡院格局及其构成浅析》（南京大学 2015 年硕士学位论文），周春芳、王军《明清陕西贡院建筑研究》（《华中建筑》2016 年第 2 期）以及单体建筑如"明远楼"的研究（王旭静《清末江南贡院明远楼浅析》，南京大学 2015 年硕士学位论文）等；历史学上的研究，如王力《明清贵州贡院的使用与维修》（《贵州文史丛刊》2015 年第 1 期，第 82～87 页），袁尔纯、王建军《清代广东贡院修建考》（《中国地方志》2017 年第 12 期，第 51～57 页）等。亦有二者结合方面的，如范沛潍《从开封河南贡院简论清代贡院》（《开封文博》2005 年第 1～2 期合刊，总第 29 期，第 29～34 页等）。

不可讳言，随着科举研究发展成为"科举学"，对于科举考试场所的研究作为科举研究的一个分支或组成部分，渐成为科举学研究中一个引人注目的领域。建筑学研究者认为，"建筑是赋予一个人'存在的立足点（Existential foothold）'的方式"①，建筑也是赋予一种制度一个"存在的立足点"的方式。但与人的"立足点"不同，制度得以"立足"的建筑，应是为使其得以实施而建构的某种建筑及其所建构的空间。在当代中国科举的相关研究中，何仲礼对于北宋科举考试场所的演变进行了详细考证，认为"北宋礼部贡院的场所，经历了一个由尚书省（朱温旧居）—武成王庙—尚书省（孟艇故第）—开宝寺—太学—辟雍的变迁过程"，至南宋，方有独立的贡院建筑，其建筑形式且为明清所仿。② 叶晓川在其《清代科举法律文化研究》中，将科举考试场所贡院作为清代科举的器物的典型事例来论述，在简要描述了贡院的基本形制之后，有"清代贡院浑然一体，气势雄伟，谨严庄重，处处显现出科举作为国家抡才大典的庄重和威严，是清代科举法律文化公平择优精神的物质外化"的总结与断语③；刘海峰在其中，专辟"贡院论"，考证了贡院作为科举场所进行建构的简要历史，勾勒了贡院的格局与规制，并且专门就贡院"至公堂"所隐喻的"至公"理念进行阐述，且认为，"贡院"之中的一切设

---

① 〔挪〕诺伯舒兹：《场所精神：迈向建筑现象学》，施植明译，华中科技大学出版社，2010，第3页。

② 何仲礼：《北宋礼部贡院场所考略》，《河南大学学报》（社会科学版）1993年第4期，第49~53页。

③ 叶晓川：《清代科举法律文化研究》，博士学位论文，中国政法大学，2006，第91页。

施，都是科举"至公"理念的体现①；很明显，这样的研究仍属于"宏观"或者"整体"的性质。

很明显，作为人为构建的一个空间，"棘闱"是一个"关乎技术的目的，人为构建的政治性的空间"；建构这样的一个空间，需要有建筑学与政治学的双重智慧，"棘闱"就是这两者"合谋"的典范之作，然而很明显，前者要服从后者；对于这样一个空间的研究，单纯从一个方面来进行，恐怕都还是有欠缺的。单单从建筑学入手，只能看到其由简单到复杂的过程，亦即是一个量的方面的增进过程，却难以看到这种空间之所以建构的政治学意蕴，分析自然难以深入；单单从政治学（自然亦应将科举制度的相关研究包容在内）入手，则只看到其作为政治空间"保证公平"的一面，如果没有注意到这种空间之所以建构的社会学意义，则很容易流于片面以至误解。

贾志扬较早认识到"棘闱"及其空间意蕴。在其《宋代科举》中，将"贡院"作为与相关服装并列的科举象征之一，并意识到了科举考场的建筑效果，他认为"贡院是宋代对传统中国城市景观所增添的建筑，它可以建造得很精致复杂。它具有直观的效果，因为在只能看见围墙和外门的局外人看来，试院（贡院）很可能是事关考生前途的有点神秘而持久存在的标志，这种神秘性或许由于它只在每三年中的三天试期内使用而愈益加深。对于那些进去的人来说，深邃复杂的院子和庄严的中央主轴线（它本身是庄严的乾坤之轴的反映），无疑地会起到加强崇高威严之感的作用"②，也意识到了科举考试使

---

① 刘海峰：《科举学导论》，华中师范大学出版社，2005，第 285～296 页。
② 贾志扬：《宋代科举》，（台北）东大图书股份有限公司，1995，第 242～243 页。

用不同名词来称谓的现象，认为"宋代科举制度最引人兴趣的特征之一是往往用丰富多彩的词汇来代替比较枯燥的制度术语。这些词语有时强调的是古代的先例和皇帝在选举中的作用"，他认为"棘闱"这个词强调的是"通过考试的困难"①。笔者认为，尽管作者发现了科举考试场所指称的语言学特征，然而认为"棘闱"仅强调"通过考试的困难"则恐怕还是有可商榷之处的。

对于科举的研究，对于制度史的深入、细致挖掘自然是必要的，这样深入、细致的研究固然能够给进一步考察科举本身的情形提供坚实的制度史基础，然而，研究者还要看到这个制度在实施中的情形。对于科举制度的研究是这样，科举考试的场所的研究也要这样；不仅要看到这个空间建构的具体过程与最终定型时的情形，还要看到这个空间被人用来进行实践的具体情形。在这一点上，有一些研究者意识到这一点，已经产生了一些成果。大部头著作，如卜永坚、李林主编《科场·八股·世变——光绪十二年丙戌科进士群体研究》，以某个考生为中心，结合若干文献资料，用细致笔触描述其赴考、考前、入场、在场中以及出场等情况，给人以耳目一新的感觉②；学位论文，如刘小庆《清代士子科举考试活动研究》，其中也在"清代士子科举考试活动掠影"一章中单辟专节"考场上的活动"，从"入场""闱场生活""闱场舞弊"等三个方面描述士子在考场中的情形③；单篇文章，如王永颜、申国昌的论文

---

①　贾志扬：《宋代科举》，（台北）东大图书股份有限公司，1995，第231页。
②　卜永坚、李林：《科场·八股·世变——光绪十二年丙戌科进士群体研究》，中华书局（香港）有限公司，2015。
③　刘小庆：《清代士子科举考试活动研究》，硕士学位论文，华中师范大学，2012。

《明清士子的科举考试活动》中，专门有"明清士子科举闱场考试活动"一节，综合多人的相关记录，描述士子入场搜检、闱场生活以及舞弊等具体活动①，使读者对于科举考试的具体情况，有了具体生动的了解。曹南屏的相关研究对于"科举活动"也有不少涉及。② 对之系统阐述的理论研究尽管较少，但也有值得借鉴之处，如李木洲在《科举活动史：科举学研究的新维度》中对"科举活动史"的多方面内容进行了系统论述。③

研究设想及思路

"任何行为都包含着与运动和场所的关系，因此一切行为均具有空间的一面。存在与存在空间不可分割，正如海德格尔说，一切行为都意味着'在某个场所'。"④ 在借鉴已有研究的基础上，笔者认为，"贡院"也好，"棘闱"也罢，有形的考试空间已经随着科举考试制度的解体而逐渐消亡，成为历史古迹，为人凭吊；但在背后支持着建构这种空间的那种"精神"，支持着"人"在其中进行"活动"的"心态"，不仅仍然存活在当代我国林林总总的考试之中，而且远远超出了考试的领域，存活于社会生活之中的多个领域，却少有进行探讨的。

---

① 王永颜、申国昌：《明清士子的科举考试活动》，《广西社会科学》2014年第 6 期，第 122 ~ 126 页。

② 曹南屏：《清代科举的知识规划、考试实践与士子群体的知识养成》，《学术月刊》2017 年第 9 期，第 145 ~ 160 页。

③ 李木洲：《科举活动史：科举学研究的新维度》，《湖北大学学报》（哲学社会科学版）2016 年第 6 期，第 54 ~ 59 页。

④ 〔挪威〕诺伯格·舒尔兹：《存在·空间·建筑》，尹培桐译，中国建筑工业出版社，1990，第 51 页。

支持科举"活动"的"心态"是什么？而"心态"又对科举
"活动"产生了哪些影响？如此等等，一切疑问，都需要将科举
制度与其所实施的空间结合起来，具体探讨其所实施的实际情
形并揭示相关活动主体的"心态"，才有可能稍微明确一些。

首先是导论部分，对于本研究的缘起、主要名词概念的选
用及其原因、已有研究成果进行回顾以及本研究的思路框架进
行概括说明。

在进入主体部分之前，笔者以"表征与规训——'棘闱'
的空间意蕴探析"为题，根据已经定型的贡院建筑，探析这
个建筑在空间建构等方面的特点，特别是其所具有的"表征"
与"规训"并存的空间意蕴，既为"人"的活动提供具体场
景，也为揭示"人"——此空间的构建者与使用者的"心态"
提供启示。

本书主体为"人在棘闱"，按"人"亦即科举活动的参与
主体（考官、考生）的活动轨迹——入闱、在闱的顺序来构
成本书的主体框架结构。西美尔认为，"社会互动使得空间变
得有意义"[①]；现今亦有论者认为："空间不是空洞的、死寂
的、既定的基本条件，而是一个具有生成性的、社会秩序实践
性的建构过程；空间不是僵滞的、刻板的、直接的固定空间
（directly space），而是一个具有行动能力的活的实践空间。"[②]
基于此，在接下来的篇幅中，重视对于这个空间的"实践"
层面进行阐述。空间说到底还是为人类活动所营造，只有充满

①　童强：《空间社会学》，北京大学出版社，2011，第 60 页。
②　文军：《空间的思想谱系与理想图景：一种开放性实践空间的建构》，
　　《社会学研究》2012 年第 2 期，第 35~56 页。

了人类活动的空间才能有意义；但其中人们的活动状态究竟如何，却未必是仅仅参阅《科场条例》之类高文典册所能完全揭示的，亦即在这个空间内进行的活动，是复杂的，充满各种变量的，具体体现为各种群体间及各个群体内部的竞争、合作与冲突。只有将这个场景尽可能完全呈现出来，才能揭示出这个所谓"皇皇大典"背后的真实状况，才能够使人们对于这个所谓"公平"的"抡才大典"有一个接近于真实的印象。因此，笔者在对研究对象的空间特征进行相对准确把握的前提下，挖掘有关考试人员在考场中的相关史料，以期重现各种各类人等（主要是考官与考生）在这个以封闭与区隔为主要特征的空间中的各自心态历程及由此而产生的各种互动，主要包括竞争、合作等，以重现这个空间在实践过程中的生动场景。

最后以"走出棘闱"的简短篇幅作为结语，简述这个空间在完成实践之后回归"虚空"状态，在其所附丽的科举制度被废弃之后的变迁，以及曾在这个空间内活动过的人们的相关感触，且在一定程度上挖掘这个空间的"精神"及其遗留，引发人们的思考。

有研究者认为："对于其基本制度设计，学界已有较好把握，并达成诸多共识。但其中也有不少去事实较远的刻板印象，陈陈相因。科举现实中的诸多细节，仍有待厘清。"[①] 贡院作为科举制度的有形显现，研究远未臻"题无余义"之程度，尚有一些因因相袭之细节，对于这些笔者认为不妥的细节，在笔者力所能及的情况下进行简要的辨析，此乃本书之附带任务。

---

① 卜永坚、李林主编《科场·八股·世变——光绪十二年丙戌科进士群体研究》，中华书局（香港）有限公司，2015，第 2 页。

序 篇

表征与规训
——"棘闱"的空间意蕴探析

对于科举考试的场所问题，目前尽管尚无一致的看法，本研究倾向于它经历了一个从空间暂借（唐朝借尚书省官署"都堂"，北宋则借过官署、府邸甚至寺院）到独立建构空间（北宋末期地方开始修建贡院，南宋则中央以至地方普遍修建）的过程，最终至明代嘉靖以后，方最终确定规制。规制终定后的"贡院"，具有强烈的"行政空间"的特色为"人"——考官、考生的活动提供了"场所"，并在他们的笔下成为"棘闱"。

"建筑的形式和空间结合为一个统一体，不仅为了实现它的使用目的，同时还表达了某种意境"。① 建筑的"使用目的"与其所表达的"某种意境"相伴相生，有什么样的"使用目的"，就有什么样的"意境"。确定了"贡院"作为行政建筑的基本性质，就为下文对其空间意蕴展开进一步论述奠定了坚实的基础。有研究者认为："古代行政空间……强调行政空间的至高无上，它同时还具有自身的特征：表征与规训。"② 贡院也具有这种自身特征。

① 〔美〕程大锦：《形式·空间和秩序》，刘丛红译，天津大学出版社，2005，第406页。
② 王辉：《表征与规训——从西方相关空间理论视角看中国古代行政空间》，《世界建筑》2008年第1期，第94~97页。

一 "贡院"——"取士"与"至公"的表征空间及其呈现

如何看待空间及其表征？Lefebvre 在其《空间之生产》一书中曾经提出了三种取径：空间实践、空间的表征（representation）以及表征之空间；空间实践即为人们在日常生活中所认知的实质空间，亦即自然过程以及社会过程所发生的为我们所认知的空间（这个向度的空间可以精确度量其尺度、范围、距离、位置以及形状），空间的表征则指涉一切空间的符码，用来表现或者再现空间意义的符号、象征或者语言与图像系统（景观的意义经常以空间的表征来呈现，人们通过表征来理解空间，尤其是关于自然景观意义的表征，经常用来传达人类与自然之间的关系），最终营造出一个"表征的空间"①。

而就"表征"来说，斯图亚特·霍尔曾区分出三种"表征"（即运用语言有意义地表述这个世界）模式：语言单纯反映已经存在那里的关于物、人和事的世界的一个意义（reflective，反映论的），语言仅仅表达说者或作者或画家想说的，表达他或她个人意向的意义（intentional，意向性的），或者意义在语言中或通过语言而被建构的（constructionist，建构主义的）。② 建筑本身所可能"言说"的意义，与建构主体所赋予的"意义"或有差异，这些意义在很大程度上需要依靠"语言"去揭示，当然也可以说这些建筑本身建构出来的意义，

---

① 杨沛儒：《生态城市主义：尺度、流动与设计》，中国建筑工业出版社，2010，第 50 页。
② 〔美〕斯图亚特·霍尔：《文化意象与意指实践》，徐亮、陆兴华译，商务印书馆，2003，第 24～25 页。

与主体所言说的意义会有很大不同，主体往往企图以后者掩盖前者，从而使建筑的意义趋于复杂化，需要阅读者去认真比对何者为真。

贡院作为科举制度的产物，本质上只是人为的一个"场所"，国家在此选拔官僚后备人员，准备加入官僚阶层的人们在此被选拔；这样一个地方，却被建构成为一个"求贤""取士"，被"天开文明""至为公平"等种种光环包围着的一个光鲜地方，从而使之成为一个"表征空间"。我们认为，贡院之表征不是上述三种表征模式中的任何一种，但却能够贯通这三种，或者说是综合这三种。具体体现在以下三个方面。

一是整个建筑群及其中重要建筑物的命名。对于建筑群落的命名，特别是像贡院这种作为行政建筑的大型建筑群的命名，实在大有讲究。整个建筑群名曰"贡院"，取"诸侯岁献贡士于天子"（《礼记·射义》）之义，郑玄对此注释道："岁献，献国事之书及计偕物也。"就是每年诸侯都要对天子进贡方物，汇报侯国内的人口、财政情况，并献上自己所辖区域内的优秀人才；尽管到了唐宋科举时代，已经采用郡县制而不存在诸侯国，并且地方对中央表示服从也不再是进贡方物了，但"贡院"之名开始作为举行考试的机构名，后来作为举行考试的空间名，一直沿用下来，且各行省举行乡试的地方也如此称呼，那么其中的隐喻也许就是参与这些考试的，都是"俊士"。但从整体而言，这种命名意蕴，正如前文所论及者，此以"贡"作为此空间的本质属性，体现的就是地方对于朝廷的服从关系。

在贡院中，一些功能性比较突出的建筑物，都使用其所分工的工作名称来命名，突出其分工，如收卷所、弥封所、誊录所、对读所等，而位于中轴线上的重要建筑物，反而都要根据经典或儒家精神来重新命名，例如"明远楼""至公堂""衡鉴堂"等。

其中最为重要的至公堂，位于贡院的核心，是考试组织及相关考务工作进行组织、协调的地方，也是"监临"组织其他考务人员进行开会、协调工作的地方，十分重要。此堂本唐宋尚书省"都堂"遗制，本未有名称，观建康贡院图可知；作为科举贡院之正厅名称，最早可能出现在元朝，《元史》卷八十一"选举志一"有"知贡举以下官会集至公堂，议拟合行事目"，又有"第二场，举人入院，依前搜检，每十人一甲，序立至公堂下，作揖毕，颁题就次"等记述①，则会试场所已以之为考试场所的正厅名称，而至明朝建立贡院，无论京师贡院还是地方贡院，率以此为正厅之名，表达的是科举考试是一项"至公"即"至为公平"的制度，"至公无私"，一切以程文为去留标准，去除门第阀阅之私②，言其唯以客观公正为标准也。内帘的主要厅堂"衡鉴堂"，为内帘主考、副主考办公之地，出题、阅卷、定夺取中与否等重要工作率于于此。此以"衡鉴"为名，则表明其工作任务与性质，而在意蕴上，与"至公"相得益彰。

二是在显耀位置的牌坊揭示。这主要体现在贡院大门外的空间建构上。从明朝中期开始，贡院门口一左一右、跨路而立

---

① （明）宋濂等：《元史》卷八十一"选举志一"，中华书局，1976，第2023～2024页。

② 郑若玲：《科举至公之道及其现实启思》，《厦门大学学报》（哲社版）2010年第5期，第58～66页。

两座大牌坊，牌坊上一般刻有"天开文运""明经取士"等词语，用以表明科举制度的由来。如清代京师贡院，东砖门内有"明经取士"牌楼一，西砖门内有"为国求贤"牌楼一，南面照壁一，中有"天开文运"牌楼；明中期的河南贡院，门前部分则是"又前乃贡院总门，前为三坊，扁其中曰'贡院'，左曰'沧海腾蛟'，右曰'丹山起凤'，以表识焉"①；之前在周王府西的时候，则是路北牌坊一座，上书"贡院"二字，东西有过街坊：东坊书"虞门四辟"，西坊书"周俊同登"。大门三开三间，匾曰"开科取士"②。这些牌坊上的字眼，表明了科举制度的合法性，又给人一种暗示，这是一个充满了合法性、公平性的空间，只要是自认为士的人，都可以来参与竞争，都有可以考取的希望。这种形式的空间构置，成为明清贡院门前"候场空间"营造的标准配置。

三是不同位置建筑物上的楹联。楹联是我国特有的文学形式，最早起源于宋朝，但大规模开始运用于建筑物上，应该始于明清。贡院作为朝廷开科取士的地方，地方官与考官们也乐意根据自己的理解在这些地方撰制楹联，以昭示此地之作用，且表达自己对于科举制度的理解。这类楹联很多，最早的，一般记载为杨士奇所撰"场列东西，两道文光直射斗；帘分内外，一丝关节不通风"③；清朝以后，这种贡院楹联在相关文

---

① （清）田文镜：《河南通志》卷四十三"学校下·贡院书院义学社学附·开封府·祥符县"，四库全书本。
② （清）无名氏：《如梦录》，孔宪易校注，中州古籍出版社，1984，第83~84页。
③ （清）无名氏：《如梦录》"试院记第九"，孔宪易校注，中州古籍出版社，1984，第84页。

献记载中经常看到。

从来源上看，有以下两种情况。一是考官撰联，既有内帘官所撰，也有外帘官所撰，如光绪七年（1881），陕甘分闱，时任陕甘总督左宗棠修兰州贡院，所撰楹联至今仍悬挂在至公堂檐金柱："共赏万余卷奇文，远撷紫芝，近搴朱草；重寻五十年旧事，一攀丹桂，三趁黄槐。"① 乾隆二十年（1755）陈宏谋任湖南巡抚，时逢乡试之年，入闱监临，自题贡院联"矮屋静无哗，听食叶蚕声，敢忘当年辛苦；文星光有耀，看凌云骥足，相期他日勋名"，一方面描绘诸生考试情形，联想自己也是从当年走来，一定会至公监临，另一方面表达对考生的殷切期望。② 嘉庆初年，阮元抚浙，为乡试监临，题贡院联云："下笔千言，正桂子香时，槐花黄后；出门一笑，看西湖月上，东浙潮生。"③ 其中之言谈微中者：上联讲考试的季节很美，考试时文思潮涌，下笔千言，个个都有中举的希望，"桂"和"槐"隐含"折桂"和"槐厅"之意，即读书，应试，做官；下联讲考试的地方很美，考完后不管成绩如何，应该放松一下，去西湖赏月，钱塘观潮，因此用诗一般的语言给考生做思想工作，实在高明。④ 光绪八年（1882）张之洞为山西巡抚，大修贡院，"并建两廊七十余间，备士子听点止息"；八月乡试时入闱监临，制贡院楹联甚多，如："燕赵凝清香坐镇，并州遏戎虏开帘""某云问召棠郁黍，何人我愧粗官士"

① 李玉民等：《百年萃英门》，兰州大学出版社，2013，第27页。
② 长沙市志编纂委员会：《长沙市志》第十七卷，湖南人民出版社，2004，第479页。
③ （清）陆以湉：《冷庐杂识》卷七，中华书局，1984，第369页。
④ 李相状：《剪纸技巧 楹联与艺术》，内蒙古文化出版社，2009，第118页。

"习愿同民俗，美诵汾荚山"等，传诵一时。[1]

二是由贡院所在地的著名人士题写，如道光己丑，福州大修贡院，规制恢宏，"适林少穆督部奉讳里居，所有楹联，悉出其手，亦极一时壮观精思。吾乡人多能口诵之"，其题贡院联曰"攀桂天高，忆八百孤寒，到此莫忘修士苦；煎茶地胜，看五千文字，个中谁是谪仙才"，又曰"初日照三神山，看碧海珊瑚，尽收铁网；长风破万里浪，喜丹霄银榜，早兆珠官"，后人以为后联比前联要好。[2] 至于清代光绪元年（1875），陕甘分闱，陕甘总督左宗棠主持修建甘肃贡院落成，兰山书院山长吴可读为之撰长达192字的长联，为现存贡院楹联之最长者。

当然，还有皇帝亲自为贡院题写对联者，比较典型的事例是清乾隆皇帝在为顺天贡院所题匾额"旁求俊乂"，上钤"乾隆御笔之宝"，悬于至公堂正中；又撰联语曰"立政待英才，慎乃攸司，知人则哲；与贤共天位，勖哉多士，观国之光"。[3] 上联告诫考官，要小心遵守有关科举考试的法令制度，选拔真才；下联勉励考生，认真对待这种来之不易的机会。

这些对联未必都立即悬挂于贡院，但在当时及后来都产生了一定影响，对于人们特别是考生产生了一定的心理作用，有不少在科举废后，还有人能够回忆起来，感慨万端。如清代科举未停时，江南贡院内楹联甚多，颇有佳构，应试者多有印

① 吴剑杰：《张之洞年谱长编》（上卷），上海交通大学出版社，2009，第81页。

② （清）梁章钜：《楹联丛话》"续话卷二"，白化文、李如鸾点校，中华书局，1987，第193页。

③ （清）王东槐：《丙午乡试监试记》，《王文直公遗集》卷二，《清代诗文集汇编》第610册，上海古籍出版社，2010，第222页。

象；清末科举废，此地沦为市场，有曾应试于此者经过此地，回忆起当年所见“仪征陈六舟、泰州钱桂森”之联语，“昔时文人战艺之场，今已为市侩会集之所，不禁感慨系之矣”。①

建筑文化学家李允鉌指出：“中国各类建筑……主要靠各种装修、装饰和摆设而构成本身应有的格调，或者说明其内容的精神，同时，中国是一个善于用文字、文学来表达意念的国家，建筑物中的匾额和对联就是表达建筑内容的手段，引导建筑者进入一个诗情的世界。”② 贡院本是一种功能性建筑，各种装修、装饰与摆设的使用实在贫乏，除了极少数建筑如“至公堂”等能够有所装修与装饰，绝大多数建筑是简约到极点的纯实用性建筑，“崇垣周匝，深沟环绕，闳敞坚厚，不事藻饰，堪取永久”是其建筑学特色③，而号舍则是这种类型建筑的极致（详见下文相关论述），则这些“匾额”“对联”等文字，不仅可以表明这些空间的功能，凸显其礼乐教化意义的同时也用以掩饰其中有些过分的规训内容。

空间的意义从何而来？“意义是由事物与其在头脑中的概念的关系决定的”，“意义是通过语言的表征生产出来的”，而表征就是“将意义赋予这个世界，即建立世界上各种客观事

---

① 蔡云万：《蛰存斋笔记》，上海书店出版社，1997，第126~127页。此所记陈联云：“忆弹指顷四十二年，凉月中秋，寒雨重阳，早岁曾经辛苦地；计广厦问万八千士，毓灵钟阜，蕴英岳麓，几时同咏大罗天。”钱联云：“且莫论白简朱衣，旧梦重寻，难得秀才风味；看一片冰壶玉鉴，尘襟尽涤，始知上界高寒。”且注明“此二联均为予应试时所目睹”，显示上述二联之真实性。
② 李允鉌：《华夏意匠》，天津大学出版社，2005，第79页。
③ （清）李士祯：《新建贡院碑记》，载（清）瑞麟、史澄等：《光绪广州府志》卷六十五“建置略二”，（台湾）成文出版社，1966，第100页上。此处引用之语，黄佛颐《广州城坊志》所辑同名文中略去。

物与人们头脑中的概念之间关系的过程"，在这个过程中，"一组有序安排的、富有意义的符号组成的语言"被有序制造出来，被接受者接受并从积极方面去解释。① 朝廷将此地命名为"贡院"，各种功能场所建筑物的命名，贡院门口竖立的大牌楼，以及内外帘官通过对联等方式的不断强化，而考生在进入此地之前，已经通过对儒家经典的熟习掌握了这样的一套语言方式，进入此地，这些语言与其内心已有的话语方式进行对接，从而对之产生积极的解释，这个空间的表征由此产生，而一个"求贤"、"取士"与"至公"的空间营造由此完成。

二　"棘闱"——"封闭"、"隔离"与"监督"的规训空间及其生成

有论者言，"制度具有价值性与技术性双重特质或两个层面"，前者是指"制度作为一种社会成员权利—义务关系的安排本身就是一种价值关系，表达了特定的价值理念，具有伦理性"，即使是制度的程序性规定方面，亦内在包含着这种价值关系，亦是这种价值关系的具体呈现；后者是指"制度有其内在的自洽性、自生性，以及社会治理的工具性"②。科举制度标榜的"公平取士""为国求贤"，以及为了维护这些而做出的一整套规范，用以保障这个制度顺利运行，可以当作其"表"；在这个制度的实施中亦即其实际运行中与那一整套规范不一样的地方，使人们不由自主地看到这个制度的"里"，

① 王剑：《表征：意义的生产与争夺》，《汉字文化》2017 年第 5 期，第 60～61 页。
② 高兆明：《制度伦理研究——一种宪政正义的理解》，商务印书馆，2011，第 28 页。

并且通过这些看到一些更为本质性的东西，亦即这个制度设置的本来目的。

因此就作为科举制度的建筑学呈现来说，"贡院"也呈现出"表征"与"规训"的双重空间特征。前者为"表"，是朝廷刻意强调的；后者为"里"，是朝廷使用建筑学手段所达成的实际效果。在一定程度上，这样的"效果"是通过贡院外围的高墙构成封闭空间，通过长短不一、高矮不同的里墙进行空间分割，并通过高高的明远楼与低矮的号舍形成监督与被监督的建筑效果而实现的，这样的"效果"，使得"贡院"变成考官与考生笔下的"棘闱"。

（一）由"墙"营造的"封闭"空间与空间分割

"一个建筑物不再仅仅是为了被人观赏（如宫殿的浮华或是为了观看外面的空间如堡垒的设计），而是为了便于对内进行清晰而细致的控制——使建筑物里的人一举一动都彰明较著。"① 贡院既然是科举制度的产物，随着科举制度的逐渐严密而逐渐构建起来，最终发展成为一个巧妙设计、精心布局的封闭空间，其目的也绝不是为了被人观赏，而是更好地实现科举制度中逐渐呈现出来的"规训"，这种"规训"体现在科举制度的书面文字之中，就是"锁院""内外帘官""考生分号"等制度性规定，而这些制度性规定，又逐渐在贡院的建构过程中得以实施。

我们先来看"墙"。在建筑学意义上，"墙"具有"分隔"

---

① 〔法〕米歇尔·福柯：《规训与惩罚》，刘北成、杨远婴译，三联书店，1999，第195页。

与"围合"两种意义；而在贡院这样的考试空间设置中，"墙"的作用首先是"围合"，其次是"分隔"。

就"围合"而言，在贡院建筑群的外墙上呈现出来。"墙，在中国古典建筑中扮演着极其重要的角色。小至一座单体建筑，大到一组院落，再扩大到一个里坊居住单元，乃至一座城池，都离不开墙体的分隔、围合"。① 这种"严密防范、与外界隔绝"，在宫殿、衙门等建筑群落中表现得尤为显著，"层层墙体围合保证行政建筑和建筑群与公众之间的隔离，在行为和心理上对其管辖庶民产生压迫，从宫殿衙署到地方官衙的层层隔离监视，进行威慑以及各种形式的巡查检查等等做法，都是这种隔离'规训'机制的具体体现"。② 贡院作为行政建筑的一种，本身就由行政建筑演化而来，并且逐步成为一座严密防范的封闭式建筑群。

在构建贡院建筑的过程中，对于外墙的构建成为其建筑过程的一个重要部分。贡院的外墙，一方面昭示着贡院的存在，另一方面又具备实际的隔离与隔绝功能，因此在不少贡院建筑过程中，都有关于"墙"的构建的记载。如景泰四年，云南始立贡院，在完成其内部各种功能性建筑后，"又其外则缭以崇垣而总以正门，题之曰'贡院'"③；明万历年间重修福建贡院，其最终呈现为"位序显严，彩绘鲜耀，内外瓮城，四周重垣，咸极完致"，显然是一座防守严密的城池的效果。④ 至清末，

---

① 郭华瑜：《中国古典建筑形制源流》，湖北教育出版社，2015，第 184 页。

② 王辉：《表征与规训——从西方相关空间理论视角看中国古代行政空间》，《世界建筑》2008 年第 1 期，第 94～97 页。

③ （明）陈文：《新建云南贡院记》，载陈文修、李春龙：《景泰云南图经志书校注》，刘景毛校注，云南民族出版社，2002，第 527 页。

④ （明）柯潜：《福建贡院记》，载王德、叶溥、张孟敬：《（正德）福州府志》下，福州市地方志编纂委员会整理，海风出版社，2001，第 466 页。

丁韪良所看到的福州贡院是："俯瞰全城……目光所及之处倒是有一座建筑反映了中国文明中最好的一面。这就是举行科举考试的贡院。那一排排低矮的小屋足以容纳一万名考生，还有考官们住的大房子，以及高耸的、用以监考的多层瞭望塔——所有这一切都被高墙团团围住，墙上还长满了刺人的荆棘。"① 可见印象最深的，似乎就是这么一堵插满荆棘的"高墙"。今人描述中，贡院的围墙仍然是这样的效果："贡院里外两层墙，外墙的东、南两面借用了兰州市城墙。西、北两面为新筑城墙，高十余米。在城墙之内，又筑有较低的城墙，两墙之间，插满了荆棘，防止考生翻越……"② 湖南省会长沙市区有一名曰"巡道街"的小街，今存留一段约 300 多米长、3 米高的青砖外墙，系清代湖南贡院残留下来的院墙，以长 40 厘米、宽 20 厘米，高 10 厘米的青砖、以黏砂混凝土黏合砌成高墙，少数青砖已经风化，但大多数仍很坚实；嵌在围墙上的一块半米多高的石碑上，"贡院巡道街宽一丈一尺"的字样清晰如初。这段现存的贡院围墙，可作为上述文字资料的实物佐证。

而在后世进行贡院修造，或者在科举考试前夕，强调考试制度的时候都不免强调此围墙的增高及维护。南宋嘉定六年五月，有臣僚上言科举有关事宜，指摘外帘益生弊窦、需要整改之六事，首事即为维修墙壁，指出"贡院墙壁，本为低矮，年来颓圮，如西边一带，抵靠别试所晨华馆，而断垣及肩，践踏成路，传泄之弊，多由此出。最后正通大理寺前，居民搭盖

---

① 〔美〕丁韪良：《花甲忆记》，沈弘等译，广西师范大学出版社，2004，第 20 页。

② 李玉民等：《百年萃英门》，兰州大学出版社，2013，第 11 页。

浮屋于墙上，亦作弊处，莫可提防。东畔墙虽稍高，却与封弥、誊录所相邻，而缝穴最多，关防须密"，三面都有严重问题，因此"乞将贡院周围内外墙，并就旧基增筑高阔，东边掘成沟池，阔五六尺许，深浚亦如之。不惟得土筑墙，可省搬运，而四傍潴水，亦可泄贡院卑湿。墙里加以池，则人不得而踰矣"①。这应该是关于贡院外墙进行修整维护的最先也是最完善的记录。弘治四年（1491）九月，监察御史王鉴之言南京科场之弊时，言"贡院规模窄狭，四面皆居民楼房围绕，登高窥觇，乘暗投掷，巡绰难于关防，怀挟易于进入"，宜"增高加棘，充广迁移，以杜弊源"②。康熙五十三年（1714）十月乙亥，监试御史倪满等条奏科场四款，其一云："贡院四面围墙多系土筑，请用砖砌，棘闱自然严密"，后来九卿议复："贡院墙垣着令修高，窝铺、席棚不许挨墙搭盖。"③ 陈宏谋为福建巡抚时，重修福建贡院，除了增修其他地方外，特别强调"围墙则增高培厚，以防弊窦"④。甚至因为天气淫雨，贡院墙垣、号舍毁坏而致使考试展期者，如清代乡试定制在八月举行，然嘉庆六年（1801）京师大雨，"雨水连绵，贡院墙垣、号舍，多有坍塌渗漏之处"，再加上"道路泥泞"，士子进京乡试，跋涉艰难，于是顺天乡试改于九月举行。⑤ 外墙没有

---

① 刘琳、刁忠民、舒大刚、尹波等：《宋会要辑稿》"选举六"之十三，上海古籍出版社，2014，第5365页。

② 陈文新：《明代科举与文学编年》（中），武汉大学出版社，2009，第1217页。

③ 陈文新：《〈清实录〉科举史料汇编》，武汉大学出版社，2009，第131页。

④ （清）陈宏谋：《重修贡院记》，（清）徐景熹：《福州府志乾隆卷十八"公署"》，上海书店出版社，2002，第432页上。

⑤ 《清仁宗实录》卷84，嘉庆六年六月乙丑，转引自李世愉著《中国历代科举生活掠影》，沈阳出版社，2005，第60页。

修好导致考试延期，则外墙之于贡院的重要意义，可见一斑。

在不少时候，人们还注意这道墙与附近区域的区隔，以防不测及舞弊情事。《钦定科场条例》卷二十八"贡院"尽管只有寥寥几条，但在其"案例"中，一再强调对于贡院之"墙"及附近事物的区隔，并一再强调"棘"的使用。乾隆三十年（1785），朝廷覆准："贡院更道横墙，与贡院大墙逼近，且与号舍相连，自应高砌，以防闲人混走。墙上堆垛棘刺，以防逾越。"同页又载：其至公堂外两旁，更道路口，设立栅栏封固，派员防守，不准闲人挨近；乾隆五十二年（1787）奏准：场内巡更巷道毗连号舍之处，概用墙垣截断，作为空地，禁止人役往来行走；光绪六年（1880）又议准，京师贡院围墙，风土积淀，日久墙身渐低，易于跨越，应于乡试先期，将贡院四面围墙，酌量加高修砌，务令坚固峻厚，遍铺荆棘，俾无逾越而杜弊萌。[①]

正如前文考证，在中国传统隔离方式中，取其易得、易置且造价低廉，"棘"作为一种横生多刺之灌木植物，其为行路阻碍之植物学特性早在殷周时期即已使用代替围墙之用。至于宋元明清时期，我国的建筑技术早已获得发展，臻于成熟，在大型城防建筑如城墙工程中，早已使用制砖、夯土相结合的造墙技术，然而至此时，"棘"仍用于两道围墙之间，明显可见其象征意义大于实质意义。但无论如何，这道又高又厚且墙头植满刺棘的围墙，成为贡院空间外部观感最重要的元素。

就"分隔"而言，由外墙所围成的仅仅是一个大的封闭

---

① （清）礼部纂《钦定科场条例》卷二十八"贡院"，（台湾）文海出版社，1989，第 1970、1970~1971、1971、2001 页。

性的空间，而在使用中必须进行分割；在这个空间进行分割的过程中，"墙"的使用无疑达到了炉火纯青的程度。有论者言，纪律来自在空间中不同个体的组织化，因此它必须具备一个特定的空间围场（enclosure）；然而，"空间围场"一旦建立了，这个方格将允许有待训练与监视之个体的确定分派。①因此，必须对其按照"个体"的性质进行空间的"分派"，常用方式是将之"分割"成面积大小不等的若干个区域，每个"区域"也要根据实际情况进行两次"分隔"，使之成为一个个相对独立的空间形态。中国传统中很早就作为分隔工具的"墙"在此表现得淋漓尽致。

在这个空间里面长长短短、高高矮矮、形式纷繁、性质各异的"墙"中，最为重要的无疑是两道或者说是两种。

首先，是至公堂后、衡鉴堂前的那道外、内帘分割的"墙"。无疑，在贡院内部所有的"墙"中，这道墙是最为重要的，它不仅是北宋中期"内外帘"分割与分隔制度的产物，不仅体现着考官们分工的不同，而且严格将出题、阅卷与考场事务严格区分开来，既各不相扰，又各不相知，不仅以此来杜绝内帘官与考生的交通，而且将内帘官与外帘官分隔开来，各行其是，互不相扰，从而使二者一暗一明、一实一虚，然而均指向考生群体。

按理来说，在贡院中，内外帘划界之处应当清晰准确，这道墙应该像"明远楼"那样高高矗立，大张旗鼓，给人印象深刻。

---

① 〔美〕戈温德林·莱特、保罗·雷比诺：《权力的空间化——米修·福寇作品的讨论》，陈志梧译，析自夏铸九《空间的文化形式与社会理论读本》，（台北）明文书局，1988，第201～209页。

然而，笔者查阅相关资料，却发现在相关记载中，有关这道"墙"的记载少之又少，有不少叙述贡院建筑规模的文字，径将此略去，如清代浙江贡院："至公堂之后为穿堂，为协忠堂……协忠堂之后为大观堂，为五经房。"① 笔者只能从相关文献中，寻找蛛丝马迹。杨万里在《建康府新建贡院记》中，特别提到建康府在绍熙三年（1192）所建成之贡院，中堂之后，"堂之北墺，閫以南，前后仞墙，内外有闲"②，强调了这个仅高八尺的墙在"防闲"上的重要意义。前所引明代陈文的《新建云南贡院记》中有"（至公堂）之后有校文之房，明窗净几，品列为三，相去堂仅二步许，而间以垣扉，有事之时则严别内外，而扃钥之"的记载③，很明显是在"校文之堂"前筑垣，垣上开墙门，所谓"有事"就是在举行乡试的时候，就用锁锁起来，此乃内外帘分隔之"墙"。清代广州贡院，其正堂仍为"至公堂"，堂后又有"戒慎堂"，"进为横亘，门焉以分内外帘"④，清代江西贡院"中为明远楼，楼北至公堂，堂后间以墙，为黉门，黉门内为协一堂，公阅试卷"⑤。清道咸间人王东槐记顺天贡院，言"至公堂后一门北向，额其内曰'龙门锁钥'，康熙丁丑春日王泽题；其后则内龙门，内龙门之北，堂曰'聚奎堂'"，尽管没有言及"墙"，但因为有"内

---

① （清）丁丙：《武林坊巷志》（第六册），浙江人民出版社，1988，第51页。
② （宋）杨万里：《杨万里诗文集》（中册），江西人民出版社，2006，第1183页。
③ （明）陈文：《景泰云南图经志书校注》，李春龙、刘景毛校注，云南民族出版社，2002，第526～527页。
④ 黄佛颐：《广州城坊志》，暨南大学出版社，1994，第27页。
⑤ （清）刘坤一、刘绎等：《江西通志（光绪）》卷67，续修四库全书本，上海古籍出版社，2002，第560页。

龙门"之设置，则必是墙上开门，且有"龙门锁钥"之匾额，提醒人们此地紧要，无关之人千万不要接近。① 近人罗养儒亦记："闱场又何有内帘、外帘之说，盖以至公堂后之一道总门为界限也。门内为内帘，即两主考、内监试、内收掌、八房考等所居之各院落及一衡鉴堂，都包含在此一道总门内。内里的一切地处都与此门外所有之一切地处隔绝，故以此门内所有之一切地处为内帘，门外则为外帘。"② 可见确为事实。

上述是比较简单且常见的做法，亦即用一道墙分隔内外，墙上开门，以便临时通内外，也有比较复杂的，如甘肃贡院"（至公）堂左右为走廊，中为穿廊接内帘门，门左右为官厅，门内左为监试署，右为内收掌署，中为衡鉴堂"③，是以穿廊的形式连接内外帘，但仍有"门"；而江南贡院则对此更为注意："（至公）堂左监临，右内提调厅，后为砖门。门内有池，石梁曰'飞虹桥'，桥北板门，中秋日监临、主司隔桥相贺而已。板门内为广苑，苑北曰'衡鉴堂'，阅文处也。"④ 这里不仅是一道墙、一道"砖门"，而且利用江南水乡特点，有池、桥，桥后又有"板门"，隔离至为严密，诚所谓"一丝关节不通风"。设计更为巧妙的，是明代弘治年间所改建之河南贡院，"改文衡于最后，更其匾曰'五星聚奎'，堂之两旁及左右各为文衡

---

① （清）王东槐：《丙午乡试监试记》，《王文直公遗集》卷二，《清代诗文集汇编》第 610 册，上海古籍出版社，2010，第 223 页。

② 罗养儒著《谈谈清代之秋闱故事》，罗养儒，李春龙整理，《纪我所知集·云南掌故全本》，云南人民出版社，2015，第 131 页。其在同书中另一篇文章中又说：至公堂后，辟有一条宽而且长之走道以界内外，走道之南为外帘，北则为内帘。见罗氏另文《省贡院之旧观》，上书第 197 页，二者所述有所不同。

③ （清）升允等：《甘肃新通志》卷31，

④ （清）王士铎等：《上江两县志》卷八，江苏古籍出版社，1991，第 173 页上。

寓居；其前左右为内收掌试卷所，又前为总门，匾曰'内帘'，严扃锁之，而穴墙为转轮，以通试卷。外执事至此，非有公言，不敢辄启焉"①，设计严密到了极点。故清朝道光时期的著名人物陶澍在一首诗中写道："内外帘既分，出入门谁敞。念此一墙隔，有景独难仿。檐低屋打头，风摇灯烬掌。饥渴忍呻吟，欠伸艰俯仰。妄意重帘人，何啻层霄上！"既写出自己被此道墙隔离在内，不能外出之无聊，又写出内帘之中的苦况。②

其次，贡院内部重要的"墙"还有至公堂前、甬路两边的左右两道墙与号舍内部的墙。相对于分隔内外帘的那道墙之幽密深邃，至公堂前、甬路两边的左右两道墙却处于显耀之处，显眼醒目，将号舍遮蔽于后。此处之墙，专门记述者罕见，以为当然之物。然而笔者认为，此墙在贡院中所起作用，与分隔内外帘的那道墙等同，只不过后者是为了区隔内外帘，而前者则是为了区隔考生。北宋以来，参加地方解试（举人试）及省试的考生动辄成千甚至累万；这么大数量的考生进入贡院，如果再像唐代省试那样"突入贡院"，抢占廊下位置，势必引起混乱，舞弊事项倒在其次。在这种情况下，宋代对于考生实行座号管理，在考试前一天排定座次，张榜公布，考试时考生应依榜所给定的座号就座，不得移易③；明清沿用，因考生众多，且来自不同地方，故打乱地方进行编号，而在门首墙上写上标志，即为后人所描述者："每条号舍之门墙上，俱书一极大之墨笔字

① （清）田文镜：《河南通志》卷四十三"学校下·贡院书院义学社学附·开封府·祥符县"，四库全书本。

② （清）陶澍：《题朱虹舫前辈〈琐闱分校图〉》，《陶澍集》（下册），岳麓书社，1998，第347页。

③ 张希清：《中国科举考试制度》，新华出版社，1993，第53页。

于石灰壁上，为是条号之名号，字引《千字文》上天、地、玄、黄、宇、宙、日、月、辰、宿等字而书之。"① 甬道两旁的这两道墙，就是书写这种"极大之墨笔字"的石灰壁，墙白字黑，高大醒目，起着引导考生尽快找到所给号舍号码的作用。

然而，结合"墙"的区隔作用，则可发现，此墙之作用绝非仅在于此，其更重要的作用，在于使被分入该字号的考生进入其墙上所开之门，并依制锁门后，事实上被封锁于内，不得再行外出，一直要等到纳卷。则此墙的主要功能，不仅在于引导，更在于分隔；而这种分隔，又不只是分隔考生之于内帘官，也在于将数量巨大的考生分隔为若干小组，分隔管理。"在关乎纪律的技术中，空间的内部组织首赖于正常单元区隔的原则"由此而得到验证。②

此两道墙之内，就是所谓"号舍"，每排号舍，说穿了也不过就是由一道与外部甬路两旁之墙垂直修建的共用长墙，再修建与之垂直的若干短墙，加盖屋顶，形成的一个个格子而已。这道与外面甬道平行长墙垂直的长墙，由此而成为每间号舍的后墙，也由此而成为每间号舍前面所面临之所谓前墙，号舍无前门，而距其前那道长墙的距离，后人有如此描述："甲巷之背即乙巷之面，相距仅二尺余，此一条空处是作为走道，亦可名为天境［井］。"③ 参加过江南乡试的陈独秀曾身临其

---

① 罗养儒：《省贡院之旧观》，载李春龙：《纪我所知集·云南掌故全本》，云南人民出版社，2015，第 197 页。

② 〔美〕戈温德林·莱特、保罗·雷比诺：《权力的空间化——米修·福寇作品的讨论》，陈志梧译，析自夏铸九《空间的文化形式与社会理论读本》，（台北）明文书局，1988，第 201～209 页。

③ 陈独秀：《实庵自传》，载滕浩主编《陈独秀经典》，当代世界出版社，2016，第 197 页。

境：号门都紧对着高墙，中间是只能容一个半人来往的一条长巷，上面露着一线天，大家挂上油布之后，连这一线天也一线不露了，空气简直不通；每人都在对面墙上挂起烧饭的锅炉，大家烧起饭来，再加上赤日当空，那条长巷便成了火巷。① 参加过广东乡试的末代探花商衍鎏先生则这样描述："顺天及大省万余间，中小省数千间，形如长巷，巷之宽度四尺，仅能勉强容二人来往。"② 比前描述稍宽，然而笔者认为，这是利用"墙"的区隔功能的又一实例。此处保持狭窄状态，固是由于人数较多、用地较广之考虑，然而这本是一种周密、幽邃的空间使用考虑。考生进入号舍后，每间号舍之内，为其私人空间；号舍外之巷道，则为公共区域，考虑到数十人被分到一个字号的巷内，亦有可能发生舞弊甚至聚众闹事之情事，故不容其处扩大，仅容一人通行，除临厕之外，无由过往，其他时间只能待在号舍之内答题完卷，搜肠刮肚，摇头吟哦，而其他舞弊甚至聚众闹事之情事自然消于无形。至于交纳试卷之时，若巷门未至开时，则考生只能依次而立，则自然形成一支单列队伍，一种有序的存在。"影响人们行为的是社会场合，而提供线索的却是物质环境"；这种设计，使"号舍"这种"环境通过提供线索作用于行为，人们靠这些线索来判断或解释社会脉络或场合，并相应行事"的"非语言表达方法"体现得无以复加。③。

当然，应该看到的是，上面所提到的以"墙"作为隔离

---

① 陈独秀：《实庵自传》，载滕浩主编《陈独秀经典》，当代世界出版社，2016，第 197 页。

② 商衍鎏：《科举考试述录及有关著作》，百花文艺出版社，2004，第 68 页。

③ 〔美〕阿摩斯·拉普卜特：《建成环境的意义》，黄兰谷译，中国建筑工业出版社，1992，第 47 页。

措施与防范手段，主要是贡院内外，以及在贡院内部隔离内帘考官与考生之间的联系。对于前者而言，用"墙"将贡院围成一个封闭空间，外人不得靠近，与之无关人员更不能阑入，使之在保证其威严、凛然不可侵犯的同时，也增强了其神秘色彩；就后者而言，强化其"隔离"甚至隔绝作用，亦即以"墙"给在贡院中的各色人等划定活动区域，却是空间营造中，"墙"作为一种隔离设置的永恒使命。因此有时还会以"墙"补充原先没有注意到的地方，以隔绝内外，如乾隆五十二年，奏准顺天贡院"举场号舍之外，棘闱之内，有巡更巷道，地处闲僻，场中员役托名巡查，往来不绝。此等空隙处所，逼近号舍，最为藏奸，往往沟通外场人役，从中舞弊"，因此"应将场内巡更巷道毗连号舍之处，用墙垣截为空地，禁止人役往来行走，惟查闱外兵役、支更巡绰"，"其直省乡闱，均照此办理"①。

以"墙"作为区隔措施，按照入驻贡院的各色人等的任务、使命，而将其区隔于各自不同的区域内，一定时间内限制其自由，从而做到了"明分使群"，使之在这个空间内的活动按照规定进行，从而使之"区隔"功能在这个空间内部被发挥到淋漓尽致的程度。②

---

① （清）礼部纂《钦定科场条例》卷十二，（台湾）文海出版社，1989，第952～953页。

② 当然，在这个空间之内，进行"区隔"的手段，除了"墙"这种建筑形式外，还有"卷分以字""笔分以色""人分以衣"等多种方式，"此闱中之识别也"；前二者科举研究者尽人皆知，第三者则是"水夫墨书其衣""龙门夫朱书其衣"，知者不多，见（清）王东槐《丙午乡试监试记》，《王文直公遗集》卷二，《清代诗文集汇编》第610册，上海古籍出版社，2010，第227页。因溢出本书着重以"建筑"来作为区隔手段的论述，故兹不赘。

以上所述的"墙"是固定的，而在考试过程中，往往还有临时的"墙"的设置，用以分割空间，减小考生的流动区域。这两道墙中间围合的空间，亦即在龙门后、至公堂前，而以明远楼为中点的这一段甬道，是贡院内部面积最大的空地，士子容易在此聚集，而"聚集"则很容易导致"群体事件"，故在清代中期之后，为了强化其隔离作用，一是加上临时的隔离措施。乾隆五十七年（1799）监临伊龄阿刘权之奏："……于甬道两旁由至公堂至龙门，竖竹牵绳，分五十二段，每段委官一员专守，不时往来督率，令其按卷验明印戳，由甬道下两旁分送入号，毋任驻足羁留。交卷后，均令领签，由甬道径出，不得偷归号舍。……此事行之既有成效，如用杉篙做成栅栏，所费无多，而于防闲之道，不无裨益。会试在迩，请敕下顺天府照式办理，收贮明远楼，临期按段排列，不惟可杜弊窦，兼可以肃观瞻。"皇帝自然采纳。很明显是利用临时隔离装置的"竖竹牵绳"或固定的"栅栏"等种种设施，造成"空间压缩"并尽快将其从此地驱离，免得产生闹事或其他舞弊情事的可能。①

然而，这毕竟是一个有着各种互动的空间，人员之间需要有一定的流动，这就需要设置一定数量的"门"来保持这种流动。鉴于考试期间贡院内部的流动是严格的"制度化"流动，何人、何时的流动与交往，都有严格的制度规定，而"门"的启闭，也就具有了强烈的制度化色彩。建筑学上，"门时而关闭时而开启，也就是可以结合或者分离，门实际上尽管是受关闭或开启的某种状态支配，但在心理上任何一种门都是处于可开

① （清）礼部纂《钦定科场条例》卷二十八，（台湾）文海出版社，1989，第 1973～1974、1995～1996 页。

启状态，而且经常是在打开的同时关闭的"①，各种"门"本身含有的丰富意蕴，给人以无穷的想象空间，此不赘述。

（二）监督与被监督的强烈对比——"明远楼"与号舍

对于所有考生与考官（主要是内帘官）而言，"贡院"只是一个"场所"；所谓"场所"，是"由人创造，根据人的特别目的而设"的一个特别空间形式，个人的某些行为，特别是对于个人来说"具有存在意义作用的事件"，只有与一定的"场所"开始发生关系时"才会有意义作用"。这样看来，对于内帘考官来说，其所担负之"为国抡才"之神圣使命，只有借助"贡院"这个"场所"才能完成；而对于形形色色的考生来说，其所担负的各种使命，如维系书香不坠、改变家庭及个人运命等，也只有与"贡院"这个"场所"发生关系才有可能实现。在这个意义上，贡院不仅是体验它的目标后焦点，它还是我们自身定位和把环境"掌握手中"时作为据点的出发点，意义十分重大。②

然而，尽管有如此重大之相同，考官与考生对于"贡院"这个场所的感受是很大意义上的绝对不同的。考官尽管被封闭在内帘区域，尽管也会感到各种不舒服，有时候还会有疾病及各种意外发生，然而可带一定数量的随从，物资供应自有外部按时按量送入，一切工作自有程序，按部就班、认真负责即可

---

① 〔挪〕诺伯格·舒尔茨：《存在·空间·建筑》，尹培桐译，中国建筑工业出版社，1990，第35页。

② 参见〔挪〕诺伯格·舒尔茨：《存在·空间·建筑》，尹培桐译，中国建筑工业出版社，1990，第23页。

完成，且有"为国抢才"之神圣光环笼罩着，自然少有感到其中"规训"意义者。

而考生则不同。其在贡院内的存在，是被严格限制、严格规定的存在；其被"规训"之感，直接感受到的，就是所在的"号舍"。它是贡院内部数量最大的存在，是最不重要的存在，然而又是监视设施时刻监视的存在。大省有上万间，小省也有数千间，数量庞大，鳞次栉比，然而建筑形式简单，仅仅是一道长砖墙加上一个瓦顶，中间隔成三尺宽的一个格子而已，数量不够，临时以芦席、杉木杆甚至租赁轿子即可凑数；其所具有的设施也最为简单，只有两三块号板。

"贡院"是一个"场所"，而"号舍"对于考生而言，其实就是一个"位置"。这个"位置"，最能体现贡院建设制度化的设计。《科场事款》对号舍描述道："每一号舍约阔三尺，深四尺，檐高八尺，地下皆铺砖，两边墙用双隔砖砌，离地一尺五寸，留砖罅一条，为套上号板之用。号板每块一寸八分，阔如其号，深以铺满号舍为度。板上尺余，再留一砖罅，士子将号板揭一块，置在上级，恰合一台，用以作文写字，再上则单砖到顶。"[1] 每个省的贡院号舍均是如此；并且，不仅一个考生是这样，所有成千累万的考生，都要在这个位置上在相同的时间之内存留一段时间，因此，它又是一种"共时性空间"。

这个"位置"是预先被给定的，而非自己所能选择；被确定到哪一间号舍，简直如"投胎"般一样是撞运气：被分

---

[1] 佚名：《科场事款》，转引自刘海峰《科举考试的教育视角》，湖北教育出版社，1996，第101页。

在哪个"号"，考生进场之前已被事先进入贡院的少数人确定，而考生只有进场后才能得知。故有考生以被分到所谓"大号"或者"老号"，作为孟夫子所言之"人生三乐"之一[①]，甚至如得到肥美之缺为官一样，"欣动颜色"[②]。然而，不好的"号"是那么多种类，被分到其中一种，即足以使人丧气，是因为"矮屋中本已备极艰苦，若芦席棚号，艰苦又加倍焉"[③]，而对于此次考试丧失信心；这些号的名目有"底号""小号""席号"等三类[④]，这几种"号"不仅不能促进文思，反而还有性命之危，被分配到其中，真是倒霉透顶，三年的苦读功夫极有可能是白费了。日人德富苏峰曾在科举被废12年后的1917年游历中国，参观了南京贡院，"进去一看，里面的房顶非常低，刚刚够人直立站起来。房间长长的，被隔开成很多间，就像战争时期的马厩"，想象到"当年有多少优秀年轻的人才就像那要奔赴战场的战马一样，不得不在这只能转动一下身子的一席之地，在这砖瓦墙内，像囚徒一样度过难熬的几天。而且很多人还没等写出有名的文章来，却已经陷入

---

① 钟毓龙：《科场回忆录》，载全国政协文史资料委员会编《中华文史资料文库》第17卷"文化教育编·教育"，中国文史出版社，1996，第62页。钟氏所引全文曰：场中一切，困苦极矣，然亦有以为乐者，仿孟子之文曰，考生有三乐，而中举人不与存焉。三场大号，九日晴天，一乐也；内不病于场，外不贴于墙，二乐也；得一省英才而聚谈之，三乐也。

② 萨伯森：《封建时代乡试考场景象》，载《萨伯森文史丛谈》，海风出版社，2007，第124页。

③ （清）刘声木：《苌楚斋随笔（续笔三笔四笔五笔）》，中华书局，1998，第553页。

④ 萨伯森：《封建时代乡试考场景象》，载《萨伯森文史丛谈》，海风出版社，2007，第124页。萨氏之文引用较长，所引用陈祖范《别号舍文》为科举研究者多所引用，兹不赘引。

了神经衰弱的痛苦之中了"①。

在考生笔下，这不是个感觉安适的所在；抓紧时间完卷出场，逃离此处才是最为紧要之事。"空间由于人们的活动而变成有意义的场所，而人进行各种活动的前提是有适合的空间环境来激发主体的活动潜能，即空间能够提供给主体进行活动以及能够主动参与的配套设施和空间形态"②。其实，这种心理正中这个空间设置的用意，其本身就不是让考生感到安适的地方，狭窄低矮，自不必论；其用意就在于使考生能够接受并认同这个安排，把自己塞进这个被规定的空间中去，如同接受所规定的各种应试文章的"格式"一样。否则，不按照所给之号去坐，则名曰"乱号"，在清朝是一种严重的违规行为，要受到严厉处罚，如乾隆三十三年戊子，浙江乡闱三场，石门县生员费朝本，原被分至西文场被字四十二号戳记，却混入东文场归字号内，希图规避"臭号"臭秽之气，又想得到归字号的其父在策题格式上的指点，被发觉后，不仅本人受到"枷号一个月，满日杖一百发为民"处罚，而且连累事先不知情的其父"逐出不准在场"③；嘉庆二十四年，顺天乡试三场，查出有生员陈永泰等五名考生"规避座号，冒领试卷"，尽管经过严讯，其动机仅是"恐坐棚号"的规避行为，没有"枪

---

① 〔日〕德富苏峰：《中国漫游记·七十八日游记》，刘虹译，中华书局，2008，第 161 页。

② 张郍娴：《观城论市·城市化背景下场所认同的危机与重建策略研究》，北京理工大学出版社，2016，第 81 页。

③ 上海书店出版社编《清代文字狱档第三辑"永德奏浙江乡试严查怀挟情形折》，上海书店出版社，2007，第 506～507 页。

冒"等其他舞弊情事，仍"照不应重律，杖八十"处理①，上升之路由此断绝，人生前程由此而变成一片黑暗。

因此，当考生接过试卷，穿过栅门，进入号舍，不用审视这个被给定的空间——其本身简约到了极致——三面墙加一个瓦顶；这样的一个空间，所给定的设施也简约到了极致——只有两块拼接起来与号舍深度、宽度相同的所谓"号板"。对于考生而言，"号板"是贡院方面所提供的唯一"用具"；"不论任何功能，'用具'都有直接联系，因此一般应尽可能形体明确，人们可用最直接的方法了解它"②，简单而有规制，放置在那里，引发人们的无穷联想，正如《儒林外史》中没有进过"贡院"的周进（年过六旬而仍为童生），见到号舍"两块号板整整齐齐地放在那里"，就一头撞上去一般。

然而这样简单的"设施"，在今人看来，却是"极为美妙的设计"：

> 1.3 平方米的空间，考生还要在里面写卷子，要在里面吃饭、喝水，还要睡。他们怎么睡觉呢？这里必须要感叹一下古人的智慧了。他们在号舍里面发明创造了"上下砖托"。就是两边砖墙上离地 1.5 尺高和 2.5 尺高的地方分别留有一道砖缝，或者说是砖托，用于搁号板用，而号板是由两块木板组成，每块标准的号板是 1.8 寸厚。如果将这两块号板都放在下面那一道砖托里面，合起来能够铺满号舍，就变成了

① （清）礼部纂《钦定科场条例》卷二十九"场规"一六，（台湾）文海出版社，1989，第 2047～2048 页。

② 〔挪〕诺伯格·舒尔茨：《存在·空间·建筑》，尹培桐译，中国建筑工业出版社，1990，第 23、47 页。

一张临时床，考生可以在里面休息。如果考生需要答题写字了，就可以将靠外面的这块号板挪到上面的砖托上，里面的那块号板则不动，这样恰好就组合成一套写字用的桌椅。考生根据白天和晚上的不同需要进行任意组合，号舍的这种设计完全满足了科举考试的需要。因为明清乡试考生需要在里面待3天，因此考生坐卧、写作、饮食等都在号舍及号巷之中，他们既需要答题的桌子，也需要休息的床。如果单纯从功能的角度来考虑，这种设计肯定是上乘之作。①

笔者认为，"巧妙"不仅在上述方面，还应在如下：从面积来说，只能是一室一人，不会再容留他人；从格局看，前脸完全敞开——这可能是贡院所有建筑中唯一一种没有"门"的敞开式建筑。之所以敞开，是因为没必要封闭，而有必要敞开，考生在其中不可能再会有任何秘密，一切都在左右及从前面经过的其他考生的监视之下，此处空间也由此而最大限度地减少了"私密性"而成为具有公共空间性质的地方。

不仅如此，这里还有一个"明远楼"的监视设置②；这个监视设置体量巨大、高二层或三层，雕刻华丽，还有不少使用能够在阳光下闪闪发光的琉璃瓦，迥临于考场号舍区域之上，身处号舍的考生时时可以仰望，从而感觉到无时无刻不在的一种被监视、被压抑的感觉。建筑学家说，"建筑上那些特别提供来容纳我们的形体和尺寸的特征也会吸引我们的注意。……

---

① 李玉民等：《百年萃英门》，兰州大学出版社，2013，第26页。
② 一定程度上，"明远楼"是贡院前半部最为重要的建筑，然其何时出现于贡院之中，且成为制度化的建筑物，以及对于贡院空间格局的变化起了什么作用，可参见张延昭未刊文《高楼曾为至公留：明远楼的建造与明清贡院规制的确定》。

尺度根本不是什么抽象的建筑概念，而是一个含义丰富，具有人性和社会性的概念"，所以"尺度是建筑反映其使用者在世界上的社会角色的重要部分"①。明远楼的使用，一是供主考等外帘考官登临，用以瞭望外场区域，主要是号舍区域的考生以及其前后甬道上的其他人员；二是在考试过程中，是巡绰官办公之所，因此其代表着的是官府与朝廷，是"规训"者，故能够体量巨大，然而数量只有一个；而号舍则是供考生所用，数量巨大，而低矮狭窄，是"被规训者"所处之地。"尺度是空间的社会语言中最重要的要素之一"②。在登临明远楼的考官的眼里，楼下鳞次栉比的号舍，千间万间，一望嶙峋，但鳞次栉比，整齐统一，而毫无差别。

正是通过与号舍在尺寸上形成巨大对比，建立起一种"非人性尺度"，而处处显示着"规训"与"被规训"的社会角色之间的关系。③ 从而使这个建筑，有着与福柯在其《规训与惩

---

① 〔英〕布莱恩·劳森著《空间的语言》，杨青娟、韩效等译，中国建筑工业出版社，2003，第 53、56 页。

② 〔英〕布莱恩·劳森著《空间的语言》，杨青娟、韩效等译，中国建筑工业出版社，2003，第 65 页。

③ "尺度"与"人性尺度"均是建筑学术语，前者一般指"设计中的一种量度的方法，它不像公尺、公分那么简单具体，是一种人与物及物与物相互间有一定关系的说明"，见金凯《人·空间·尺度》，《哈尔滨建筑大学学报》2001年第 1 期，第 101～104 页；后者是指"环境的尺寸或组成环境部分的尺寸与人的尺寸的适宜比值，并且适合人性尺度的环境使人产生清晰、明确、适合人的身体尺寸的感受；这些感受或许包括舒适、安全、放心、定向、友好等感情因素，使人能够产生与这个环境建立某种联系的感受"，"人性尺度空间不是恐吓人的空间，或者因为尺度过大而使人疏远"。见〔英〕凯瑟琳·迪伊《景观建筑形式与纹理》，周剑云、唐孝祥、侯雅娟译，浙江科学技术出版社，2004，第 47 页。明远楼与号舍这种对比，恰恰就在于建立这种"非人性尺度"，使应试考生不会产生上列各种良好的感情因素，而只能使之产生压迫、被监视等疏远心理，故以"非人性尺度"名之。

罚》中所描绘的情境完全一样的效果："完美的规训机构应能使一切都一目了然；中心点应该既是照亮一切的光源，又是一切需要被了解的事情的汇聚点，应该是一只洞察一切的眼睛，又是一个所有目光都转向这里的中心。"① 与之相对应，一条条号巷被分割成几十、上百间"号舍"，每间"号舍"就是一个"格子"，考生被纳入其中，时刻受到来自明远楼的巨大压力，以及号栅外部不时可以射过来的窥视的目光，和同号巷的其他考生的一种有意或无意的监视。"这种封闭的、被割裂的空间，处处受到监视。在这一空间中，每个人都被镶嵌在一个固定的位置，任何微小的活动都受到监视，任何情况都被记录下来，权力根据一种连续的等级体制统一地运作着。"②

这种情况下，一种来自权力的"规训"空间，由此完成。在这个表征着"求贤""取士"，应试人数的众多又被视为"教化"卓有成效的地方，首先是将个体在完成点名、搜检等程序后，被安置在一个个相同的格子里，福柯笔下的"每个个体有一个地方，而每个地方有一个个体"，每个"地方"每一个个体都被"赋以利于均匀使用关乎纪律的技术的价值"，而"法国结构主义思想家奉为普遍原则之元素、转化和秩序的定义"③，在这个空间中得以完美呈现。

---

① 〔法〕米歇尔·福柯：《规训与惩罚》，刘北成、杨远婴译，三联书店，1999，第197页。
② 〔英〕爱玛·贝尔、阿兰·塔克曼：《保持电话畅通：弹性工作时间与招之即来的工人》，〔英〕理查德·惠普、芭芭拉·亚当、艾达·萨伯里斯：《建构时间：现代组织中的时间与管理》，北京师范大学出版社，2009，第221页。
③ 〔美〕戈温德林·莱特、保罗·雷比诺：《权力的空间化——米修·福寇作品的讨论》，陈志梧译，析自夏铸九：《空间的文化形式与社会理论读本》，（台北）明文书局，1988，第201～209页。

（三）棘闱空间建构的"现代性"意蕴再析

从整体意义上而言，贡院作为一种空间的生产，尽管产生于数百年前的传统中国，在不少充满所谓"现代"意识的现代人的心目中，那是一个"传统"得不能再"传统"的时代，但在这个空间中，却很前卫地使用了现代社会空间生产中最常使用的"时空建构"原理，则是不能不让人感到诡异的地方。

所谓现代性的"时空建构"，是因为按照相关理论，现代社会是一个"发现"时间和空间的社会，"时间和空间成为现代社会生产和生活的构成性要素"，也成为"理解现代社会的重要维度"，成为"现代社会理论建构的核心范畴"，进入了"现代社会舞台的中心"①。时间与空间尽管是紧密结合使用的范畴，然而在具体的构建过程中，却有着不同的方法。

就时间而言，"把时间变成一种具有延展性的商品"，从而使之成为"一种稀缺的、可开发的资源，能够衡量，能够买卖，也能够'节俭地'使用"②，因此在时间的具体呈现上，是对之进行细致的划分和充分的利用以求"单位时间创造更多的价值"③。在具体的使用上，表现为时间的"延伸"与"压缩"，前者是指因为在现代社会中，时间被拉伸至黑夜与将来：原先被当作休息时间的夜晚，逐渐被开拓为生产时间或工作时间、消费时间；同时因"未来被理

---

① 景天魁：《时空社会学：理论和方法》，北京师范大学出版社，2012，第119页。
② 〔英〕芭芭拉·亚当、理查德·惠普、艾达·萨伯里斯：《时间设计与管理：传统、发展与机会》，见〔英〕理查德·惠普、芭芭拉·亚当、艾达·萨伯里斯编《建构时间：现代组织中的时间与管理》，北京师范大学出版社，2009，第20页。
③ 景天魁：《时空社会学：理论和方法》，北京师范大学出版社，2012，第123页。

解为会给现在带来威胁或利益"而"被拖入现在的活动当中"①。吉登斯说："通过计算将来的利润与成本也就是计算风险，现代资本主义将自己融入到作为连续过程的将来之中。"②

就空间而言，现代国家常用"域化"与"隔离"的方式管理空间；前者是指"现代国家为了达成某些管理目的"对空间践行人为的"改造、划界、分割"，后者是指域化的一种特殊形式，是更精细的域化，是"对空间更精细的分割，或者说微观分割"③，其影响超出了"强制监禁的领域"，而大规模地发展起来于"监控对权力运作极其重要的社会中"④；而在福柯看来，现代社会微观权力的规训技术，首先要求借助于封闭的空间，"规定出一个与众不同的、自我封闭的场所"⑤，接着根据需要对之进行"隔离、分割、分类、划分"，最终按照等级，实现"每个人都有自己的位置，而每一个位置都安置一个人"的"分格单元式的"规训空间生产。⑥

对照上述相关理论，联系上文的相关论述，我们就会发现，在贡院这个传统中国营造出来的空间之中，其营造过程是洋溢

① 〔英〕理查德·惠普、芭芭拉·亚当、艾达·萨伯里斯：《时间设计与管理：传统、发展与机会》，载〔英〕理查德·惠普、芭芭拉·亚当、艾达·萨伯里斯编《建构时间：现代组织中的时间与管理》，北京师范大学出版社，2009，第26～27页。

② 〔英〕安东尼·吉登斯：《失控的世界》，周红云译，江西人民出版社，2001，第20页。

③ 景天魁：《时空社会学：理论和方法》，北京师范大学出版社，2012，第126、127页。

④ 〔英〕安东尼·吉登斯：《民族–国家与暴力》，胡宗泽、赵力涛译，生活·读书·新知三联书店，1998，第235页。

⑤ 〔法〕米歇尔·福柯：《规训与惩罚》，刘北成、杨远婴译，三联书店，1999，第160页。

⑥ 景天魁：《时空社会学：理论和方法》，北京师范大学出版社，2012，第127页。

着现代性"时空建构"特色的，尽管在贡院的时间使用方面，尚不能与现代社会的精细程度同日而语，还显得有些粗糙，然而作为一项制度，对于时间的建构也是其中的重要内容，对于"继烛"与否的争论，对于"封号"以及开"栅门"的时间把握，以及尽管制度规定如此严酷，但"舞弊"事件层出不穷，等等，都体现了对于"时间"的考量。至于贡院在"空间"建构上的用心之细密、考量之周全，则使我们不禁会对古人的智慧表示由衷的赞叹。从以上方面而言，言之为具有一定或者较高程度的"现代性"的空间生产，应该还是能够站住脚的判断。

（四）"棘闱"——中国传统思想观念中的"幽暗意识"的集中体现

上文我们用一定的篇幅，勾勒了"棘闱"的空间意蕴。其实，这个空间的建构经历了一个从无到有、从依附到独立、从简单到复杂的漫长过程；这个过程，用列斐伏尔的相关空间理论来说，符合其空间生产的所有逻辑，是一个典型的空间生产的过程；对之进行考察或者研究，有助于对中国传统政治制度文化的实施特质有一个整体的观感，有助于揭示不仅是建筑学、文化学、政治制度学等领域的一个被忽视，然而实实在在的某些"活化"的事物。

"建筑物和建筑特征会对某些特定的人群产生意义——也许并不是因为有些事件实际上与空间或物质形式有关，而是因为它发生在那儿；或者该建筑是由该事件背后的人或组织修建的，因而体现了那些人的价值或行为"①；就贡院这样的建筑

---

① 〔英〕布莱恩·劳森：《空间的语言》，杨青娟、韩效等译，中国建筑工业出版社，2003，第94页。

空间来说，我们应该转向建筑的背后，看看体现了"哪些人"的哪些"价值或行为"。

有论者认为，中国传统思想观念中存在一种"幽暗意识"的传统；所谓"幽暗意识"，就是"发自对人性中与宇宙中与始俱来的种种黑暗势力的正视和省悟"，正是由于这些黑暗势力的根深蒂固，所以"这个世界才有缺陷，才不能圆满，而人的生命才有种种的丑恶，种种的遗憾"①。人性中的这些幽暗意识在中国春秋时期的诸子百家的论述中，尽管角度不同，而都有所体现，以荀子及其后的韩非子等人的著作中论述得最为集中；在西方文化中的古希伯来的宗教以及基督教中也有明确的表现。怎样对待人性中的这些"幽暗意识"，各家学派都有不同的论述；儒家是希望通过个人的道德完善，道家认为应该减少文明侵袭，而法家则主张严格法制建设。

笔者认为，人性中这些"幽暗意识"在科举制度中表现得尤为突出，主要表现在以下两个方面。

首先是以"富贵"诱人科举。传统中国，虽然有人认为是"士、农、工、商"四个阶层的社会格局，但在本质上仍是"官""民"两种阶层，其中关键的是"士"，可以从其他三个阶层中产生，通过科举就可成为"官"。朝廷通过政治、经济等多方面手段，尤其是文化手段，强化"官"与"民"之间的阶层分隔，使之占据社会上所有的"成功"与"荣耀"，吸引着其他阶层中能够成为"士"的人，通过"科举"成为"官"，成为统治阶层的一员，从而拥有政治、经济、文化上的各种优越地位。传为宋真宗所撰写的《劝学诗》，直接

---

① 张灏：《幽暗意识与民主传统》，新星出版社，2006，第24页。

赤裸裸地宣扬"书中自有黄金屋，书中自有千钟粟，书中车马多如簇，书中有女颜如玉"，似乎肯定金钱美色、社会地位等都由"读书"而来，然而在事实上，光读书还是不行的，还必须经过"科举"，读书只有通过"科举"才能拿到那些东西；因此，这首诗尽管表面上是在"劝学"，实际上是在劝诱"科举"，是在说通过科举之后才可能获得那些诱人的物事。

这一点，尽管早就不乏智者指摘，如明代高拱曾在一老学究处（可能是其设帐教授之所）的墙上见到此诗，即在此诗后题下如此之语："如此训，则其所养成者，皆骄佚淫侈、残民蠹国之人。使在位者皆若人，丧无日矣，而乃以为帝王之劝学，悲夫！"① 清代陈宏谋评曰："乡塾中，多以此为读书人佳话者。学术既非，仕风安得不坏？有心者所宜唤醒而切戒也。"② 对于此论述极为透彻，一语道出其实质所在。

清末四川巴县秀才朱必谦自述，其从光绪戊子年（1888）

① （明）高拱：《本语》，载《高拱论著四种》，中华书局，1993，第60页。高拱对于科举之批判，此书尚有"科目以文艺取士，士只以文艺是竞，父兄师友之所督勉，惟此而已。而性命之理，礼乐之实，存心制行之方，事君泽民之术，漫然其不知也。遂使天下之人，惟务得官以为耀，积囊以自肥，始乎利，终乎利，寡廉鲜耻，患得患失，甘为鄙夫而不自知，则以素无教故也。于是国家欲求一知道理之人，尚亦难得，况有道德者乎？然则治道何人兴举？纲目何人肩任？识者所为深慨也"。见此书59页。

② （清）平步青：《霞外随笔》，姜纬堂编，中共中央党校出版社，1998，第83页。平氏此书收集了明高拱，清傅元鼎、陈宏谋三位名臣对于所谓"劝学诗"的评论，并加了一段评论道："文襄、清献、文恭三公所言，则科名之佳话，乃垄断之贱夫。然汉儒刚正如夏侯胜，尚有'取青、紫如拾芥'语，韩文公《符读书城南》诗，亦为后人讥议。况以中材而处晚近，非天挺奇骨，乌能不为流俗所歆动，而超然有以自异哉！"实际上是指朝廷之"以富贵动人"，除了极少数"天挺奇骨"者不为所动，世上绝大多数人都难免不为其所动。

开笔后，童试、乡试均各应过三次，十多年中都被困在科举的牢笼里，不能自拔，其人生暮年曾这样反省：

> 尝读蒲松龄《聊斋志异》，文里嘲士子入场似丐，唱名似囚，归号舍似秋末冷蜂，出试场似出笼病鸟，望榜时似被縶之猱；闻报时似钳毒之蛇，随后再考，又似破卵之鸡。用七种模样，穷形尽相。仔细思量，我亦未能免此。但是从士子中心思想，旧社会一般人眼光说来，又佳境甚多。他从白衣侥幸得为秀才，继续中试，便成举人，银质变为金顶，脱却蓝衫换着紫袍，从顶到身，辉煌炫人。还高悬匾额，可以光彩门户……迄到京复试注册，十年八年，可以拣选知县。如其文字动人，得上官赏识，又可调帘，翻转身来变为同考官，记名署缺。这就是钻入仕途的敲门砖。此种人满口中不离之乎者也，一肚子全是富贵吉祥，从不问国内情形如何，世界是如何世界。至如范文正公以天下为己任，王沂荆公（按：原文如此）平生不在温饱，这一种高尚的志向，一些士子是从来未装在脑筋里的。穷探病源，这都是在幼年开蒙讲经时候，起首所念的《三字经》数句，就种下毒根了。[①]

---

① 朱必谦：《清末科举制度琐记》，载中国人民政治协商会议四川省委员会文史资料研究委员会：《四川文史资料选辑》（第33辑），四川人民出版社，1984，第148~149页。对于蒲氏上所引之描述，彭卫亦有现代生理学、心理学之分析，"其生理根源是在外界刺激下，肾上腺素功能系统功能的兴奋和血中儿茶酚胺含量增高，周期性的科举考试引起许多应试者周期性的焦虑型神经症，这很可以解释其中有些人在多次应试不中后成为'失心症'即精神分裂症患者"。载彭卫《历史的心境——心态史学》，河南人民出版社，1992，第269页。

　　其次是消弭社会上的不服从因素。科举名义上是选拔"真才"的制度，就朝廷而言，是将一些官职空出来，设置一定的选拔标准，面向社会选拔合适人选。但就朝廷而言，其设置这项政治制度的本意，一方面是增强王朝建立的合法性基础（因为"科举"也是"选举"，符合儒家传说中的"乡里推选"精神），另一方面还可以通过规定考试内容，将社会意识形态统一到一条轨道上来，更重要的，也可以通过这条路将社会上的优秀分子（所谓"俊秀"），一部分吸纳进官僚队伍之中，又使更多的优秀分子埋首其间，消磨岁月，从而消弭社会上的不服从因素，"束天下豪杰于追章琢句之中，以柔其犷悍横逸不驯之气"，确保王朝的长治久安，"其为功岂可一二数哉"①！朝廷以能够看得见，但就是极难到手的功名富贵"笼络英才，驱策志士"，以形式细密精巧、内容艰深繁复的八股，后来发展为讲求点画波折都极为标准化的楷法来禁锢思想，恰如清朝道、咸间的徐宗干所说："制义取士，驾驭天下英才，以范我驰驱，臻于斯路，规矩诚设，绳墨诚陈，经济才华，皆由此途出也。"② 其结果选中者自是多恪守绳墨、不敢越雷池一步的唯唯诺诺者，个别虽有长材大器，但其精神志向早已被磨灭殆尽，发展至清朝乾嘉之后，整个社会已成为"左无才相，右无才史，阃无才将，庠序无才士，陇无才民，廛无才工，衢无才商，抑巷无才偷"的极度平庸时代③，

---

①　（清）王先谦：《江西乡试录前序》，载《王先谦诗文集》，岳麓书社，2008，第22页。

②　（清）徐宗干：《新科乡试合辙序》，《斯未信斋文编》"艺文"卷三，《清代诗文集汇编》593册，上海古籍出版社，2010，第267页。

③　（清）龚自珍：《乙丙之际箸议第九》，载《龚自珍全集》，中华书局，1959，第6页。

其中虽有"文字狱"的"功劳"，但科举与其相表里的作用，自是不容小觑。① 有论者以为，这是符合最高统治者心愿的一种选择，当科举在士人心目中"已成为某种荣誉的标志"时，多数士人在这一社会氛围下就成了"完全丧失自我的考试奴隶"时，"大多数士人早已成为科举的奴仆心甘情愿地为人摆布、为人左右"时，"这是统治者的喜剧，却是众多士人的悲剧"②，而最终整个社会、整个文化都成为被其规训的牺牲。中国近代落伍于世界，且在与世界其他文明的碰撞过程中连续遭受挫折，更是与之有直接联系。

上述这些其实就是朝廷的"幽暗意识"。"科名自古才人饵，多少神鲸困暴腮"③；"文章有价时难待，摧折频经气亦沉"④；"抱负瑰异、蕴思醇粹之徒，菀邑惨廪，终老户牖，不得阶尺寸者比比而是"⑤；多少才人挤在这条狭窄道路上，最终一事无成，至于垂垂老矣，方觉上当受骗，然而已经"顾六翮之残毁，虽奋迅其焉如"，无可奈何？

朝廷"幽暗意识"的最集中表现，既体现在科举制度设置的目的上，更体现在科举制度的制度建构上。朝廷设置科举的目的，其实就是给人们指引一条通向"富贵"的通道；这

---

① 于祥成：《科举制兴废的政治学解读》，《现代大学教育》2009 年第 2 期，第 71~74 页。

② 赵伯陶：《清代科举与士人心态》，《阴山学刊》（哲学社会科学版）1991 年第 4 期，第 83~91 页。

③ （清）丁耀亢：《收掌杂著六首之六》，载《丁耀亢全集（上）》，中州古籍出版社，1999，第 261 页。

④ （清）潘耒初：《乡试归题将军驿壁四首（其一）》，《潘耒初集》，（清）潘存等：《潘耒初集·抱经阁集》，海南出版社，2004，第 42 页。

⑤ （清）王先谦：《云南乡试录后序》，载《王先谦诗文集》，岳麓书社，2008，第 21 页。

条通道实在过于诱人，以至于挤入这条通道的人越来越多，他们都是奔着"富贵"而来，极有可能为了达到目的而不择手段，亦即在考试中作弊；怎样杜绝作弊，就成了科举制度建设中一直在考虑、不断在完善的首要问题。这样以细密然而又是残酷的法律维护的"至公"，除了异化为"规训"之外，除了统治者的标榜之外，尚复何言？甚至个别时候，特别是在不要掩饰的时候，总有人赤裸裸说出这样做的目的。"入彀"之说尚在文雅，而下面一段话则是如此毫不掩饰：

> 大金粘罕试举人于泉泊，磁州胡砺为魁，是举也，粘罕密诚官不取中原人……初开试日，粘罕立马场中，呼举人年老者，意谓免试，争走马前跪之。粘罕以鞭指挥令译吏报："尔等无力老奴，何来应试？若有文章，何不及第于少年！尔等今苟得官，自知年老死近，向去不远，必取赃以为身后计，少酣晚景，安有补于国？又闻尔等之来，往往非为己计，多有图财假手后进者。如此则我所取老者、少者皆非其人也。我欲杀尔等，又以罪未著白；复欲逐尔等，亦念尔等远来，故权令尔终场。当小心以报国，不然，苟有所犯，必杀无赦！"于是诸生伏地叩头，愧恐而去。是岁胡砺之余，中原人一例黜之。故少年有作赋者，其略云："草地就试，举场不公；此榜既出于外，南人不预其中。"由是士子之心失矣！[①]

对于这种情形，还有什么可说"公平"之处呢？在征服者的眼中，这些应试举子本身就是为"赃"而来，为名利而

---

① 〔金〕宇文懋昭：《大金国志》卷之七，商务印书馆，1936，第67页。

来，不被逐出举场，已是看在远来不易的分上，遑论其他？而应试举子之"人格"，尚在何有？还有何面目道及此词？

号称清朝极盛时期的乾隆年间，仍有类似于此的事件：

> 乾隆二十八年癸未科，余殿二甲第十一名。二甲第十二名为钱塘吴霽，字卓云，会试第五名，浙东名士也，与余并案而坐。时监试为内大臣额驸福公隆安。已近前在场矣，而吴素短视，未之见，余小语令起，亦未闻。向例朝考不搜检，故或片纸书诏诰于所带稿纸之末，以备忘，亦可。福公见其高坐不起，即步至吴案前，翻其卷帕，内有细字数行，问之，始踉跄而起。公曰："此非夹带乎？"吴面赤，犹强对，遂喝校尉牵下，随具摺，以吴预拟诏条，潜行夹带，应照乡会试夹带例斥革，交与巡城御史枷号一月，奏闻报可。是日，诗题为"禹惜寸阴"，余本拟作四首，而见吴被罪，又在案右，其势汹涌，心头冲冲，遂止作二首。而同年南汇吴省钦，以作四首，取第一名，余以少作，取第五名。自本朝有朝考以来，犯夹带者，惟吴霽一人而已。[①]

此虽然发生在科举名次已定，接着进行的以选拔"庶吉士"为目的的"朝考"过程中，参加者是已经获得进士身份

---

① （清）李调元：《淡墨录》，辽宁教育出版社，2001，第221页。是书所载取中之第一名南汇吴省钦登第后，为畿辅学道，士子多以贿进，有无名氏拆其名作联曰"少日何曾识文字？欠金不必问功名"讥之；与其弟吴省兰一道极力攀附和珅，"甚至反称和珅为老师"，朝野均视其为和氏之私人（见吴省钦《吴省钦集》（上），孙大鹏、张青周点校，复旦大学出版社，2016，"前言"第31页）；又若联系平步青所言之情形，则科名又何可道者哉？

的人员，自然是科举中的胜利者、佼佼者，且朝考期间并不搜检，只是因为在"监试"来到跟前时，以"短视"而未起立，就被翻出"夹带"受到"枷号一月"的惩罚，而以前所有获得的功名，很可能由于受过"枷号"而成南柯一梦，则可见其待士态度，仍与金粘罕相同。待士如此，士何有尊严可言？如此，又有何"公平"可论？

不仅如此，中国传统社会一向以"礼乐"自持，然而科举制度中的"礼乐"，随着科举制度的不断严密，至于最后，仅仅残留于科举各阶段之后如鹿鸣宴、传胪大典等"具文"之中，徒具形式。然而即便如此，这只是对于极少数考中的幸运儿而言，他们享受到了一朝由鱼化鲲的幸运，体会到了"朝为田舍郎，暮登天子堂"的荣耀，且进一步向天下人昭示着成功的满足；而失败者则或者灰心丧气，永远放弃，或者卧薪尝胆，磨砺以须，企图下一次卷土重来，不甘心就此"袖却凌云手"而"闲看他人赋早朝"，然而随着人数越来越多，此路越来越窄，成功之算，又有几何？[1] 有多少落第举子奔波于科举的漫漫长途，破帽残衫，穷途仆马[2]，在"苍茫前路感

---

[1]　清道咸中人王庆云在道光二十九年（时为翰林院侍讲学士）奉派为顺天乡闱"稽查大臣"，在头场点名入场完毕后，与他人谈起"席帽中不乏龙钟之士，问其年岁，多在八十以内"的情形时，认为是"此皆数十年寒窗结习，未肯厌心"；对于"士子每视科名甚于姓名"的现象，也认为"寒士晚景，尚欲以姓名博浮名"的实质，其实与"高爵厚禄者，钟鸣漏尽，夜行不休"一致，此"老诸生即吾辈之境"，对于揭示科举及为官者的心态极有启发意义。载王庆云：《荆花馆日记》上册，商务印书馆，2015，第131～132页。

[2]　此化用易顺鼎《将去都赋感四首》组诗其一尾联"如何袖却凌云手，闲看他人赋早朝"与首联"破帽残衫不自聊，穷途仆马各魂销"句意，诗在氏著《琴志楼诗集》，上海古籍出版社，2004，第20页，可参见。

临歧，又到花飞月堕时""同是掀泥双燕子，输它先占最高枝"的复杂情感支配下[1]，饥寒交迫，命殒道路，而最终连个名字都没有留下[2]，若科举研究者只看到极少数成功者挤过此关口而成为"贤才"，飞黄腾达、荣华富贵，津津乐道、滔滔不绝，而忽视其背后的巨大失败者群体的心酸悲苦，则是否也有那么一些"不公平"的意味？曾有研究者注意到南宋150余年间，登科者51000人的背后，若按北宋旧解额百人取一、省试十人取一这样保守的计算，背后至少有5000万人次落第于"孙山"之后；"五千万人次，这是一个相当巨大的数字"，"这是一部真实却被人遗忘的'儒林外史'"[3]。其实，科举之路，一开始就非常狭窄，宋代尚宽，而至于明清，特别是清代中后期，狭窄至于其极，其所培养的"失败者"队伍也越来越庞大；若只看到极少数露出水面的"幸运儿"，却忽视了千百倍于此的"失败者"，是不是也有"不公平"的意味？

至于考试过程中，则毫无"礼乐"可言，只剩下密不透风的防范，与一丝不苟的监试，皇帝对于考官，考官对于考生，充满了各种各样的不信任，而考生也会利用各种手段与机

---

① （清）翁心存：《下第后作》，《知止斋诗集》卷五，《清代诗文集汇编》第571册，上海古籍出版社，2010，第492页。

② 阮奎生：《茶余客话》卷二，有"夏彝仲言不第处境"一条，"夏彝仲五上公车不第，曰：始我初不第时，意中不能无少动。已而出都门，见吾侪被落者，车马行于道，习习若蚁然，当此时自视，亦蚁中之一也"，可见落第者之心境，（清）阮葵生著《茶余客话》卷二，中华书局，1959，第68页。其实，自有科举以来，即多有下第者之诗作，有不少科举文学研究者探讨及此，兹不赘述。

③ 王瑞来：《金榜题名后："破白"与"合尖"》，见王瑞来《近世中国——从唐宋变革到宋元变革》，山西教育出版社，2015，第221页。

会，进行各种"舞弊"以示反抗。统治者在这种情况下，使用严酷刑法进行镇压（事实上，在明清尤其是清代的相关科举文献中，"弹压"一词的使用非常普遍，其对象仍是针对考生），大狱屡兴，大案迭见，考官人人自危，如履薄冰，考生风声鹤唳，相互提防，在这种情况下的科举制度，谈何"礼乐"之有？以严酷的刑法所维护的"礼乐"制度，还有何"礼乐"可言？

清朝末年来到中国的美国人何天爵，曾感受到："世界上很少有其他一个国家能像中国那样，拥有一个如此完整的统治管理体系。在这一体系中，限制和防范不公正的压迫以及各种滥权等等的措施都设计得相当严密，充满了智慧，的确非其他国家所能匹敌。各种存在保护百姓不受官府欺压虐待的章程和法规，事无巨细，面面俱到，多如牛毛。"①梁启超也认为，"防弊"是中国传统政治的特色之一；为了防弊，制定出种种防弊措施，然而仍然"政无所出，具官盈廷，徒供划喏，推诿延阁，百事丛脞也"，而这在科举上表现得尤为明显："古者科举皆出学校，教之则为师、官之则为君。汉、晋以降，犹采虚望，后世虑士之沽名，官之徇私也，于是为帖括、诗赋以锢之，浸假而锁院，而搜检，而糊名，而誊录，而回避。若夫试官，固天子近侍亲信之臣，亲试于廷，然后出之也；而使命一下，严封其宅焉，所至严封其寓焉，行也严封其舟车焉，若槛重囚，防之诚密矣。"②科举本身，其中各项制度建设，其

① 〔美〕何天爵著《西方视野里的中国形象：真正的中国佬》，鞠方安译，光明日报出版社，1998，第165页。
② 梁启超：《论中国积弱由于防弊（1896年）》，载《梁启超全集》第一册，北京出版社，1999，第63页。

实就是各种"防弊"措施的不断完善；整个科举制度的发展及完善过程，其实也就是各种"防弊"措施不断强化、积累的过程，正如南宋嘉定十年（1217），有臣僚所上言者："臣闻一法立，一弊生，禁防已密而奸幸复出。苟不逆折其萌，则奸弊愈滋，法制不足恃矣。"① 积累到清朝乾嘉年间，已经严密到无以复加的程度，看似严密至极，连皇帝都承认："乡会试为抡才大典，必须诸弊肃清，真才乃出。向来内场舞弊，法令綦严，人知懔畏，近年朕遴派主考大员，率同房考等悉心校阅，尚知秉公衡鉴，未必有作奸犯科之事。在诸臣各知自爱，朕亦不疑及此。惟外场弊窦尤多，定例责成监临、知贡举综理，并特派搜检及稽查龙门接谈换卷王大臣，自至公堂以及砖门，复均派有御史监察，棘闱以外，又有巡墙御史并营员等周围巡逻，立法本为周密。"② 这似乎已经可以将"弊"杜绝在那高达数丈、厚达数尺，内外皆辟隙地，而上厚植荆棘的高墙之外。

贡院本身，即是充满各种不信任，是通过制度化的空间建构来进行防弊而建构起来的空间。依托于种种防弊制度，首先用"墙"隔绝内外，用高与矮、固定与临时等多种形式的"墙"来隔绝各色人等的活动空间，使之在一定的时间内，只能在一定的空间之中活动，从而达到防弊的效果；还以高高的明远楼、高墙四周的瞭楼等高大建筑，派人时刻监视号舍、甬道上所有人等的一举一动，颇为符合福柯笔下的"全景监视

① 刘琳、刁忠民、舒大刚、尹波等：《宋会要辑稿》"选举六"之二八－二九，上海古籍出版社，2014，第5373页上。
② （清）礼部纂《钦定科场条例》卷二十九"场规"，文海出版社，1989，第2036～2037页。

装置"。就防弊的对象上，防弊不仅仅对于考官、考生，各种书手、对读等执事人员，甚至还将触角深入贡院中地位最为低下、没有丝毫话语权的号军、人役身上，认为他们也可能串通考生进行作弊。明万历二年，京师贡院重修，除了当朝首辅张居正作了一篇皇皇大文《京师重建贡院记》[①] 外，检讨赵用贤亦撰《重修贡院记》，列举了各种用房数量外，说得更为直白："他如监临、督察、逮庖、湢、舆、隶，有事棘闱者，率树之堂牖，闲之垣槛，凡为屋大小三百四十七楹。"[②] 此处所表述之"树之堂牖，闲之垣槛"，直接表示了以各种建筑来进行"防闲"的空间规训作用。

就清代贡院而言，其规制之严密，臻于极致；然而"规制之严密"其实就是用来规训在这个空间中有所活动的各色人等。不必说居于关键地位的内外帘考官以及应试士子，即如誊录书手、对读生，刻字匠、刷印、裱糊、鼓手、厨役、乡皂、饭夫、打扫等项人役，甚至挑水之水夫，也不惮繁细，一再要求，如"水夫"略如下引：

> 嘉庆二十二年议准，御史周鸣銮奏称：乡会两科，东西文场水夫，每处应各备壮健者三十名，于题目未出之前，督令赶紧添注满足；散题纸后，不准运水等语。查东西文场，只有两井，号口水缸，每号仅容两只。历届顺天府册送水夫三十余名听用。乡会试士子未经点名，及点名进封号，未散题纸之前，监试、提调等严督管水，委官令其上紧灌满应用。至每场次日，向例兼煮粥饭，分给士

① （明）张居正：《张太岳集》，上海古籍出版社，1984，第114页。
② （明）赵用贤：《重修贡院记》，载《松石斋集》卷一二，四库全书本。

子；而煮粥锅灶，即安放东西两栅栏之内。火夫人众□□出入供役，亦势所难禁。是散题纸后，东西栅栏不能即行封固，即多备水夫，亦属无用。至水夫传递诸弊，夜间较难查禁。应请嗣后每场运水，俱在日间，不得于黑夜运水往来，以杜弊窦。

（道光二十三年）御史雷以諴奏称"空余号内，酌添大小水缸，于士子未入场及出场时，注满足用。封锁栅栏，不许关役赴号"等语，查东西文场，各有水井一口，每场东西号舍，各需水五百余缸；若令水缸一齐备足，势必挹注不及。况留空号数百以备注水，若士子数较多，必不敷用。应饬令大宛二县，各雇水夫二十名，造具名册，由砖门搜检送至公堂点验，再各用白布一块，分别东西场水夫，书写姓名，至公堂标硃，缝于各水夫衣背上。责成巡查御史选干练委官东西各四员，轮流分巡其有井之号，毋庸编列座号，专为约束水夫之所。委官督令于未点名时，注满缸水；迨封号后再令添注。每次注毕，即将水夫关入井号；其有东西挽越、潜入他所者，立即严拿究惩。①

吊诡的是，防弊制度越来越严密，而"弊"的手法也越来越花样翻新、层出不穷。由此，科举制就已然陷入了弊端产生与防范、再产生再防范，防范措施总是落在作弊手段之后、疲于奔命的怪圈与宿命。南宋洪迈就说过："法禁益烦，奸伪滋炽，唯科场为然……代笔有禁也，禁之愈急，则代之者获赂谢愈多。其不幸而败者百无一二，正使得之，元未尝致法。吏

---

① 礼部纂《钦定科场条例》卷十二"顺天乡试执事官员"，文海出版社，1989，第 961~963、988~990 页。

部长贰帘试之制，非不善也，而文具儿戏，抑又甚焉。议论奉公之臣，朝夕建明，然此风如决流偃旗草，未尝少革。或以谓失于任法而不任人之故，殊不思所任之人，渠肯一意向方，见恶辄取，于事无益，而祸谤先集于厥身矣！"①

　　规定如此细致，防范如此严密，似乎没有什么漏洞可钻，应当风清政肃，顺利进行，而拔出真才；然而防"弊"之法既立，而"弊"仍滋炽，在实行的过程中，不仅"关节请托之弊，卒未尝绝也"，各种或明或暗的"弊"始终未曾断绝，而作弊之手段总能超越"防弊"之法，从中获益之厚又能超出之前，使得"防弊者"防不胜防，疲于奔命，以迄于最终消极、懈怠，使得本来就不是什么"善制"的科举制度加速堕落、异化而成为"暗中摸索，探筹赌戏，驱人于不学，导人以无耻"的秕政。② 贡院四周高达二丈、厚达数尺，顶端每次都铺满棘刺的围墙，从来都挡不住墙外之人利用各种手段（现代看来这些手段甚是低级、原始）翻跨逾越；贡院内部高高矮矮、长长短短、固定或临时的各种"墙"，也从来没有真正将各色人等真正区隔开来。③ 乾隆九年八月高宗指出："近

---

① （宋）洪迈：《容斋随笔》四笔卷十三，孔凡礼点校，中华书局，2005，第782页。

② 梁启超：《变法通议·论中国积弱由于防弊（1896年）》，载《梁启超全集》第一册，北京出版社，1999，第63页。

③ （清）《钦定大清会典事例》卷三四"礼部·贡举·申严禁令"上提到了不少场外远程作弊手段："京城举场附近之地，近科以来，闻有积惯奸徒，窝藏枪手，专为场内代倩文字。而不肖举子，沟通外场巡绰兵役及闱中号军，将题目走漏消息，用砖石等物掷出场外。及文字作成，或遥点灯竿、连放爆竹，或驯养鸽鹞，系铃纵放，作为记号，预行指定地方，以便关通接递，仍用砖石等物掷入场内，最为积弊。"至于内帘之"通关节"等，更是从未减少过，详见下文所及。

来士习不端，不惟文风未见振起，抑且怀挟作弊，行类穿窬，诡计百出，竟有意想所不到者。朕早已闻知，屡行训饬。今年顺天乡试，特遣亲近大臣严密稽查。头场搜出夹带二十一人，其四书三题系朕亲出，不过取其略冷，不在外间拟议之中。而场内多人遂尔阁笔，交白卷者六十八人，不完卷者三百二十九人，真草违式及文不对题者二百七十六人。头场如此，伊等尚不知儆。二场仍有搜出夹带者二十一人，及见稽查严密，临点名时散去者竟至二千八百余人之多。士子品行如此，学问如此，是全仗怀挟作弊，以为应试取功名之具。"① 于是将直省解额酌减十分之一，以示惩罚。至于咸丰戊午顺天乡试，竟然爆出"戏子中举"的惊天大案，连累皇帝也不得不在内阁大学士斩首街衢的文书上签字，而"同考官、内外监试及收掌、对读、弥封、誊录等官，处分殆遍"，所有人等均遭受厄运；② 就连那高达数丈且墙顶厚植刺棘，杜绝内外交通的"棘墙"，也时常在考试过程中被偷儿翻越，③ 这不能不说是一种反讽。

---

① 《清高宗实录》卷 223，乾隆九年八月下庚申。

② （清）方浚师：《蕉轩随笔续录》，中华书局，1995，第 147 页。

③ 李慈铭：《癸巳锁院旬日记》所记，其在癸卯科（1893 年，时为光绪十九年）顺天乡闱以御史为内监试时，"初九日……夜半后，大风狂甚，床屋震撼。自昨夕吏舍有被窃者，今日移文外帘，行知巡查棘墙各衙门，入夜加意严防，故三更以前，铃柝不绝，至四更风益甚，则寂然矣。达旦辗转，颇有戒心"；如此防范严密之"棘墙"尚能被翻越，则其他"制度"可被"翻越"者又有多少？此文见谢国桢、张舜徽等《古籍论丛》，福建人民出版社，1982，第 332 页。又据从光绪三年起即任顺天府尹的周家楣在一篇疏文中曾提到过翻越贡院围墙的方法："查围墙四面，风土积垫日久，地身渐高，墙身渐低，棘茨偶有脱落，即易跳越。且闻以二人乘肩及墙，以皮衣一件，搭盖茨上，即可跳入。"见周家楣《查明贡院围墙等处办理情形疏》，《期不负斋全集》政书四，《清代诗文集汇编》第 726 册，上海古籍出版社，2010，第 483 页上。

清朝咸丰初年担任过会试主考官的王庆云就曾对此进行反思："徐思所立之法，究不足以防弊，且立法仅堪以一试，至明年则又出于所防之外，尚非善策。塞洪流易，挽积习难，吾将如之何哉。"①

由此而延伸至对于科举研究的一个问题，即如何对科举进行定性的问题，本书不拟对此多所讨论，只是由于上面阐述的惯性，针对目下在科举研究中似乎占据主流地位的话语方式，即从"对平民开放"以及如何在实施过程中"抑制权豪势要子弟"就对之进行"公平"的定性论断，总感觉有些隔膜。有论者认为，"对于科举制度和科举停废的恰当理解、分析和评判，仍需考虑如何在时代性与历史性、宏观制度变革与微观行为主体之间取得平衡"，而不是"滥用历史的同情心"②，且不必说"制度"本身是否能用"公平"之类词语来定性，但仅从中国历史、文化发展的宏观角度，还是如上所引之文所提出的"微观主体行为"角度，这样的论断以及相关论述，总觉得还是偏颇的。

---

① （清）王庆云：《荆花馆日记》（上册），商务印书馆，2015，第279页。
② 李恭忠：《张謇科举经历探微》，《江海学刊》2016年第5期，第159～167页。

正 篇

人在棘闱

前面我们用了较长的篇幅回顾了贡院作为中国独特空间形态背后的空间意蕴。这些"意蕴"以建筑的形式表征着一个以"求贤"为目的，刻意维护所谓"公平"的"至公"空间；然而我们绕过这些文字性的表征，所看到的却是一个以"封闭""隔离""监视"为手段的规训空间。表征意义的"贡院"与规训意义的"棘闱"，构成了这个空间意蕴的二重变奏。"空间从来不是一个与社会无关的自然事实，相反，它是社会和实践的产物，是历史的产物"的论断①，于此空间的建构过程中得到确证。

"特定社会的每一个人都以同样的方式体现着空间……各种空间表现会如实折射出主导性的社会组织模式"②，涂尔干的经典名言，对于我们理解"空间"及其中的运作模式，具有极大的启示意义。在此值得指出的是，"空间是任何公共形式的基础，空间是任何权力运作的基础"，人们研究空间，是为了"明确人们在空间中的特定的定位、移动的渠道化，以及符号化它们的共生关系"③。因此，我们应该在注意到这样的空间建构

---

① 汪民安：《空间生产的政治经济学》，《身体、空间与后现代性》，凤凰出版传媒集团，2006，第111页。

② 〔英〕约翰·厄里：《关于时间与空间的社会学》，载布莱恩·特纳编《社会理论指南》，上海人民出版社，2003，第505页。

③ 汪民安：《空间生产的政治经济学》，《身体、空间与后现代性》，凤凰出版传媒集团，2006，第107页。

过程之后，接着要将目光转向在这个空间活动的人，用他们在这个空间最后的种种实践，来理解这个空间特有的性质。

我们已经明确，在这个空间进行活动的主体，主要由两个群体组成，一是代表着国家或者朝廷意志的考官群体，包括内帘官和外帘官；另一个是考生群体。从制度上看，二者是支配与被支配的关系；但从实际上来看，无论是二者之间，还是各个群体内部，都存在多种多样形式的互动。按照制度规定，这里面的"互动"应该是各种制度规定下的"互动"，并且还应该是"单向度"的，即应该按照朝廷→考官→考生这样的顺序，朝廷是制度的制定者，考官遵守朝廷的制度，将它们实施于考生身上，因此以"互动"来描述发生在各个群体内部及各个群体间的"行动"并不合适。然而，人是复杂的，社会是复杂的，单向度、直线式的因果对应关系是不容易存在的，因此有社会学学者认为："在人类情感的每一层面中都有理性的算计；在所有的决定中，即使在最技术性的决定中，都有情感范畴的限制和制约。只有在同时排除两种对立的过于简单化的诱惑时，对组织运作的看法才有可能是真实的。"① 因而在事实上，贡院中充满了各种形式的"互动"，这些"互动"有些强化了制度，有些体现了制度，然而还有些确确实实是对"制度"的消解，并且有些可以言说，有些不可言说，从而使这个制度化的空间涂上了浓重的斑驳色彩。"在中国，这么大的一个国家，这么长的历史，基层民众的生活却往往被排斥在文人写作的视野之外。然而史家若不能全面照顾社会各界、各层次人的生存状态，疏忽了体制操作以

---

① 〔法〕克罗齐埃：《科层现象》，刘汉全译，上海人民出版社，2002，第179页。

及社会实在的复杂性，不能直接触摸与理解民众的生活感受，历史再现往往是残缺不全的，甚至有不少虚假的成分。"① 我们对于发生在贡院中的"互动"进行一定程度的揭示，从而也有可能揭示出高文典册下的制度运作的真实状态。

本篇将要阐述的，正是这多种多样的互动形式，从而展现科举制度在实施过程中，所不为人知或罕为人知的生动场景。然而，必须事先指出的是，我们将主要笔墨放在这两个群体之上，因为就棘闱的建构而言，所针对的也就是这两个群体，并且也主要是因为这两个群体是知识群体，有些有一定的文字资料流传，也就是拥有一定的话语权，而在贡院内的其他群体，如为数众多的誊录书手、等而下之的号军以及内帘考官所带的仆从等，尽管也可以说在一定时间内在贡院内活动，有时还会闹出大的动静，却不能用"人在棘闱"来形容，因为科场建构的种种设置，主要不是针对他们的；事实上，他们没有也不可能留下相应的文字记载②，至少就笔者目前所见而言。

再就是还要事先指出的，无论是相对于考官还是考生，其在贡院内的活动都是一个"行动"；按照相关社会理论，行动"是时间中的过程"，是由"目的、手段、条件和规范"组成的，"将各种条件成分向着与规范一致的方向改变的过程"，

---

① 王家范：《明清易代：一个平民的实话实说》，《南方周末》2007 年 3 月 29 日，第 D30 版。

② 极个别时候会有一些蛛丝马迹，间接听到他们的声音，如俞文豹《吹剑录外集》所记的"余见贡院誊录人说，每日各抛下卷子若干，限以时刻，迟则刑责随之，日夜不得休息，饥困交攻，眼目赤涩"，则可见他们同样是制度规训的对象。见《吹剑录全编》，古典文学出版社，1958，第89～90 页。

所以，这"就内在地关系到时间"[1]；"事物本身就是时间性的东西，这样的存在就是它们的客观规定性"，因此"正是现实事物本身的历程构成时间"[2]，这样的"过程"自然也就是"时间"的绵延。因此，我们按照这样的时间绵延的顺序，将他们这样的行动分为"入闱""在闱"两个部分，相应地，本篇的内容也就依此而分为入闱、在闱两大部分，按照活动主体及其活动，分为四章。

---

[1] 〔美〕T. 帕森斯：《社会行动的结构》，张明德等译，译林出版社，2003，第 827 页。

[2] 〔德〕黑格尔：《自然哲学》，梁志学等译，商务印书馆，1980，第 50 页。

第一章 入闱

——"盛事"的背后

作为一个行动的起始环节，"入闱"在贡院的外部空间进行，只是与贡院外围直接相关；在这个环节中，形形色色、名目各异的考官进行着一种"仪式"般的荣耀，人们往往只注意这种"仪式"表面上的繁华，而忽视其背后所承担的"规训"因素；而数量庞大、但名称只有一种的"考生"作为一种集体性的存在，而直接经历着一种"规训"的时刻。二者在表面上形成了极为鲜明的对比，而在背后有着惊人的相同之处。

一 "显轿"与其后的"铡刀盒子"——入闱"皇皇大典"的背后

所谓"入闱"，顾名思义，就是考官及相关人等进入贡院，办理相关事务；在一定程度上，它是"锁院"的产物，特别是办理内帘事务的所有人等，包括考官、房官甚至杂役，一经进入，就要被锁在其中，直至放榜才能出来。这些人怎样进入贡院，唐宋甚至明朝的相关文献并无记载，很明显，这些事情还不是事情，只是在命下之日，按照一般习惯，进入即可。如宋太宗淳化三年（992）正月，翰林学士苏易简被任命为省试主考官，"既受诏，径赴贡院，以避请求"①，也就是按照原来的方式进入贡院，并无特别举动，考官入闱也不会在社会上形成影

---

① （宋）李焘：《续资治通鉴长编》卷三十三，中华书局，1985，第733页。

响。随着制度建构的逐渐严密，试官入考场，就省试而言，不仅没有什么荣耀感，反而有一种被“押送”的感觉。真宗大中祥符四年（1011）十一月十二日又诏：“自今知贡举及发解试官更不得乞上殿呈题目，并令门辞，差官伴入院锁宿。”① 大中祥符七年（1014）八月十七日，知贡举王曾接受任命后，“与李维偶语于长春殿阁子，至审刑院伺候鞍马，迟留久之，押伴阁门候曹仪虑其请嘱，因以上言，即令曾、惟演分析，与李维词同”，六日后即二十三日，下诏：“今后所差考试发解并知举官等，宜令阁门候敕出召到，画时令阁门（祗）候引伴，指定去处锁宿，更不得与臣僚相见言话，如违，仰引伴使或门弹奏，并当重行朝典。”② 由此可见，北宋之时，知贡举官在得到诏令、受令及入院锁宿等各个时间节点上，都有朝廷派有“官伴”“祗候”之类名义上为“伴从”而实则是监督甚至押送的人跟随，诚惶诚恐，看不出有什么“荣耀”之处。南宋初中期学者洪迈曾亲眼看到这种情境：

> 绍兴十二年壬戌，予寓南山净慈寺待词科试，见省试官联骑，公服戴帽，不加披衫。每一员以亲事官一人执黄敕行前。是时，知举、参详、点检官，合三十一员，最后一中官宣押者，入下天竺贡院。③

---

① 刘琳、刁忠民、舒大刚、尹波等：《宋会要辑稿》选举三，“贡举杂录一”，上海古籍出版社，2014，第 5290 页上。

② 刘琳、刁忠民、舒大刚、尹波等：《宋会要辑稿》选举三，“贡举杂录一”，上海古籍出版社，2014，选举一九“试官”，第 5623 页下。

③ （南宋）洪迈：《容斋随笔》五笔卷四“近世文物之殊”条，孔凡礼点校，中华书局，2005，第 878 页。此则下又曰，“及三十年庚辰，予以吏部郎充参详官，既入内受敕，则各各乘马，不同时而赴院。至淳熙十四年丁未，忝司贡举，则与昔异。三三两两，自为迟速，其乘轿者十人而九矣”，则可知此“伴从”制度至南宋初期尚能遵守，稍后即败坏矣。

　　然而，至于明清，特别是各直省乡试，考官入闱成为一项大典，万人空巷，众目瞻望；起于何时，不得而知，但我们可以在一些零星的记载中看到一些蛛丝马迹。明朝万历年间沈榜为宛平知县，负责顺天贡院的乡试所需物资供应，所供应物资除了书籍、文具、食物等之外，还要有"明轿一乘，黄绢伞一把，青绢伞二把"等物，会试（万历二十年，1592年）在"主考、监试等官用过轿伞、执事、夫皂、马匹"条下，注明"主考兼知贡举官二员下"有"明轿一乘""黄绢伞二把"等，还有"大雨伞""大金扇""牙杖""执事"等项①，则乡会试主考、监临之类大官，特别是主考，要乘明轿，即没有顶棚的轿子，还要摆起全副仪仗，进入贡院，此时已成定制。很明显，此时主考、监试之类官员入闱，还是很有些排场的。不过，这是中国传统政治制度的特点之一，官员特别是大官，出行之排场，自是有很多讲究。

　　然而，笔者要提出的疑问是：为什么要安排"明轿"作为乡会试主考、监临等大员进场或入闱的乘坐方式？就会试与顺天乡试而言，可能是因为在天子脚下，不能把动静闹大。

　　倒是在各直省乡闱，考官入闱的排场，十分煊赫。林则徐在嘉庆二十一年丙子为江西乡试副主考，是年八月初六日壬午，"早饭后钱中丞遣官赍三速柬来，午刻赴入帘宴，晤学使、司、道、府。未刻由抚署坐亮轿赴贡院。自进省时，地方即备八座肩舆，力辞之，改为四人。是日亦已预辞，而临时仍备八座，仓卒不能改，心甚愧之。"② 宣统辛丑科贵州乡试副

---

① （明）沈榜：《宛署杂记》，北京古籍出版社，1982，第161、165页。
② （清）林则徐：《林则徐日记》，中华书局，1962，第56～57页。

主考华学澜描述其由驿馆至贵阳府衙赴入闱宴的途中，"一路观者如堵，两旁市肆之中，万头攒聚，男女杂沓"，宴后乘显轿入闱途中的情形，恐与此有过之而无不及，且又补述所谓"显轿"的具体情形："显舆者，大椅一张，蒙以虎皮，前有踏板，上置两木狮以托足，八人舁之，其抬杠皆以彩绸包裹。后面一人持日罩罩头上。各省入闱皆乘之。由抚署出，仍由原路行。"① 这是考官的记载。清末南汇才子张文虎同治六年丁卯（1867）在江宁校书，是年为乡试年份，八月初六日拜客路上，正逢主考入帘，"是日主考入贡院，观者如山"，因天气本来炎热，"愈觉添热"②，这是旁观者的视角。参加过最后一届乡试的浙江人钟毓龙则以观"入帘"的士子的视角回忆道：

> 正副主考由北京按驿而来，例于七月晦日抵杭之武林门。其初，驻皇华驿，后乃改驻总督署，不得见宾客及通函件。至八月初六日，与各有事于贡院者齐集抚署，一同出发进院。两主考及抚、藩、臬三大宪、学政，皆衣朝冠而坐显轿。显轿者，无顶无边，仿佛一有底盘之大椅。每员之前，则导以头亭旗锣及副执事。再过后，则道府州县及同考官等，惟所乘者非显轿矣。其路径，自抚署东转北上，纵贯清河坊等大街，过登云桥而达贡院。斯时居民夹道聚观，名曰"看进帘"。所过阛阓，无不阗溢，人山人海，为一盛事。③

参加过三次乡试的清末四川巴县秀才朱必谦，在 20 世纪

---

① （清）华学澜：《辛丑日记》，商务印书馆，1936，第 118 页。
② （清）张文虎：《张文虎日记》，上海书店出版社，2009，第 99 页。
③ （清）钟毓龙：《科场回忆录》，浙江古籍出版社，1987，第 59 页。

60 年代，亦即科举被废一个甲子之后回忆道：

> 至初六日，例当入闱，学使在前，两主考继之，均朝服，乘坐八人明轿。随后就是被调帘官（按科举制度，凡乡、会试同考官，在外提调、监试等谓之外帘官，在内主考，同考谓之内帘官，他们都不得出堂帘之外，统称帘官），亦坐蓝呢大轿，上帘敞露，下帘则贴有总督部堂封条。时驺从如云，热闹非凡，令路旁立观者欣羡不已。①

很明显，此之考官入闱，其场面俨然为盛大仪式②。坐在显轿中的官员，朝服朝冠，庄重典则，因为他们是代表着朝廷，要去一个神秘地方办理一件重大的事情，这种隆重的典礼，能够增强其所承担使命的神圣感，从而使其能够"公正衡文"，拔出真才，正如乾隆四十二年（1777），李桑为湖南乡闱副主考，有诗咏"入闱"之事，有"抡才钜典重儒生，今日深叨主命荣……应把洞庭湖上月，文章心迹比双清"之句，③ 表达的就是这种感激心情。翁心存在道光五年乙酉（1825）为福建乡试主考官，八月初六日，"遂乘敞轿入闱"，在敞轿上的所见所感是"观者人益众，轻云作盖，清风吹衣，

---

① 朱必谦：《清末考试制度琐记》，载中国人民政治协商会议四川省委员会文史资料研究委员会：《四川文史资料选辑》（第 33 辑），四川人民出版社，1984，第 141 页。

② 清末人平步青曾注意到这种情形："今各省、各官，无不坐暖轿，惟迎春、迎帝及救火用凉轿，亦不知始于何时。"笔者认为，朝廷有意将"迎帘"打造成庄重的"仪式"，应以突出其"皇皇大典"、凸显其"公平"、诱发更多人参加科举等心态有关。见其《霞外随笔》，中共中央党校出版社，1998，第 39 页。

③ 李桑：《入闱》，《惜分阴斋诗钞》卷三，《清代诗文集汇编》第 405 册，上海古籍出版社，2010，第 41 页。

舒徐而行，书生之荣幸极矣"；①　自然，这种"荣幸"，应是考官入闱过程中所能感受到的最主要心理。不要说正副主考这样的大员，就连被征调入帘的地方官员，也会有这种感觉。清中期著名诗人袁枚，为上元知县时，受聘南闱（江南乡试）房官，作有组诗，记述为房官情境，其《入闱》一首有"仙乐嘈嘈沸绮筵，满街宫锦晓风天。红裙莫讶帘官少，道挂朝衣已六年"之句②，得意之情、轻狂之态，溢于言表；其实其为一般帘官，所乘并非"显轿"，而是四人抬轿子，只不过是"上帘敞露"而已，街边观看之"红裙"又何由而知其年"少"？而在围观的百姓与士子看来，这是荣耀无比的事情，瞻望咨嗟，点头称羡，能够有机会围观一次这样的仪式，已经是无比荣耀，更不用说加入这样的行列了，仪式的作用由此而得以显现。

（二）"显轿"后面的盒子

但在另一个人的笔下，考官入闱还有另一方面的况味：

> 入闱例乘显轿，八人舁之，朝衣朝冠，无顶篷，如赛会中之迎神。显轿只监临、正副主考坐之，余如监试、同考官，皆乘八人、四人轿，用全副仪仗开道。最妙为轿后随抬盒一具，载腰斩所用之铡，亦即清廷对主考犯科场大罪之刑具。此种刑具，闽省科场案，曾一用之。主试者被腰斩为两截，心未死，伏地以舌书三大"惨"字而毙。

---

① （清）翁心存：《翁心存日记》，张剑整理，中华书局，2011，第 34 ~ 35 页。

② （清）袁枚：《小仓山房诗文集》，上海古籍出版社，1988，第 58 ~ 59 页。

巡抚具奏，始罢此刑。然以后主考入场，仍用此具文。①

此段记载，显然是多种记载和传闻混杂而成的，可能也会有所见闻，因为作者是晚清的秀才，可能参加过乡试。因为就其一的"内廷颁赐礼物四色"而言，好像康熙间已经罢去；而最后的"抬盒一具"，则唯见于此，他处未见记载。

不过由此可见科举制度之另一面。有论者论及此时言道："一面是人山人海，万众聚观，无上荣光，另一面则是铡刀在后，犯案者随时可能遭受灭顶之灾。"② 笔者在认可此解读的同时，还认为此过于简略而流于皮相。

就考官而言，事实上是代表着朝廷，代表着权力；其所乘

---

① 刘禺生：《世载堂杂忆》，钱实甫整理，中华书局，1960，第10页。此"具文"一词下语极为有味。科举中类似于此"铡刀"者，尚有顺天贡院至公堂梁上所悬之刀，为康熙五十年辛卯科江南乡闱案，"以示惩戒"而设；咸丰戊午科场大案，房官翰林张桐，在正副主考、其他房官均挟带"条子"入闱的氛围里，以"无舞弊事，所中特少"，"揭晓时，愤指至公堂上所悬刀问曰：'是何物也？将焉用之？'"然对于此的记载，仅见于（清）欧阳昱《见闻琐录》，岳麓书社，1986，第65页，其他未见，不知是否事实。然考官于此，均视而不见，或者在皇皇亮轿入闱之时，其挟带"条子"入闱，亦未可知。如此明确悬于头顶之物尚视为"具文"，遑论其他？薛福成记道："条子者，裁纸为条，订明诗文某处所用文字，以为记验。凡与考官、房官熟识者，皆可呈递，或辗转相托而递之。房、考官入场，凡意欲所取者，凭条索之，百不失一。盖自条子兴，而糊名易书之法几穷矣"，"当咸丰之初年，条子之风盛行，大庭广众之中不以为讳。敏给者常制胜，朴讷者常失利。往往有考官夙所相识，闱中不知而摈之，及出闱而咎其不递条子者。又有无耻之徒，加识三圈五圈于条上者，倘获中式，则三圈者馈三百金，五圈者馈五百金。考官之尤无行者，或歆羡之。余不知此风始自何时，然以余所见，则世风之下，至斯极矣"。见薛福成《庸盦笔记》卷三"戊午科场之案"条，商务印书馆，1915，第53～55，78～79页。
② 何怀宏：《选举社会——秦汉至晚清社会形态研究》，北京大学出版社，2011，第89页。

特别用"显轿"作为交通工具，区别于一般轿子，事实上是在显示科举成功的荣耀，因为能够在此时乘坐这种轿子的官员，都是科举的成功者，并且在仕途上一帆风顺，前途无量，科举的成功，仕途的顺利，也就如此完全呈现出来，事实上是在给围观的群众以一种暗示：好好努力吧，只要成功，你以后也会享受如此待遇。而刘毓生所记之最后的"抬盒一具"，笔者则认为，其象征意义十分明显，既震慑考官，也向民众展示制度建设的刚性：科举制度是十分讲究"公平"的制度，林林总总、条条款款的制度，"步步设防、层层互制、严密防范、用心细密"，已经臻于极致①，没有可以钻的漏洞，大家只要关心自己的文章做得好不好，而不必为衡文过程中的"舞弊"担忧；再就是，如果有人敢于铤而走险，做出作奸犯科的大逆不道之事，已经有前车之鉴，勿谓言之不预也！

笔者认为，就在这样的考官入闱的"仪式场面"上，科举的"教化"与"规训"也表现得淋漓尽致，实在有多种值得透析的地方。

二 "点名识认"与"搜检怀挟"——考生入闱的规训

严格说来，对于考生来说，也用"入闱"这个词来描述其进场来参加考试，是不太确切的，因为对于考生来说，尽管来到此地参加科举考试，意味着给自己的将来寻找一个比较好的前途，有时也会大言不惭地说"此乃朝廷功令"，言语之间

---

① 何怀宏：《选举社会——秦汉至晚清社会形态研究》，北京大学出版社，2011，第90~91页。

似乎充满了神圣感，但实际上，其进入贡院的过程，并没有考官入闱那样充满着仪式与表演，而只是一个令人感觉有些不舒服甚至痛苦的一系列程序，所以用"入闱"这样文雅、富有表演意味的词语来形容，实在是有些不伦不类。但笔者还是冒着如上的危险而使用这个词语来描述考生进场，其用意只有两个：一是为了表示行文的对称与对应，二是能够表达出此词庄严背后的规训意义，而单纯用"入场"则似乎流于客观描述，而将其过程中应有的各种含义丢失。

（一）入场苦况

考生进入较高等级考试如唐宋省试、明清乡会试的考试场所的情形，最早仍是见于舒元舆的描写："试之日，见八百人尽手携脂烛水炭，洎朝晡餐器，或荷于肩，或提于席，为吏胥纵慢声大呼其名氏，试者突入……。"[①] 这表明，从一开始就有了"点名"入场的制度，尽管负责点名的"吏胥"是参与科举考试的人员所瞧不起的，但在此时他们却不得不忍受这些人的"纵慢"，亦即放肆、轻慢地对待，而为了抢得一个有利于答卷写文章的位置，而冲入考试所在的"尚书都堂"。对于主持考试的人员来说，对于考试秩序的维护是比什么都重要的事情；至清朝后期，已经形成了比较成熟的"点名入场"制度，如《钦定科场条例》卷三十所载：

> 顺天乡试及会试，二门外散卷处，用木杆密扎挡拦，每门派营官一员，委官一员，带兵十人，立于公案南台阶

---

① 舒元舆：《上论贡士书》，载《全唐文》卷七二七，上海古籍出版社，1990，第3318页。

之下。士子听名接卷。未经唱名之人，不准挤上台阶；未经领卷之人，不准抢入二门。傥有不遵约束者，立饬营委各员拿办。[1]

因此，就考生进场而言，"有序"首先是要循序而进。但实际情况往往是，人少的时候容易办理，所以唐朝时候，尽管也有点名、搜检，但人数较少，所以能够在完成上面两道程序后，"突入"棘闱，以便在都堂两庑中抢占较为适合答卷的地方。在考生数量不断增加，而点名入场制度尚不完善的时期，这种"突入"常常会造成拥挤、践踏，甚至闹出人命，特别是到了宋代及以后，随着科举人数的巨量增多，拥挤现象在省试这种大型考试的入场过程中，常常出现；最早的关于这种现象的记载，应该是《湖海新闻》所载的南宋淳祐癸丑（1253），"临安试监，补者天下无虑数万。蹂践而死者十有七人，省试亦伤一人"，当时士人为《讽临安试》，有"南省观图丧一名，补闱又试万人英。两重门阈如天险，十有七人倒地横"以及"云山万里家何在？月白风清鬼哭声"之类极惨痛、令人不堪卒读之句，从而发出"谁设秦坑来贡院，枉教唐士梦登瀛"的深痛呼问。[2]

而至清朝中后期，尽管《钦定科场条例》已经将"入场

---

[1] （清）礼部纂《钦定科场条例》卷三十"入闱点名"，新文海出版社，1989，第2156～2157页。

[2] （金）元好问等：《湖海新闻·夷坚续志》后集卷二"文华门""试监蹂死"条，中华书局，2006，第201～202页；周兴禄：《宋代科举诗词研究》，齐鲁书社，2011，第174～175页对"淳祐癸丑"曾仔细核对，认为有误；本书不及辨此。

点名"等制度规定得极为详细，甚至体恤至于年老士子①；然而这种入场拥挤现象，仍然十分严重。如翁同龢所记同治九年（1870）顺天乡闱，初八日头场进场，"是日入场者拥挤，日暮尚有三千人未入，子初封门"②，湖南人杨恩寿应同治六年（1867）科湖南乡闱，初八日进头场，"应试者万三百七十余人，分作两路点名，壅挤殊甚"，至初九日"四更始封门，迨日已出，始得题纸"③。按照清朝制度，散卷不能晚于正日寅时，故对于此时才进场的考生而言，时间十分窘迫。由此，进场"拥挤"成了一种常态。清中期曾有应试举子吟咏江南乡试进场的拥挤情况，有"轰隆大炮震遥天，士子喧排贡院前，自顾身躯难负重，势拼性命竟居先"之句，当是写实。④ 张謇在应光绪二年（1876）丙子科江南乡试时，仍感到"拥挤苦甚"。⑤

这种拥挤状况，随着社会对于"功名"的追求越来越迫切，参加考试的人越来越多，在文化发达、人口众多的大省乡试与全国性质的会试中表现得尤为突出。考生动辄上万人，再

---

① （清）礼部纂：《钦定科场条例》卷三十，"例案"载"嘉庆十六年奉上谕：老生筋力就衰，必令等候士子全行入场后，始准点进，殊非体恤之道。嗣后派出王大臣于点名时，毋许士子拥挤，即年老诸生中亦毋致自相搀越，务饬员役等妥为扶掖，以示体恤。钦此！"见《钦定科场条例》，（台北）新文海出版社，1989，2164～2165 页。之所以专门就此下谕告诫，固以显现皇上体恤老年人之心，但这些年老士子在遇到拥挤时常常是受害者，则恐是重要原因。

② （清）翁同龢：《翁同龢日记》（第 2 册），陈义杰整理，中华书局，1998，第 794 页。

③ （清）杨恩寿：《坦园日记》，载《杨恩寿集》，岳麓书社，2010，第 181～182 页。

④ （清）诸联：《明斋小识》卷一二，进步书局，1919，第 1～2 页。

⑤ （清）张謇：《张謇全集》第 6 卷·日记，江苏古籍出版社，1994，第 105 页。

加上帮助考生拿考试用品的送考人员，人数会多上几倍；数万人一时拥挤在左右牌坊及贡院门口所围合而成的狭窄空间，尘土飞扬，人声嘈杂，本身就令人恐怖，弄得考生常常是未进考场，而疲惫已极。南宋后期人王炎午，曾记述南宋后期科举入闱的情状："每岁试闱争排竞进，有踬死者"，其父为保护身患背疽的族子王庆入闱，"身为障，抱出入"①，可见其拥挤情形，比起唐朝士子"突入"省闱有过之而无不及。清末重庆府合川举人丁治棠第三次应会试，在当年三月初八日，"由东辕门进，人立如林……先是道生往最早，场具着玉书迭负去，托伊代照。比予至，伊僵立不堪矣。积尘满篮，毡被置地上，纯作土灰色，龌龊蒿目"②；陈独秀也回忆道："到了八月初七日，我们要进场考试了。我背了考篮、书籍、文具、食粮、烧饭的锅炉和油布，已竭尽了生平的气力，若不是大哥代我领试卷，我便会在人丛中挤死。"③

　　人多拥挤只是一方面，天气变化也会增强这种感受。乡试之期为农历八月，北方或为宜人，但在南方尚觉炎热。烈日炎炎，人多拥挤，连主持点名的考官都替考生感到难受。杭州人王文韶曾于同治、光绪年间，先后在湖北臬司、湖南藩司任上，逢乡试年时都入闱为提调官，负责点名（旧例此二官被分至贡院东西两路），感触颇深，如同治六年湖北乡试，其负

---

①　（宋）王炎午：《先父槐坡居士先母刘氏孺人事状》，载《吾汶稿》卷九，"四部丛刊三编集部"，上海涵芬楼据明钞本影印。

②　（清）丁治棠：《往留录》，载《丁治棠纪行四种》，四川人民出版社，1984，第105页。

③　陈独秀：《实庵自传》，滕浩主编《陈独秀经典》，当代世界出版社，2016，第196页。

责东路点名，初八日初场点名时，发现"老生年六七十者颇不少"，感叹"功名之念真有垂老不衰者"；第二场点名时，八月十一日，"天气甚热，士子颇苦，老生有气喘不能支者"。其在同治九年庚午任湖南藩司时，亦负责此科乡闱点名事，感叹"秋暑甚酷，考生颇苦，入场后因病缴卷求去者不一而足，各属老生亦复不少，目击狼狈情形，尤可矜叹，甚矣，科名之足重也"。① 此科有一名叫杨恩寿的考生，在其进头场的日记中写道："烈日似火，挥汗不止。有畏日者，携筐交卷而出。"② 此"交卷而出"，很明显就是放弃考试；而此条记载，也证实了王文韶日记的真实性。

有时遇到下雨，则考生身处泥泞之中，要保护行李不被雨淋，更不能使卷子沾湿，顾此失彼，狼狈不堪。明代成化、正德年间的著名人物石珤，曾写有一首《八月九日雨》的诗，言其两次乡试，头场点名都碰到下雨："前年棘闱苦多雨，观音街前泥没股。单袍赤脚来叩帘，八郡英豪面如土。今年此日雨复多，长安走马知如何？"但对于考试的信心还是有的："鱼龙惯识风浪色，禹门宁畏高嵯峨。……岂无昌黎豀衡岳，或有傅说为滂沱。"③ 明朝公安派的著名诗人袁中道参加万历丙辰年会试，从二月初一开始，即感到"身中颇有烦火，自

---

① （清）王文韶：《王文韶日记》，袁英光、胡逢祥整理，中华书局，1989，第215页。此环境之恶劣，有时监视点名的官员也有感觉不能忍受者，如翁心存是年以户部尚书协办大学士被派顺天贡院"砖门搜检"，第二场先坐西左门，饭后移西右门，辰初二刻开点，未正点名已完，办理顺利，然而，"是日触秽气，夜发热，呻吟竟夕"，可能由天热、积尘、嘈杂等所致。官员坐于席棚，有人负责茶水，尚且如此，何况入场士子？见翁心存《翁心存日记》，张剑整理，中华书局，2011，第1346页。

② （清）杨恩寿：《坦园日记》，载《杨恩寿集》，岳麓书社，2010，第287页。

③ （明）石珤：《熊峰集卷二》，四库全书本。

忖不知可入场否"，对于将要来临的会试没有信心；到了初八日入场的那一天，"雨大作，往年场中点名时，争门而入，多有推排倒地，践踏死者。……至二漏，始入"。^① 同是湖北人的宜都杨守敬在同治元年（1862）24 岁时，因家计不佳，本拟不赴乡试，但到七月初旬时，不得已前往，"泊入场，因小雨人多拥挤，不能取次应点，而已入龙门者，不能复出，于是露立龙门内，至初九日黎明方应点入号。时困倦已极，加以腹泻，未及收拾考具，题纸已下"，慌慌张张开始答卷。^② 同治三年（1864）十一月，江南贡院补行乡试，初八日进头场，苏州府吴县人柳兆薰与同伴在巳初出门听点，"岂知近贡院前拥挤不堪，雨湿透衣服。……闻海门、如皋试卷误乱名次，及头、二场倒排，因是愈形忙促。前后时辰不准，饥寒交迫，了无松机，直至申酉之间，始点苏属，人人疲倦，气力均惫"。^③ 许宝蘅在 1904 年参加会试（是科为最后一科会试，借闱河南贡院），第三场入场时"正值大雨，自项至踵，雨湿泥泞，为向来考试所未尝之苦"^④。这种情况甚至会引起监临入闱的考官的同情，因为他们大都是科举出身，对此种情境常常感同身

① （明）袁中道：《珂雪斋集》（下），上海古籍出版社，1989，第 1358 页。

② （清）杨守敬：《邻苏老人年谱》，载《杨守敬集》（第一册），湖北人民出版社，1988，第 10 页。

③ （清）柳兆薰：《柳兆薰日记》，太平天国史料专辑，《中华文史论丛》增刊，上海古籍出版社，1979，第 345 页。对于是科江南乡闱，柳氏以为苦，然在清末废科举之后况周颐的笔下，则为"十一月初五六等日，和煦如仲春，至初八日，群集龙门下，则渐闻渐沥声，知已雨雪，至初十日雪霁。是时贡院新修，朱栏录曲，明蟾照映，多士角逐文坛，复睹承平景象，虽严寒砭骨，亦欣欣若携纩焉，则五十年前之天时人事，固如是也"。况氏人民国后为遗老，固宜有是言。见况周颐《眉庐丛话》，山西古籍出版社，1997，第 322 页"同治甲子重开乡试盛况"条。

④ （清）许宝蘅：《许宝蘅日记》第一册，中华书局，2010，第 51 页。

受。如王庆云在咸丰五年（1855）监临晋闱，八月十一日进次场，"连日阴雨，席帽沾濡"，仍有"皓首儒生，负戴于稠人涂潦之中者数十"，联想到自己的"当年辛苦"犹堪仿佛，"若此时犹是青衿，能谢场屋否，未可知也"。①

有时人多拥挤，再加上雨天，往往挤出人命。生活于乾嘉之间的青浦人诸联曾记述了乾隆五十四年（1789）乡试的情景，工于制艺的娄县秀才秦伦叙，在是年乡试入场时，"人众拥挤，伤其胁骨致断，归即卒，士林咸为扼腕"。②嘉庆丁卯浙江乡试，"三场适值大雨，应试者浑身濡湿，挨挤踉跄，落后揿先，无复鱼贯，而头场尤甚"，点名时，钱塘张某于人丛倒地，为履齿践踏以致惨殒，他如摩肩堕筐蹑蹋遗履者，纷纷藉藉，"黄霁青太守适应乡试三场，因失履，袜而泥行"，非常狼狈，最终导致坐错号舍。③道光二十三年（1843）浙江乡闱，海宁诸生管庭芬在等候头场点名时，"候点头场名。雨骤风狂，水涌厂漏，兼之人数至一万二千有零之多，势甚拥挤，至有伤而不能就试者。余至迫暮方入，衣履皆湿透，不得更易，生平困苦，惟此为最"，但仍然有"后来者有中宵未克归号"的情形，结果导致"四更三点方得封门，五更三点方能对号"，初九日"辰刻始传题来"这样"二百年来所未有"之事。④清末

---

① （清）王庆云：《荆花馆日记》（下），商务印书馆，2015，第739页。

② （清）诸联：《明斋小识》卷五，进步书局，1919，第6页；此书卷十二所记更惨：是年（未标注何年）乡试日逢雨，路泥泞，至优优拥挤，上江生柯（万年）踬于地，被众蹂躏，肠腑齐出，不旋踵而磕，余皆胸喘肤污，身受重伤，一时喊声震天，冠履考具，委掷满地，点名至初九辰时始毕。

③ （清）梁恭辰：《北东园笔录续编》卷三"试卷毁名"条，进步书局，1912，第3页。

④ （清）管庭芬：《管庭芬日记》第3册，张廷银整理，中华书局，2013，第1130～1131页。

温州学者张枬在 1889 年参加浙江乡试，在八月初八日进场那天，"天却下雨，不堪行走，乘轿而进。惟本年新章，辕门以外即不许送考人进，遂致辕门口拥挤不堪。传闻嘉郡考生被人挤倒吐血而晕，本邑林子来所携考具亦因挤失落。雨势沽渲，衣服沾湿，科场苦况真有不可言传者"，① 非常狼狈。乾嘉间浙江文人缪艮所辑《文章游戏》中有《贡院赋》，模仿杜牧《阿房宫赋》描写入场情境，有"头炮警众，三炮开阁，听点传呼，争先捷足。各抱考具，铺陈紧缚，挨挨焉，挤挤焉，凳脚篮头，猝不知何人跌落。浑身雨淋，宛若游龙，受卷疾趋，翩若惊鸿。天地玄黄，各就西东……"等句子，应是实录。②

至于有因为拥挤而发汗病瘥者，则可能只是一种悲剧中的"意外"而已，如唐文治 19 岁时参加江南乡试（其记为"省试"，不确）时，因试前"日游书肆""中暑患热病"，连考具都是其父代为整理，勉强进场，却因为入场时，"人极拥挤""汗出而愈"，是科遂以二十名中举③，是悲剧中的意外之喜，但亦可见考生入闱时的境况。而张謇则没这么幸运，其之前曾两次应江南乡试，均落第；至光绪五年（1879）第三次参加江南乡试，初八日进头场，"拥挤为平生所未遇，雨濛濛若织，衣裾都湿，晚间遂感风寒"，此风寒至十五日三场考策论时，仍未愈④，而此科仍未中式。

① （清）张枬：《张枬日记》，俞雄选编，上海社会科学院出版社，2003，第 13 页。
② （清）缪艮：《文章游戏》（上），（民国）朱太忙标点，大达图书供应社，1935，第 109 页。
③ 唐文治：《茹经先生自订年谱》，（台湾）文海出版社，1985，第 8 页。
④ （清）张謇：《张謇全集》第 6 卷·日记，江苏古籍出版社，1994，第 182 页。

（二）"点名"与"搜检"规训下的考生

必须指出的是，对于入场秩序，专门有官员进行维护，有些做法比较"理性"、"科学"或者"务实"，如林则徐为维护江南贡院入场秩序的努力，多受称颂，甚至被外地取法；事实上，这些做法之所以能够被记下来而名垂青史，很明显是由于这种办法的制定者有较高的威望；而在实际中，如下面蒲松龄所见之做法，恐怕亦不罕见：

> 试期听唱名，攒弁类堵墙。黑鞭鞭人背，跋扈何飞扬。轻者绝冠缨，重者身夷伤。退后迟嗷应，逐出类群羊。贵倨喜嫚骂，俚蹀甚俳倡。视士如草芥，而不齿人行！帖耳俱忍受，阶此要荣光。此中求伊周，亦复可恻怆。①

是诗前有小序"薄游稷门，适值试士，少见多怪，因志所感，索和同人"，考究此诗，作于康熙四十七年（1708），是年逢乡试年，则所描述者或为乡试进场情形，应该无疑。只不过是作者留下狡狯之笔，题目为"历下"，而序则言为"稷门"，二者明显不一致。然而蒲氏一生多次应试，对于此种情境之感触，绝非"少见多怪"一词所能掩盖。②

对于考生而言，入场时所导致的不愉快，除了人多拥挤、环境嘈杂以及天气变化所可能导致的秩序失控外，更为主要的，是"点名"与"搜检"这两个具有"规训"意蕴的手续。

---

① （清）蒲松龄：《历下吟》，载《蒲松龄集》，上海古籍出版社，1986，第618页。
② 蒲氏诗中有几处以"稷门"指代济南者，则应无疑，赵伯陶《聊斋志异详注新评》（人民文学出版社，2016，第277页）有辨证，且引《聊斋诗集笺注》中所云以证。可见是事实，亦可从中见到考试入场的具体场景。

"点名"，按照字面意思而言，就是"大声念名字"。唐朝礼部试，进场即有"点名"。《钦定科场条例》明文规定：士子入场，步军统领专派在城总兵酌带弁兵数十名，分巡各砖门，督率参守等官，饬令士子按牌听点应名给签。[1] 此为对于顺天乡试进行的规定。兵吏"点名"，考生应答接卷，是进入贡院的首道手续。然而，仔细分析这个步骤，却会发现其中存在让人不舒服的地方。

对于人来说，"起名字"——"命名"这种活动是我们认识活动中的一种基本的精神行为；然而，"起名字"并不是给某事物一个"名字"这样听起来那么简单，给人命名，尤其是书香门第给寄予了极大科名期望的儿孙起名，因此，"一个名字打开来看它隐藏着不少意念与命题等等，而且仔细检视，它敞开着许多与其他意念或事物相联系的窗口，它们之间存在着联系"[2]，不仅表达了上一代人对于下一代的期望，而且能够让他人从这个名字上看出上代人及整个家庭的文化水准，其讲究与精致程度，在考生的名字上表现得极为鲜明。

"名字"对于中国人而言，就是其"名号"。按照《春秋繁露·深察名号》的解释，"名之为言鸣与命也，号之为言謞而效也。謞而效天地者为号，鸣而命者为名；名号异声而同本，皆鸣号而达天意者也"[3]；据此则可知，"名"不仅具有"鸣"的作用，而且与人的"命"密切相关，甚至暗示着其人一生的命运，其重要性由此可知！名字对于一个人有着如此重要的作用，

---

[1] （清）礼部纂《钦定科场条例》卷十二，（台湾）新文海出版社，1989，第929页。

[2] 张灵：《知识哲学疏论》，中国民主法制出版社，2012，第82页。

[3] （汉）董仲舒：《春秋繁露》，上海古籍出版社，1985，第791页。

故"命名"就成为"中国古代慈幼育儿礼俗中具有非同寻常意义的一种","名字也就具有了更多的文化意蕴和个体、家庭色彩"①。《礼记·檀弓》言:"幼名,冠字,五十以伯仲,死谥,周道也",此"名""字""伯仲""谥",其实就是人(当然是贵族男子)不同阶段的不同"名字"②。能够参加科举考试,特别是乡会试的考生家庭,多是书香门第,对于名字自然极为重视,常常从经典中择取词语作为名,并选择与之相关词语作为"字";也有考生不出自书香门第,但在上学读书的时候,塾师也会根据考生的具体情况,给他另取"学名",一般也讲究出处及用意,极为文雅,正如《清稗类钞》的作者所认为的,"国朝人之于名字,固尤致意耳",是因为"名字之人,要有关系,命意取类,不可不审","自古及今,从无名士通人取俗陋不堪之名字者"③。因此,"命名宜慎","童时一差,终身不可易",要择"易讳"词语来命名,方便自己,也方便他人。④

然而,这样用心起的名字,在日常生活中的使用却是极为受限的。考生在家中的时候,尽管要"父前子名"⑤,然而父母亲及兄长等人,一般不直接称呼其名,而是用"小名"来代替,以示亲昵;同学好友之间,则以"字"或"号"相称,如《程董学则》就这样要求生徒:"相呼必以齿。年长倍者以丈。十年者以兄。年相若者以字,勿以尔汝。书问称谓,亦如之。"⑥

---

① 杜成宪、王伦信:《中国幼儿教育史》,上海教育出版社,1998,第24页。
② (清)孙希旦:《礼记集解》卷九,中华书局,1989,第207页。
③ (清)徐珂:《清稗类钞》"姓名类",中华书局,1984,第2161页。
④ (清)阮葵生:《茶余客话》卷十二,中华书局,1959,第357页。
⑤ (清)孙希旦:《礼记集解》卷二"曲礼上",中华书局,1989,第49页。
⑥ (元)程端蒙、董铢:《朱子论定〈程董学则〉》,(清)陈宏谋辑《养正遗规》,中国华侨出版社,2012,第31页。

《吕新吾社学要略》也这样要求子弟："学中以长幼为先，序就齿数。除系相亲，自有称呼外，其余少称长者兄，长呼少者名。"[1] 再就是自己"对父母长上朋友，必称名"，亦即自称自己名字。[2] 因此，旧时直呼其名的情形，在日常生活中的使用是非常少的，除了父母、长辈、师、官以及年长于自己比较多的同辈之外，其他人对自己直呼其名，则会感到很不自在，有时甚至会有受侮辱的感觉，正如清朝末年，有在中国进行游历的外国人所感受到的："在中国，同辈人之间若直呼其名被认为是一种严重的失礼行为，这是一条放之四海而皆准的规则。……在另一方面，长官或者长者可以对下级的同僚们或者晚辈们自由随意地直呼其名，因为他们既有权，也应当这样做。……同辈人之间若有人直呼对方姓名，那便是一种企图高高在上的表现，是对长官和长者权利的侵犯，是僭越行为。"[3]

在这种情况下，有时考生的年龄还会比较大，被贡院门口的"吏"或"兵"——这是两类在读书人心目中极为不齿的人——大呼其名，自尊心强的考生，往往认为这是一种侮辱。在舒元舆的记载里，就已出现"为吏胥纵慢声大呼其名氏"的近似侮辱的情形，即有人视为侮辱，弃考而去。早在科举考试制度的起始阶段唐朝，即有人因此弃考而去："进士李飞自江西来，貌古文高，始就礼部试赋，吏大呼其姓名，熟视符

① （明）吕坤：《社学要略》，（清）陈宏谋辑《养正遗规》，中国华侨出版社，2012，第238页。
② 〔宋〕朱熹：《童蒙须知》，载徐梓、王雪梅主编《蒙学须知》，山西教育出版社，1991，第23页。
③ 〔美〕何天爵：《西方视野里的中国形象：真正的中国佬》，鞠方安译，光明日报出版社，1998，第194页。

验，然后入。飞曰：'如是选贤耶？即求贡，如是自以为贤耶？'因袖手不出，明日径返江东。"①

尽管后来有人从"精神胜利"的角度认为此"点名"是"玉阶传胪"的先声②，但"点名"是入场时的第一个环节，人多拥挤，环境嘈杂，且被地位低下的"吏"大呼其名，已经让人感觉很不好。更为难堪的，还在于后面的第二关——"搜检"。

制度化的"搜检"，起于何时，前后又有哪些变化及发展，尽管研究成果不多，但还是有一些大致的说法。唐代初开科举，即已"严设兵卫，荐棘围之，搜索衣服，讥呵出入，以防滥冒"③；但据吴宗国的相关研究，这只是安史之乱前的制度，到乾元初李揆以礼部侍郎知贡举，认为以前"主司取士，多不考实，徒峻其提防，索其书策"，"深昧求贤之意"，因此在考场的庭院之中"设《五经》、诸史及《切韵》本于床，而引贡士曰：'大国选士，但务得才，经籍在此，请恣寻检'"；后来白居易在有关文章中说礼部试进士时"许用书策，兼得通宵"的描述，说明搜检制度消于无形。④ 至北宋时，尽管开始了科举制度中的"糊名""誊录""锁院"等重要的防弊制

---

① （唐）杜牧：《唐故平卢节度巡官陇西李府君墓志铭》，载《樊川文集》卷九，上海古籍出版社，1978，第136页。

② （清）樊樊山之"点名"诗有句云："纸上丹毫点注轻，玉阶胪唱此先声。"诗在《十朝诗乘》卷二四；其实，早在乾嘉间，缪艮之《文章游戏》，所收之《浙江乡场十事诗》"棘院门听点"一首云"客寓初闻炮，心旌忽已悬。疾行犹恐后，数武以争先。姓氏高高唱，应声诺诺连。龙门今得路，玉殿待胪传"已有此意。见缪艮撰（民国）朱太忙标点《文章游戏》（上），大达图书供应社，1935，第113页。

③ （唐）杜佑：《通典》卷十五"选举三"，中华书局，1984，第84页上。

④ （唐）白居易：《论重考进士事宜状》，载《白居易集》，中华书局，1979，第1266页。

度，"搜检"到底怎样进行，则不甚明了。北宋人王栐记载："国初，进士科场尚宽，礼闱与州郡不异。景德二年七月甲戌，礼部贡院言，举人除书案外，不许将茶厨蜡烛等入，出官韵外，不得怀挟书策，犯者扶出，殿一举，其申严诚是也。"[①]这只是说不准将书策带入考场，若被发现要受处罚；但怎样发现，却没有说，则未必是进场搜查，而很有可能是在考试过程中发现的。大中祥符五年（1012），宋真宗下诏禁止搜检："闻贡院所试诸科举人，皆解衣搜阅，虑其挟藏书册，颇失取士之体，亟宜止之。"[②]然而，据欧阳修的相关材料可知省试"搜检"之制仍在举行；其在嘉祐初年知贡举时，上《条约举人怀挟文字劄子》中，建议"增定贡院新制，宽监门之责，重巡铺之赏"，主张在举人入场以后，严加巡察"怀挟及传授文义"只是虑及"盖以入门之时，一一搜检，则虑成拥滞"，也考虑到应试考生的尊严问题，[③]则可见"搜检"并未废止，仍在实行。

南宋初年，从金兵铁蹄的践踏下喘息甫定，高宗就降手诏戒饬试院欺弊："近年以来，士风浸薄。……逮至礼闱，不遵绳矩，挟书、代笔、传义、继烛，种种弊欺，靡所不为。不惟负国家教育选举之意，兼使有素行、负实学之人俱蒙其耻。……当重置典宪，务在必行。"[④]之所以对于科举如此重视，是因为其认识到"异日宰执侍从，皆于此途出"的重大意义；[⑤]不

---

① （宋）王栐：《燕翼诒谋录》卷二，中华书局，1981，第11页。
② （宋）李焘：《续资治通鉴长编》卷七七，中华书局，1985，第1756页。
③ （宋）欧阳修：《条约举人怀挟文字劄子》，载《欧阳修集编年笺注6》，巴蜀书社，2007，第385~386页。
④ 刘琳、刁忠民、舒大刚、尹波等：《宋会要辑稿》职官一三之一一，上海古籍出版社，2014，第3375页上。
⑤ （宋）李心传：《建炎以来系年要录》卷一七四，中华书局，1956，第2867页。

久此即见到效果。绍兴二十六年（1156）八月沈该等奏："今岁科举极整肃，有传义、挟书者皆扶出。"嘉定十年（1217）三月二十七日礼部尚书黄畴若等言："臣等入院之初，检举条制，申省恭承，给降皇榜，士子翕然知改，引试凡十有七日，一二未悛，不逃纠摘，其余廊庑肃然，人自罄竭。旧来试毕掷册满前，今兹浃旬，庭下如扫。"① 不仅如此，就连殿试时，也仍然要搜检："士子止许带文房及卷子，余皆不许携带文集。士人入东华门，各行搜检身内有无绣体私文，方行放入。"②

金、元代科举规模较小，影响有限，然而依然实行搜检制度。在金朝，金世宗下令所有考生在进考场之前要沐浴，并穿上官府提供的衣服，到后来还要求考生解开头发、衣服，甚至还挖考生的耳朵和鼻子，以防止考生挟带舞弊，严格到了无以复加的程度。③ 《元史》卷八一"选举志一"载：乡、会试"就试之日，日未出入场"，皆"差搜检怀挟官一员"，专门负责此事，④ 可见元代科举尽管规模较小，仍然实行搜检之事。

明朝乡会试中，则一直实行"搜检"。《皇明贡举考》卷一载：专门有"搜检怀挟官"，"凡遇每场举人入院，一一搜检；除印过试卷及笔、墨、砚外，不得将片纸只字；搜检得出，即记姓名扶出，仍行本贯，不许再试"；正统十一年（1446）奏准：乡试搜检，照会试例，止就身搜检，举巾看视，不必屏脱衣服，剥露

---

① 刘琳、刁忠民、舒大刚、尹波等：《宋会要辑稿》选举六之三〇，上海古籍出版社，2014，第5374页上。
② （宋）吴自牧：《梦粱录》卷三"士人赴殿试唱名"条，见孟元老等《东京梦华录》（外四种），古典文学出版社，1956，第157～158页。
③ （元）脱脱：《金史》卷五十一"选举一"，中华书局，1975，第1147页。
④ （明）宋濂等：《元史》卷八十一"选举志一"，中华书局，1976，第2022页。

体肤，致损士气。其有怀挟文字、银两及换写文字者，从重究治；嘉靖四十三年（1564），有"入场之时，务要逐名挨次点入，审视其人，细加搜点"① 之令，在实际执行过程中还出现诸如"将生儒人等搜发垢面、裸体跣足，不同于人道者，贱之甚矣"等恶劣现象，导致"凡有士气，如此莫不沮丧"的后果，② 尽管不断有人上疏出于"稍存体貌，以养廉耻"而请求对搜检稍微放松，③ 得到的结果，不是"下所司知之"的不知可否，就是"防范不可不严"的强调，直至明末。

这种入场搜检制度，到了清朝变本加厉。"考试功令，不须夹带片纸只字，大小一切考试皆然。……道、咸前，大小科场搜检至严，有至脱衣解履者。同治以后，禁网渐宽。"④ 这是对于清朝搜检方式及其变迁的简要叙述，较为粗疏。早在清朝入关不久的顺治二年（1645），初行科举，即如此规定："生儒入场，细加搜检。如有怀挟片纸只字者，先于场前枷号一个月，问罪发落。"后来又一再强调，康熙五十三年（1714）覆准："凡考试举子入闱，俱穿拆缝衣服，单层鞋底，只带篮筐、小凳、食物、笔砚等项，其余别物令在外留截。如违，严加治罪。"⑤ 而至乾隆九年（1744）至于极致：

① （明）张朝瑞：《皇明贡举考》卷一，见鲁小俊、江俊伟校注《贡举志五种（上）》，武汉大学出版社，2009，第48～51页。
② （明）俞汝楫：《礼部志稿》卷七〇"学校备考·处士子三议"，四库全书第598册，第195页上。
③ 如正德十二年十二月南京礼科给事中徐文溥、嘉靖十年闰六月兵部主事王学益等，具体出处参照《中国科举制度史》（明代卷）第219页。
④ （清）徐珂：《清稗类钞》"考试类"，中华书局，1984，第586页。
⑤ （清）礼部纂《钦定科场条例》卷三十，（台湾）新文海出版社，1989，第2217页。

科场为国家大典，关系綦重。向来外场弊窦多端，士子怀挟文字入场，希图弋获，此等无耻之习，一日不除，则真才何由得出？……著各省监临提调等官于点名时严加搜检，片纸只字不准挟带入场，务使弊绝风清，毋得虚应故事。

又奉：国家宾兴大典，欲得品行端方文学优瞻之人，以为朝廷有用之才。成菁莪棫朴之治。无如科场之中，易藏弊窦。我皇考加意整顿，数科以来，内帘之关节，已觉肃清。而外帘夹带之弊，一时难除。朕早已闻知，屡行申饬，至再至三，并非不教而罚也。今当乡试之年，又复先期告诫，以为若辈自谨遵功令，痛自悛改矣。乃昨日头场点名，朕命亲近大臣数人前往监看，竟搜出怀挟二十一人，或藏于衣帽，或藏于器具，且有藏于亵衣裈裤中者，丧心无耻，至于此极。朝廷取士，盖欲用之也。既欲用之，朕安肯不重待之？而若辈自轻自贱若此，以称先法古之徒，竟同鼠窃狗偷之辈。冥顽不灵，不可化诲。若不立法严查，则诸弊何由而除，真才何由而见？……

奉旨：科场怀挟之弊甚多，不得不严行搜检。至于搜到亵衣之内，原属非体，若果无其人，则朕将治哈达哈以太过之罪矣。而无如竟有藏匿于裈裤中者。委查之员，何由预知其孰为有孰为无而分别之？则不得不概行搜查，而朕虽欲全士子颜面，竟无辞以责派查之大臣为太过矣。然此等败类，必系目不识丁之人而与观光之列，总由学政滥行录送，以致紊乱考场，清浊不分如此。……大学士九卿议准：士子服饰，帽用单层毡；大小衫袍褂俱用单层，皮衣去面，毡衣去里；裈裤绸布皮毡听用，只许单层；袜用单毡，鞋用薄底。坐具用毡片；其马褥厚褥，概不许带入。至士子考具，卷袋不许装里；砚台不许过厚，笔管镂空，水注用磁；木炭只许长二寸；蜡台用锡，止许单盘，柱必空心通底；糕饼饽饽各要切开。此外字圈风炉茶铫等物，所在必需，无可异者，俱准带入。考篮一项，如京闱用柳筐，柄粗体实，每易藏奸；今议或竹或柳，应照南式考篮，编成玲珑格眼，底面如一，以便搜检。至裈裤既用单层，务令各士子开襟解袜，以杜裹衣怀挟之弊。①

经此整顿，尽管有所改观；但应看到，科场之严酷与宽松，一凭朝廷之喜怒，就在此严查之后的第四年，“乾隆十三年三月初八日会试，头场搜检各省举子，皆无夹带，惟有浙江温嵩曾一人，有细字一张，系三场策问数条，应照例治罪。上以今年众举子皆知感朕培养之恩，一洗从前丑恶之习。只此一人罹罪，意可嘉焉，著将温嵩曾释放，仍留举人，准其下科会试”。② 对于朝廷来说，可能是鉴于之前搜检过严，挫伤士气，故行之以宽，以恤之以恩；但作为一项制度，却俯仰于朝廷喜怒，是否也表达了所谓“公平”背后的一些东西？③

我们还是回到考生这方面。对于参加乡会试的考试来说，“点名”与“搜检”是其能够进入贡院的两道必要手续；但我

---

① （清）礼部纂《钦定科场条例》卷三十，（台湾）新文海出版社，1989，第 2220～2221、2225～2228 页。

② （清）李调元：《淡墨录》，辽宁教育出版社，2001，第 186 页。

③ 清人梁章钜在勾勒了会试搜检的历史后，指出会试搜检制度的两难处境，“宽则徒成具文，严则有伤国体”，因此这种制度“诚属可已”，然而“今之科道，每好陈科场条例”，强调严加搜检，却对于唐代即有舒元舆的《科场议》这样一篇好文字的观点“竟无人敢昌言之”表示不可理解。见梁章钜《南省公馀录》卷四“会试搜检”条，《笔记小说大观》第 19 册，江苏广陵古籍刻印社编辑，江苏广陵古籍刻印社，1983，第 72 页上。

们经过搜寻相关文献，却发现，除了一些考官对此有所记载外，考生笔下则记者非常罕见，笔者也未发现有这类资料。这又是为什么？

笔者认为，除了其时间紧迫、一般不会在考场中记述日记（考试日记一般都是后来补记），而补记常常是笔色匆匆，可能对于一些细节问题有所遗漏外，更为可能的是，在进场的过程中，"点名"已经是让人不愉快的经历，但毕竟是与"领卷"这样重要的事情联系在一起的，也就算了；而"搜检"，则是让人感觉很受侮辱，实在无言可记。反倒是在一些考官笔下，有一些力图维护考生"体面"以及考生针对"搜检"所进行的一些类似于"反抗"的记载。

笔者不想对"搜检"的细节进行描述；笔者提出的疑问是：为什么要搜检？士大夫阶层为什么对之普遍反感？

第一个问题似乎很容易回答；所谓"搜检"，顾名思义，就是对参加考试的考生，在他们进入考场时，进行搜身，以检查其是否带有考试现场禁止带入的各种违禁品，包括与考试内容相关的书籍、材料及其他物品。现在有一种观念，认为凡是"考试"，就会有各种各样的"舞弊"；既然有"舞弊"，就需要各种各样的防弊措施，反过来说，舞弊似乎就是考试的宿命。在这种情况下，为防止"挟带"这种舞弊形式，进行"搜检"未尝不可。

然而笔者认为，所谓"挟带"这种舞弊形式，其实与考试内容和考试方式密切相关。如前所及，科举考试作为一种考试形式，本身就是一种"有目的"的甄别活动[①]，其实就是面向整个社会选拔、甄别适合于为官之人。到底是什么样的人适

---

① 廖平胜：《考试学》，华中师范大学出版社，1988，第45～46页。

合成为"官"？先秦儒家认为"学而优则仕"，此处之"学"，不仅仅是知识、学问，更重要的还有道德修养；只有两个方面都做到了，才有条件出仕为官，否则害人害己。西汉"举贤良""孝廉"，在中央官署进行射策的时候，恐怕不可能有"挟带"。就是到了唐朝试诗赋的时候，所可能的挟带，也就是一些"韵书"之类工具书，而不会是已经写成篇的诗赋。

大规模的"挟带"，发生在北宋由考"诗赋"转向"经义"之后，所能携带进场的，也就是两类文字，一是经书原文，二是经义文章；前者可以刻印成极小的文本带入，以备临时查阅之用，而后者则需要事先知道题目，或者猜测题目，自己或者请人事先做成文章，临场带入。就考试的"甄别"性质来说，这些就是舞弊，南宋朝廷当时也曾大加打击。但至后来以至明清的具体情况而言，不仅未至于消除，而且在"挟带"手法上推陈出新，无奇不有。这固然是由于个别应试士子"无耻之极"而致，但从考试方式上，以宋朝经义文的变种或者极致化"八股"作为考试规定文体，而题目出处越来越窄，甚至可以经过排除已出过题之处，逆猜而知，因此某些豪富之家，往往请人在所有可以出题之处均做成文章，带入考场，以便当时按图索骥，对号入座，誊写成文，以图中式。如此说来，正是这种出题之处狭窄，而考试问题标准化程度过高，导致了能够事先进行准备舞弊材料以便挟带的可能，正如明中后期人所说："嘉靖末年，时文冗滥，千篇一律，记诵稍多即掇第如寄，而无赖孝廉久弃帖括者，尽抄录小本，挟以入试。"① 清朝顾炎武更言：

① （明）沈德符：《万历野获编》卷十六"会场搜检"条，中华书局，1959，第413页。

"今科场之病，莫甚于拟题。且以经文言之，所习本经四道，而本经可以出题者不过数十。富家巨族，延请名士馆于家塾，将此数十题各撰一篇，酬价，令其子弟及僮仆之俊慧者记诵熟习。入场命题，十符八九，即以所记之文抄誊上卷，较之风檐结构，难易迥殊。《四书》亦然。……天下之士，靡然从风。"① 也就是说，导致"挟带"这种弊端的根本原因，还在于制度设计上的问题。清人诸联说："考试功令不许带片纸只字。近今士子，廉耻日减，计巧日增。平时写蝇头书，私藏果饼衣带中。所携考篮砚子酒鳖之属，俱为夹底，甚至帽顶两层，靴底双屉，更或贿嘱皂隶，以祈漏网。乙丑岁，搜检谨严，弊稍绝。"② 结合前面两条，则可见士子群体"廉耻日减，计巧日增"，在道德修养上逐渐退化的现象，与科举制度本身的"制度设计"有着必然联系，一定程度上也可以看作是后者的必然结果，而不是原因。

广东人张维屏四任知县，足历鄂、赣两省，既稔知童试中以"蝇头书"抄袭舞弊情形；又先后五次入乡闱，其中三次为同考校文，又熟知乡闱试卷之情形，尝作《蝇头篇》诗一首：

> 蝇头细字文万篇，方寸之纸字数千。闲时办就试时用，不必能文亦能中。试官取中但凭文，文之真伪何由分？场中钞袭便获隽，嗟彼窗下徒辛勤。县官考试严防弊，中有童生偏作伪。童生作伪官末嗔，科场钞袭不少人。四书题文十有十，五经题文十仅一。欲向场中识美

---

① （清）顾炎武：《日知录》集释卷十七，黄汝成集释，上海古籍出版社，2014，第371页。

② （清）诸联：《明斋小识》卷八"怀挟"条，上海进步书局，1919，第5页。

才，须就经文察虚实。①

作者所写当以童试为重点；所谓"四书题文十有十，五经题文十仅一"是指"四书题"中无论出任何题都有现成文字，而"童试"中此种现象最为严重，故应该以经题为主就会选拔出"真才"。问题是，"四书题文"之所以"十有十"，是重视"头场"的制度造成的；若以"五经"为首场，则"五经题文"会不会重蹈前者的覆辙？

但笔者更愿意进行讨论的是，"搜检"为何引起考生群体及某些考官的反感。

从本质上言，"搜检"意味着朝廷对于考生甚至考官的不信任。"锁院"、"糊名"与"誊录"等制度，直接针对的是考官，主要是内帘考官；而"点名""搜检"，则直接用来针对考生。从现代所谓"公平"意义上而言，考试所起的作用是甄别与筛选，是所有外在因素均须"不在场"的情况下进行的竞争，考生的记忆力、创造力和心理素质应该成为考试过程中起最主要作用的因素。在以"诗赋"为考试内容和手段的时候，创造力、记忆力成为主要的考察内容；因为考生所需

---

① （清）张维屏：《张维屏诗文选》，黄刚选注，华东师范大学出版社，1992，第104页。童试中各种违背功令情形，多有描述，兹举二诗为例。一为道咸中广西人黎申产所咏，有"试士扃门表至公，那知消息可潜通。将书系雁传千里，剪纸为鸳落半空。早日经营钻穴隙，晚来忙碌递诗筒"等描述；黎氏中举后数应会试不第，晚年任庆远府儒学训导，对于此情境应该熟稔，故所写应是实录，见黎申产《童试杂咏·传递》，菜根草堂吟稿，广西人民出版社，1995，第411页；二为清末温州布衣杨青《永嘉风俗竹枝词》所咏者，有"抄宿稿""翻卷搜书""唤友呼朋""场中传递"（名曰"飞卷"）等多种形式，十余首诗结合起来，对于"童试"中形形色色的违背功令情态，会有更为具体的印象。见杨青《杨青集》，谢作拳、吴显军编，上海社会科学出版社，2005，第31～33页。

记忆的内容，是与所出题目有各种相关性的内容，这些内容散落在各类书籍之中，通过其所写内容，能够看出其读书的丰富程度。另外，还需要较强的创造力，尽管律诗、律赋在韵脚上已经规定好，内容上只能按题来做，但就在这样的形式与内容上均有限制的空间中，仍能看出考生的各种素质。这些素质有些是天生的，有些就只能在后天进行学习，如广泛读书，所以，此时不仅没有可能"怀挟"，考官反而有自信提供"韵书"，让考生把主要精力放在创造力的显现上面。

至北宋中期以后，逐渐以"经义"代"诗赋"，并且在具体实践过程中，"经义"逐渐形成为一种"完整成形、长期固定""为千百万人小心遵循的"文章程式；当然，从文章学上来看，任何一种文章体裁，都有其"体"亦即表达方式或者其在结构、语言等方面的特点，而从内容表达上来看，这些结构、语言上的特点是最适合于这种文体的。"经义"作为对儒家经书典籍中一些语句进行义理阐发的体裁，也自然会有最佳的行文顺序，体现在文章上面就成为行文结构。对于这种结构的极端强调，且成为功令，即"八股"的成因。在这一点上，有学者所认为的"八股形成过程"具有"长期性、渐进性和自然而然性"是有其较为坚实的多方面根据的。①

对于此，笔者不拟进行过多其他方面的论述，只是就本节的中心议题来进行阐述。尽管具有多方面的合理性，但它毕竟是一种较为"方便"的做法。这样的"方便"体现在了三个方面。首先是考官便于评阅，一开始就可以将一些不合格式的

---

① 何怀宏：《选举社会——秦汉至晚清社会形态研究》，北京大学出版社，2011，第136页。

卷子剔除出去，并且在阅文过程中，逐层逐段（"股"）阅读的过程，实际就是挑剔格式要求的过程，发现不合格之处，立马剔除，后文不必再看，从而减少了劳动量；对于受教育阶段的学生而言，若打算参与科举，则目标指向十分明确，就是最终能够做文章"完篇"，以便应考；当然，第三个也是与本章节相联系的地方，这种考试的方式，也便于考生将"文章"挟带进场，从而构成各种"舞弊"事件。

而同时，题目的出处却越来越狭窄。元朝以后，考试中最为重要的首场，只在《四书》中出题；《四书》本身篇幅有限，然而，随着时间的推移，可出题之处越来越少，限制、忌讳却越来越多，如此，怎不给那些有一定经济实力而文章写作自觉尚欠火候的考生提供作弊的机会？这种倾向，甚至引起了清朝皇帝的注意，先后下旨，要求考官注意出题，避免给考生提供"宿构幸获"的机会。① 朝廷以此来考试考生，而如此"方便"的事物，却承载着千百人飞黄腾达、千百万人弹冠相庆，改善社会地位、经济处境的梦想，如何不使人预先猜题且进行宿构，猜题、宿构既已可能，则将事先做好之文使用各种手法带入场中，又有何不可？"挟带"之产生，其手段越来越下作，是可想而知、水到渠成之事。

然而，在实际运作中，能够有经济实力聘请能文之根据预想题目，成就数百篇文章带入场中者，毕竟是极少数；能够冒着"枷号于贡院门口"，忍受过往人等的指指戳戳，忍受同乡、同学的嘲笑、讥讽②，而人生所有前程均毁此一旦的危险进行"挟带"

---

① 何怀宏的《选举社会》第 234 页有一定论述，且有一定引用，可参见。

② 此种事情虽未见具体记载，但如李渔传奇《怜香伴》中所描写的情形，应该不少发生，见（清）李渔《怜香伴》，载《笠翁传奇十种校注》，王学奇等校注，天津古籍出版社，2009，第 142～143 页。

的考生，更应该是极少数。其中尽管有不少像周进、范进那样只是想着凭借科举改变自己人生处境的考生，但也还会有不少怀揣着"致君尧舜上，再使风俗醇"梦想的真正儒士（而这部分儒士是统治者实际需要而在心理上又加以警惕的）。但制度是刚性的，"搜检"针对的是所有考生，以及考官所跟随之人。

在这种情况下，一种被"不被信任"的感觉油然而生。"信任"是什么？根据郑也夫的专门研究，"信任"是建立社会秩序的主要工具之一，是因为"信任可以使一个人的行为具备更大的确定性"，而"增加行为的确定性又是通过信任在习俗与互惠性合作中扮演的角色来完成的"，并"早已成为人格中的重要品德而进入习俗"①。中国人早就认识到"信任"在构建社会生活过程中的重要性，先秦诸子各家对此均有论述，而以儒家的论述最为系统。这种系统的论述，后来又经过朱子的阐发，最终以《中庸》中的"诚"为依托，从而成为最高的道德准则，以及人生修养的最高境界。《中庸》作为"四书"之一，首场三题之必出者，其中对于"诚"的论述，以及朱子对于"诚"的阐发，应试举子必烂熟于心。在这种情况下，朝廷却通过"搜检"这种极端不信任的做法来对待他们，能够使之舒心吗？

科举考试制度本是一种"不信任"的产物。两汉利用察举制来选拔官吏，选拔的标准是"孝廉"，注重备选者道德、人格上的素养。但在实行过程中，人们逐渐发现有很多弊端，慢慢对此产生"不信任"，于是最终只好以"考试"这种刚性的制度来代替；并且在考试制度的发展过程中，人们逐渐采取的种种便于管理的具体措施，更是"不信任"的产物。正如明朝初年，朱元璋

---

① 郑也夫：《信任论》，中国广播电视出版社，2001，第 113 页。

起始立科举，不久废科举，最终复立科举的曲折心路，后人所分析者："高皇初意，欲专选举，罢科目。盖明骘才行与暗索文艺者，虚实自殊。其后卒专意科目者，恐将来选举之弊，更有甚于科目。……求人若饥渴，患情伪之不易核，不得已而辟其末路于艺文……"① 在这种"患情伪之不易核"的不信任心态支配下，科举经历了兴－废－复兴的曲折历程，最终不得已确立下来。

在这时，我们发现，社会生活中各种"不信任"，其实就是人们深层意识中的"幽暗意识"的必然产品。所谓"幽暗意识"，按照张灏的看法，就是"发自对人性中与生俱来的阴暗面和人类社会中根深蒂固的黑暗势力的正视和警惕"，其"植基于人性，结根于人群"；对于此，先秦诸子早有论述，孔子、孟子均有涉及，而以荀子之"性恶论"为"正面的彰显和直接的强调"②，法家中的商鞅、韩非子更有淋漓尽致的痛砭。宋明理学中的两派，程朱理学与陆王心学，也都对此有揭露，前者如朱子认为"以理言之，则正之胜邪，天理之胜人欲，甚易；而邪之胜正，人欲之胜天理，甚难。以事言之，则正之胜邪，天理之胜人欲甚难。而邪之胜正，人欲之胜天理却甚易"③；后者虽然认为"善恶"与观察者的"心"相联系，而认为"无善无恶者理之静，有善有恶者气之动"，却还是承认人有"平日好色、好利、好名"等"一应私心"④。怎样对待这些

① 《古今图书集成·选举典》第六卷，转引自龚笃清《明代八股文史新探》，湖南人民出版社，2006，第143页。
② 张灏：《幽暗意识与民主传统》，新星出版社，2006，第59、62页。
③ 钱穆：《朱子新学案》（第一册），台北"三民书局"，1971，第412页。
④ （明）王阳明：《王阳明全集》卷一·语录一，上海古籍出版社，2015，第26、21页。

"发自人性中与生俱来的阴暗面"，儒家与法家给出了不同的路子。儒家主张通过加强自己的道德修养，来改善这些阴暗面，而将人性中的美好面呈现出来，所谓"明明德"，还要推己及人，影响到家族、周围的其他人，所谓"新民"；而法家则主张制度建设，严刑峻法，使人不敢干犯法律。在实际运作中，科举相关的制度，正是基于此而进行运作的。

科举制度本身，也正是利用及防范人性中的这些"幽暗意识"的产物。人性中的"好名、好利"等与生俱来，而科举制度也正是利用人的这些弱点的体现，一方面使用"琼林宴""传胪"等仪式手段强化"中举""中进士"之后的各种荣耀，以及为官作宰后的各种实际利益，与在"礼仪"上的心理满足感，吸引着人们去通过科举来获取这些东西；另一方面，强化竞争，强化管理，处处防范，从而从多个方面收到"规训"士子心理的效果。一个"搜检"行为，折射出了多少字面上写不得的东西。

不仅如此，"搜检"意味着身体上的接触；这种接触，是传统中国士人的"身体观"所反感的。

"人是以身体的方式来到这个世界，以身体的活动和这个世界打交道，身体存在成为人生在世的首要标志"[1]；身体，不仅仅是物理性的躯体，而是承载着整体性生命的哲学范畴，"尽管人的身体是由一种不容置疑的自然基质组成的，其外观、状态和活动却都是一种文化意义上的组成"[2]，儒家的身体尤其是将形躯生理意义上的身体，精神化的身体，自然气

---

① 唐健君：《身体作为伦理秩序的始基：以身体立法》，《学术研究》2011年第10期，第141~146页。

② 〔英〕阿雷恩·鲍尔德温等：《文化研究导论》，陶东风等译，高等教育出版社，2004，第268页。

化、宇宙化的身体和社会化的身体有机统一为一个整体的"四位一体"的身体，其中尤以精神化的身体为核心，借着心性、道德，使形躯之身、自然气化之身承载了更多社会、历史、文化的内涵。① 从先秦儒家开始，对于"身体"的社会属性，已经非常重视。孔子尽管未曾对于"身体"直接发表过言论，但其道德人格的最高理想——"君子"，是将"仁"与"礼"完美结合，而在身体上呈现出"文质彬彬"的风度；且以"温而厉，威而不猛，恭而安"（《论语·述而》）等形象留存于门徒弟子的心目之中，是将"自然之身"与"礼法之身"完美结合，若二者有矛盾时，宁可委屈前者、选择后者的"圣人"形象。对于一般人而言，这种"礼法之身"可以经由"学"而达到，如荀子所言，"君子之学也，以美其身"，"学也者，学礼也"（荀子·劝学），尽管在此更多强调了外在的"礼"，但无论如何，在外表上给人以"礼"的要求，就是要把我们的"自然之身"转化成"礼仪之身"。这种"礼仪之身"在外表上的要求，可以用《孟子·尽心》中的一段话来描述："君子所性，仁义礼智根于心，其生色也睟然，见于面，盎于背，施于四体，四体不言而喻。"在这种层面上，先秦儒家对于身体的讨论，并非直接对于肉身之体，而是在"对道德、礼仪、情感等诸种问题的讨论"中呈现"身体"的价值和意义。②

从整体意义上，可以认为儒家的身体是一种"礼法身体"，一方面强调"修身"，通过修身增强自己的道德修养，

---

① 赵方杜：《论传统儒家思想中的身体观念》，《兰州学刊》2011 年第 6 期，第 19～24 页。

② 格明福、徐蕾：《儒家"身体"正名》，《中州学刊》2011 年第 11 期，第 161～166 页。

并通过外在的行动表现出来；另一方面，还讲究自"身"的行为规范及静处仪容，要庄重、严肃、凛然不可侵犯。到了宋朝以后，随着程朱理学思想成为法定意识形态，理学关于身体的一些阐述也就成为社会上一般读书士子的身体标准。唐君毅先生曾言："故一人格之精神，恒运于其有生命的身体之态度气象之中，表于动作，形于言语，以与其外之自然环境、社会环境，发生感应关系，而显于事业。"① 职是之故，中国传统知识分子，对于自己的"身体"是非常重视的；这种"重视"既体现在对"身体"的外部修饰上，更体现在强调对"礼法"的遵守与体现上。这二者尽管有一定区别，但实际上是一而二、二而一的关系。

儒家作为我国传统思想的主流，其所主张的身体观，也不可避免地成为传统身体观的主流，在遵循"礼法"的前提下，强调"君子之容"，所谓"摄威仪""色斯温、貌思恭"，以及日常站立、行路等方面的有"礼"可循上，从而给人一种道貌岸然、不可侵犯的尊严状态。《左传·襄公三十一年》所言之"君子，上下、父子、兄弟、内外、大小，皆有威仪也"，并进一步解释"威仪"为"君子在位可畏，施舍可爱，进退有度，周旋可则，容止可观，做事可法，德行可象，声气可乐，动作有文，言语有章，以临其人，谓之有威仪也"，亦即"君子"的所有言语、动作（包括进退、周旋）、容止、做事等方面，都是其他人可以效法、模仿的对象，这样才是有"威仪"。这些"威仪"，经过了孔子及其儒家后学的进一步加工（主要是加入了"仁"作为内心世界的支持），使这些"威

---

① 唐君毅：《心物与人生》，（台北）学生书局，1984，第182页。

仪"在"礼"的方面有了发展，以及这些"威仪"不仅仅是遵守"礼法"时应该呈现的，而且是以"仁"为内涵的自然流露。并且，由于孔子把教育对象由贵族扩展到平民百姓，使一些原先地位低下的平民百姓之子上升为"士"，从而使这些身体特征为"士"阶层所共同认可。正如有论者所论述者："在这里，身体已失去了它自然性的一面，而获得了一种文化价值的意义，成了承载价值和意义的有效容器。"[①]

这样的身体，经过宋明理学的强化，而进一步得到呈现。朱子注意从"小学"时期，就要讲究对"圣贤坯璞"身体上的训练，认为"大抵为人，先要身体端正"，这样的"端正"除了"衣服冠履"方面的"威严可法"外，在"语言步趋"方面还要"低声下气，语言详缓""行步趋跄，须是端正，不可疾走跳掷"[②]。因此，对于身体及行动的要求，成为宋代以后蒙学教育的首要方面，不少《学则》《学规》之类文献，大都把生徒在"行为""生活习惯"等方面的要求放在前面，显示出对于这个方面的重视。之所以对此方面如此重视，甚至上升为"以此为本"的程度，是因为包括"衣服之制，饮食之度，字画之别，以至音声笑语之高下，行步进趋之迟速"，是道德教育的重要组成部分，"所以养诚闲邪而反人道之正也"，对于个人的立身处世有重大影响。[③]

---

① 程勇真：《试析从先秦到魏晋时期对人的身体的发现》，《华北水利水电学院学报》（哲社版）2007 年第 2 期，第 30～33 页。

② （宋）朱熹：《童蒙须知》，载徐梓、王雪梅主编《蒙学须知》，山西教育出版社，1991，第 21～22 页。

③ （宋）吕祖谦：《少仪外传》，载徐梓、王雪梅主编《蒙学须知》，山西教育出版社，1991，第 110 页。

就中国传统身体观而言，"身体接触"也是其中的重要内容。经过长期教养而形成的"礼法身体"，在现实生活中，对于身体之间的接触是非常谨慎的；不要说异性之间的"授受不亲"，就是在成童之后，就要与其他人（包括父母）进行严格的身体距离上的区分，身体之间保持一定的距离，从而避免之间的接触。没有血缘关系的人们之间，比如同窗、朋友，也只是拱手、鞠躬，表示一种诚意而已，却尽可能避免身体之间发生接触，从而保持自己身体上的独立。身体上的被动接触，则只可能是一方失去了自由的接触，故此对于知识阶层而言，是有被侮辱感觉的。

参加科举的士子们，尽管由于学养会有所不同，个人的经历也会有所不同，但因为科举首场三题，均以朱子所注"四书"为标准，所以对于朱子对于"身体"的要求应该熟知于心，不要说是参加会试的举人，就连参加乡试的秀才，在所在地区（尽管有大小）都有一定身份地位，有一定名望（当然也不排除个别声望不佳者），平日都要做出"道貌岸然""师道尊严"的样子，以自己的言语、行动上的"肃然起敬"，而成为平民百姓取法对象，"既然整衣冠、挟书册，号为民首之人，当思言民首之言，行民首之行，处不愧为士君子，出不愧为士大夫，使人敬而爱之，则而效之"[1]，与没有功名地位身份的平头百姓绝不会在"身体"上有所接触，更不必说在其平日所不齿的"胥吏"面前，摘帽去履、解衣露体，被其由上至下、由外至内进行细致"拿捏"，甚至搜及"亵衣"，进行"搜检"呢？

因此，这种"搜检"的结果无非有三种，一是俯首帖耳，

---

① （明）张履祥：《初学备忘》，载徐梓、王雪梅主编《蒙学须知》，山西教育出版社，1991，第220页。

乖乖接受检查，顺利入场，这种应是绝大多数；二是以之为一种"受辱"，放弃入场，亦即放弃考试，此为极少数，而相关记载者常常以之为一种值得赞赏的行为而记录下来①；三是与搜场人员发生冲突，这类事件也不多，但因为从表面上看只是与搜检人员发生冲突，而实际上是与后者所代表的"搜检制度"乃至科举制度相冲突。如清代道咸间著名学者张穆，在应道光十七年（1837）丁酉科顺天乡试时，初八日头场进场，"瓶酒入，监搜者呵曰：'去酒！'石州辄饮尽而弃其余沥，监生怒，命悉索之，破笔砚，毁衣被，无所得，石州扪腹曰：'是中便便经笥，若辈岂能搜也？'监者益怒，乃摭笔囊中片纸，有字一行，谩曰：'此怀挟也。'送刑部狱。白其枉，然竟坐摈斥，不得应试。"② 其实，早在进场搜检开始严格之后的宋朝，即已发生因搜检严苛而导致考生闹事的群体事件，如

---

① 如浙江仁和人吴颖芳，"少端重，寡言笑，年十五而孤。一赴童子试，为隶所呵，曰：'是求荣而先辱也。'自是不复应试"，又如温靖介，"好学，善属文，年三十，始补博士弟子员。逾年，宾兴，偕其曹偶出就试，至闱门，士众逶午相推排，或僵仆，衣被及筐中具狼藉满地，众蹂践其肩背行，且謔于门，靖介见之，叹曰：'国家以科目招人，曰为国求贤也，曰明经取士也，若此者亦足当贤士选耶？'亟命仆襆被还"。此二则见徐珂《清稗类钞》"狷介类"，中华书局，1984，第3245～3246、3257页。是书此类中还有数则类似之事，可参见。

② （清）许瀚：《许瀚日记》，崔巍整理，河北教育出版社，2001，第127页，引祁寯藻《殷斋文集序》云。此事许瀚曾目击，然许氏为张穆友人，似有隐讳，不如祁氏所记详细。邓之诚《骨董琐记》对此亦有辨析，亦不如祁氏所记详细。祁氏为张氏同乡，事后又多方奔走营救之，故所记应为实录。类似之事尚有《清稗类钞》所载之康熙庚子顺天乡试事，"特命十二贝子监外场，露索綦严。朱竹垞之孙稻孙预试，披襟而前，鼓其腹曰：'此中大有夹带，盍搜诸？'体貌瑰伟，意气磊落，众皆目属，贝子亦为之灿然"，但以喜剧终，则可见此类事情，其结局完全取决于主事者乃至朝廷一时之喜怒，或者考生之家庭背景等因素，亦可能产生作用。事见徐珂《清稗类钞》"考试类"，中华书局，1984，第586页。

"（元祐三年三月）近年练亨父为试官，非理凌忽举人，遂致喧竞，因此多差巡铺兵士，南省至一百人，诃察严细，如防盗贼。而恩赏至重，官员使臣，减年磨勘；指射差遣诸色人，支钱多至六百多贯。……缘此小人贪功，希赏搜探，怀袖众证，以成其罪，其间不免冤滥"①。

然而，对于"搜检"这个为人所不齿的进场程序，明朝还不间断有人反对，甚至有考官敢于不搜检而使考生进场考试者，如《涌幢小品》所载"常服入试"条所载：安福刘师泉先生邦采，以诸生外艰不出。嘉靖七年，督学赵渊檄之入棘，强起应命。及门，遥望赵尚未下席，却步不进。赵亟起延之。先生以棘闱故事，令诸生脱巾露体，非待士礼，不愿应。于是御史储良才令十三郡诸生并以常服入，免其检察。是秋先生中式。……嗟乎，当时士风如此，待士如此，今不可再见矣。②到了清朝中后期，也还有考官注意考生"体面"，临期对于"搜检"出来的违禁品进行处理的零星记载，却再无人敢于上书朝廷，申请取消"搜检"之事了，因为乾隆时期，翰林院翰林黄明懿上书言说搜检过于严格，以至亵衣下体，并认为这容易造成考生们士气低落，乾隆帝非但未采纳其意见，还"斥其谬妄已极，交部严议"③。

不过，作为一项制度，尽管有皇皇大典作支持，尽管有朝廷的严苛功令一再强调，然而，因其本身过于强化的"人为

---

① （宋）苏轼：《省试放榜后劄子三首·乞裁减巡铺兵士重赏》，《苏轼文集》（繁体字本）第二十八卷，中华书局，1986，第811页。
② （明）朱国祯：《涌幢小品》（上册），文化艺术出版社，1998，第158~159页。
③ 李新达：《中国科举制度史》，（台湾）文津出版社，1995，第281页。

性"因素，以及随着清朝的衰落，科举制度无可奈何地走向
形式化的结局。道光十七年，有人揭发说："乡会试大典，场
内有监临、知贡举稽查，砖门、贡院门特派王、大臣专司察
检，立法本极周密。近来视为具文，渐形疏懈，以致士子纷纷
怀挟，毫无顾忌。"① 《清稗类钞》有记载："道、咸前，大小
科场搜检至严，有至解衣脱履者。同治以后，禁网渐宽，搜检
者不甚深究，于是诈伪百出。……至光绪壬午科，应京兆者至
万六千人，士子咸熙攘而来，但闻番役高唱搜过而已。及壬辰
会试后，搜检之例虽未废，乃并此声而无之矣。"② 有些监临
大员，也注意对于考生进行曲意回护，即使被搜检出挟带，也
往往放之进场，如《明斋小识》卷九所载"监临"条所记：
"闵抚军为监临，政尚宽和。搜检者搜出呈禀，遽谓'撵进
去'；继复搜出，公阅曰：'何用此觚觫者为？罚尔进场，受
些辛苦。'"貌似儿戏，却是对于"功令"的公然违背，这在
乾隆年间，是不可想象的事。③ 光绪三十年甲辰科殿试探花商
衍鎏也记述说："嘉、道以后，亦时申明禁令，但已渐从宽
弛。同、光间，则虽仍派有搜检官，不过循行故事，由吏役高
呼一声搜过，掩耳盗铃，自属可笑。后则此声亦寂无闻，任士
子之随意夹书矣。"④ 就是乾隆本人，怒气过后，对于下一科的

① （清）礼部纂：《钦定科场条例》卷三十，"搜检士子"条，（台湾）新
　文海出版社，1989，第2254页。另李国荣对此有细致论述，文在《清代
　科场夹带作弊防惩研究》，见邢永福主编、中国第一历史档案馆编《明清
　档案与历史研究论文选：1994.10～2004.10》下册，新华出版社，2005，
　第1203～1221页。
② （清）徐珂：《清稗类钞》"考试类"，中华书局，1984，第586～587页。
③ （清）诸联：《明斋小识卷九》，上海进步书局，1919，第9页"监临"条。
④ 商衍鎏：《清代科举考试述录》，故宫出版社，2014，第71页。

"搜检"也还似乎充满了"人情味","士子褫及亵衣裈裤,内外枷扭相属",终非"文明"气象;而此科"北闱以挟带败露者四十余人,临时散去者二千余人,曳白与不终篇、文不切题者又数百人",亦可见"士气"衰落,非"太平"气象。①。

在这种情形下,考生进场的场面,尽管在有些考官的笔下,"画省春风满礼闱,彩缯双表日晖晖;文章笔橐三千士,烂烂奎星近太微",充满了祥和、雍穆的气氛②;"至公堂击鼓,明远楼奏乐,大门外击鼓升炮",监临"协同点名各司道暨江宁、太平两府及稽查弹压官至东西角门入,乃举三炮,开大门,升龙门公座。各官谒毕,内提调、监试、点名道府分东西坐",如此庄严、隆重,这是作为江南乡闱监临的相关记述③;在一本名为《甲午科河南乡试仪节》的"考务手册"中,也这样要求:"初八日子时,监临部院传点放信炮,头次一炮,二次二炮,三次三炮;丑初升至公堂,提调、监临禀见毕,监临部院率提调、监试至龙门,放炮鼓乐开门,藩书捧头门点名册。监临部院居中坐,内外提调、监试左右坐,分派文员协同司书将试卷挨顺府州县分作中、东、西三处,按名散卷。"④ 礼仪庄重,俨然皇皇大典。但在旁观者的笔下,却是

① 商衍鎏:《清代科举考试述录》,故宫出版社,2014,第71页。
② (元)马祖常:《第一场观进士入院》,载《石田先生文集》卷四,中州古籍出版社,1991,第92页。
③ (清)黄彭年:《紫泥日记》,载《陶楼诗文辑校》,黄益整理,齐鲁书社,2015,第458页。
④ 王兴亚:《记述清代河南乡试的重要资料——〈甲午科河南乡试仪节〉介绍》,见河南省人才史研究会编《谈古论今说人才》,河南人民出版社,1996,第330页。根据此材料中所出现人名,此"甲午"应为道光甲午(1834)。

"锁院秋霜肃，重门金鼓敲；呼名鱼入贯，归号鹊寻巢"的情境①，与考官所描绘者迥异。因此，虚华外表，掩盖不住进场举子的痛苦，也同样阻止不了科举制度本身由严厉规训而沦落为"具文"的无可奈何历程。

---

① （清）徐淳：《金陵杂咏·省试日观举子入闱作》，载《清代诗文集汇编》399册，上海古籍出版社，2010，第536页。经查找相关资料，此诗应作于乾隆乙卯（1795），是年秋徐氏游金陵，故所见应是实录。

第二章　在闱之一

——考官被"锁院"之苦况

　　无论是考官、考生，还是各色杂役，在规定时间进入贡院之后，随着贡院大门被关上且贴上封条后，贡院成为一个外表看来封闭得极为牢固、其中所进行的各种活动却极为神秘的森严可怕的空间，而"贡院"本身由此也就变成了"棘闱"。所有在其中有所"活动"的人，主要是考官和考生，尽管进入这个场所的时间有先后，方式不同，前者看似荣耀异常，后者却遭受近似侮辱的"大声呼名"和严厉搜检，然而一旦进入此地，他们中除了极少数人（如直省乡试之监临）都要在里面滞留一段时间至自己所负责之事结束——对于考生而言是"出场"，对于内外帘各种考官而言是"出闱"或"撤棘"。

　　对于此时在这个空间的情境，历来有不少描绘。从描述主体来看，考官的视角与考生的视角，自是有异。宋代诗人欧阳修作为考官所作《礼部贡院阅进士就试》诗，有"紫案焚香暖吹轻，广庭清晓席群英。无哗战士衔枚勇，下笔春蚕食叶声"之句①，描写出一幅考生有序应试的肃穆场景，却没有黄庭坚笔下的"发题疏疑经，按剑或惊矫。官曹严坐起，迥卒

---

① （宋）欧阳修：《欧阳修集编年笺注6》，巴蜀书社，2007，第494页。

禁纷扰。儇趋蚁争邱，痴坐鹭窥沼"写考官、禁卒与考生不同情态来得更为生动。① 元末诗人周伯琦曾主持河东乡试，写了三首诗，其一有"虚堂静院昼垂帘，朱墨分曹宪令严。兵卫重行皆雨立，文场何处覆星占"之句，描述考试期间贡院的静寂、威严②。明中叶杨慎任嘉靖十九年（1540）云南乡试主考官，其笔下所描绘的"锁院"以后的贡院情境是"乃甲子锁院……公帘以内，司试者镝之，夋夋如也，鳃鳃如也；公帘以外，司调、司监者主之，鱼鱼如也，雅雅如也；御史又实临内外而纲维之，翼翼如也，井井如也"③，此处多用重叠词，表示这样一种有序场景，似乎是一派和谐景象。光绪癸卯科顺天乡试借闱河南开封贡院举行，时任河南巡抚陈夔龙为监临，其笔下的情境是这样的："当点名入场后，夜漏三下，监临应至内帘，与主司相见，请发题纸。见时仅作寒暄语。题纸发出，率同提调监试两道暨任差官吏、文武员弁约百余人，赍送此项题纸到至公堂。由余升堂，督饬应差官吏，逐号分给讫。比时场内人数以万计，灯笼火伞以数千计，堂上堂下火光烛天。而凡百执事视动俱寂，几若衔枚战士，万马无声。亦似有文昌魁斗，临在上而质在旁者。"④ 而当年的河南乡闱，则推至十月举行，陈氏再入场为监临，作《豫闱监临即事敬遵高庙御制诗韵示提调曹再韩监试胡海帆两观察》

① （宋）黄庭坚：《和冕仲观试进士》，载《黄山谷诗集注》，刘尚荣点校本，中华书局，2003，第1627页。

② （元）周伯琦：《河东试院即事三首》，载《近光集》卷二，四库全书本。

③ （明）杨慎：《云南乡试录序》，载《升庵集》卷三，影印文渊阁四库全书第1270册，第30页。

④ （清）陈夔龙：《梦蕉亭杂记》卷二，上海古籍出版社，1983，第9~10页。

组诗，诗有"一楼明远望三台，斗牛文光霖雨才""万马衔枚夜漏沈，寸心得失自行吟。文场似弈分成败，火候还丹判浅深。漫以学堂废科举，须知循吏出儒林"之句①，表示对于科场秩序的欣慰，也有对于当时已经呼声甚高的"废科举、兴学堂"建议的不满。时届清季，两年后科举即废，八年后清社遂屋，此地鞠为茂草，而此时尚有如此严肃、静穆情境，世事讵属难料。

　　然而在考生眼里，却是与上述之"太平景象"有异。唐代韦承贻的诗自不必说；差不多与杨慎同时的冯惟敏，借戏剧中人物之口，描绘出考生眼中此时贡院的景象："四边厢往来击柝，一周遭昼夜提铃。往来击柝，只见那穷光棍闭着眼敲木皮，一下下道：怕怕他！怕怕他！昼夜提铃，只见他磣油花背着手摇铁片，一声声道：定定铎！定定铎！高挑着竿上灯，里千盏，外千盏，明晃晃红荡荡，都做了火天火地；紧挨着天下士，前一层，后一层，喘吁吁，闹炒炒，都做了人海人山。"②清人詹应甲多次应试不中，某次乡试时，作《新水令》套曲，中有"嘹高台上月轮高，悄无声酸风满号。碧油帘不卷，红蜡烛停烧。银汉迢迢，空隔着土泥墙望不到"，"木板三条，覆鹿藏蕉何处找；策题五道，涂鸦满卷未曾交。珠光剑气已全消，青天碧海劳相照。谁喧笑？隔墙老卒声声叫"③，很明显是让人感到失败与无奈的场所。

① （清）陈夔龙：《松寿堂诗钞》卷四"大梁集"，北京书店影印清宣统三年版本，第4～5页。
② （明）冯惟敏：《不伏老杂剧》，载《冯惟敏全集》，谢伯阳编著，齐鲁书社，2007，第479页。
③ （清）方浚师：《蕉轩随笔》，中华书局，1995，第45～46页。

不过，研究在这个密闭空间中的人的活动与心态，仅仅从上面所引之宏观描述，还是不足以说明问题的。因此，使用一些来自其他人特别是承担某种具体任务的人——如考官中之内帘官，与任务明确单一，就是"考试"以博取功名的考生的相关记载，运用细腻一些的笔调，来呈现他们在这个封闭空间中，到底是以一种怎么样的心态在活动，亦即在这个空间中所进行的各种或明或暗的"互动"，是下文所要探讨的重点所在。

在这种情况下，我们就不能仅仅为了行文的方便起见，而只根据在这个空间中活动的群体来安排章节，从而将本部分内容分为两大块，一是考官，二是考生，尽管他们是在这个空间中进行活动的主体，并且，都是被规训的对象（尽管对于考官而言，内外帘官有所体现的规训意蕴有所不同）。因此，笔者所论述的重心，就主要放在活动于这个空间的各个群体之间的各种互动上。

很明显，在这个空间中进行活动的群体，主要就是考官与考生。从名义与功能上而言，他们分别属于"规训"与"被规训"的两个群体。前者执行朝廷功令；后者自从接受蒙学教育起始，若家庭认为可以参与科举，从而使家庭保持、维护或者取得较高的社会地位，那么其就必须在接受教育的内容、形式上接受这些功令，只不过参加考试，只是检验接受"规训"达到什么程度罢了。这在一定程度而言，这两个群体之间存在"合作"，并且，从科举制度的根本性质而言，也可以算是朝廷与"士人"之间的合作；朝廷拿出一定数量（后来发展成为较大数量）的官员职位，提供给"士人"，使之在一定的制度保障下来获得这些职位。

　　但我们应该注意到的是，这种"合作"本身，是在双方都严格遵守朝廷"功令"的前提下进行的。这些"功令"以规章制度的形式确定了双方在"科场"这个空间里各自的职责：前者代表朝廷，具体进行命题、组织考试、批阅试卷并进行等级确定、最终录取等工作，看起来只要按照程序来进行，不会有什么问题产生。但在事实上，世界是极度复杂的，"世界的可能性超出系统对其反应能力所及的范围"[①]，各种"功令"的变化远远追不上以"考生"为前台而实际在其背后存在一个更为广泛、人员组成更为复杂的多个群体可能产生的各种活动，正如有论者所言："国家选士之法……其典至慎且重也。历经题定科场条例，既详且悉，自当确守无斁。但人情易于玩愒，法久或多懈弛，保无有苟且希幸之人，明不畏王法，幽不畏鬼神，冒昧罔行，走险如鹜者。上负皇上举选之心，下沮寒士读书之气，莫此为甚。"[②]

　　因此，这些工作中的每一个环节都充满了或明或暗的各种危险，这些危险或在考试放榜后猝发，使得当事各方不及应变，遂酿成重大事件；或潜伏一时，在数月数年后爆发，成为打击政敌的借口。从这个意义上来讲，"考官"也是被规训的对象。但由于随着科举制度的逐渐完善，内外帘分工的逐渐明确，考官群体的分隔也逐渐明朗起来；相对于可以有一定自由度的外帘官来说，内帘官所受的拘束更为具体，更具有典型

①　〔德〕尼克拉斯·卢曼：《信任》，瞿铁鹏、李强译，上海世纪出版集团，2005，第 8 页。

②　张鹏：《题科考届期应预行严饬事本（康熙十七年五月十一日）》，载中国第一历史档案馆编《清代档案史料丛编》（第十辑），中华书局，1984，第147 页。

性，因此本章主要基于内帘考官的一些情况来探讨，有时会涉及外帘官，但仅只停留于"涉及"层面。

在阐述所可能产生的群体互动之前，本章以"锁院"与"风檐寸晷"为题，来描述被规训的"考官"与"考生"两个群体在这个空间之中的活动与心态，而这两个群体内部的各种互动，也应成为本章各自部分所描述的内容。

一　考官群体的形成

对于考生而言，"考官"是高高在上的存在，艳羡而不可即，特别是那种前呼后拥、乘着显轿进入贡院的情境，更是让人垂涎欲滴。但随着一干人等进入贡院之后，随着监临将内帘门关上落锁并贴上封条，这些人都要在里面住上少则二三十天、多则四五十天，过一段暂时与外界隔绝的生活。

在这样的群体中，尽管内外帘的分工到北宋之后才明确起来，但还是需要对之进行分开描述，因为其分工不一样，工作地点与内容不一样，所承担责任也不一样。但无论怎样，都受着或明或暗的某种规训的驱使，各种可预知或不可预知的危险似乎随时可以降临到他们的头上，从而对其人生走向发生大小不等的影响。

对于考官的种类和人数，有论者认为"唐、五代仅有知贡举一人负责贡举事务……宋代科举考官的种类和人数不仅相比前代大幅增加，且在有宋一代呈逐渐增加的趋势"①，笔者认为这个判断的前半部分应该是有问题的，因为根据这个判断，很

---

① 夏亚飞：《宋代科举考官制度研究》，博士学位论文，河南大学，2016，第 203 页。

容易得出唐代考官只有"知贡举"一人而已的推断。首先，从情理上说，尽管我们还不能从史料中找到唐代科举考官班子组成的具体情况，但就唐代进士试每次数百甚至上千的考生而言，单独一个考官是很不容易应付的，就是有一些吏卒之类人员协助进行点名之类考务工作，还有考试秩序维持、收卷以及评阅等相关工作，亦非知贡举一人忙得过来。因此，唐代省试考官应是一个班子，而以知贡举为总负责，类似于后来的"主考"而已。其次，从一些文献中我们可以发现一些蛛丝马迹，例如，《全唐诗》卷五四二录了三首题目同为《都堂试贡士日庆春雪》的诗，作者分别是李衢、李损之和李景，从诗中语气看，很明显为考官唱和之作，则可为考官为一个群体之明证。只不过留了一个问题，就是朝廷只差遣"知贡举"一个官职，其他人员怎样派遣，则尚未查出相关史料以资证明，或者也可以理解为整个考试过程中，只有"知贡举"一个人是朝廷差遣的"官"，其他有从事具体事务的人，但不是朝廷任命的，所以不是官。从此意义上理解，上述论断尚可成立，无论如何，只有一个考官来维持上千人考试规模的秩序，也还是不符合情理的。

但无论如何，考官队伍随着考试人数的增加、科举制度的逐渐严密而不断增加，最终形成一个功能分工明确、相互补充而又牵制的庞大队伍，则始于北宋。

龚延明的相关研究认为，由诸路州府军监主持的发解试，类似于元明清三朝的乡试，北宋初采用后周遗制，由州府选任"晓文章""通经义"的地方官府属官充任考试官、门官（笔者认为，这种分类注意到了参与考试事务官员的分类，值得注意）；真宗朝以后，对于考试官的出身资格开始严格要求，必须是进士出身者方可充任试官；从仁宗朝起，地方发解试除了解试试官，还有监试官与弥封官①；就省试而言，朝廷一开始也只差遣"知贡举"作为考官，但随着考试人数的急剧增多，太祖朝后期开始差遣数员"同知贡举"，协助知贡举从事阅卷、定名次等工作，但总负责的仍是知贡举一人。至太宗朝雍熙九年（984），因为赴省试的考生已达万人，则除了差遣同知贡举8员外，增设监门官、巡铺官，前者"轮番差官二人，在省门监守"，后者要"廊下查视，勿容私相教授"②。仁宗以后，又增加分点检试卷官、参详官，与知贡举、同知贡举一同在内帘办公，故称内帘官；为保证考试过程的顺利进行，又设"编排官（用特殊字号编排试卷及合格举人名次）、弥封官（封印卷首）、誊录官（重抄试卷）、对读官（将贡士试卷与誊录试卷校对），加上太宗朝始置的监门官、巡铺官，总称外帘官"，至南宋咸淳七年（1271）省试，已经形成了一个包括试官、考校官、帘外官等在内的90人的一个庞大群体（各种誊录抄写员、巡铺兵卒、贡院胥吏等非官职身份人员尚不在内）。③

明朝之后，对于考官群体的主要做法，是在宋朝基础上，更加强调了参与科举的各种官员特别是主要官员遴选的制度化及相互牵制，特别是乡试，宋时本由地方主官主持，聘请学官

---

① 龚延明：《宋代考试机构与考官》，见刘海峰、李兵主编《科举学的提升与推进》，华中师范大学出版社，2015，第224页。

② （宋）高承：《事物纪原》卷三"巡铺""监门"，（明）李果订，金园、许培藻点校，中华书局，1989，第168页。高氏既为元丰间人，其书中已有"学校贡举部"四十四条，除了七条有关学校之制外，其余三十七条皆为有关科举者，由此可见此时有关科举的知识已成为社会上的"常识"，则可知相关科举观念业已形成。

③ 龚延明：《宋代考试机构与考官》，见刘海峰、李兵主编《科举学的提升与推进》，华中师范大学出版社，2015，第225~228页。

为出题及其他内帘官员，而明朝嘉靖前期，逐渐形成了"礼部举京官进士每省二人驰往供事，监临官不得参与内帘"的内外帘责权分工①，而本来由各直省主持乡试的提调官，本由各行省布政司长官充任（有些由布政司之下的左、右参政充任），负责考场的一切事务；但在永乐之后，随着中央加强了对地方各行省的控制，逐渐在提调之上，设置以"监临御史"为最高总管，临乡试"内外而纲维之""总理之""总摄群务"②，成为主持各直省乡试的总管领导。其他又在洪武十七年《科举成式》中就规定设置对乡试全面履行监督职责的监试官（一般两名，分为内监试与外监试），由各省按察司官充任，成化二年（1466）重申其职责为在贡院内与提调官"公同往来巡视，不许私自入号"，后来还加上搜检受卷、供给、巡绰等官入院时的"铺陈、衣箱等物"，以免其"夹带文字及朱红、墨笔"③。至于其他外帘官员，则在已有弥封、誊录、对读等官的基础上，增加了收掌试卷官（后来又变为外收掌与内收掌）外，还有俱由武职人员充任、都针对考生的巡绰官、搜检官，前者"常川巡绰"但"止于号门外看察"，受"提调、监试官"监督④；后者在考生入院时进行搜检，以防其怀挟作弊。两京乡试及会试，则与之大同小异。⑤

① 《明世宗实录》卷八〇，"中研院"历史语言研究所编，1965，第1785～1786页。

② （明）杨慎：《云南乡试录序》，载《升庵集》卷三，上海古籍出版社，1993，第30页。

③ 正德《明会典》卷七七"礼部三十六·学校二·科举·乡试"，第743页下。

④ 万历《明会典》卷七七"科举·乡试·凡入场官员"，第449页。

⑤ 张希清等主编：《郭培贵：中国科举制度通史（明代）》，上海人民出版社，2015，第201～202页。

至清朝，考官队伍并无大的变化，而其科层性更强烈，各直省乡试之监临、提调、监试为"董事重员"，其他官员为"执事官员"，包括受卷官、弥封官、誊录官、对读等跟试卷有密切关系的"场内执事官"，和维护考场秩序、保证考试正常进行的搜检、巡绰、供给等"场外执事官"，他们均服从监临等董事重员的管理；顺天乡试比较特殊，与会试情况相似，又在上述重员之外，设搜检王大臣、稽查大臣、弹压官，强化对考场纪律的维护。

最终，一个功能齐备、分工严格、等级分明的群体建立起来；凡是考试中所可能出现的情况，都有相应官员负责与管理，权责极为明确；同时，其限制也格外明确，哪些事情该不该做，何时何地能去不能去，都有详明的规章制度，稍不注意就有违反之嫌。不必说进场时秩序混乱会导致监临等人员进行纠参，受到处分，甚至连小到意外之中的"翻内帘墙"之事，考官都要自行参奏，请求处分，所谓"科场重务，稽察甚严，场内所有人员稍有疏忽即干议例"，时时刻刻都在小心翼翼之中。①

二 荣耀、激动与恐惧——被"锁院"考官之复杂心态

应该指出的是，一般科举文献中，提到"锁院"亦即被封锁在贡院之中的，主要就是指内帘考官，而被严密防范的也是这个群体。从北宋有锁院制度开始，就是从与出题、阅卷直接相关的内帘官开始的。这种锁院制度，为以后的各朝

---

① 姜传松：《清代江西乡试研究》，华中师范大学出版社，2010，第74页。

所继承，并不断发展，至清朝臻于极致。并且因为清朝的内帘考官，特别是主考、副主考都由朝廷经过考试选拔而出，且在回京交差之后还要上交日记，故留下的文字记述较多。因此，在下面的篇幅里，本书就主要以清代内帘考官的相关记述作为主要支持材料，间或会涉及其前宋、元、明三朝的相关记载。

坐在显轿上的一时荣耀，主考、副主考一干人等在被抬进贡院内帘门之后，就立马被主持外场考务工作的监临用锁从外部锁上，并贴上封条。此项制度，起始于明洪武十七年（1384），该年三月有"试官入院之后，提调官、监试官封钥内外门户，不许私自出入。如送试卷或供给物料，提调、监试官眼同开门点检送入，即便封钥"[①]；这个规定得到很好的遵守，到清道光后期，李星沅监临陕西乡试，仍有"送主考之内帘门相揖，即标封条、上键具"之记载[②]。因此，在剩下的四五十天时间里，"微飔料峭嫩寒尖，门径斜封锁钥严"[③]，天气微凉，门禁森严，主考、副主考以及各同考官，一起要在这个以"衡鉴堂"（个别省有其他用名者，兹不赘述）为核心的建筑群里，完成各自工作，直到放榜。

入闱后的乡会试考官，其心情常常是既荣幸又恐惧。言其激动，是因为他们以前就曾经是考生，不过是其中的佼佼者或

---

① （明）张朝瑞：《皇明贡举考》卷一，载鲁小俊、江俊伟校注《贡举志五种》（上），武汉大学出版社，2009，第 48 页。

② （清）李星沅：《李星沅日记》，中华书局，1987，第 521 页。

③ （清）蒋士铨：《初八夜对月感旧呈秦叙堂王耕云纪晓岚前辈张怀月舍人五君子皆丁卯乡举同年故有作》，载《忠雅堂集校笺》，上海古籍出版社，1993，第 784 页。

者幸运者，从落魄、狼狈的考生，一变而为高高在上的考官，自然感觉十分荣幸。清乾隆时的著名诗人赵翼曾为乾隆壬午科（1762）顺天乡试同考官，分校试卷，距其中探花才一年，正所谓"淡墨才分榜蕊香，遽持玉尺许评量"，十分激动。① 洪亮吉为乾隆五十七年（1792）壬子科顺天乡试同考官，八月十四日在闱中得知授予黔省学政，作纪恩诗八首，其第七首云："七尺筇篮手乍抛，竟携文笔试同曹，官资深浅由君较，只我前年尚白袍。"② 洪氏出身贫苦，四应童子试24岁时方得录为阳湖县学附生，35岁应顺天乡试中式，其间三应乡试；又四应会试，45岁时应乾隆五十五年（1790）庚戌科礼部试，榜发获隽，殿试中榜眼，科举经历曲折而最终成功，此次出任顺天乡试同考，又授贵州学政，距其考中进士，才两年多，故诗中所云，当是实录。钱大昕本是诸生出身，几次参加乡试不第，遇到乾隆南巡献诗而赐予举人，又应会试而中，故其在乾隆三十九年（1774）为河南乡试主考，作《河南乡试录》，其序言中就表达了这种心情：

> 臣本诸生，困于场屋，蒙圣主特达之知，收之格外；洎成进士，屡忝司衡，两校礼闱，四与乡试。溯昔年应举之艰辛，感此日承恩之优渥，倘校阅之下，稍不尽心，夙夜何以自安？入闱以来，殚二十昼夜之力，不论已荐未荐之卷，臣与臣白麟二人靡不搜阅。虽未敢谓所取之文悉合

---

① 赵兴勤：《赵翼评传》，南京大学出版社，2002，第36页。
② （清）洪亮吉：《卷施阁诗卷》第十二，《清代诗文集汇编》第413册，上海古籍出版社，2010，第700页下。

先民程氏，而雷同抄袭之作，汰之务尽。①

在这种激动的同时，"神圣与庄严"自然亦应是其心态的主要方面。因此，不忘自己为考生时的苦楚，认真拟题、用心阅卷，选拔出"真才"，是其此时心中所思考的主要内容。他们会咏诗明志，也会与同官一起明誓，上不负此重大使命，下亦保证公平阅卷，以呈现于文章中的"才"作为衡文标准，不负天下之士。如唐朝后期魏扶知贡举，题贡院诗曰："梧桐叶落满庭阴，锁闭朱门试院深。曾是昔年辛苦地，不将今日负初心。"尽管后来被落第举子篡改，但原诗所表心迹起初可能

---

① （清）钱大昕：《河南乡试录序》，载《潜研堂集》卷二十三，上海古籍出版社，1989，第372页。不只内帘官，外场官也常有此种心态，因其直接接触考生，故其优越感常常十分突出，如清朝嘉道年间的湖南学者欧阳厚均，曾担任乡试受卷官，作有《春闱受卷口占四律呈同事诸君子》组诗，其一有"硃毫捧出五云端，签掣春闱受卷官。蜂号昔游嗟醒醍，龙门今日任盘桓"，得意之情溢于言表，见《欧阳厚均集》，岳麓书社，2012，第17~18页。然而也有其他心态者。因受卷官在这个空间中地位中等，往往由地位较低的官员担任，一定程度上他们也是科场竞争中的"失败者"，故而对此情境，心态复杂者容多有之，如顺治甲午顺天乡闱，容城教谕丁耀亢为外帘收掌官，作"收掌杂著"组诗六首，即有"旁观棋局心犹热，静听虫吟气渐平""得失由来付塞翁、笑看桃李逐春风"等句，表示置身事外；但在丁耀亢的诗中，则为"春蚕茧就丝成血，蜡烛流枯泪欲灰。……科名自古才人饵，多少神鲸困暴腮"这样质疑科举制度，而对考生辛苦应试，却大部分都要归于失败的同情，见《丁耀亢全集》（上集），中州古籍出版社，1999，第260~261页。丁氏在前明时为诸生，多次应乡闱不中，此时以八旗教习而议叙得此微末职位，入闱收掌，故应有此感慨。其实，就外帘各所官而言，其所供之职为具体事务，不及内帘校文之有声望，故其内心亦常有"失落"之感，元人胡助即有诗《春闱帘外纪事》可参见，诗曰："南宫会试集群英，帘外官曹职事轻。对读文场四君子，监誊笔吏二先生。连朝虚食惟惭色，长昼高谈起笑声。"见胡助《纯白斋类稿》卷十，商务印书馆，1935，第88页。

是真的。① 明中叶皇甫汸为浙江乡试考官，作《浙闱中秋呈诸同事》，有"锁院深沈秋气中，德星今夜聚群公。……亦知龙颔先探取，不遣骊珠落海东"之句。② 乾嘉间李棨为考官，在九月初二日揭晓时，赋诗曰："校阅深心历二旬，文章知遇两酸辛。青衫廿载曾同苦，红烛三条却有神。列坐传名依次序，深更题榜唱逡巡。悬知立马听音捷，满幅泥金姓字新。"③ 道光二十一年状元、广西临桂人龙启瑞，在道光二十三年以翰林院修撰身份为顺天乡试同考官，次年又赴广东为此年甲辰恩科乡试正主考，作有《闱中即事八首》，其一即有"五色漫迷开卷后，一灯犹忆读书时。十年辛苦分明在，敢道今朝便不知"之句④，表达的也是这种心迹。咸丰八年（1858）戊午科陕西乡闱，潘祖荫为正考官，八月十九日，阅卷将毕，填《临江仙》词二阙，其一云："记得当年辛苦地，灯花深夜频挑，殷勤送尔上青宵。漫夸眉样好，一味入时描。怎忍轻加红勒帛，有人暗里魂消。无情明月有情宵。几回拼弃置，恐有泪珠抛。"⑤ 表达自己对考生的同情，不轻易扫落试卷。

而清初康熙间李光地为会试主考，在入闱封锁之后，考官们相互告诫："科目之设，有誊书、糊名曲为之防，其固臣子之耻矣；若又以其物色之私意，行于誊书、糊名之中，以为负

① （唐）魏扶：《题贡院》，《全唐诗》卷 516，中华书局，1979，第 5898 页；后被下第举子改为"叶落满庭阴，朱门试院深。昔年辛苦地，今日负前心。"无名氏：《改魏扶诗卷》，《全唐诗》卷 872，中华书局，1960，第 9884 页。

② （明）皇甫汸：《皇甫司勋集》卷二十八，四库全书本。

③ （清）李棨：《九月初二日揭晓》，《惜分阴斋诗钞》卷三，《清代诗文集汇编》第 405 册，上海古籍出版社，2010，第 41 页。

④ （清）龙启瑞：《龙启瑞诗文集校笺》，吕斌编著，岳麓书社，2008，第 227 页。

⑤ （清）潘祖荫：《秦辀日记》（复印本），清光绪刻本，第 18 页。

吾君乎，负天下士乎？亦负其炯然方寸之心而已矣。"① 意思就是，"誊录、糊名"之类制度，已经体现了君主对臣子的各种不信任，是作为臣子之人的极大耻辱，在这种情况下，如果还使用舞弊手段，行个人私意，既对不起皇上，对不起抱着远大理想的应试之士，更是违背了"诚"这种作为人之本心。乾隆五十九年（1794）甲寅恩科李桂为河南乡闱主考，入闱时作诗，有"扪心敢负当年誓，稽古从教儒者荣"之句②，表达的也是这种心迹，主要有两个方面，一是朝廷之信任，二是自己曾经作为举子，深知其中甘苦，因此应不负初心，认真衡文。

在这些心情的支持下，一种"盟誓"礼仪逐渐形成；这种盟誓，就是主考与同考官一起，在衡鉴堂举行仪式，表示要公平取士，一切凭程文为准，在不少考官的日记中都有记载，典型者如康熙二十年辛酉，归允肃为顺天乡闱主考，鉴于顺天贡院之前的混乱情形，偕所有房考向"大神"宣誓：

> 允肃等素著清贫，谬叨荣遇，今当秋闱大比之期，仰荷皇上特擢之举，衡论文章，登进士类，期为朝廷遴选真材，不为身家营谋私窟，誓愿冰心共矢，竭志奉公，勿通关节而狗暮夜之情，勿顾恩私而开朋比之路。念诸生伏处呻唔，多皓首穷经，应惜十年攻苦，卷中一字一句，期细心加阅，不宜妄抹佳文；思我辈置身科第，幸乘时校士，愿携两袖清风，

① （清）李光地：《辛未会试录后序》，《榕村全集》卷十一，《清代诗文集汇编》等160册，上海古籍出版社，2010，第191~192页。
② （清）李桂：《入闱》，《惜分阴斋诗钞》卷十四，在《清代诗文集汇编》第405册，上海古籍出版社，2010，第188页下。按：是诗未注年份，但夹注中有"丙午学使替任还朝，距今九载"，且前又有"予自丁酉湖南，庚子四川，及今三入棘闱"，故可推出。

文之孰劣孰优，秉公道去留，慎勿因私溺职。绝贪缘奔竞之阶，务求实学，杜浮薄夸张之习。不采虚声，对阅公堂，退无私语。期诸同事各矢此心；倘或为利营私，狗情欺主，明正国法，幽伏冥诛，甘受妻孥戮辱之惨，必膺于子孙灭绝之报，洁诚具告，神其鉴之。谨疏。①

但伴随着激动、庄严的，还是恐惧。如上所述，"锁院"之实现，依靠的是建筑学的巧妙设计；其严密程度，几乎臻于极致。前所述赵翼在作诗吟咏自己激动心情的同时，还作有组诗分咏内帘之事，其中《封门》一首云："关锁中分棘院森，外帘信息总沉沉。官封恰似丸泥固，人望居然入海深。妆阁但闻檐马响，围城不递纸鸢音。由来选佛场高甚，隔断红尘路莫寻。"② 作者以分隔关中与关东的函谷关为喻，言内帘被封锁之后的禁锢之严密。而朝廷"锁院"制度所防闲的，主要就是内帘官员，出题时可能泄露题目，而阅卷过程中则有可能查知所阅试卷的考生姓名以完成场外"请托"，其所受之封锁，与在号舍中的考生，具有相同性质。故有考官接到任命，往往不是荣耀，而是恐惧，常常要主动采取措施以避嫌。洪武三年（庚戌），明朝初次开科，举行应天乡试，宋濂为同考官，宋氏事后记其事云："既受命，不敢宿于家，即相率诣试所。精白一心，以承休德"③，战兢之情，由此可见。

---

① （清）归允肃：《闱中誓词》，《归宫詹集》卷一，《清代诗文集汇编》第158册，第360页下~361页上。
② （清）赵翼：《封门》，见（清）龙顾山人纂，卞孝萱、姚松点校，《十朝诗乘》卷十二，福建人民出版社，2000，第468页。
③ （明）宋濂：《庚戌京畿乡闱纪录序》，载《宋学士文集》卷六，商务印书馆，1937，第122页。

三 拟题与衡文——被锁院考官的工作压力与所承担风险

其实，就其所承担职责而言，被封闭在其中的正副考官，其主要工作不外乎两项：拟题与阅卷。然而在科举制度越来越严密的情况下，却是可能潜藏着各种不确定因素的雷区；这些不确定因素所构成的危险，有些激发于当场，有些却能够发作于数年之后，从而掀起惊天大案。

（一） 拟题中的风险

就拟题而言，事实上却也是一件很复杂有时还会常常闹出乱子的事情。

在北宋中期以前，科举考试以诗赋为考试规定文体，考官出题似乎没有明确要求，只要按制度即可；但就在北宋中期，无论是地方的发解试，还是省试，仍有不少考官因为出题不严谨导致与试士子的嘲讽，甚至酿成"群体事件"，而考官则受到被御史纠参、罚俸甚至降官的处罚。著名文人欧阳修在嘉祐二年主文，省试中出诗题"丰年有高廪"，云出《大雅》，其实是曾巩的诗，结果"举子喧哗"，又被御史吴中复所弹，被处以"罚铜五斤"①。宋神宗采纳王安石的建议，"将诸科撤销并入进士科，进士之罢诗赋、帖经墨义而改试经义、论策"以后，经义、论策之题目就从五经中选取，此时出题，已有一些需要小心提防的事情。据夏亚飞的相关研究，两宋科举，省试考官出题，要注意的地方只是两点，一是不要与之前的考题

---

① （宋）江休夫：《江邻几杂志》，中华书局，1991，第28页。

重复，二是必须遵循避讳原则，不能犯祖宗及今上的名讳，以及涉及前代皇帝的不便多言的事迹①，却还有不少因为出题不严谨造出事端，典型事例如淳熙八年（1217）省试，王仲行知贡举，"策题中有'太上皇帝匹马渡江'之语"，这本身不是什么光彩事情，于是"上不乐，以谕辅臣"，"时临安已镂板行之，亟命毁板"，而王仲行最终也落得个革职外放的结局。② 至于出题时因为经题来源的经书版本问题，而导致考生大闹贡院、考官由此受罚的"群体事件"，亦有记载。③

元朝科举以"四书"为首场考试出题内容，明清乡会试沿袭之，出题的讲究与忌讳越来越多，而出题的范围由此而越来越狭窄。

乡会试考官出题，首场以"四书"为出题来源，但因为只考三篇，而其中《大学》只有1753字，《中庸》只有3568字，《论语》《孟子》为整部书，分别有13700、34685字，除去不宜出题之处，还形成了一些"出题上的忌讳"，在"四书"上表现得尤为突出，如英和所记，清中叶"直省乡试不宜出《大学》题，出则闱中必有火灾，吴健庵先生于嘉庆戊午典广东试事，

---

① 夏亚飞：《宋代科举考官制度研究》，博士学位论文，河南大学，2016，第136页。

② （宋）李心传撰《建炎以来朝野杂记》乙集卷十五，徐规点校，中华书局，2000，第775页。

③ 此类因使用版本粗劣而导致所拟题目产生问题，如罗继祖《枫窗脞语》中"清道咸以后缙绅不学"条（中华书局，1984，第31页）之事，清代多有。清朝制度，乡会试考官入闱，监临均备官版十三经一部，以备拟题之用，却仍发生此类事件，则是因为策题之拟所涉较广，而闱中不备，考官凭记忆出题。又因为考题发下，考生于号舍答题，与考官并无互动机会，故或有虽知其为误，却无法"上请"者，而不读书之考生，则故不知也。以此可见考官、考生之隔离，以及科举之衰落也，可参见后文"互动"部分。

题为'此之谓絜矩之道'，是科誊录所遭回禄"，真的应验，但同时也有不应验的，"赵鹿泉先生戊申试江西，出'十目所视'二句，至为祭文告，乃发刻，是科竟无恙"，作者认为"不可解"，其实说不定还是"为祭文告"的缘故①。为了出题而不得不另做文章进行祭告，则出题之考官是何等的战战兢兢。其他有关科场中《大学》出题而导致的各种惊异、意外，尚有不少记载，甚至如浙江向以不出"大学"之题为戒。②《大学》系统阐述传统儒家教育目标——内圣外王，"四书"之首，却不能在考试中出题，实在是有些反讽意义。

是书又记："康熙丁酉乡试，题为'子贡曰贫而无谄'全章，外间有《黄莺儿》词一首以讥讽场务，次年兴大狱，革去二十余人。道光乙未顺天乡试，命题为'未若贫而乐'两句，是科亦革去数人，不到复试者几数十人。"《论语》中所载圣贤之语，却成为出题雷区，作者由此而发出"不知此章书内出题，何以必有事端，抑适逢其会耶"的疑问。③

① （清）英和：《恩福堂笔记》，北京古籍出版社，1991，第52页。
② （清）陆以湉：《冷庐杂识》卷八，中华书局，1984，第419页。
③ （清）英和：《恩福堂笔记》，北京古籍出版社，1991，第52页。应是顺治丁酉科江南乡试，此言"康熙丁酉"，误讹；康熙五十年亦有科场案，而干支为"辛卯"。《坚瓠集》初集卷二记载较详：顺治丁酉，方猷、钱开宗典试江南，首题为"贫而无谄"章，榜发后，亦有《黄莺儿》云："命意在题中。贱贫儿，重富翁，《诗》曰子云全无用。切磋未通，琢磨欠功，其斯之谓方能中。告诸公，多财子贡，货殖确是家风。"又诗云："孔方主试副钱神，题义先分富与贫。定价七千方立契，经房十五不论文。金陵自古成金穴，白下从今聚白丁。最讶丁酉兼壬子，博得财星始发身。"此是《论语》题，而最终酿成著名的"丁酉科场案"，故命题不便从四书、五经中有关"财"之类句子命题，而《大学》最后几章则全乎此。此并非其中有什么缘由，而是考官出题时害怕闹出事端的一种心理反映而已。见（清）褚人获《坚瓠集》初集卷一"改琵琶曲"条，浙江人民出版社，1986，第52~53页。

　　相比四书题，"五经"中不宜出题之处更多，顾炎武曾总结："百年以来，《丧服》等篇皆删去不读，今则并《檀弓》不读矣。《书》则删去《五子之歌》、《汤誓》、《盘庚》、《西伯戡黎》、《微子》、《金滕》、《顾命》、《康王之诰》、《文王之命》等篇不读，《诗》则删去淫风变雅不读，《易》则删去讼、否、剥、遁、明夷、暌、蹇、困、旅等卦不读，止记其可以出题之篇，及此数十题之文而已。"① 台湾学者侯美珍也对此进行了比例上的划分，发现各经中不能出题的地方尽管不同，如"《诗经》约删去四成，是出题最集中、偏重最明显、拟题最容易的。《春秋》经文删去崩薨卒葬不考，不能径自解释成减轻了考试的负担，因可出经文更少，故《春秋》出题常常纂辑数处的经文搭为一题，揣测题目意旨如同射覆，更加困扰考生。……《周易》悔吝凶咎不考者，占全经二成左右。《尚书》共有58篇，内容或指斥桀、纣之暴政，或涉及丧乱、死亡，乡会试罕见出题者，约仅占《尚书》二成余，不及三成。《礼记》删去不考的丧礼，约占三成左右，差可与《诗经》比并。"② 这么多不可作为题目的地方，使得拟题者更加战战兢兢，不敢越雷池一步。

　　相对于"四书""五经"题，最后一场"策论"题在出题上似乎可以根据考官自己的知识储备，稍稍有些自主；但特别到了清朝时期，也产生了不少令考官出题时不得不多加小心的地方。清顺治二年（1645）对策题提出明确规定："策题必

---

① （清）顾炎武：《日知录校注》，陈垣校注，安徽大学出版社，2007，第912~913页。

② 侯美珍：《明代乡会试〈诗经〉义出题研究》，（台湾）学生书局有限公司，2014，第165页。

以关切事理、明白正大为主，不许搜寻僻事掩匿端倪，必问者列款而示，使对者可按牒而陈，庶乎真才易辨。"① 有些题目，考官在出题时大都结合自己的知识储备，所在省份的历史地理等所出，自觉不自觉会与现实产生直接或间接联系；出题者或许无意识，但仍被朝廷读出问题。如雍正八年，特就上年贵州乡试考官严源焘、邓世杰所拟策题中的一条提出疑问："其所出策题内，称'各举一人，则克知灼见，固生平所易得者；而又不拘于引嫌，不限于资格，如此而所举不实。其何能辞咎耶？即仅举循分尽职之人，以塞厥职，亦荐贤之耻也。如吕文靖之荐包拯、晏元献之荐范仲淹，乃为无忝'等语。今命往湖广试用之张步青，即系严源焘所举者。果能如包拯、范仲淹否？查邓世杰未曾有保举之人，其慎重荐举之意，尚属言行相符。著大学士询问伊等具奏。钦此"；可能是调查清楚了，雍正又对此下圣旨："上谕：凡人皆当言行相符，圣人所以有顾言顾行之训。今严源焘策问之条，询之本人，亦自称势有不能。是以己之必不能行之事责望于他人，言行不符甚矣。邓世杰以无深知确信之人不敢遽行保举，尚与策问之意相合。邓世杰著交部议叙，严源焘著交部议处，以为言过其实者之戒。钦此。"② 如此深读、细读考题，认真推敲，深文周纳，将考题内容与考官已有行为结合相对照，并给予表彰或处分，这样的"审查"，是不是有些太过了？其用心是否太过阴暗？如此，考官怎样出题？到了雍正十三年，皇帝又下圣旨："乡会两试

① （清）礼部纂《钦定科场条例》卷十六"三场试题·考官出题·现行事例·例案"，（台湾）新文海出版社，1989，第1171页。
② 同上书，第1174～1176页。

考官，每因避忌字样，必择取吉祥之语为题，遂使士子易为揣摩，倩人代作，临场抄写，以致薄植之少年，得以倖取科名，而积学之老生，无由展抒底蕴。嗣后凡考试命题，不得过于拘泥，使士子殚心用意，各出手眼，以觇实学。"① 这很明显是为纠正上两道圣谕发出后，考官出题更加战战兢兢，"不得过于拘泥"的尺寸，又该如何把握？雍正之后的乾隆朝，对于考试题目的深度解读还有很多，兹不一一列举。

由于每届乡会试是当年朝野瞩目的重大事件，而考题是朝野瞩目的首要内容，考官所拟之题，既为朝廷所关注，更成为社会一时舆论关注的焦点。拟题得到朝廷首肯者固亦有之，如英和所记，其于嘉庆辛酉典试江南，事毕回京，（嘉庆皇帝）谕曰："江南试题，首为'卑宫室'一句，是纪本年直隶水患；《孟子》题'放勋曰'至'如此'，与顺天题同。如应出有末句，即此可见同心同德。"和惟有叩头感服而已②；而所出之题被朝廷解读为"触犯忌讳"，特别是政局有重大变动的时候，出题考官因之受到严厉处分者，亦不少见。明嘉靖七年（1528），右春坊右庶子韩邦奇、右庶子方鹏主顺天乡试，"主典文衡，粗率不谨，抬头违式，擅更经文"，这只是摘《乡试录》中的违式之处，并未涉及题目，相比如此之类亦复不少，结果分别受到降官、罚俸等处分。③ 康熙二十六年（1687），福建主考王连瑛在三场策问有"台湾事宜"一道，应该是想

---

① （清）礼部纂：《钦定科场条例》卷十六"三场试题·考官出题·现行事例·例案"，（台湾）新文海出版社，第 1179～1180 页。

② （清）英和：《恩福堂笔记》卷上，北京古籍出版社，1991，第 25 页。

③ 《明实录》卷九二"嘉靖七年九月甲申"条，"中研院"历史语言研究所编，1965，第 2122～2123 页。

着台湾与福建地理上毗连，历史、文化上多有联系，恐怕也猜测收复台湾不久，朝廷有经营之意，但不想弄巧成拙，"上阅题名录。谕大学士王熙第曰：'各省乡试主考，朕未深知，于开列中酌量分遣。今览题目，多有未当。策问台湾，于地方情形毫未通晓，乃芒昧命题，殊为悖谬。其余各省，亦未尽当。尔等详加校阅，察出参奏。'于是察得福建、云南、河南三省主考，分别各降级调用，从之"①，可能是触犯了朝廷的忌讳。又如刘体仁所记，光绪中叶，帝初亲政，各省乡试考官命题颇有忌讳。甲午科四川省乡试，正考官朱琛、副考官徐仁铸。第一题"必也正名乎？"适朱琛请假回籍，徐仁铸先回京，上召见，问曰："何名之可正？"盖上以宗支入嗣，鉴于宋、明尊崇所生之弊，讳言之也。仁铸对曰："向例，正考官出第一题、第三题，副考官出第二题及诗题。"未几，朱琛以大计免。② 至于拟题不当，在社会上引起强烈反响，以致被解读为"谋反"酿成文字狱者，应该是此类事件之极端，亦在在有之。③

　　避讳既多，导致的结果不外是考官只能够选取吉祥字眼，出四平八稳、冠冕堂皇之题，从而给考生猜题、拟题留下极大

① （清）李调元：《淡墨录》，辽宁教育出版社，2001，第100页。

② 刘体仁：《异辞录》，卷二"光绪中乡试命题之文字忌讳"条，中华书局，1988，第115页。

③ 拟题不当之原因，应有多种。有时确实是考官不负责任所致，如李调元《淡墨录》卷三（辽宁教育出版社，2001，第37页）所载"杨给事参经题再错"条所记之事，记康熙二年癸卯顺天乡试，二场经题"春秋"第四题，不仅沿用己亥会试之第二题，而且连错误的方式都一致，将"邾子"讹作"邾人"，导致"遵经士子，反致黜落，去取尽乖"的严重后果，考试官白乃贞、詹养沈，同考官罗继谟革职。事实上，朝廷也在"力图使科举考试中考官所用的参考书籍标准化"，以避免此类事件出现，曹南屏《清代科举的知识规划、考试实践与士子群体的知识养成》有所涉及，载《学术月刊》2017年第9期，第145～160页。

空间；导致抛弃全书不读，而仅仅选取可能出题之处进行揣摩、拟作，进行宿构；其富有钱财之家及有权势地位之族，则"延请名士馆于家塾，将此数十题各撰一篇，酬价，令其子弟及僮仆之俊慧者记诵熟习"，往往能够收到"入场命题，十符八九，即以所记之文抄誊上卷，较之风檐结构，难易迥殊"的"良好效果"；五经题如此，"四书"亦然。因此，"发榜后，少年貌美者多得馆选。天下之士，靡然从风"①。这种只顾揣摩、拟题之风，到了清朝中后期，已经十分严重；不必说"五经"不能全通，就是被"奉为功令"的《四书章句集注》，应试之人亦不全读，清中期的陆以湉在其《冷庐杂识》中即记载了以下事情：

> 士子习《四子书》，皆恪遵《集注》而往往不能全通。……偶阅董东亭太史潮《东皋杂钞》，云：周雅楫清源，以康熙己未召试入翰林，一日入直，圣祖忽问以"增广生员"四字，周不能对。上哂之曰："四书尚不全读，何云博学？"后检之，乃在"子适卫"章，圈外注"唐太宗置增广生员"云云。可见当日鸿词中人已如此矣。②

"鸿词"代表着当时最高的知识水准，尚且如此，何况其他？当然，朝廷也知道"士子揣摩弋获，恐致文风不醇，士习不端，而民俗浇薄之源，亦由此而起"③；故而一再下旨，要求"考官出题，择四书五经内义旨精深及诗题典重者，不

---

① （清）福格：《听雨丛谈》卷十二，汪北平点校，中华书局，1984，第246页。
② （清）陆以湉：《冷庐杂识》卷一，中华书局，1984，第28页。
③ （清）礼部纂《钦定科场条例》卷十六"考官出题"，文海出版社，1989，第1187页。

可拘泥忌讳，将颂扬语句并熟习常拟之题，致启揣摩宿构之弊"①。但考官在拟题时，鉴于一而再、再而三（几乎每科皆有）的考官拟题不当②，而导致的罚俸、交部议等各种处分的严重态势，还是战战兢兢，小心将事。③

拟题既不易，卷子的印制亦有风险，主要是要防止刻工刻写错误，还要防止因此漏题，因此常常是正副考官通宵不睡，等卷子印制完毕、交外帘散发之后，方可得息。蒋士铨有《初十夜叶毅庵宫赞监梓诗题次前韵和三叠酬之》长诗，全面描述了内闱试卷印制的过程及相关人员的小心翼翼的心态，可作印题实录。④翁心存在道光五年为主考官，八月初六日入闱，初八日清晨写题，"午初传匠入，封门"，"刻题匠拙甚，昨发之添注涂改式尚未刻毕也。坐堂皇严督，申正刻完排版"，"酉初，传刷字匠入刷题，板凡三副，题纸须刷八千四百纸"，"余恐题目透漏，自午后危坐门内，竟日达旦，惟略进茶点，不遑饭也，亦惫甚矣"⑤。同治六年（1867），孙毓汶

----

① （清）礼部纂《钦定科场条例》卷十六"考官出题"，文海出版社，1989，第1167页。

② 清前期以迄于道咸间，几乎每届乡会试均有考官以此而受处分者，详见《钦定科场条例》卷十六所载，以康、雍、乾、嘉及道光朝为多。

③ 姜传松对此有系统研究，见《清代江西乡试研究》，华中师范大学出版社，2010，第120页。

④ （清）蒋士铨：《忠雅堂集校笺》，上海古籍出版社，1993，第787～788页。

⑤ （清）翁心存：《翁心存日记》，张剑整理，中华书局，2011，第36页。正副主考负责出题、印题，为防泄露，固然辛苦，而内帘与题纸有关人员，如内收掌、内监试等，亦常常在印卷、进卷之日，不能休息，如与翁氏同时代的广东人张维屏，为道光甲午江西乡闱内收掌，作诗《甲午江西内帘收掌，即事有作》，中有"监试开门须对坐，不容高枕卧宵衾"句，且有"内帘每开门，监试官、掌卷官必对坐，自入闱至三场卷进毕，方得安寝达旦"之注释，见（清）张维屏《张南山全集》（三），陈宪猷标点，广东高等教育出版社，1995，第411页。

充四川乡闱正考官，所记如下：

> 卯刻至若农处，同书头场题四纸，即邀监试至，传齐书役等（吏四人，刻手十五人，刷印匠十五人），升衡文堂，封门发刻。是日，竟夕在堂上监视防范，督催人役速刻速印。计刻四板，印一万五千纸，直至初九丑正刻始毕。监临尚未请题，以点名人数过多故也。寅正开门，发题纸。监临提调外监试皆至。与朴翁隔门坐谈少刻，比就榻，天已曙矣。①

这个环节中，最重要的事情，除了保密外，还要小心校对，避免出现错字、漏字；如果被发现所出题目中有错漏字现象，等待考官的仍是罚俸、降职等严厉处罚。事例很多，笔者只举出翁心存所记的一件事情。翁氏在道光二十九年（1849）为国子祭酒、入直上书房，未参与当年闱事，然而因为有子弟参与科举，故时时关注；其在当年九月初四日的日记中，特地记了"河南巡抚奏两考官出题错误数处，自行检举，得旨交部严议，嗣后该二员不准考差，交部院存记"这件事，后来又补上处理结果："革职留任，八年无过，方准开复。"②

（二）衡文过程中承受的压力

拟题既已不易，更要担当风险的是阅卷；阅卷也就是衡文过程，这是一个充满着各种风险，最终还要承受各种压力的辛苦差使。

---

① （清）孙毓汶：《蜀游日记》，载《近代史资料文库》第 1 卷，上海书店出版社，2009，第 209 页。

② （清）翁心存：《翁心存日记》，张剑整理，中华书局，2011，第 749 页。

　　阅卷，顾名思义，就是对试卷进行等次评定的过程。乡会试作为"抢才大典"，考官本身常常是受朝廷委派，承担着选拔人才的重任，一定程度上可以说是"钦使"，使命神圣而地位崇高；并且，由于担任此项重任的各种考官（正副主考与同考）常常都是科举的成功者，其中固有少年得意、一举成名者，但也多有历经坎坷、终获登第者，对于此中甘苦，感同身受，因此他们多会信誓旦旦，要不负所托、认真阅卷、选拔真才。元代胡助曾任元宁宗至顺四年（1333）礼部春试考官①，作《朝贺退赴城南试院三首》，其三有"文场战艺似衔枚，学术源源笔下来。不负皇家图治意，端从乡荐出人才"之句。② 明万历十年（1582），时任南丰知县的湖南宝庆（今邵阳）人车大任参与本年江西乡闱校阅事宜，作《壬午江右锁院漫兴》律诗一首，有"锁院论文白昼幽，遥天常见彩云浮。词源竞泻三江水，冰镜高悬八月秋。丰剑定从牛斗识，美材多自豫章收"句子。③ 清朝中期的著名幕僚汪辉祖，九困场屋，乾隆三十三年（1768）乡试中式，时年39岁；乾隆四十年（1775）成进士，年已46岁，历任湖南县、州官，乾隆五十三年（1788）受聘湖南乡试房官，结合自己科场的艰苦经历，校文认真，并撰《蓝毫杂记》一卷，《试院述怀》诗六首，其二有"秋闱九上四春官，席帽麻衣力就殚。从此出头真不易，即今经手忍相谩"之句；己酉（1776）又入闱，撰

---

① 徐永明：《胡助年谱》，《古籍研究》2001 年第 4 期，第 53～63 页。

② （元）胡助：《朝贺退赴城南试院三首》，载《纯白斋类稿》卷十四，商务印书馆，1935，第 125 页。

③ （明）车大任、车以遵、车方育等：《邵阳车氏一家集》，岳麓书社，2008，第 118 页。

《蓝毫再记》一卷，《书怀诗》六首，其五有“衡量怕负抡才分，灯火私怜下第心”之句，表达的就是这种心态。[①] 嘉庆二年（1797）顺天乡试，山西静乐人李銮宣入闱分校，作诗《分校秋闱，呈诸同事二首》，其一结句为“青衫尚有当年泪，拂拭无忘爨下桐”，亦即提醒自己和同事，别忘了自己当年的处境，认真衡文。[②] 少年科举得意，18 岁中举、19 岁成进士，23 岁即以翰林院编修充乾隆五十三年（1788）福建乡闱副考官的蒋攸铦，也在试事已毕的诗中，以“惟愿披沙钦至宝，敢云倾海乏遗珠”句子披露自己尽力选才的心迹。[③] 清朝贵阳贡院衡鉴堂，悬有“此中有循吏名臣，况当侧席求贤，梦萦岩野；何字非笔耕心织，记否携朋观榜，泪满儒衫”的楹联，不知何人所撰，但在贺长龄为道光丁酉（1837 年）乡闱监临时，重书悬挂；一个多甲子过后的 1901 年，踏足此地的乡试副主考华学澜看到此联，感到“言婉而讽，司文柄者宜鉴焉”[④]，仍是提醒同考官要认真对待考生的卷子，一方面是因为循吏、名臣均由此出，他们也是朝廷梦寐以求的贤人，另一方面是你们自己也是读书人出身，不要忘记自己观榜时的情景，要将心比心，认真工作。他们还会以此种心态进行诗歌酬唱，相互勉励。兹诗多有，不再赘引。

使命“光荣而神圣”，理应任劳任怨，克尽厥职。然而，

---

① （清）汪辉祖：《汪辉祖自述年谱》，台湾商务印书馆，1980，第 178 页。
② （清）李銮宣：《坚白石斋诗集卷一》，山西人民出版社，1991，第 14 页。
③ （清）蒋攸铦：《绳枇斋诗钞卷一》，载《清代诗文集汇编》第 481 册，上海古籍出版社，2010，第 596 页。马振文对蒋攸铦科举得意之情况进行了详细比较描述，见马振文《蒋攸铦》，载《辽海讲坛（第九辑）》，辽宁省社会科学联合会编，辽宁教育出版社，2012，第 566～577 页。
④ （清）华学澜：《辛丑日记》，商务印书馆，1936，第 120 页。

在不少乡会试考官的记载里，阅卷却是个漫长而痛苦的过程。

据傅璇琮先生的研究，唐代科举中，阅卷及评定名次，都是主司者一人担任①；若此观点成立，再结合唐代科举每科应试人数在数百甚至上千的情况，则可知一人要在短时间内，阅尽这么多卷子，还要定出等次，工作量着实很大。柳宗元有一篇《送韦七秀才下第求益友序》的文章，曾提到唐代科举有司阅卷的情况，"由州郡抵有司求进士者，岁数百人。咸多为文辞，道今语古，角夸丽，务富厚"，而"有司一朝而受者几千万言，读不能十一，即偃仰疲耗，目眩而不欲视，心废而不欲营"的状态，"如此而曰吾能不遗士者，伪也"②，亦即工作量如此之大，其质量是不能保证的。

这种现象在唐朝已经发生，是因为此时可能只有主司一人担任所有考生试卷的评阅，工作量巨大。到了宋朝，考生数量急剧增加，考试的内容也在扩大，考试的程序也在延长，且由于弥封、誊录等试卷处理制度的逐渐实施，试卷量增加了数倍以至数十倍，而负责出题、阅卷的内帘官员尽管也在增加，但远远比不上试卷数量的增加，其工作量增加了无数倍，而阅卷的质量管理也逐渐制度化起来。宋人俞文豹曾听贡院中的誊录人员抱怨，"每日各抛下卷子若干，限以时刻，迟则刑责随之，日夜不得休息，饥困交攻，眼目赤涩"，因此在誊录过程中，"见试卷有文省，字大涂注少，则心开目明，自觉笔健，乐为好写"；是书作者俞文豹自己也有过类似体验，"尝见时

---

① 傅璇琮：《唐代科举与文学》，陕西人民出版社，1996，第225页。
② （唐）柳宗元：《柳河东集》卷二十三，上海人民出版社，1974，第398~399页。

文册子，遇太学公私试，辄一题印三二十篇，读至五十篇，加至十数，便已困倦，为考官者可知已"，因此考场作文，"以简洁为上，大字、楷书次之"①。

北宋科举制度中，既废"公荐"，又罢"公卷"，因而程文"遂成为评定艺业、决定去取的唯一根据"②，故以"弥封糊名、誊录"等杜绝考官辨认考生笔迹。还有严格的阅卷程序，如《宋会要辑稿·选举六》云："初考以点检为名，盖点检程式，别白优劣，而上于覆考；覆考以参详为职，盖参订辞义，精详工拙，以上于知举；至于知举，则取舍方定。"③ 王圻《续文献通考》卷四十三亦云："士人卷子先经点检官批定分数，然后参详官审定其当否，而上之知举，从而决其去取高下，则参详、点检最为紧要。"④ 这表明，宋代省试已经形成了点检试卷、参详审定、知贡举最终决定的三级评阅制度，各自权责都很明确。

然而，在不少人士的笔下，都感叹阅卷之难。南宋中书舍人张扩，晚年充任考官，曾作有《读试卷有感》诗云："巧语互一律，纷然如铦锋。挥笔余万言，积案成千重。谁令缪悠子，持衡居其中？两目病且昏，不辨牛马踪。而使视试文，岂能分雌雄？往时心力强，眼明耳犹聪。本欲藉科举，脱此文字攻。一朝反自缚，身随蠹书虫。负郭有田园，犹存荒菊丛。频年秔稻熟，酒贱尊不空。胡不驾柴车，远揖陶令风？作诗请伯

---

① （宋）俞文豹：《吹剑录全编》，古典文学出版社，1958，第89~90页。

② 张希清：《宋代科举省试制度述论》，见朱瑞熙等主编《宋史研究论文集》（第10辑），兰州大学出版社，2004，第52页。

③ 刘琳、刁忠民、舒大刚校点《宋会要辑稿》第9册"选举六"，上海古籍出版社，2014，第5372页下。

④ （明）王圻纂辑：《续文献通考》卷四十三"选举考·举士一"，现代出版社，1986，第642页下。

氏，林下相追从。"① 这主要是因为其为考官时年事已高，两眼昏花，而考卷本身由于以阐发"经义"为主要内容，同题作文，除去极少数优秀者会让考官眼前一亮、有阅读兴致，再除极少数荒谬文字、不合格式文字立即扫落外，绝大多数千篇一律，高下难以立辨，去取即难立定，使阅卷者反复阅读、来回斟酌，无形中增大了工作量，因此他们在深感阅卷痛苦的同时，后悔作茧自缚，科举为官，想要学陶渊明辞官归隐，优游林下。

元朝时期，科举规模尽管较小，阅卷的工作量也相对较小，似乎没有相关埋怨工作量大的记述，但是常常为争夺等第而吵闹不已，令人心烦。元代考官评阅试卷采取集中评阅形式，"知贡举居中，试官相对向坐，公同考校，分作三等，逐等又分上、中、下，用墨笔点批"②。元中后期的著名学者吴师道曾经为浙江行省乡试考官，在一篇送人的序文中曾这样描述："今也糊名以防私……群十数人坐一堂之上，甲是乙否，聚讼纷纭，衡鉴之不精，去取之失当，使侥幸者得出乎其间，而且号于人曰'吾主司焉'；异时耻累及之，盖有不免，而尚得为荣也哉？"③

在文中，吴氏的心态表达得非常明确，就是当考官不是什么值得荣耀的事情，主要原因有二，首先他们是朝廷制度防闲的对象，其次是要受舆论的监督，如果"衡鉴之不精，去取之失当"，受到舆论的嘲讽，其耻辱不是一时荣耀所能相比

---

① （南宋）张扩：《读试卷有感》，《东窗集》卷1，影印文渊阁四库全书本，第1129册，台湾商务印书馆，1986，第10页。
② （明）宋濂等：《元史》卷八一"选举志一"，中华书局，1976，第2025页。
③ （元）吴师道：《送张州判序》，载《吴师道集》卷十五，吉林文史出版社，2008，第336页。

的。其实，就文献资料来看，尽管元代科举规模较小，但考试过后的社会负面舆论，却也跟之前的两宋、之后的明清时代没有什么二致，如《南村辍耕录》卷二十八就收录了两篇名曰《非程文》的无名氏之作，分别揭露至正四年、二十二年浙江行省乡试之不公，后一篇的矛头就直指考官，“科场作弊，丑声莫甚于今年。启奸人侥幸之门，负贤相宾兴之意。……切惟考官实文章之司命，讵宜伪定于临期？员外郎执科举之权衡，安可公然而受赂？”文中所指，有名有姓，事实详细，令人不可不信①，且借助当时已经较为发达的印刷技术，“一样五千本印行”，影响很大。② 不过这种情况，跟典章制度虽在，在“虚堂静院昼垂帘，朱墨分曹宪令严”的表象下③，而僚吏杂佐多上下其手、通同舞弊的元代政治常态有着密切联系；有操守的考官们，在这“禁钥锁深秋院月，天香吹湿露华风”的光景里，也似乎显得多么孤独与冷寂。④

明清是科举考试制度发展的完备阶段，而阅卷制度也在明朝得到制度化。对于衡文标准，除了格式上严格要求外，内容及行文风格方面也多次有具体要求，以之作为“端正士习”的重要手段，如《明世宗实录》卷一三四“嘉靖十一年正月壬申”条所载，皇帝认为“天下进呈录文，类皆猥鄙不经、气格卑弱、背戾经旨、决裂程序”，“文体大坏，比昔尤甚”，

---

① （元）陶宗仪：《南村辍耕录》卷二十八，中华书局，1959，第 344 ~ 345 页。

② （元）孔齐：《至正直记》卷四，载《宋元笔记小说大观》6，上海古籍出版社，2001，第 6663 页。

③ （元）周伯琦：《河东试院即事三首之一》，《近光集》卷二，四库全书本。

④ （元）吴师道：《中秋次同院人韵二首之一》，载《吴师道集》卷七，吉林文史出版社，2008，第 126 页。

因此在嘉靖十二年强调"场中所作文字，俱要纯雅通畅，不用浮华、险怪、艰涩之词"，而至嘉靖十七年，礼部题准会试校文，"务取醇正典雅、明白通畅、合于程式者；似前驾虚翼伪、钩棘轧苗之文，务加黜落"。这些本是针对考生而设，但对考官衡文有直接影响，使其在衡文过程中小心翼翼，如履薄冰，唯恐犯错而事后受到处罚。①

这一点，到了清朝更为严重。顺治初年，朝廷就意识到阅卷衡文是科举制度的核心环节，"制科取士，全系司衡"，为了保证阅卷质量，顺治八年定《乡试录送条例》，规定各直省乡试将中式墨砵卷一并于规定时间内解京送部，进行磨勘，违者要受各种处分②；至乾隆年间，磨勘更加严酷。据李调元的相关记载：

> 乾隆十九年甲戌科，首题为"唐棣之华"至"未之思也"。场中士子，文有用"肠一日而九回"，上以言孟、孔言，不应袭用《汉书》语。先是派方苞选录四书文颁行，至是令再颁礼部顺天府外廉存贮，令试官知衡文正鹄，并严重磨勘，著以下科为始，磨勘诸卷，俱于卷面填写衔名，以向来磨勘，俱视为具文。是以特派大臣详加校阅，除试帖初添，可稍宽，至制艺，既经入彀，不应复有疵谬也。二十四年，刑书秦蕙田进呈磨勘顺天等省试卷，上阅顺天第四名边响禧文，有"饮君心于江海"之语，上以揆其命意，不过如饮和食德，常言而芜鄙杂凑，遂至不成文义，

---

① 郭培贵：《明代科举史事编年考证》，科学出版社，2008，第166、168、175页。
② 邓嗣高：《中国考试制度史》，（台湾）学生书局，1982，第254～255页。

此岂字句小疵，虽不宜以一语摈弃，亦何至滥厕前茅，著将该士子及主考官交部随议。边响禧罚停会试五科，主考官夺俸，并谕："嗣后定议叙议处例有特派大臣覆勘，指出原勘京堂等官有全未磨出者，交部严处。有原勘出一二，而大臣覆勘尚多挂漏者，亦交部议。有能悉心检阅，秉公举出，覆勘无遗者，交部议叙。"于是乎磨勘愈严矣。①

由此，衡文更需小心翼翼。就程序来说，清代科举直承明制，乡会试阅卷之人为正副主考及数量不等的同考官；不论是清初的分《经》阅卷还是乾隆后期以后的分房阅卷，同考官都是第一道把关者，分到手头的试卷，同考官要一一点阅，以为可者推荐至副主考，其他则归为"落卷"——而此卷之考生也就由此而落榜。在这种情况下，阅卷最为苦者，无疑是同考官。会试同考官"十八房"由各衙门推荐进士出身者；乡试同考官则始由直省自聘、雍正元年以后由各直省督抚将其省中所有科甲人员（后来在省有科甲之候补人员亦在其列）调集"试艺"而来，其"文理优长"者方得入内帘分房，其余供外帘执事②，遂成定例。

同考官阅卷之苦，主要体现在两个方面。一是内容上，所有考生作同题文章，且只能就《朱子四书集注》以及规定的几种《五经》注释作为标准加以阐发，在规定时间内同时完成，除去极少数的所谓优秀者，以及少数未完卷，或者没有依照规定格式"违式"不被誊录送入内帘以供评阅外，其余绝

<hr />

① （清）李调元：《淡墨录》，辽宁教育出版社，2001，第202~203页。
② （清）礼部纂《钦定科场条例》卷十"乡试考官·直省乡试同考官·例案"，（台北）文海出版社，1989，第855页。

大多数文章是大同小异，甚或千人一面，在规定时间内细心阅读这些文章，对于同考官的耐心是一个很好的考验。两宋时期，即有人根据自己的阅读经验，"尝见时文册子，遇太学公私试，一题辄印三二十篇，读至五十篇，加至十数，便已困倦"；推想衡文之人的苦况，"为考官者可知己"①。清朝末年天津人华学澜，在1901年被派为贵州庚子科乡试副主考，在八月二十三日的日记中，记述其阅头场卷时，就发现"除录旧、雷同外，其勦袭陈文词意，移步换形，大同小异者，几于十之八九。三艺俱佳者固不可得，即就一艺而求其字斟句酌，惬心贵赏者，亦属寥寥"，就连正主考所取中的解元文，其中也"疵累甚多，尚需删润"②。二是在格式上，因为只能就外帘誊录过来的硃卷进行评阅，白纸红字，对比鲜明而刺目，考官在评阅时要拿着规定笔色进行点逗，才能卒读，这无疑又使其工作量增加不少。清代陶澍多次参加乡会试的阅卷工作，就有"回思玉尺持，两度预衡审。红纱罩眼多，腾消冬烘甚"的感慨。③张维屏在道光壬辰年为江西乡闱同考官，入帘校文，诗有"五色丹黄迷老眼，廿年辛苦忆初心"，"坐到宵分犹把卷，小窗灯火古槐阴"等句，也描写了这种阅卷之苦。④清中叶浙江桐乡人沈炳垣在江苏当知县时，被抽调到乡闱衡文，作《内帘分校呈同事诸君四首》，其一有"终年脚靴尘，锁闱静闭

---

① （宋）俞文豹：《吹剑录全编》，古典文学出版社，1958，第89～90页。
② （清）华学澜：《辛丑日记》，商务印书馆，1936，第131页。
③ （清）陶澍：《丙子顺天乡试奉命监试内帘有作用东坡韵著》，载《陶澍集》，岳麓书社，1998，第353页。
④ （清）张维屏：《张南山全集》（三），陈宪猷标点，广东高等教育出版社，1995，第410页。

好；虽静仍劳心，披阅迷昏晓。森森万束笋，据案烟云扫"
之句，可见工作量巨大，而在"万人万首文，文万理则一；
理一文又殊，各人各有笔。以我双青瞳，转瞬判得失"的情
况下，必须"识需穷万象，力自摄一切"，稍不集中注意力就
会"不然心旌摇，五色迷终夺"，影响阅卷质量①。在这种情
况下，考官反映发现优秀答卷是何其难哉，如清朝康熙庚辰科
（1700）会试，翰林院检讨窦克勤为同考官，在二月十三日的日
记中写道："自朝至日中，阅近二十卷，俱陈腐潦草，不堪寓
目。忽得磨肆卷，清疏雅健，如尘热中啖清凉散一剂，志怡神
爽，亟圈出荐之经义第二。作有赐履二字，误用总裁熊名，虽
一时失检，宜所避忌。然亦不敢蔽而不举，以其文有洞达坦白
之概。其楛岁行事，当无滞晦不明处也，后竟中。"② 至于有时
候碰到极为荒谬的试卷，考官们会心一笑，或者大笑不已，其
提神效果恐优于前者。至于在"千文一面"的枯燥境遇中遇
到"出色"之文，也会拿来共赏，更应是衡文之题中应有
之义。

相比正副主考，担任乡试同考官者，一般是直省知县（清朝
后期有用在省候补人员者），有些还只是举人身份，地位身份自然
相对差一些，留下的文字记载不多，故笔者只能就现有的蛛丝马
迹作为依据进行阐述。作为科场苦海中的过来人，他们虽然此时
为一县之长，"百里侯封"，但在一定程度上仍是科场争夺的失败
者，科场甘苦，自然饱尝，此时感慨万端，衡文认真，去取谨慎。

---

① （清）沈炳垣：《祥止室诗钞卷三》，载《清代诗文集汇编》第 675 册，
上海古籍出版社，2010，第 800 页。
② 陈左高：《历代日记丛谈》，上海画报出版社，2004，第 29 页。

如曾经十上春官、两次被填榜时临时抽换，最终不得中进士的詹应甲，任湖北知县期间，曾在嘉庆辛酉科乡闱（1801）被选聘入帘校文，作有系列组诗吟咏此事，其"碌卷"一首中，有"卷中光焰难销去，心血模糊半未干"之句，表达对于取中考生文章的肯定，而"落卷"一首中则有"茫茫苦海恨难胜，路隔仙凡唤不应。哪得返魂香一缕，他年拔宅共飞升"，则可见对落第考生的深深同情，希望能够从文中找到一丝可以使之"还魂"的地方①。尽管如此，还是不少人感觉不胜劳苦。

然而，造成考官阅卷之苦的最主要原因，还在于工作量大，而时间有限。明朝第一流人物，能够称得上"道德、功业、文章"三不朽的王阳明，在主持过山东乡试后，也赋诗抒怀，中有"棘闱秋锁动经旬，事了惊看白发新。造作曾无酣蚁句，支离莫作画蛇人。寸丝拟得长才补，五色兼愁过眼频"等句子②。考事完毕，撤棘出闱，竟然发现劳累得长出了白发，可见劳累程度。比王氏稍前一些的周叙，曾主持正统九年（1444）顺天乡闱，在《京闱唱和诗序》中回顾此事道："正统九年甲秋，诏开科取士试闱于旧宪府，时就试者千二百余人，较艺者余辈六人，日夕勤事，率至三鼓就寝，五鼓即兴，其间事剧或达旦者有焉。如是十有五日，始克稍休，盖自锁院后尽废吟咏，虽欲为之而不暇也。"③　六个人要批阅一千

① （清）詹应甲：《闱中咏物诗十一首》，《赐绮堂集》卷六，《清代诗文集汇编》第465册，上海古籍出版社，2010，第295页。
② （明）王阳明：《文衡堂试事毕书壁》，载《王阳明全集》卷十六，上海古籍出版社，1992，第1067页。
③ （明）周叙：《石溪周先生文集》第6卷，"四库存目丛书集部"第31册，第656页。

二百多名考生三场卷子，要十五天完成任务，每天要三更才能就寝，五更就要起床，有时还要通宵达旦，哪里有作诗兴致？康熙二十年（1681），汤斌为浙江乡闱主考，出闱后在一封给友人的信中说："闱中费尽心力，费尽唇舌，卷数八千二百有余，限于半月，且疟疾大作，不敢言劳，每日漏下四鼓始休。虽额数有限，不能无遗珠之叹。"① 道光二十五年（1845）春闱，曾国藩（时为翰林院检讨）为同考官，有诗描述其在闱中校文情形："岂谓选佛场，谬来事襄赞；……蘸蓝扫秋叶，斯须复堆案。"② 意为这种工作是看着很光彩、很荣耀，但干的活却是很累，质量低劣的卷子就像是秋天落叶一般，刚扫去一堆，又来一堆堆满桌案。

清朝光绪十九年（1893）江南癸巳恩科乡试，文廷式为副考官，距其进士及第才三年，赴宁途中，作《奉命典试江南出都门作》诗，有"况是明时须黼黻，要令奇士出菰芦"之句，充满信心；然而，在阅卷时，深感工作负担之重，时至重九，将要发榜，仍未完工，于是有"中宵恒数起，绛蜡照昏花。暗恐抛灵药，奇如访佛牙。泪衫还自省，意尺讵无差？不觉深秋雨，墙阴长昔邪"之诗③，阅卷至深夜，庸卷极多，从中寻找可意之卷，唯恐使可中之卷如"灵药"般被抛弃，而实际上寻找它们就如同寻找"佛牙"一般困难；长时间埋头阅卷，

① （清）汤斌：《与宋牧仲书》，《汤子遗书》卷四，《清代诗文集汇编》第102册，上海古籍出版社，2010，第369页上。

② （清）曾国藩：《乙巳春闱谢戴醇士前辈画竹》，载《曾国藩全集》（修订版）第14集，岳麓书社，2011，第45页。

③ （清）文廷式：《深夜阅卷，倦极偶书，时已过重九矣》，曾文斌选注，载《文道希遗诗选注》，岳麓书社，2006，第93、98页。

连秋雨连绵、屋里长出苔藓都不知道。一生宦情贯穿清朝光宣，但又与咸同时期的枢臣宝鋆等有密切关系的何刚德，在京师当穷京官时，巴望能够得到考差（为正副主考到直省主持乡试）以改善经济状况，未及得成而被外放江西吉安知府，主持过府考五次，老年回忆，"当时精神何等健旺，乃初看二三十艺，自易斟酌。及看过五十艺，字便不认得，题目亦遂不记得"，由此而联想到，"乡会场繁冗，十倍于此"，"试卷黑格朱书，本已目迷五色；时间既逼，卷帙又多，一人精神，一日看数十艺，已属神昏目眩，况三场十四艺。以十余日工夫，每人须看数百卷，统计之，即是数千艺，岂有不颠倒错乱哉"①。光绪间袁昶为会试同考官，作有《批卷》诗，有"瓠材非不枵然大，兰性由他薰自烧；生杀机关都不管，手如雨点白珠跳"的句子，描写的就是这种加快进度、赶紧了事的情形。②

有不少时候誊录质量低劣，也无形中增加了考官的阅卷难度，也直接影响阅卷质量。誊录人员是外场中地位最为低下（应比担水、厨役、号军等体力劳动者稍高）的群体之一，他们常常就是科举考试的失败者，连最低级的功名亦未获得，只是出于衣食之谋被征此中，此事"类胥吏"，工作常常就在"号舍"，故常常字迹草率甚至故意偷工减料，漏句丢字，有时甚至公同舞弊。③ 虽

---

① （清）何刚德：《春明梦录·客座偶谈》，山西古籍出版社，1997，第46页。

② （清）袁昶：《批卷》，《春闱杂咏附录》，《清代诗文集汇编》第761册，上海古籍出版社，2012，第405页。

③ 清朝道光年间的杭州诸生姚光宪，曾作有《场屋十二咏》组诗，其咏《誊录》云："敏捷人皆写韵夸，败棂通透案欹斜。来留粉本千行墨，浓散毫端一片霞。事类胥抄矜倚马，书同符录笑涂鸦。不知画就葫芦后，是否仍然旧样花。"见丁丙《武林坊巷志》（第六册），浙江人民出版社，1988，第62页。

有誊录制度规定于前，又有对读人员弥补于后，但因为考生数量巨大，各种制度往往流于虚文。浙江桐乡人陆以湉为道光十二年（1832）壬辰科浙江乡试举人（后中道光十六年进士），在榜后谒见房师齐星舟时，师对之言，"汝文佳而字体模糊，耗我半夜心力始能辨析。尤赖主司爱才，取墨卷校对，方得入毂"，这是因为"浙人乡试，每以金贿誊录手之善书者，潜递关节，属其誊卷朱色鲜明，字画光整，易动阅者之目。……此风始自绍兴人，沿及诸郡。道光丙午秋试，士子一万一千余人，其不购誊录者只三千余卷，仅得售三人。盖以字迹潦草，校文者以辨识为苦，辄屏弃不观也"。陆氏幸运，碰上了负责任的房官和"爱才"的主司，认为其"文佳"才促使其在"耗我半夜心力"，并"取墨卷校对"的周折下得以中举。① 故晚清人李鸿逵作《春闱内帘杂咏》组诗，其一《阅卷》诗有句"眼镜不离眉与目，手中频拭汗兼污……苦事撤堂连卜夜，灯光朱字两模糊"当是实录。②

无论如何，衡文阅卷既是体力活，又面临着两种压力。一是来自发榜后落第举子所营造社会舆论，二是所录中卷解部磨勘之后所面临的各种处分压力。

就前者来说，因为科举得中者毕竟是极少数，绝大多数都是失败者；这些失败者中，有些会认命，自认倒霉，或就此沉沦，或蛰伏一时，等待下一个三年；还有些不服气的，会营造各种社会舆论，抨击正副主考官"有眼无珠"，甚至围攻、殴击，使之一时间名声扫地，甚至引起朝廷注意，从而掀起科场大案；牵连其中的考官，则会受到各种处分。这种事情，不必

---

① （清）陆以湉：《冷庐杂识》卷八，中华书局，1984，第 418 页。
② 钱仲联主编《清诗纪事》（三），凤凰出版社，2004，第 11857 页。

说明清有之，就是在科举制度刚刚设立的唐朝，以及制度化程度已经非常高的两宋，都无科无之、在在有之，有些还闹得很大，如前所引陶宗仪《南村辍耕录》记载的元代至正四年江浙乡试丑闻，一时闹得沸沸扬扬；只不过元代政治粗疏，且此时已至元季，朝廷自顾不暇，无人处理。明英宗天顺元年（1457）丁丑科会试，礼部左侍郎兼翰林学士薛瑄、通政司左参议兼翰林院侍讲吕原为考试官，尚宝少卿钱溥、司丞李泰等为同考官，本来"是科最号严整"，"然外人有以俚语戏者，所谓'薛瑄性理难包括，钱溥春秋没主张，问仁既已无颜子，告祭如何有太王'，皆指摘题目之误；至谓'总兵令佺独轩昂'，盖指石亨从子后也"①。明穆宗隆庆四年（1570）庚午，江西提学副使陈万言以科举校士，落榜者到巡按御史刘思问处求复试，几乎达到四万人之巨，结果因应对不当，"旦日，思问未至，士争门入，入骈杂喧乱，都指挥王国光呵叱之，退，相蹂践死者六十余人"，闹出数量巨大的人命案件，又牵连出南昌知县刘绍恤所奖拔士二人皆中举之事，结果查无实据，空闹一场。② 当然，对于个别诬告者，朝廷也会处罚，如明天顺四年（1460）庚辰科会试，"有下第举人诉学士吕原等徇私颠倒，上试之，皆不称，囊三木礼部前以狗"③。

清朝时期，则有意利用社会舆论来加强对考试的管理，几乎每次科场大案，都率先是社会舆论泛滥，然后御史揭发上

---

① （明）王世贞：《弇山堂别集》卷八十二"科试考二"，中华书局，1985，第1559页。

② （明）王世贞：《弇山堂别集》卷八十二"科试考二"，中华书局，1985，第1584页。

③ （明）王世贞：《凤洲杂编》卷四，中华书局，1985，第103页。

奏，诏令调查，最后以考官（固然包括当事举子）受到罢官、充军甚至杀头等处罚。[①] 如李绂在康熙六十年（1721）充会试副总裁，颇称得人，入馆选者至六十五人之多，前此未有也，然而"榜后，下第者拥绂寓，以石碎其门，欲剪其须。北城御史舒库奏闻，以绂不奏闻，革职，发河工效力"[②]。更典型者如顺治十四年（1657）江南乡试科场案，闹出一场正副主考、所有同考官几乎全被处以死刑，取中举人全部复试，蔓延几于全国的惊天大案。作为考官，当然知道其中利害，故阅文时那种小心翼翼、紧张兮兮的心情，宁可取中无疵之庸文，排落有疵之高文，往好处说是为了不遗漏真才，往不好处说是害怕发榜后落第举子所营造的不利社会舆论，故《红楼梦》续书者、曾经当过嘉庆六年辛酉科顺天乡试（此科因京师大水而改于九月）同考官的高鹗，曾作有《灯下阅卷作呈那绎堂诸同年》一绝，曰"品花深恐太匆匆，摘艳寻香午夜中。二十四番辛苦后，有人墙外怨东风"[③]，表达的就是这种情感。清

---

① 对于榜后发生的不利于考官的事情如营造舆论、围攻考官等事情，北宋的做法似可与之对比。但北宋时期，朝廷对于身陷漩涡之考官，有责任者固然有所追究，而曲意保护者亦有之，酿成大狱者罕见，如释文莹《玉壶清话》卷四载：谢史馆泌解国学举人，黜落甚众，群言沸摇（一作淫），怀疑以伺其出。公知，潜由他途（一作道）投史馆避宿数日。太宗闻之，笑谓左右曰："泌职在考校，岂敢滥收？小人不自揣分，反怨主司，然固须避防。"又问曰："何官职驲道雄伟，都人敛避？"左右奏曰："惟台省知杂，呵拥难近。"遂授知杂，以避掷疑之患。此为朝廷以升官、加其仪仗的方式保护之，这可能是宋代科举制度仍处于完善过程中的情形。同样情形至于明，则成为政敌攻击对手的一种方式，故攻讦者众；至于清朝，则成为朝廷打击朝官的借口，故常有酿成大狱者。上引资料见（宋）文莹《玉壶清话》，中华书局，1984，第36页。

② （清）李调元：《淡墨录》，辽宁教育出版社，2001，第124页。

③ （清）高鹗：《高鹗诗词笺注》，尚达翔笺注，中州书画社，1983，第71页。

末当过多次乡会试主考的翁同龢，在光绪庚辰科为会试副考官，闱中使用至公堂壁间前人题诗韵脚赋诗送正考官景廉，有"四海人才归进退，一言题品判升沉；区区衡校真余事，尚识更阑剪烛心"等句子，认为这种夜深人静还在进行阅卷真是没有实际意义，然而谁人知道其中辛苦？[1] 翁氏在光绪十四年（1888）戊子科顺天乡试中又为正考官，在九月初九日前一天校阅初毕，感慨万端，作诗有"自怜揽镜头如雪，却愧门前口似林。再献岂无荆玉泣，屡投终使夜珠沉。霜风破菊重阳近，销尽昌黎荐士心"等句子，表达出了多种情感交织在一起的复杂心绪，对于放榜后可能产生的不利社会舆论应是其中的内容之一。[2]《钦定科场条例》也规定："各房落卷，俱令同考官批出不荐缘由，放榜后令本生领取原卷阅看。如同考官妄抹佳文，本生赴部具呈，查明纠参。"[3] 这种要求，有时至为苛细，如翁同龢在同治元年（1862）壬戌为会试同考官，其三月二十四日的日记中写道："竟日点二场荐卷，手腕欲脱，中忡忡然不能持。近例：荐批必端楷，圈必圆整，非余所习也。"[4]

而就后者而言，发展到清朝，制度要求已经非常严格。各直省要在发榜后数日内就要将取中试卷进行磨勘；这些磨勘包括主考出题情况、考生答卷内容与格式、外帘各所处理试卷以

① （清）翁同龢：《再用壁间韵呈景秋坪师》，《翁同龢集》下册，谢俊美编，中华书局，2005，第734页。

② （清）翁同龢：《重九前一日校阅初毕》，《翁同龢诗词集》，翁同龢纪念馆编，上海古籍出版社，1998，第285页。此诗"翁同龢集"未载。

③ （清）礼部纂《钦定科场条例》卷十九"内帘阅卷·同堂校阅·现行事例"，文海出版社，1989，第1324页。

④ （清）翁同龢：《翁同龢日记》（第1册），陈义杰整理，中华书局，1998，第195页。

及考官阅卷情况，结束后要根据出现错误的严重程度分别进行处理，而已中士子卷内出现严重错误，则不但其本人要收到斥革、罚科等处分，而与此卷有关之内外帘官员都要接受罚俸、降级甚至革职等处理。因此，无论是哪种考官，其战战兢兢、小心翼翼的程度，与蜷缩在号舍中，搜肠刮肚且小心翼翼写试卷的考生，并无二致。"恪遵集注功令"，谨守"四书"制义，必遵朱子《四书章句集注》，稍有违者，有时甚至是稍有疑义，即不得取中，宁可失却有"小疵"的佳文，宁可取中"平平"之文，也不能因此为后来的"磨勘"埋下隐患，成为考官衡文的最主要心态。对于文章，尽管也知道，"高才之士，其文必礌砢；博学之士，其文必深远"①；然而，在衡文过程中，却是"稍竖论，则病其高；稍思索，则病其深；推陈出新，则曰'生'、曰'涩'；立意稍别，则曰'奇'、曰'怪'；矜炼，则以为造作；刻划，则以为伤气；引用故实，则以为饾饤。虽有马、班、韩、柳之才，亦听浮沈于万一、不可知之数，不幸而遭逢不偶，即伊、周、管、葛，亦当终老蓬蒿"②；至于有些学问不到家的考官，对于自己定不准的试卷，"每以文义艰深，非己所解，纵为佳卷，亦摈不录"，"盖误中恐以磨勘而获咎"，而"误抑一通才遭屈，并无后患"③。在这种心理状态支配下所"衡"之文，除了四平八稳、将废话大话说得冠冕堂皇、天花乱坠，还能有些什么？

---

① （清）施闰章：《豫闱公约》，《施愚山集》4，何庆善，杨应芹点校，黄山书社，1993，第101页。

② （清）蓝鼎元：《乡会绳墨序》，载《鹿州全集》"鹿州初集"卷五，厦门大学出版社，1995，第97页。

③ 徐凌霄：《凌霄·一士随笔》，山西古籍出版社，1997，第194~195页。

纪晓岚在乾隆四十九年（1784）甲辰科会试中任副总裁，所撰之《甲辰会试录序》说："今之所录，大抵以明理为主，其逞辩才，骛杂学，流于伪体者不取；貌袭先正而空疏无物，割剥理学之字句，而饾饤剽窃，似正体而实伪体者，亦不取：期无戾于通经致用之本意而已。"① 但这样的"通经致用之本意"，除了作为考官向朝廷汇报工作时的冠冕话语外，在具体的衡文过程中，却常常有些写不到纸面上的"规则"在左右着考官衡文过程。在这种情况下，不要说录取"通经致用"之文不易，就连做到基本的"衡鉴公平"也不易。同治二年（1863）癸亥科进士、光绪二年典福建乡试的王綮曾说："曾得一卷，全体称意，而中有小疵，终觉不惬，竟摈之。又有一卷，文平平，而有数警句，爱不忍释，姑置榜尾。暗中摸索，自信鉴公衡平之不易也。"王氏为制举文名家，科场顺利且名次靠前，其心态具有一定代表性。②

---

① （清）纪晓岚：《甲辰会试录序》，载《纪晓岚文集》第一册，河北教育出版社，1995，第148页。

② （清）徐珂：《清稗类钞·"考试类"》，中华书局，1984，第654页。"平平"之文可以入毂，而稍有不平之文则被抑制，则文理深奥之文可想而知。清朝晚期楚雄人谢焕章，"同治癸酉举于乡。幼失怙，授童蒙奉母，妻以纺织佐，仅给菽水"；五十几岁方得中举，翌年万里迢迢，赴京会试，却在会试前的"复试"中，以"理境深奥，阅卷者李某几不能句读，以为文理欠通，竟坐褫革"被摒斥，舆论大哗，酿成风波。后虽被例外开恩，恢复举人头衔，仍被"停一科会试"。举人复试阅卷一般没有太多时间与磨勘压力，谢氏却仍得此结局，闱中衡文状况，亦可参见。清人有论曰："士人读圣贤书既久，各欲言其心之所得，故制义者，指事类策，谈理似论，取材如赋之博，持律如诗之严，要其取于心，注于手，出奇翻新，境最无穷。心之所造有浅深，故言之所指有远近；心之所蓄有多寡，故言之所含有广狭，皆各如其所读之书之分而止。"梁章钜《制义丛话》"江国霖序"，《梁章钜科举文献二种校注》，陈文新点校，武汉大学出版社，2009；谢焕章事参见朱和双《晚清时期楚雄名儒谢焕章"覆试革举"轶闻补证》，《楚雄师范学院学报》2015年第8期，第68~77页。

其实这种心态，早在北宋时期即已形成：

> 宋王子明当国时，李迪、贺边有时名，举进士，迪以赋落韵，边以《当仁不让于师论》，以师为众，与注疏异，皆不预。主文奏乞收试，文正曰：“迪虽犯不考，然出于不意，其过可略。边特立异说，将令后生务为穿凿，渐不可长。”遂收迪而黜边。是自宋时已然，第彼时遵注疏耳。[①]

此则是对于经典的理解有异，主持者即不敢录取；甚至还有连所有词语与出处有异而不敢录用者：

> 绍兴省试《高祖能用汉三杰赋》。一卷文甚奇，而第四韵押“运筹帷帐”，考官以《汉书》乃“帷幄”，非“帷帐”，不敢取。出院，以语周益公。公曰：“有司误也。《史记》正是‘帷帐’，《汉书》乃作‘幄’。”[②]

乾嘉著名学者钱大昕，多次典试乡闱，其典试乾隆二十五年壬午湖南乡闱，其在试后作此次乡闱的总结材料《湖南乡试录》的“序言”中，即这样写道：“（此科）湖南应举士子四千余人，三场之卷凡万二千有奇，合经书义论策诗计之不下五万六千篇。臣等自阅卷之始，至于撤棘，计十八昼夜，文卷浩繁而时日有限，谓所去取者，必皆允当而无一遗才，臣诚未敢自信也；宽其途以收之，平其心以衡之，词无繁简，范之以法；文无奇正，约之以理，不敢以小疵而弃大醇，不敢以细失

---

① （元）马端临：《文献通考》卷三十“选举三”，中华书局，1986，第286页下。

② （宋）罗大经：《鹤林玉露甲编》卷之三“帷帐”，中华书局，1983，第53页。

而訾全美。每当去取之际，虚怀商榷，不惮再三。"① 在一首
名为《中秋试院对月》的七律诗中，也这样写道："万里清光
一样圆，重帘深静夜忘眠。筝琶俗调休来耳，冰雪高文若有
缘。射策诸生然桦烛，锁闱同事斗蛮笺。明珠鱼目由来混，恐
负天家铁网悬。"② 一个"铁网悬"，就道出了绝大部分考官在
闱中阅卷时的心态。

　　明万历十六年（1588）戊子科顺天乡试，右春坊右庶子兼
翰林侍读黄洪宪等为主考，闱前给朝廷上了一道奏折，其中言
自己"闻命惊危"的心情，主要是因为"士风薄恶，人心险
危"而"以文场为惧府，而谓主试为厉阶"，因此在表明自己要
"誓天相戒，所凭者试卷，所取者文章"，公平阅卷的同时，还
提及"四不知"等外场可能出舛误从而影响阅卷的情形，提醒
朝廷在处理相关案件时，能够划清责任，以免受祸。③ 很明显，
这是一种预先提醒朝廷，免得以后出了乱子，不分责任是非而
遭受不公正处理的心态。但在翌年正月，还是有礼部郎中高桂
奏劾本科顺天乡试十五名李鸿（大学士申时行婿）以"关节
中"者，有文理不通者，有多名"字句多有疵谬"者，解元
王衡（大学士王锡爵子）也"疑信且半"，幸而复试中没有发
现问题。想必黄洪宪等人也吓出一身冷汗④，故于是月起至于

① （清）钱大昕：《湖南乡试录序》，载《潜研堂文集》卷二十三，吕友仁
　标校，上海古籍出版社，1989，第368页。
② （清）钱大昕：《潜研堂诗集》卷七，吕友仁标校，上海古籍出版社，
　1989，第1035页。
③ （明）黄洪宪：《陛辞入闱疏》，《碧山学士集》卷之八，"四库禁毁书丛
　刊"集部30，北京出版社，1997，第247页下~248页下。
④ 分别见《明神宗实录》卷207"万历十七年正月庚午"条、卷208"万
　历十七年二月戊寅朔"条，"中研院"历史语言研究所编，1966，第
　3874~3875、3885~3886页。

本年末，连上九疏，始则辩解，后则称病求去，最终至于年末得如所愿。嘉庆元年丙科会试，时年已经72岁的纪晓岚为正考官，作有《嘉庆丙辰典试春闱呈同事诸君子》律诗二首，其二云："摩娑老眼不分明，甲乙纷纭几变更。王后卢前终有价，房谋杜断本无争。千丝铁网收难尽，九转金丹炼已成。敢道寸心知得失，儒林他日听公评。"[1] 作者时为礼部尚书，已届人生暮年，虽自觉人老眼花，但因经历过人生的大起大落，对于科场是非终觉无谓；文有定评，科举难以罗尽众才，所以只管以公平之心衡文，以后的史书自有公断，表达出一种看透世事的达观，但也未尝不可看做是文网严密之下的一种坦然。

四　疾病与死亡——隔绝状态下的考官生活苦况

在常见的贡院布局图中，我们看到相对于贡院前半部，内帘门里以"衡鉴堂"为中心，环以各种功能性房屋的一片建筑群，房屋密集，院落狭窄，少有可以散心之处，后面就是贡院高高的围墙，气氛压抑。在此空间中，内帘考官除了要在拟题、阅卷等专业技术工作中小心翼翼、规避磨勘外，还有由于"锁"而产生的生活的种种不便所导致的心态变化。

（一）信息隔绝状态下的生活苦况

在这样的狭窄空间中被封闭数十天，首先是外界信息的隔绝。固然也可感知自然信息，如金代著名文士赵秉文曾参与春闱阅卷，被锁院中，为"春物骀荡，西园开钥，不得一观"

---

[1] （清）纪晓岚：《嘉庆丙辰典试春闱呈同事诸君子》，载《纪晓岚文集》第一册，河北教育出版社，1995，第543页。

而在"试院中愁坐"，咏诗云"数日天气殊未佳，文书如山眼生花"①，然而因为功令森严，不得欣赏，自然愁闷。更为愁闷的是家庭及人事信息隔绝。司马光曾记载："旧制，试院门禁严密，家人日遣报平安，传数人口，讹谬皆不可晓，常苦之。皇祐中，王罕为监门，始置平安历，使吏隔门问来者，详录其语于历；传入院中，试官复批所欲告家人之语及所取之物于历；罕遣吏隔门呼其人读示之，往来无一差失。自知举至封弥、誊录、巡铺共一历，人皆见之，不容有私，人甚便之。是后遵以为法。"② 到了清朝，一旦锁闱，则片纸只字，不能传入，就是家中父母、妻子去世，也要等到"撤棘"之后再行告知。《钦定科场条例》卷八规定："考官入闱后，遇有服制事故，该承办衙门毋庸移会场内，俟撤棘之日，令其守制（补注：乡会试考官、同考官内帘等官同）。"③ 故对于亲友、故乡的思念，成了不少考官所写诗文的主题，如北宋中期的著名画家、文人文同，曾作有《中秋夜试院寄子平》，有"人间重此夕，一岁号佳赏；而我督秋试，锁宿密如藏，细务纷满前，约束甚轨鞅，无由奉朋侣，彻晓坐清旷"等句子，表达的没有朋友谈论，只好自己彻夜静坐的孤寂情感。④ 清朝中后期湖南人周寿昌入闱为考官，作《闱中夜坐忆舍弟筱楼寿

① （金）赵秉文：《试院中愁坐，叔献学博忽送红梅、小桃数枝，坐念春物骀荡，西园开钥，不得一观，作诗破闷，兼简张文学仲山》，载《闲闲老人滏水文集》卷四，商务印书馆，1937，第51页。

② （宋）司马光：《涑水记闻》卷14"平安历"，邓广铭、张希清点校，中华书局，1989，第290页。

③ （清）礼部纂：《钦定科场条例》卷八，新文海出版社，1989，第734页。

④ （宋）文同：《中秋夜试院寄子平》，载《新刻石室先生丹渊集》卷九，（台湾）学生书局，1973，第367页。

祺》，以"沈沈锁院严更漏，飒飒秋风人酒厄"起兴，联想起"十载弟兄为别苦，一门科第独君迟。艰难生计羁微宦，退逸心情愧盛时"情境，最后勉励自己"五色且防迷过眼，战场曾听角声悲"，要认真阅卷，不忘自己当初所受痛苦。[①] 甚至亦有忆及同来应试的"友"人者，如虞俦之《太学秋试封弥，夜深独坐，怀考试诸友》，其诗云："衡鉴高悬已自公，修严官禁不通风。樊墙便有河山隔，梦寐犹疑笑语同。离索暂应疏酒盏，往来争敢递诗筒？"[②] 乾隆四十五年（1780）庚子，六月二十二日钱载为江南乡试主考官，即日星驰赴江宁，行前其妻张夫人已早婴危疾，一路感怀不已，作《怀妇病》诗，因"典试回避，戒家书，榜前不得达"的制度，故"莫知生与死，音书堕渺茫"[③]；七月十二日张氏已病卒京邸，而二十二日钱氏尚作诗感怀，至九月初八日放榜出闱，方知消息，作诗曰《九月八日闻张夫人讣》，劈首即曰"棘院断家书，揭晓甫得知"，写的就是这种消息隔绝的情景[④]，悲痛之情，溢于言表。当然亦有喜事，出闱方知者，兹不赘言。

其次是生活情况的不尽如人意。"生活情况"不外吃与住。就前者来说，所有内帘人员的生活供给，依据官品之高低而有一定标准，体现出鲜明的等级特征；就一些记载与相关研

---

① （清）周寿昌：《周寿昌集》，岳麓书社，2011，第 30 页。
② 周兴禄：《宋代科举诗词研究》，齐鲁书社，2011，第 363 页。上书作者以为对同为试官的怀念，似不通。
③ （清）钱载：《怀病妇》，《箨石斋诗集》卷四四，《清代诗文集汇编》第 314 册，第 244~245 页。
④ （清）钱载：《九月八日闻张夫人讣》，《箨石斋诗集》卷四四，《清代诗文集汇编》第 314 册，第 245 页。潘中华归纳较细，在《钱载年谱》，博士学位论文，南京师范大学，2008，第 247~249 页，可参见。

究①来看，内帘等级最高的正副主考的供应标准为"头等供给"，固已至豪华等级，而同考官亦为二等供给，相去不远，应该比其在京师为穷翰林时的生活好了不少。而在实际运行中，因为正副主考常常代表朝廷来主持"抡才大典"，故地方大员也往往竭力供应，不使其在这方面产生问题而影响衡文质量，影响本省的人才选拔，故如林则徐为嘉庆二十一年（1816）江西乡试副主考，其在该年八月十四日的日记中记道："自入闱以来，监临、提调、监试连日输送酒席，送席尤多，心甚愧之，且觉物力可惜。"②

其他有关内帘供应的文字记载不多见。倒是在不少"边缘性"的史料记载中，有一些内帘供应使受供应者实在苦不堪言的蛛丝马迹。清之前此方面文献记载较为罕见，而在清朝后期的文献有一些这方面记载。按制度，考官入闱后，五天一进供给，也就是进一次供给要用够五天。乡试在农历八月，气温尚高，食品（特别是肉类）没有冷藏措施，容易变质甚至发霉，清末著名学者李慈铭曾为光绪癸巳科顺天乡闱内监试，其九月初七的记载中即言："坐内龙门，监放供给，其物多不可食者，肉败鸡蹙……"③ 可为佐证。

有时甚至因为供应问题，考官之间闹矛盾。据《凌霄一士随笔》记载："清咸丰戊午（八年），顺天科场大狱，先之以提调参劾监临之事。提调府丞蒋遂，以场中供给草率，呼应不灵，愤而称病，擅自出闱，奏参监临府尹梁同新护庇属员，

---

① 姜传松：《清代江西乡试研究》，硕士学位论文，厦门大学，第 96~98 页。
② （清）林则徐：《林则徐日记》，中华书局，1962，第 58 页。
③ 陈左高：《癸巳琐闱旬日》未刊稿，文见谢国桢、张舜徽等《古籍论丛》，福建人民出版社，1982，第 321~335 页。

暨各员营私肥己，偷减供给等情。是案查议结果，（蒋）遂革职，（梁）同新降三级调用，治中通判、大宛两知县等，均获谴。此为大狱前之一小狱，说者称先集微霰，虽两狱并无因果之关系，要均为科举规纪废弛之所致。咸丰帝严治大狱，戮及宰辅，实积玩之后振之以猛之意也。"① 此虽发生在外帘，但依照中国传统特别是清朝后期的各种积弊，办理科场供应（理应包括修理贡院，外场各官及杂役、考生等食物、用品供应等）也很可能成为相关吏员上下其手、中饱私囊之"肥差"，且由于内帘人员与外界沟通少之又少，几近隔绝，且又都是文人，因此饮食之微而产生嫌隙，颇不值当，故言之者不多。道光二十五年（1845）乙巳会试，翰林院编修蒋琦龄入闱分校作《闱中食杞》诗，有"菜把辱官厨，陈根致菜菔。有肉色如墨，有鸡小于鹜"之句，可见供给之不佳。② 上文提到的李鸿逵，任光绪十二年丙戌（1886）会试内帘监试，写过一首《供给叹》，其中关于食物供给的句子有"闱差供给甚细微，瘦弱鸡雏饿不飞。茶烛油盐供未足，豆腐块小肉多肥。

---

① 徐凌霄、徐一士：《凌霄·一士随笔》（三），山西古籍出版社，1997，第740页。此次科场办理混乱情形，供给情形尚其小者；翁心存是年于八月初八日头场以户部尚书协办大学士被派顺天贡院"砖门搜检"，先坐西右门，后坐东左门，尽管"入场者甚安静"，但"监临奏承办试卷迟延，御史奏名册又有舛误，顺天府治中蒋大铺、粮马通判萧顶禧，均交部议处"；十一日二场，除记蒋逵负气出闱事外（是书记为蒋达，不知误由何起），尚记"蒋达所参府尹梁同新苑护属员，治中蒋大铺办理草率，通判萧鼎禧并不照例入场，大、宛两县偷减供给，各委员遇事疲玩各情，与监临景廉、副都统载龄等所奏大致相同"，作者认为是"盖是日场内诸公皆劲京兆也"。可见矛盾积累至如何程度，及外帘场事办理荒疏至何种程度，而内帘之事，此时尚未发作也。见翁心存《翁心存日记》，张剑整理，中华书局，2011，第1344～1346页。

② （清）蒋琦龄：《空青水碧斋诗文集》，广西人民出版社，2001，第268页。

都言大所自用好，内帘丰裕古所稀。早食面条晚餐饭，青菜四色聊充饥"①，对于内帘之食物供给，描述应是实录。

食品供应如此，其他物资供应也常常成为问题。同治壬戌科（1862 年）会试中，翁同龢为同考官，其初七日日记中有"煤甚少，不敷用，又未带猪油，遂以三吊钱托内监试买猪油并索煤"，十一日有"闻知贡举桑朴斋前辈卧病，煤水均绌，颇费筹划。初七日寓中曾送水来，阻不得入"，这种缺煤少水的情况一直没有得到解决，闹到十二日"内帘煤绌，比舍皆伐树为薪，监试郭玉麓欲劾办供给官"的境地。② 做饭用的煤、水均缺乏，竟然要"伐树为薪"，内帘中物资供应可见一斑。

与"食"相对应的"住"，常常不会好到哪里。上引李鸿逵《供给叹》诗中，提到住的情况的诗句是"板床夜卧声响绝，门帘薄窄风入扉。思气熏蒸出无路，幸有香焚烟霏霏"③，可见住所情况实在不好。本来，内帘所在的以"衡鉴堂"为核心的建筑群，一般处在贡院最北部，比较拥挤，且低矮、狭窄、阴暗、潮湿，再加上人多④，故居住条件很成问题。著名书法家何绍基为黔省考官，迫入闱，复遇雨，有《望晴》诗

---

① 徐凌霄、徐一士：《凌霄一士随笔》（三），山西古籍出版社，1997，第 740 页。

② （清）翁同龢：《翁同龢日记》第 1 册，陈义杰整理，中华书局，1989，第 190、191 页，192 页。

③ 徐凌霄、徐一士：《凌霄一士随笔》（三），山西古籍出版社，1997，第 740 页。

④ 按清代制度，内帘中人，除正副主考及所带从人（二人）、同考官及所带从人（一人）、内监试、内收掌及所带从人，尚有各种杂役，据《钦定科场条例》卷一二所载，顺天乡闱所用杂役，"刻字匠三十二名，刷印匠二十四名，弥封匠十名，各关门夫八十名，蒸饭夫二十名，乡长夫十六名，裱糊匠二名，泥木匠六名，漏粉匠一名，蒸作匠二名，打饼匠二名，锡匠一名，铁匠二名，木匠一名，棚匠四名，鼓手四名，乡厨六十名，乡皂六十名"，见《钦定科场条例》卷十二。其中大部要用于内帘，如刻字、刷印等，则内帘居住拥挤可见。

云：“响透空阶润逼衾，垂帘无寐酒难斟。夜郎万里看山眼，秋士三千听雨心。矮屋支残檐溜直，寒更敲到烛花深。凌云画日文章福，莫爱精神一苦吟。”① 由自己住所低矮、残破，且逢贵州多雨，被单潮湿，深夜无眠，联想到此时号舍里的考生，处境只会比自己差很多，尤见其好士之诚。林则徐为江西副考官，出题刊印，“是晚邀帘官八人在奎宿堂晚饭，同监刊印。席间忽有蜈蚣自梁上坠余左耳，痛不可忍，亟取鸡冠血敷之，半夜始差；又有蟹从柱旁出，不知何祥也”②，不论是为无妄之灾之“蜈蚣自梁上坠”，还是“有蟹从柱旁出”，其实皆为江西贡院邻近南昌东湖、地势卑湿所致。翁心存在道光十五年乙未为浙江乡闱主考，就发现校文之所“浙闱聚奎堂及卧室皆隘甚”，“盖黑暗卑湿，实足令人病也”，卧室是“内帘两主考住处凡七楹，东西各以一楹为卧室，一楹家丁居之，中五楹皆北向，乌中丞新以纱橱隔断两楹，为退息校文之所，然后临厨房，亦殊嘈杂也”，连便溺之事也成为苦事：“正考卧室前有枯柏一株，以木架之，倚于聚奎堂侧，相传树有神，便溺皆不敢向之，殊为苦事。”③ 清末华学澜为贵州乡试副主考，其所居住只是在贵州贡院内帘衡鉴堂，“堂五楹，左右各二楹，又中分为四，余二人分居之。……余卧室之后一间为楼梯，占据大半，余地只可庋皮箱”，但作者尚觉所居“宏敞”，只是环境不好，“庭中满张布幕，为八房障日而设，案头未免少暗。各房供给鸡鸭，皆畜之庭中，昕夕长鸣，殊觉聒耳”④。

---

① （清）何绍基：《何绍基诗文集》，岳麓书社，2008，第 195 页。
② （清）林则徐：《林则徐日记》，中华书局，1962，第 57 页。
③ （清）翁心存：《翁心存日记》，张剑整理，中华书局，2011，第 171 页。
④ （清）华学澜：《辛丑日记》，商务印书馆，1936，第 118 页。

京师顺天贡院也有类似情形。袁昶在清末为会试同考官，校文将毕，在一首题为"呈同事诸君"的诗中，对于工作居住环境进行了这样的描绘："略似蜂房各闭门，厨烟相续恰成村。"并特别提到"分校公膳，日一鸡，多戒杀，以栅养之，卯唱酉栖，喧聒殊甚"的嘈杂情形。[①]

贡院作为功能性建筑，只在有重大考试事项时才开门，其他时间除了把守的吏役外，并无其他人员居住。中国传统土木建筑如普通旧式瓦屋，若数年无人居住，常常是墙掉外皮、尘土堆积，非常阴湿，加以蛇鼠穿窜，若不稍加修整，不仅不适合居住，且有顷圮之虞。然而有时这种修整费用，还得同考官自己出。如光绪二十年甲午恩科春闱，翁斌孙（翁同龢兄同书之孙，光绪三年17岁即成进士）为同考官，住顺天贡院奎文堂东之第三间，"墙潮湿可憎，呼裱糊匠，良久始来，令悉以皮纸糊之（纸自带），始觉洁净可坐"，同时又令木匠于门帘做两小夹板，便于掀开，分别赏钱六千、四千。[②]翁氏作为贵公子，当然住不惯这种潮湿、低矮房子，所以就自己掏腰包来裱糊。其他穷一些的，就只能自己忍受，或者另想办法。嘉庆元年（1796）丙辰恩科会试，山西静乐人李銮宣（进士出身，时为刑部湖广司员外郎）入帘为同考官，居住在会经堂西偏之第十八房，春季京师风大，将屋上承尘纸吹破，"乃取供给官所进炭筐底缚楣间，计用筐底十六枚。屋中以屏为限，屏前九枚，屏后七枚。仰视累累然若蛛网"，发榜时本房得中

①　（清）袁昶：《春闱杂咏附录》，载《清代诗文集汇编》第761册，上海古籍出版社，2012，第408页。

②　（清）翁斌孙：《翁斌孙日记》，张剑整理，凤凰出版社，2015，第2页。

九人，又得拨房中七人，恰符十六之数，作诗吟咏曰：

> 锁院双扉扃，黔突理晨爨。小吏进供给，盐米杂脂炭。进炭必以蕝，堆积日纷乱。一夜春风吹，吹我檐瓦断。承尘纸力微，破裂到厨幔。不见紫燕来，但见苍鼠窜。诛茅既无绚，饰垩又无墁。补屋谁牵萝？俯仰更长叹。事急智忽生，缚蕝卫闶闳。修绠束短茨，布置颇堪玩。屏前列九纬，累累如珠贯；屏后罗七曜，罗罗映几案。

　　李氏本穷京官，因为交不上房租，半年搬了三次家，"为偿屋租债，先典御冬裳；燃火风生灶，开轩月到床"，生活很是穷苦，故能生出此智。① 然而还有比之更危险者。翁同龢在光绪十四年（1888）戊子科顺天乡试担任主考官，其三月二十四日的日记中记道："二场卷进毕，房官屋西向者一间山墙倒塌，可怕也。"② 幸无伤人记录，可能是因为此日正值进卷，该房考在衡鉴堂上，躲过一劫。

　　其实这种现象，在贡院制度尚未完全制度化的宋朝时期，即已存在。黄庭坚《观伯时画马，礼部试院作》："仪鸾供帐饕虱行，翰林湿薪爆竹声，风帘官烛泪纵横。"③ 此为元祐三年二月事，苏轼为是科知贡举，幕帐内饕虱横行，春寒季节，室内透风，取暖用的柴火难以点燃，境况已是不佳，苦况已然

---

① （清）李銮宣：《坚白石斋诗集》卷之一，山西人民出版社，1991，第 19～20、15～16 页。

② （清）翁同龢：《翁同龢日记》（第 5 册），陈义杰整理，中华书局，1998，第 2633 页。

③ （宋）黄庭坚：《黄庭坚全集编年辑校》上册，郑永晓整理，江西人民出版社，2008，第 503 页。

出现。南宋时境况更差，吕本中有一首诗，题曰《去冬试院中尝作诗云："衣敝虱可舍，发垢栉不下。披衣坐墙角，尚有微火跨。平生足拘窘，今日幸闲暇。……出门见诸老，此语君可画。"今年复入试院，职事多窘迫者，簿书满前，如赴蹈汤火也，再次前韵》，可见锁宿之窘况。① 考官本质上仍是文人，常有作诗雅兴，但贡院恶劣的生活环境，繁杂的案头工作，使之视锁院衡文为"赴汤蹈火"，恐怕不会是夸张。

（二）疾病与死亡——被锁闱期间考官的身体

乡会试锁闱期间，考官工作辛苦劳累，责任极为重大，还要与考生一道承担气候变化之苦楚（尽管其居住条件要好于考生很多），食不惬而寝难安，故考官在"锁闱"期间，极容易沾染病症，却又不能出闱，只好自己忍耐，或稍微诊治。这种情况到清朝时期，极为普遍。如李光地为康熙四十八年（1709）己丑会试正考官，"中忽被病，疮癣狼藉，坐起枝离，以卒厥事，不详不精，与初意违，至今自恨也"，以之为自己的终身遗憾②；虽有自谦，但仍可看作考官生活的一种侧面写照。康熙二十二年（1683）癸亥四川乡试，主考官方象瑛在二十日的日记中写道："搜遗卷，磨对中式诸牍，余病甚，日夕蒐阅，不知病之在身也。"③ 嘉庆十九年甲戌（1814）三月，

① （宋）吕本中：《东莱诗词集》，沈晖点校，黄山书社，2014，第106页。是诗不见于《东莱诗词集》正文，只在另一首诗的诗题中出现，不知何故。

② （清）李光地：《己丑墨选序》，《榕村全集》卷十，《清代诗文集汇编》第160册，上海古籍出版社，2012，第189页上。

③ （清）方象瑛：《使蜀日记》，载《西北稀见丛书文献》，兰州古籍书店，1990，第532页。

陶澍为会试同考官，工作量极大，"计本房荐卷一百二十本，为文、为策共一千五百六十篇，篇俱有评记册，其落卷、备卷，称是"，且于阅卷非常用心，"于分到之卷，非经三数过不肯批抹"，"自问此心，差可无歉"，"遂有以荐卷太多，劳其披阅而恶之者"，引起同僚不满，而自己也因此害了一场大病，出闱之后，病情加重，卧床三个多月才能够病体恢复。①道光十二年（1832）壬辰，福建莆田人郭尚先（其年二月始为大理寺卿，为编修垂二十年始开坊）为山东乡闱主考，"闱中受暑湿，得病甚重，力疾阅卷，泪揭榜始稍愈"，回京后在其年冬天，"天气严寒，疾复作"而死。②张集馨（时为翰林院编修）曾典道光十五年（1826）乙未河南乡试（未言其为主考还是副主考），一同前往的主考龙元任，"卧病不能阅文"，张氏只好"独任其事"③。清末周锡恩为陕西乡试主考，本着对朝廷三年一次、花费巨大的"抢才大典"负责、对承托者众多家长期望、辛苦前来应考的考生负责的态度，"势尽心眼力，屡废餐与眠，神劳血痰作，疾发热火瘅。同官怜我病，咎我不惮烦，我岂不惮烦，力竭愿未殚。峨峨衡鉴堂，鬼眗群神环"，校卷认真，耗尽心力，废寝忘食，导致疾病发作。④甚至有死在贡院之中者，如嘉靖二十三年二月甲辰科会

---

① （清）陶澍：《与王万全书》，载《陶澍全集》"文集"，岳麓书社，2010，第 405 页。

② （清）郭尚先：《兰石公年谱》，《增默庵文集》，《清代诗文集汇编》第547 册，上海古籍出版社，2012，第 702 页。

③ （清）张集馨：《道咸宦海见闻录》，中华书局，1981，第 20 页。

④ （清）周锡恩：《传鲁堂集》，罗田诗词学会、凤山诗社刊印，2009，第17 页。陈春生有文对此亦有讨论，《浙江科场舞弊案中重要人物周锡恩的诗文与心态》，《赣南师范学院学报》2013 年第 5 期，第 59~64 页。

试，命太子宾客礼部尚书兼翰林学士张潮、左春坊左庶子江汝璧为主考官，"时潮入贡院，三场毕，以病死，舁尸出"，主考只剩下江汝璧一人，八月又有刑科给事中王交等人揭发考官江汝璧等"朋斯通贿，大坏制科"，取中辅臣翟銮二子汝俭、汝孝及相关人员多人，其他尚有多种严重情节，最终酿成三名考官接受廷杖六十、革职、闲住等处分的科场大案①；嘉靖四十三年（1564）甲子科应天乡试，以左春坊左谕德兼翰林院侍读汪镗、右春坊右中允兼翰林院编修孙世芳主应天试，结果"世芳以病卒于贡院，舁尸而出，同考官吏部主事蔡国珍代为后序"，因此朝廷下诏："自今两京乡试同考官，仍择文行俱优、年力精壮教职充之，罢部臣勿遣。"② 道光十二年（1832）壬辰恩科湖南乡试，陕西泾阳人礼科给事中徐法绩为正主考，当年特诏考官搜遗卷，"副考官胡以疾卒于试院，公独校五千余卷，得士如额。解首为湘阴左宗植，搜遗所得首卷为左宗棠。榜吏启糊名，监临、巡抚使者吴公荣光避席揖公，贺得人"③。尽管此次搜落卷得到左宗棠这样的国之柱石，日后给清朝挽回半壁江山；但副主考官死在阅卷过程中，也还是有些悲剧的意味。这种情况到了废科举前，仍然存在。光绪二十七年（1901）辛丑科贵州乡试副主考华学澜与正主考吕佩芬迭相生病，最后是跟随华学澜多年的仆人李明死在贡院。④

---

① （明）王世贞：《弇山堂别集》卷八十二，中华书局，1985，第1574～1575页。

② （明）王世贞：《弇山堂别集》卷八十三，中华书局，1985，第1580页。

③ （清）左宗棠：《太常寺少卿徐公神道碑铭》，载《左宗棠全集》（家书·诗文），岳麓书社，1987，第334页。

④ （清）华学澜：《辛丑日记》，商务印书馆，1936，第162页。

清朝后期，"两代帝师"翁心存、翁同龢父子的经历具有一定的典型性。翁心存在道光十五年（1835）乙酉为浙江乡闱正主考，八月初六日入闱，连日或淫雨，或燥热，至中秋日，"是日午后，正校阅时，觉体中不适。晚间请同考诸君，勉强成礼。亥正寒热交作，遂成痁疾"，十六日"夜亥刻，寒热仍作，呻吟达旦，日日如此。辰刻始强起校文，惫甚矣"，副主考亦患疟疾，甚至要开内帘门延医疗治，最终以有"成例"允之，至二十五日"余疾始瘳"，病了前后十多天①；翁同龢于咸丰八年为戊午科陕西乡试副主考，八月初六日，乘四人亮轿入闱；初九日，"右足痒甚"；十三日，"右足忽肿，勉强著靴"，同日内监试王映山亦病；十四日"余病足未去，夜发热"；十五日"卧不能起"，仍"阅荐卷廿一本"，"竟日雨，百感交集"；十七日"阅卷廿八本。晚寒热并作，彻夜狂呼，而仆人未之闻也"；十八日"阅卷廿五本，就枕上观之，目睛欲落矣"，一直吃药治疗，至二十三日"阅卷廿三本。徐君来诊脉，热渐止而足指出水，履地则有气从小腹下乘入骹，如欲裂者，痛不可忍。房宇深黑，就床头阅卷，昼亦须燃烛"，最后至三十日发榜出闱，总结道"予自十四日至今，起床者才三日耳"，整个考试工作大都在床上度过，其中苦况可想而知。②

因为闱中环境不好，常常发生考官由此得病甚至死亡的事，由此而形成了一些不可思议的忌讳；其中最为典型的，就

---

① （清）翁心存：《翁心存日记》，张剑整理，中华书局，2011，第171～172页。

② （清）翁同龢：《翁同龢日记》（第1册），陈义杰整理，中华书局，1989，第8～9页。

是顺天贡院里所发生的事情：

> 京城贡院内有有白蛇，出则不利于考官。十八房，惟第三房屋舍孙辰东没于其中。孙盖非考终命者，同考官多不肯居是屋，或于亲友同为房考者约共一室，此屋遂空。戊寅乡试，杨编修希铨与某以此舍为会食之所。一日甫晚餐，屋墙忽倾倒，如人力推者然。惧而出，不敢食于此，而家人及乡厨（场中谓乡官厨为乡厨，作者原注）遂以为厕。一日有青蛇一自户下出，了不畏人。众趋视，则更有大白蛇一，巨如茶盏，长六七尺，蟠于舍中，昂首视人，群惧而奔。不数日，同考广东崔舍人没于闱中，贵州某病亦几危。此蛇不知是何怪也。更有青蛇，则又不仅一白蛇矣。孙没于第三房，后颇为厉，拆而改革，亦复为安。自其子河间太守宪绪释禍后，稍稍安静。某科宪绪以充同考官，众留此屋与之。孙已携香楮入闱，至舍设奠，哭而祝之。乙巳会试，同年邵编修葆钟充同考，不知此舍为孙之屋也，居之。试事毕，亦无他异。揭晓前一日，同人有贺之者，询得其由，是夕寒热大作，填榜时竟不能升堂。出闱半月而没。甲戌春闱，孙少兰侍御入闱最后，惟余此舍。少兰乃约与余同居。问之辛未同考，已无人敢居者。此舍由此遂废。今复有崔舍人之事，又将废一屋舍矣。①

此事的结果是导致同考官得知入闱消息后，来不及至礼部领杯盘表里，而是争先恐后进入贡院，抢占房屋，以免落到最

---

① （清）姚元之：《竹叶亭杂记》卷三，中华书局，1982，第65页。

后别无选择而被迫入住此房。

考官入闱多有患病乃至死亡的情况，甚至引起医家注意，早在明初的1390年，由周王朱橚等编辑的大型药方汇集《普济方》卷二四四，即收有"甘豆汤"一方，专治"脚肿"，以黑豆、甘草同煎汤，服之，且有一郭镇廷知县云，"昔年大学士入闱中，多患脚肿，至腹则死，前后如此者非一人，后有施此方，服之则愈，盖神方也"①。盖明初会试规模较小，则已有考官得如此之病症，可上述翁同龢所患，实是与此一般。而翁同龢之侄孙翁斌孙为光绪二十年甲午恩科春闱同考官时，特意抄录专门治疗"下焦阳气虚乏，脐下冷痛，足胕寒"的药方"离珠丹"带进内帘，以备急用②，可见上述确为事实。

上文我们从这几个方面来描述考官在内帘中的各种情况，我们会深切发现，在乘着"亮轿"入闱，万人空巷，愚夫愚妇骈肩累迹瞻望咨嗟之荣耀的背后，等着他们的，是一场体力、耐力等多方面的考验，而在这个狭窄空间里的种种行动，是在严格制度的规训下小心翼翼、战战兢兢完成的。发榜后，看似一件工作完成了，一个阶段过去了，似乎可以轻松一下；但情况并非如此，他们要面临着社会舆论的压力，要写《乡（会）试录》之类的工作报告，要将自己的行程、组织出题、阅卷、放榜等工作一一汇报，要将所取中试卷解京"磨勘"，如有出题、阅卷等问题，面临的将会是罚俸、降官甚至终结仕途、丢掉性命等多种处

---

① （明）朱橚等：《普济方》卷二四四，四库全书本。
② （清）翁斌孙：《翁斌孙日记》，凤凰出版社，2014，第14页。

分。① 从这个意义上而言，"为国抡才"的荣光下，还有一种强烈

---

① 尽管乡会试"磨勘"是一种增强考官群体"责任心"的制度，而其实施的最终效果，却仍得依赖参与此项工作之人的心态，甚至发展出了一种规避磨勘的技术。对于前者，以下所引用雍乾间名臣张英的话可以窥见一斑。"（张英）屡年磨勘乡试卷，悉心披阅，系以确评，间有指摘瑕疵，务期精核允当，不徇不苛。司中或有刻求者，府君语之曰：'士子寒窗辛苦，幸博一第，风檐寸晷之间，岂能免语微类小失，但合观三场，果平顺条畅，便不必于一字一句间拘以绳墨。至于主司考成，当论其声名之贤否，亦不可执试卷一二语之纯疵以为优劣，负朝廷爱惜人才之意。'中外皆谓得大体焉。"张廷玉：《先考予告光禄大夫文华殿大学士兼礼部尚书谥文端敦复府君行述》（张廷玉撰，江小角、杨怀志点校《张廷玉全集》上册卷十五，安徽大学出版社，2015，第297页）。又据《见闻琐录》所记，"各试官试毕后，恐磨勘出弊病，于己有处分，多遣送磨勘官数百金，以钳其口，遂无不模糊了。且恐他日为试官，被人磨勘，不得不预为己地者。故近数十年来，从无人因磨勘降罚试官，革去举人进士者"，而认真磨勘者，则被视为异数。相比上条，此条尤为生动。此所记虽为清末之时，然此心态，则恐一直存于有"磨勘"制度之始终（见欧阳昱《见闻琐录》，岳麓书社，1986，第170~171页）。但亦有认真磨勘而流于苛酷者，如嘉庆间辛从益，"官台谏，屡与磨勘之役，多所纠摘，考官士子均畏之，京中呼之为魔王"；"同治间又有御史梁僧宝，与磨勘事最喜吹求，屡兴大狱，因而获咎者颇多。……时人号梁曰魔王。磨、魔同音，盖前后两魔王矣"，可见时人对此磨勘之态度（此见徐凌霄、徐一士《凌霄·一士随笔》，山西古籍出版社，1997，第58页）。对于规避磨勘的技术，一般就是在发榜之前尽力核对，发榜之后若仍发现"瑕疵"，则有一些消除"瑕疵"的技术手段来应对，似乎存在磨勘越认真、应对技术越高明的趋势。吕珮芬为光绪二十九年（1903）癸卯科湘轺副考官，据其所记："每склн湖南中卷有犯磨勘之字，万难掩饰者。长沙县署有吏二人，专善洗改，俨与原本若出一手，浑然无迹。而于揭晓之次日，例用公文送二人入内，专为此事，其技甚秘，不以示人。即洗改时，亦不许人见之；每字索酬银五钱，不肯少贬也。今将中卷由监试发交各房，将所签之字一律洗改；及夜，李仲章持一卷相示，果如所言，技亦巧矣。"湖南如此，其他各省，焉知不是如此？（见（清）吕珮芬《湘轺日记》，1937年刊本复印本，第38页。）然而，明朝景泰间人已经认识到"场屋文字无疵者绝少"，是因为"迫于揭晓，而改订不及"，因此发出"文衡之任亦难矣，语言文字不足以变士习，服士心，诚亦漫浪为之矣"的感慨，因此只要磨勘，就会发现问题，考官就会因此受到各种处理，因而这种"磨勘"事实上已经成为对考官的一种规训。[此所引见（明）叶盛《水东日记》卷二十五"常务文字不能无疵"条，魏中平点校，中华书局，1980，第245页。]

的制度性力量在驱使着他们，左右着他们、他们在这种制度的"铁网"之中，无能为力，不能挣扎。他们中绝大多数经历过考试，是这个制度的"幸运儿"，但在贡院这个空间之中，其所受到的"规训"与同时蜷缩在"号舍"中的考生，并无二致。

需要提出的是，我们上文仅仅从内帘考官来描述他们所受规训的情况，恐怕还有不全面的地方；从广义的"考官"而言，从事考场管理、考试运行、考务管理等外帘监临、提调、监试及管理受卷、弥封、誊录等具体事务的"所官"，也可以称为"考官"，他们带领着一大批各种杂役人员，从考生进场、归号、散题纸、考试秩序维护到受卷、弥封、誊录、进卷等各项具体事务，保证着考试的正常运行。① 因此，无论内帘还是外帘，是一个整体，他们代表朝廷，是科举制度的实际执行者，所针对的是全体考生。事实上，外帘考官们所承受的各种压力，并不比内帘考官轻。官级低者如各所官，管理具体事务，所承担的是直接责任，也有不小压力，所以元人胡助有"帘外良劳小试官，棘闱列卒谨防闲；夜深危坐看誊卷，蜡炬烧残笔吏寒"的诗句描述作为誊录官也要在夜晚加班，监督誊录的事情。② 官级高，所

---

① 关于外帘官，李世愉有段详细论述，可参见其文章《科场中的考官与场官》，载李世愉：《清代科举制度考辩（续）》，北方联合出版传媒（集团）有限公司，2012，第133~155页。

② （元）胡助：《朝贺退赴城南试院三首》，载《纯白斋类稿》卷十四，商务印书馆，1935，第125页。胡助还有另外两首诗描写了对读人员的辛苦工作场景，一首为五古长诗《春闱对读夜坐诸公》有"风帘官烛短，朗诵不停口；吻燥沃云腴，眼花却醇酎。疲倦闷少休，连床对佳友……"等句；另一首为七律，题为《春闱对读同赵子期黄子肃夜坐》，有"卷束如山塞座隅，通宵无寐亦良勤。雄文往往惊投璧，清诵琅琅美贯珠。花炫眼明亲蜡炬，声干舌本沃云腴。朝来喜色逢春雨，襆被连床二妙俱"，可见对读人员之工作与生活情况。诗分别见《纯白斋类稿》卷之三、卷之八，商务印书馆，1935，第24、70页。元代科举规模较小，相关人员已经如此辛苦，遑论规模远大于此的明清两代？

承担的具体事务或少，但所负的责任却很大，从点名、搜检到受卷、誊录、对读，其中一个环节出了纰漏，除了相关人员直接承担责任外，监临、监试，都要承担领导责任。有时事情紧急，在闱期间连续几天不能休息的情况也不鲜见。如王庆云为咸丰二年壬子科顺天乡闱监临，自八月初六日入闱，连日操劳，忙着分派执事、印卷、进场、散题等事，初六、初七、初九日等几乎都是通宵未眠，至十二日二场开始时，以"起居不能适时，未免为风寒所侵"感觉"疲倦不思食"，至十三日"早服粥，大吐，服青果盐汤、苍术丸"，"午刻强饭一瓯，胸膈仍不畅"，很明显是连日操劳，且压力巨大导致的。① 王文韶在湖南监临光绪元年恩科乡试，初七日就开始在贡院忙活，因为考生人数超出贡院现有号舍之数，需要想方设法，"商定借用对读座号及至公堂添设堂号之法"，酉时二刻出堂监印头场座号，"亥正二刻始竣，匆匆一饭，子正（半夜零时）就寝"，且连日"秋暑甚于伏，动辄挥汗如雨"，但第二天初八日，因为考生要点名进场，故其丑正（也就是凌晨两点钟）就起床了，整个夜晚只休息了一个时辰，可见其辛苦程度；但后来连续数日直到考试阶段结束，都是"子刻"甚至"寅刻"稍微休息一下，结果在十八日感觉"竟日精神稍乏"，说是痧气发作，其实是累出病来了。② 监临如此，主办整个科场事务的藩台也是如此。翁同爵（翁心存次子，时任湖南藩司）监临同治六年湖南乡闱，在一封给家人的信中回顾其在闱中操劳：

① （清）王庆云：《荆花馆日记》（上册），商务印书馆，2015，第408～409页。
② （清）王文韶：《王文韶日记》，袁英光、胡逢祥整理，中华书局，1989，第338～341页。

外省办理科场，皆藩司衙门主政。自五、六月来，稿件已加至千余，至临场之投卷、造册及试卷用印，更漏夜赶办。（卷有一万余。用印十二万几千颗，用水印印卷背，故尤难也。）此次学使吕九霞送册较迟（初四日方送八千人，至初五日巳刻方续送二千余人），直至八月五日，方才截数，共有一万五百八十人，（投卷者一万四百馀．头场收卷一万一百四十八本，缘临点不到者有二百余人也。）而士子号舍仅有一万一百五十间，复赶将誊录所坐号舍，编字添入，及造册、卖卷、收卷用印，皆于一昼夜内赶办，故尤觉匆遽，幸尚未迟误，然已不睡者三整夜矣。至初八、十一、十四，头、二、三场点名。头场则阅十二时之久，二、三场略快，亦阅十个时辰；且初九、十二、十五夜半后，尚须巡查围墙；兼之连日又值秋祭之期，故半月来，竟无一夜可以安睡者，幸身体强健，尚不觉疲乏。今则三场已毕，得少休息矣。①

工作负担很重，但如果出一点差错，则前功尽弃，所有相关人员，要受到轻重不等的惩罚处分，因此，在这些人的笔下，贡院也是"棘闱"；他们在贡院进行相关工作的这一段时间，也是"人在棘闱"，承受着来自朝廷功令的"规训"，只不过相对于内帘考官，外帘官真在贡院内的活动空间相对较大，有一定自由度，且时间有限，相关"闱务"办理完毕即可"销差出闱"，本书限于篇幅，故兹从略。

---

① （清）翁同爵：《翁同爵家书系年考》，李红英辑考，凤凰出版社，2015，第 376~377 页。

第三章　在闱之二

——"风檐寸晷"之下的考生

上一节我们简要描述了考官在这个空间中的工作与生活状态。我们看到，尽管其在不少文献中，尽量声称其所承担的使命是如何神圣，其所从事工作之意义是如何重大，而其工作态度是如何之庄重；然而在不少记载中，却发现他们往往承担着各种各样的压力，这些压力既来自各种各样细密的毫不透风的制度，也来自其所在之空间的无形的压抑，这样使其实际工作状态，往往呈现为对各种神圣与庄重的一种或明或暗的"解构"。下面我们要讨论的是，在这个空间中，考生们经历了一个怎样的心态？

一　考生群体——"风檐寸晷"中失语的存在

在不少描述自己或他人乡会试的文献中，常常用"风檐寸晷"这个词来形容在这里面考试的情境；但在笔者看来，这是一个充分体现了"棘闱"这个空间"时空"特征的熟语。所谓"风檐"，即是指考生所处之"号舍"，低矮、狭窄，常常上穿下漏，斜风密雨入侵其内；而"寸晷"，则是言其要在号舍里，在规定时间之内完成一定数量的文章写作任务，绝大多数人都有匆遽紧迫之感（除极少数考生外），甚至还有不少不能及时完卷甚至曳白出场者。在这个空间里所能停留的时间长度，在明朝以前，每场考试是一天，而到清朝，则延伸至三天，而以中间的一天为正场，其前一天其实是进场时间，其后一天是交卷时间，故其写作时间，也还有两天加上一个夜晚。

其实，"风檐寸晷"是"时空压缩"技术的一种显现①。在这样经过一定技术手段被"压缩"的"时空"之中，绝大多数考生，无论是参加乡试的秀才，还是参加会试的举人，一定程度上是科举的成功者，但在下一级考试中，在"一切以程文为准"的前提下，却有着极大的成为失败者的可能性，并且这种可能性随着考生数量的急剧增加而极度扩大，谁也没

---

① "时空压缩"是社会学家哈维对于资本主义的历史所具有的"在生活步伐方面加速"，同时又"克服了空间上的各种障碍，以至于世界有时是显得内在地朝着我们崩溃了"的这种时间－空间维度势不可挡的变化趋势的概括，在其名著《后现代的状况》（商务印书馆，2003，阎嘉译）一书中有系统论述，可参见。本书只是鉴于"棘闱"本身，是借助于建筑设置而构建的制度化空间，以多重高低、厚薄、固定与临时的"墙"分割成为沟通极为有限的部分，而使有资格进入此空间的各色人等在制度的规定下进入此空间，且其在此中的活动时间也有严格的制度限制。资本主义"压缩时空"是出于对利润的疯狂追求；朝廷构建"棘闱"，名义上是"防弊"，而实质上是借此增强对于士人群体的引导与管控，二者有相当程度的"神似"之处，故本书在此借用此词。值得指出的是，尽管笔者借用此词，而且事实上朝廷对于时间与空间的使用都有严格规定，然时间与空间的压缩程度是不一样的，空间的管控力度实际上超过时间，如就清朝而言，散发题纸的时间可以由子时延缓至寅时卯时，而考生交卷时间则在正场第二天一天时间，至于内帘发榜，规定为寅日、辰日子时，然仍有一定程度的随意，如华学澜所记光绪辛丑科贵州乡闱，本来已有成例，"戌刻写榜，寅刻始毕"，今岁两科并行，中额加倍，而发榜定于子时，故写榜时间应该提前至午时，方可从容，然是日申正始写，戌刻写至百名，戌正三刻已毕，"此时距子刻尚有两小时之久，势须静以待之"，"不意监临预传数吏，促传更点此时已交五鼓。监临曰，时已五鼓，榜可出矣。众遂拥榜而出。此与掩耳盗钟何异，殊可笑也"，此所写系科举废前之情形，然结合其他文献资料，可见一斑。所引华学澜资料见《辛丑日记》，商务印书馆，1936，第141页。

有"必售"的信心。在这种情况下，尽管参加过会试的人数非常多，而参加过乡试的人数又会是其数倍甚至数十倍，但关于考生在考场中的一手记录却非常少，就是有，也常常是事后补记，或者非常简略，有不少就是简单记录此场考试的题目而已。这固然是因考场中时间宝贵，其注意力都在考试内容上面，无暇记录，但对于注定要成为失败者的绝大多数考生来说，科场失败，就预示着人生失败，就预示着之后的人生旅途将会是充满荆棘，坎坷崎嵴，即使有些记录，亦如同其平日之课卷、各种八股用书一样，其人在世时无人问津，最终与其人一道湮没于历史尘灰之中。社会是"胜利者"主宰的，极少数幸运者登榜，绝大多数人落第，鱼变辞凡水，云泥从此别①；人们的眼光只投射到乡试成功之后成为"老爷"，有人送钱、送房，有人卖身投靠的荣耀，会试成功后成为"进士"，玉堂金马，纱帽补服，为官作宰、坐堂洒签的威风，谁会为其余99%还多的落榜者拭去眼角泪痕？

在这种情况下，我们若要全面探析考生在乡会试考场中的多重复杂心态，首先就面临着寻找史料方面的困难，因此我们只能基于一些零星、散碎的材料来进行讨论；其次，就时间而言，仍以清代以来的史料较多②，故仍以清代为主，而连带其

---

① 此句模仿全唐诗卷508唐人陈标"赠元和十三年登第进士"中"眼看鱼变辞凡水，心逐鹓飞出瑞风。莫怪云泥从此别，总曾惆怅去年中"等句改写，《全唐诗》卷508，中华书局，1960，第5770页。

② 此现象民国学者胡先骕即已发现，其言曰："彼与试者五百年来何啻千万，就中大诗家出身科举者亦未可屈指数，然无作诗以纪之者，非以其平淡无奇，甚或鄙为无谓之功令，但为猎取仕进之途径，羞以形诸章句耶！"胡先骕：《读郑子尹〈巢经巢诗集〉》，上官涛、胡迎建编注《近代江西文存》，社会科学文献出版社，2015，第541～542页。

他时间者。并且，还要指出的是，在这些所谓"史料"之中，记载详细的非常少，有不少只是记一下考题，还有的第一次记载还细一些，到后来几次则非常简略，并且其中还有一部分是文学作品，是研究历史的专家学者所避免使用的。但我们认为，这些文学作品，如诗、词、曲甚至小说之类，有相当部分不是对于科举考试的写实，如前所引《牡丹亭》中所描写的科举场面，近似荒诞；但能够从很大程度上表现出这些作品的写作者的心态，这对于我们理解身处棘闱之中、被直接使用"时空压缩"方式规训的举子们的心态是非常有帮助的。

毫无疑问，企图从历时千余载，横跨中国不同时代的不同区域的相关记载中，捋出一些规律性的，或者说是大致相同的一些东西，是非常困难的。笔者只是想对之进行一些尝试性的分析，并以之作为相关阐述的基础而已。

应该事先指出的是，在贡院中，考生是被规训的直接对象，也几乎是一种"失语"的存在；在贡院中，他们说话是被严格禁止的（尽管这种"禁止"大多流于书面规定，且也不排除个别时候的个别短时交流，详见第四章"互动"），而在相关的文字记载中，他们也成为一种"失语"的存在。这种"失语"的表现，主要有以下两点：首先是在大多数官方记载中，或者代表着贡院中官方身份的内外帘考官的记载中，他们多以"被规训"的面貌出现，在这个空间中，他们能做的事情只有一个——遵守这些规则，好好写好试卷；他们以"集体"的形式出现，若有人记下他们的名字，则必定是做了不该做的事情（常常是所谓"舞弊"），从而在历史上留下一笔。其次是在考生个人的记载中，则常常非常简略，不少人可能有记日记的习惯，但在记述考场生活的时候，往往非常简略，有不少仅仅记述了考试题目，而看不到其作为"人"的各种活动，从这个意义上来说，言其"失语"，并非过甚之词。并且由于绝大多数考试者在历史上都是以"失败者"的面目出现，即有若干记述，大多恐亦随着历史的推移而灰飞烟灭（本书的命运实亦极大可能如此，笔者对此怀有非常大的信心）；而残余的若干蛛丝马迹、吉光片羽，也还隐没于历史的故纸堆之中，爬罗剔抉，搜寻不易。故在目前已有的相关科举研究中，他们也就顺势而成为"失语"的存在，尽管有些著述会提到他们，但大都是匆匆掠过，笔墨极为俭省，似乎他们只能在字面的科举制度的控制下，在这个空间中，默默地完成自己的考卷，接受命运的安排，极少数幸运者一步登天，而绝大多数只好垂头丧气，在社会的冷落中默默地等待下一次机会。

尽管如此，笔者仍然认为，研究中国科举制度，离开对于"考生"这个群体的相关事实的揭露，恐怕是不完全的；作为一种制度，无论建构得多么严密、多么完整，总要在实施中呈现出来；而考生们的情况是复杂的，他们在贡院中的行为、举动，也不可能全部都是按照制度上的规定来进行的，他们的行动，有些可能是体现了制度，然而也有不少是在消解着制度，从总体而言，他们是在与制度进行着多重形式的"互动"；能够对这些"互动"进行一些描述，想必能够揭示出制度研究所体现不出的一些东西（具体的多重形式的"互动"见本书第四章的描述）。

二　"身体"在号舍之中

考生进入贡院，就是要凭着"文章"来接受选拔；无论是唐朝的诗赋，宋朝的经义，还是明清时期的八股文，以及策论，本质上都是“文章”的具体形式。然而这些“文章”不可以自由发挥，也不能乘兴而为，它们有着各种各样的要求，有内容上的，也有形式上的，需要在遵守这些要求（所谓“功令”）的前提下，谋篇布局，驱遣文字，阐发经义之奥。其生活与心理状态，却正是我们下文想要描述的。

（一）号舍：被给予的“位置”

相对于考官群体在贡院中所在是一个范围大小不等的“区域”，而参加乡会试的考生，就个体来说，却只能在棘闱这个空间中占据一个“位置”（后来演变为“号舍”）。考生经过点名、搜检之后，进入贡院中部的考场区域后，接着就要给自己找个位置坐下。而这个“位置”的获得方式，也还是经历了一个由“自选”到“被给予”的发展历程。在贡院尚未得以制度化建构的唐朝及北宋前期，参加地方解试及中央礼部试的考生，进入贡院的情形，还应该是舒元舆笔下的“突入”，以便为自己抢一个光照好一些且避风的地方，便于答卷；到了北宋中期，殿试率先开始使用“糊名”制度，也开始使用编制座号制度，且向下延伸而至省试，以及地方解试，至南宋，则考试编号，无论是殿试，还是省试、解试，考生均使用所编之座号就座，“放试士人，各入院内，依坐位分廊占坐讫”[①]，成为定制，而至元、明、清三代，沿袭不易。考生在贡院中的位置，无论是宋、元时期的廊下，还是明、清时期的“号舍”，也就由此而固定下来。尽管在贡院这个空间中，

---

① （宋）吴自牧：《梦梁录》卷二“诸州府得解士人赴省闱”条，见孟元老等《东京梦华录》（外四种），古典文学出版社，1956，第146～147页。

考生是人数最多的一个群体，同时也是这个空间之内所有其他群体所直接或间接对之进行规训的群体，因此对于其在贡院内部的活动范围，随着科举制度的逐渐严密，而其在这个空间内的活动范围逐渐缩小，最终进行固化的过程。明成化二年（1466）规定，考生"试日，四更搜入，各就席舍，坐待黎明散题"①；清朝在乡会试的点名前一天，"由受卷、弥封、誊录、对读四所官齐集至公堂分手戳印座号，于试卷而及号簿同时印用，排印时现将号戳抖乱，督率书吏随手检印，不许阅看，以防打通号连号之弊"②，由此而给考生试卷上印上座号，而士子在贡院头门领卷后，稽查接谈换卷大臣验明卷面，分别东西文场，令其由甬道下栅门入号，"归号后不许私出栅栏，违者即扶出"③。总之，他们被固定在这种"被编了号"的地方。

考生接受了点名、搜检之后，通过龙门，首先就是要找到自己被给予的号舍所在位置。最早应是北宋早期，宋太宗雍熙

① 正德《明会典》卷七七"科举·乡试·事例"，四库全书影印本617册，743页上。

② 商衍鎏：《清代科举考试述录及有关著作》，百花文艺出版社，2004，第72页；黄彭年：《紫泥日记》所记较详，"点号军及各项人役毕，传五所并帮办受卷各员，分手用坐号戳，先异坐号戳桶至堂，每字戳为一串，计二万六百号。今年人少，应余二千余号。每串去十分之一为厕号，其余均和乱。然后异卷箱，签分十六处，每处一员，二吏员检戳吏印卷，不过两时之久而毕。其官、旗生均于状元新号内另检字号编列，均另立号簿。用过印戳，另包封储，私二三场印用"，见《陶楼诗文辑校》，齐鲁书社，2015，第458页。然此事情，亦容有误，如浙江士子管庭芬参加咸丰元年辛亥（1851）恩科乡试，第二场入场，坐西字三十五号，"已有诸暨俞君在焉，视其卷，与余坐号相同，急借白中丞常南陔先生，命巡绰官易三十一空号，属予坐焉"。见《管庭芬日记》第四册，中华书局，2013，第1410页。

③ （清）礼部纂《钦定科场条例》卷二九"关防·场规·现行事例"，文海出版社，1989，第2017页。

二年（985），鉴于省试考生动辄上万，“奸伪之迹，朋结相连，或丐于他人，或傅以相授，纷然杂乱，无以辨明，考核既难，妄冒滋甚”，因此在考试过程中，“礼部贡院应《九经》、诸科举人并令参杂引试人，贴科目字号，间隔就坐，稀次设席，轮差官二人在省门监守，分差官于廊下察视，勿容朋比，私相教授”，一旦违犯，“永不得赴举”①。

按照相关记载，南宋时贡院已经将考生座号画成图形，考前公布于贡院门口，正如陆游所记的一个巧合之事，“绍兴初，张子韶亦梦魁天下，比省试，类榜坐位图出，其第一人则张九成也。公殊怏怏。及廷试，唱名亦冠多士”。② 这个事情虽然奇怪，但能够坐实“座位图”的记载是真实可靠且得到切实执行的。元代沿袭不改。明清则逐渐由考官在试卷上印制编号，故考生在领到试卷后方能知道自己被分到哪个字的哪个号，然而号舍的分布图事先是要贴在贡院大门口，并且按照清朝的制度规定，这些都是为了尽可能使考生在尽可能短的时间内“归号”；顺治二年（1645），定“场内临期委能干官二员，专察诸生领卷寻号时，有在号外停立者，登时扶送监临诘问”③，后来又一再强调，至从而尽可能减少其在明远楼前甬道上停留的时间。但有些初次入贡院，或者眼老昏花的考生，常常出现找错地方的情形。前者如郑珍所描述自己参加乡试的情景，一大早进入贡院，迷迷瞪瞪，恍恍惚惚，“五更随唱

---

① 刘琳、刁忠民、舒大刚、尹波等：《宋会要辑稿》选举三之五，上海古籍出版社，2014，第5287页下。

② （宋）陆游：《老学菴笔记》，中华书局，1979，第116页。

③ （清）礼部纂《钦定科场条例》卷二九“关防·场规·现行事例”，文海出版社，1989，第2021～2022页。

入，阶误东西行。揩眼视达官，蠕蠕动两桄"①；后者如丁治棠参加会试，三月初八日头场进场后，"己卷印西光字三十九号。误认为东，向东文场往一周，不见，开卷审视，乃了然。何老眼昏花如此。复西往，乃得之，如其数坐之。虑又误，开视再三乃已。憩号舍，倦甚"，在明远楼前的甬道上兜了一个大圈。②

但这并不表明考生对于这样一个"被给予"的位置漠不关心；他们反而对于这种位置极为关注，因为这个位置在很大程度上，能够决定着其考试的成败。正如明末清初的文士李渔引用他人的话来说的："士子领题构思，竭三昼夜之力，全赖号房以为栖止。旧例东西号房苦盖有余，且予末号置厕，四围设沟，以为疏秽通潦之地。迩年号舍倾圮，每至缺少，临期取用轿号，甚为不妥。内外沟渠不通，秋雨淋漓，上漏下湿，致士子濡足水中，迁就无地。又或秽气触鼻，趋避无由，势必潦草完卷。不惟虚寒士三载灯窗之苦，甚有坐致疾病，反深性命之忧者。"③ 由此可见，号舍有类型、位置与建筑质量等三个方面的情况，都会对考生答题产生直接影响。

正如上文所言及者，被分到一个较为宽敞、干燥、屋顶较为严实的"老号"，就像是做官被分到了"善地""肥缺"那样，令人高兴，很有助于产生"文兴"，把文章做好，其实也不过就是所谓"爽垲正直，坐肱可横，立颈不侧"④，干燥一

---

① （清）郑珍：《完末场卷，矮屋无聊，成诗数十韵，揭晓后因续成之》，《巢经巢诗钞全集笺注》，巴蜀书社，1996，第296页。

② （清）丁治棠：《往留录》，《丁治棠纪行四种》，四川人民出版社，1984，第106页。

③ （清）李渔：《资治新书》（二集），《李渔全集》第十七卷，浙江古籍出版社，1991，第224～225页。

④ （清）王应奎：《柳南随笔》卷五，中华书局，1985，第96页。

些，宽敞一点，稍微让人感觉舒服一些；反之，若被分到号巷尾部、临近厕所的"臭号"，或者被分到临时搭建的"篷号""席号"与"轿号"，则都会因为这种外在条件的不利，而对考试产生直接影响，如被分到臭号的考生，避臭气之不暇，何有文思之兴致？而"篷号""席号"与"轿号"，则与考生数量的增加、原先号舍不敷使用有直接联系，它们的出现，不仅意味着竞争的激烈程度在增加，而且因为其简陋，不仅会对答卷产生影响，有时还有性命之虞。刘声木在《苌楚斋三笔》卷四中说："江南乡试贡院地方宽阔，临时有芦席棚为号舍者。矮屋中本已备极艰苦，若芦席棚号，艰苦又加倍焉。"①这种情况到了清朝后期，有些应考人数急剧增加的地方，还很常见。光绪壬午科顺天乡闱，八月初四日截止投卷，共得应试士子一万五千五十三名，而顺天贡院旧号、新添号舍共一万三千一百余间，除去誊录、对读所用号舍及井号，时为顺天府尹的周家楣多方筹措，尚有二千百有余人无从位置，"不得不多添棚号"，最终只得一方面承认考生人数众多是"人文日盛之征"，又得赶紧展址、平地、筑墙，因陋就简"多添棚号"，租赁桌凳，"既系棚号，势难具备睡息之所，惟期桌凳结实，俾士子困倦之时，尚可作隐几之卧"；又恐怕下雨，"饬令多加层数，中隔油纸，以期稍资御雨"，煞费苦心。至于考生在这样的"棚号"中感受如何，囿于文献缺乏，不得而知②，恽

---

① （清）刘声木：《苌楚斋随笔》（续笔三笔四笔五笔）三笔卷四，中华书局，1998，第553页。

② （清）周家楣：《请饬部拨银展搭棚号疏》，《期不负斋全书》"政书四"，《清代诗文集汇编》第726册，上海古籍出版社，2010，第488页下~489页上。

毓鼎参加光绪八年壬午（1882）的顺天乡试，就为自己没有分发到"篷号"而感到幸运："今年添设四十篷号，四面以篷遮蔽，三人一几，仅有坐地，夜不能眠。予幸免焉。"①

这里特别要提一下浙江贡院中的所谓"轿号"，它本身就是取之临时以补号舍之不足的，"既苦迫狭，又轿皆以油布竹片为之，最忌火烛。士未入场，各以轿号为患，至有祷祀以祈免者"②。于是清朝康熙二十三年（1684）"另拓号舍五千余间，合省称便"，但后来不敷使用，仍得添置轿号。康熙五十年，巡抚王度昭又添建号舍二千三百间，使总数达到一万二千二百七十六间③，方敷使用；但在清末文人及来浙江传教士的记载里，仍有用"轿子"临时充数的文字。前者如刘声木所记：

> 闻□□徐次舟观察赓升言，浙江贡院号舍如欲增多，则租用码头上用竹制成小轿，抬入，罗列空处，每人一乘，作文及食宿即在于是，考毕仍将空轿抬出。皆欲取嘉惠士林之美名，于实际上仍无用处。④

后者如英国圣公会校士慕雅德所记：

---

① （清）恽毓鼎：《澄斋日记》，浙江古籍出版社，2004，第9页。主事官员固然并非没有虑及于此，但他们更多从便于管理方面以及安全等因素来考虑，如清末翁同龢等人就曾认为，"顺天近科乡试增添棚号，彻夜灯火，在在惊心，有遇风雨之期，士子更视棚号为畏途。且聚千百士子于棚，防范稍疏，难保无传递枪替等弊"，增建号舍"自系为体恤寒畯，慎重科场起见，且于防范传递、枪冒等弊，较为周密"，见"遵议顺天府奏请增建贡院号舍摺"，《翁同龢集》（上册），中华书局，2005，第27页。

② （清）丁丙：《武林坊巷志》（第六册），浙江人民出版社，1988，第58页。

③ （清）丁丙：《武林坊巷志》（第六册），浙江人民出版社，1988，第44－45页。

④ （清）刘声木：《苌楚斋随笔》（续笔三笔四笔五笔）三笔卷四，中华书局，1998，第552~553页。

（中国农历八月）这是一年中最炎热、最不舒适的季节。……有一次，杭州汇聚了太多的考生，贡院容纳不下，那些住不下的考生只好被安顿在轿子内，轿子座位前放一块很大的台板。在这三年一次的会考中，在疲劳和恶劣天气的双重考验下，总会有人死亡。①

其实，就是被分到所谓"老号"的考生，如果自己所被分配的座号位置不好，或者号舍建筑质量有问题，都会对考试产生直接影响。前者如潘德舆在应道光元年辛巳恩科江南乡试第一场中，座号恰恰临近烧火、热饭的火灶，"号对坐火炉、水桶，都无顿处"②，非常逼仄；丁治棠在其第三次会试第三场时，在顺天贡院，也遇到过这种情形，"正当炊灶，烟埃迷目，立号檐下，与火夫背相磨也"③。后者还如浙江贡院，本来在嘉庆辛酉年，巡抚阮元带头捐俸，筹集资金四千余两，对于贡院号巷地面进行整修，原先"号舍衕中皆土地，三场九

---

① 丁光：《慕雅德眼中的晚清中国（1861－1910）》，浙江大学出版社，2014，第184页。关于"轿号"使用不便及考生死亡事件，清代刘廷玑曾记如下事件：戊午停科后，余遂弃举子业，同学者尚有三人查荆州嗣韩、沈古培心杨、钱玉友良择伊读书寒泉之无倦轩。……古培，平湖人，北闱不第，就试浙省，体肥畏热，坐轿号中，不能堪，出场即卒于龙门外。余适兼摄杭篆，为之经理其丧。见刘廷玑《在园杂志》卷一"同学三人"条，中华书局，2005，第44～45页。

② （清）潘德舆：《养一斋日记》，《潘德舆家书与日记》（外四种），潘德舆等，朱德慈整理，凤凰出版集团，2015，第76页。

③ （清）丁治棠：《往留录》，《丁治棠纪行四种》，四川人民出版社，1984，第107页。有时因为应试者多，号巷中火炉亦多，则号舍与火炉相值者亦多，如郑孝胥在光绪八年壬午闽闱头场所记："是日，天狂热，号中三步即设一炉，火光常熊熊，烘人焦躁欲死。日影从幔外穿入，尤不能坐。傍晚稍可，然火炉左右如故也。"可见其应试环境殊为不佳，然郑氏于是科中解元。见《郑孝胥日记》，中华书局，1993，第24页。

日之中，雨水既降，泥深没踝，因铺石板，复宣畅其沟道，以泄积水"，使得士子免于雨天沾满泥泞，然而号舍却仍是"俯视则砖裂龟纹，仰视则瓦稀鳞次，未免日光穿露，雨点斜侵，骄阳炙其衣冠，霉气绿乎几席"①。因此甚至有考生，入场后看到这样的号舍而放弃考试者，如诸联所记："庄玉阶早年入闱，见矮屋，曰'如此低洼，岂能容足，我不愿受此拘束也'，匆遽出走"，终身不再应考。②

有时还会产生更为深层的心理忌讳。因为常常有考生病死于考场之事，而号舍多次反复使用，保不准哪间号舍中就曾发生过此种事件，无疑给考生心理上造成强大压力，故在一些地方形成了一种特有的"祭号鬼"的习俗，如杭州习俗，"赴秋试者，入闱必以酒食楮锭奠檐下，谓之祭号鬼。盖吊畴曹之老于斯者，亦昌黎送穷意也"，图个吉利。③ 江都人徐兆丰在光绪己丑科春闱为监试（外帘），作诗咏及顺天贡院之"龙字号"，有诗句"昔年声誉重文坛，赍志嗟君一第难；不少主持风雅辈，何人身后荐方干"，且作注云："国朝蔡方三先生寅

---

① （清）丁丙：《武林坊巷志》（第六册），浙江人民出版社，1988，第51～52页。

② （清）诸联：《明斋小识》卷五"缴白卷"，上海进步书局，1919，第8页。张謇在光绪二年闰五月二十二日的日记中这样描述其在南京的一个临时住所："所居之室，四围皆泥墙，已（疑应为'巳'，原文如此）午未申四时郁湿之气逼人肌理，檐又浅，日光自朝至夕，薰炙不间，屋上虫沙并落，席砚书碗无不有之。满身汗汗涔，虫落粘滞蠕蠕动，习习作痒。写字不盈百，两臂黑矣，大苦。"此是其准备此年乡试的临时住处情况，号舍情况比之只会更差，见（清）张謇《张謇全集》第6卷·日记，江苏古籍出版社，1994，第97页。

③ （清）丁丙：《武林坊巷志》（第六册），浙江人民出版社，1988，第69页。

斗，为文坛老宿，某科会试，殁于此号，后时见灵异。"① "文坛老宿"而死于会试号舍，其所见之"灵异"，无疑是被分到此号的考生在心理上的反应。有时候这些"灵异"还会传得活灵活现，不由人不信。如下面一条记述：

> 士子殁于琐闱，不得由龙门出，架绳于空，拽而置之垣外，谓之"打天秤"。然幽魂不泯，或尚留滞其中，苦雨凄风，飘泊良苦。晋人白某言：太原试院月字号巷中有鬼，盖亦打天秤者，其魂不得出，每值秋试，往往出而为人捉刀。自言为泽州诸生，生前负才名，而屡厄于有司，乃至扶疾入闱，终于矮屋。其枢权寄省城双塔寺，家人无力来迎，故岁久未返。每为人作文毕，辄哀之日："倘得高列，但于泽州为营片壤，俾得归骨故乡足矣，他非所望也。"然前后获隽者数人，贵后辄复忘之。最后一生特诚笃，感其冥助，竟为招魂载枢归泽州，且卜地葬之。自是鬼绝。②

当然这是号鬼助考生登第的事，但这样的号鬼，无论如何也是"鬼"，恐怕也不是考生所希望碰到的吧？

（二）"号板"："起跳板"还是"覆鹿藏蕉"之处？

号舍中最重要然而也是唯一的设置——号板。号舍本身就是一个"单纯的环境"③；所谓"单纯"，是指其中除之外，再

---

① （清）徐兆丰：《春闱内场监试与同仁分咏旧迹得诗四首之"龙字号舍"》，《香雪巢诗钞》卷之六，清代诗文集汇编713册，上海古籍出版社，2010，第705页上。

② （民国）郭则沄：《洞灵小志》，栾保群点校，东方出版社，2014，第296页。

③ 〔挪威〕诺伯格·舒尔兹：《存在·空间·建筑》，中国建筑工业出版社，1990，第51页。

无其他设施。这是一个能够令人有"无限想象"的设施：《儒林外史》开篇正式出场的人物周进，就是在看见"两块摆的整整齐齐"的号板，触景生情而一头撞上去，昏迷不醒；现在也有论者言"号舍是明清时期许多名臣政治生涯的出发点，号板则可视为他们踏入仕途的起跳板"①。其实，许多名臣"踏入仕途的起跳板"，如何能够掩盖与之相比多出数百千倍的无名士人的酸楚与压抑？就如同看待整个科举制度一样，怎么能够只看到极少数的成功者、幸运者，而看不到其背后无数的失败者？②

　　"号板"是"号舍"的"标配"。大致到明朝中后期，随着号舍成为制度，号板也应运而生；而到清朝，由于每场考试要前后三天时间，考生要在号舍三天两夜，写试卷更在其上，吃饭、坐卧亦皆在其上，所以对于号板的质量的要求，也就成为一种常见的表述。

　　本来，按照清朝例则，顺天贡院的号板，"每块用丈墩六寸四分五厘，工料银两造报工部核销"③，各直省贡院大致应该也是这样。因为考生数量众多，所有号舍算下来，也是一个不小的数字，故南京被曾国藩率部攻下后，曾氏巡视贡院，发现规模极为狭小，"号舍十存其九，号板全无"④，忧心忡忡，为包括此项支出在内的其他要恢复旧观所花费四五万两银子而

---

① 刘海峰：《科举学导论》，华中师范大学出版社，2005，第333页。
② 王德昭尝言及于此，但未展开，见所著《清代科举制度研究》，中华书局，1984，第82页。
③ 李鹏年、刘子扬、陈锵仪：《清代六部成语词典》，天津人民出版社，1990，第464页。
④ （清）曾国藩：《曾国藩全集》第三卷"日记"，河北人民出版社，2016，第65页。

头痛不已。

然而在现实中，却常常发生号板数量不够、质量低劣甚至不堪使用的情形。前者如李星沅在道光二十四年（1844）恩科陕西乡试，李氏入闱为监临，八月初八日，头场进场完毕，"午正封门士子各归号，而号板不甚全"，于是赶紧命令"内供给并号官查明补给"，以免举子闹出事端。① 类似问题在顺天贡院最为突出，甚至要向朝廷汇报。道光十一年，给事中刘光三奏："每号舍各有号板数片，为士子用。乃近日号内水夫等胆敢偷窃，希冀售卖取利。而卑鄙士子，辄将邻号之板，偷为己用，竟致一号之内，只板俱无，该士子向委员索取板片，呵斥泼闹。请嗣后于各号壁上书明板数，并与板上标明字号，以便查对。"大学士、军机大臣会同议复奏，最终拿出了"应如所奏，先期饬令承办官吏，将各号之板，以铺满为度，并于各板上标明号记"的管理办法。②

而考生在考试时，也常常发现号板损坏不堪使用的情况，如康熙四十七年以前修理云南贡院时，"当事者辟东北洼地增九百间，更为湫隘，每逢风雨，士子站足于水泥之中，往往扶病而出。号板类多破碎，短长不齐，常至倾覆，损坏试卷"③，极为不便。这种情况至清末尤甚，清光绪三年进士何刚德就这样描述顺天贡院内的情景："京师贡院，余会试时已极破坏。号末座位离地仅及尺，号壁崩蚀，槕板不能安，每以带悬板于

---

① （清）李星沅：《李星沅日记》，中华书局，1987，第571页。

② （清）礼部纂《钦定科场条例》卷二九"场规"，文海出版社，1989，第2063～2064页。

③ （清）刘荫枢：《重建贡院碑记》，张建新、董云川：《云大文化史料选编》，云南大学出版社，2006，第6页。

梁，以置笔砚，可谓苦极矣。雨天滴漏，尤为不堪。"[1]

有时，作为外场主官的监临（一般由所在直省的巡抚，有时是总督担任），对于"号板"这样的东西进行添置，也会被当作一种"善政"，甚至到"上应于天"的程度，而记载下来，如诸联所记庚午科（未言是乾隆庚午还是嘉庆庚午，前者为1750年，后者为1810年，当以嘉庆庚午为是）江南乡闱，松筠（时任两江总督）为监临，"优恤士子，添设号板一块，每场又给鸡脯果饼，人多沐其惠"，结果八月九日"闻号哨"，中秋夜有人看到"奎星立明远楼顶，手携红锦，辉光烛斗牛"等吉祥之兆。[2] 至民国年间，科举制度早经废除，贡院亦为历史之刍狗，纷纷挪作他用的时候，然而科举掌故却保留下来不少，其中有一条关于"号板"的笑话：

> 昔有考生入试场，见号板整齐，其架作写字用，板有一圆洞，内嵌鸡蛋壳一个。板上题一诗云：号板有一洞，蛋壳补其空；既防墨盒倾，又作水盂用；寄语后来人，此物不可动；动之有何妨？今科必不中。[3]

制式号板，却有一洞，而考生以鸡蛋壳补之，且题上具有显著试帖诗风格的幽默之诗，也可以算作号板之有趣历史吧？不过亦可从中看出号板的鄙陋情形。这样的号板不仅写字做文章不合用，其另一功能——晚上用来休息时，也常常不适用，亦有诗咏及，不再赘述。

---

①　（清）何刚德：《春明梦录·客座偶谈》，山西古籍出版社，1997，第77页。

②　（清）诸联：《明斋小识》卷十"庚午南闱"条，进步书局，1919，第9页。

③　（民国）愚公编辑《新笑林一千种》（原名"千笑集"），广益书局，1928，第162页。

（三）号舍生活之阴晴雨热

上面所述，仅仅是就号舍固有的状态来描述。其实，对于众多考生来说，号舍只是一种固定设施，其分配固然可能有人为的因素（考生无能为力）；在考生进入号舍之后，对其产生影响的，却不仅仅是这些，还有一些非人为的因素，例如天气的阴晴寒暑变化、下雨等，让考生饱尝苦楚。

大致从明朝后期开始，乡会试变为每场三天，第一天（八月初八）为进场，第二天（初九日）黎明前发卷子，第三天（初十日）交卷；这就意味着考生一般要在号舍中住上三个白天（含两个夜晚）。号舍低矮逼仄，且前面无门，天气变化直接影响考生。就我国大部分地区而言，乡试所在的农历八月，昼夜等分，气温相对适宜，但也不排除一些特殊情形。江浙一带，农历八月尚热，而号舍逼仄低矮，前脸无门，而后墙无窗，阳光直射，通风不畅，故考生多感到不适。如潘德舆参加道光元年（1821）辛巳恩科江南乡试，初八日进场，初九日在号舍中作头场三篇"四书文"，刚完成论语题，"午后，日光烁面，热不可当，头风大发，至四鼓未得合眼，不能作一字"，"是夜痛楚不堪，深悔恋此名场，自诒伊戚，无可奈何"；道光二年（1822）应壬午科江南乡试，八月初八日头场进场，仍是"午后，热不可当，几欲眩晕，痛饮茶少定"，初九日"仍热甚，不能静坐构文"，但在十二日夜，"暴凉"，自己害了一场疟疾，而其他考生则因为"头场之暴热，二场之暴凉，有病而扶出者，有死而舁出者"，深感自己的疟疾还是幸运的。[①] 张謇

---

① （清）潘德舆：《养一斋日记》，《潘德舆家书与日记》（外四种），朱德慈整理，凤凰出版集团，2015，第75页，120~121页。

在应光绪二年（1876）丙子科江南乡试时第二场，十二日晚上，"作四艺成。寒气逼人，骨冻欲折，以被裹体，傍烛不温"①，也是这种情况。考官的相关记载亦可作为旁证。同治六年丁卯（1867）任湖南藩司办理本年乡闱的翁同爵，也曾回忆说上届乡试（应是甲子科），因为天气炎热，不减于三伏，场中"士子死数十，而誊录则竟死至百余"的惨状。② 王文韶为湖北藩司，为同治六年（1867）丁卯湖北乡闱提调，亦在日记中写道："天气甚热，士子颇苦，老生有气喘不能支者。"③ 湖北湖南相去不远，所记应为可信。

清朝某恩科乡试，南方酷热，浙江贡院虽然采取了一些措施，例如监临发避暑药、入场封号后又开启，让举子出号舍以"稍避炎威"等，但还是发生了应试考生中暑而死的情形，有人作诗悼念，有"秋真似虎腾威爪，命尽如鸡迫沸汤。已分煎熬无立足，那堪文字又攻肠""盖头有命不容拌，魂魄应伤挟策千。识字岂惟忧患始，局闱从此胆心寒"等句，读之令人心酸。④ 南方贡院在秋闱中考生感到天热不可耐，顺天贡院

---

① （清）张謇：《张謇全集》第 6 卷·日记，江苏古籍出版社，1994，第 105 页。

② （清）翁同爵：《翁同爵家书系年考》，李红英辑考，凤凰出版社，2015，第 377 页。

③ （清）王文韶：《王文韶日记》，袁英光、胡逢祥整理，中华书局，1989，第 45 页。

④ （清）丁丙：《武林坊巷志》（第六册），浙江人民出版社，1988，第 64 页，诗题为"因陈桐生《秋闱酷热，矮屋中有暍死者，马石民兄以诗吊之，依韵继声》"；其书第 381 页也有此同题诗，读之更令人心酸，今录于下，陈桐生《秋闱酷热，矮屋中有暍死者，马石民兄以诗吊之，依韵继声》："一第痴心竟掷生，诉将真宰亦应惊。英雄半被科名误，人鬼俄拚性命轻。萑鹿三章成楚些，火牛百道困重城。可怜桥畔魂归处，任尔途人也涕横。"原注：异尸至平安桥上，用闱中油帘覆面。

也有类似情况，如戴莲芬记同治六年（1867）丁卯科顺天乡试，说"丁卯乡试之年，天气暴热，坐矮屋，如蒸笼"，结果"病暑者十之五，死号中四十余人"①。这种在号舍中的感受，不少时候会给人留下深刻印象，以至于在遇到类似情况时，不由自主会拿来作比况，如翁心存在咸丰六年阴历五月在易州西陵工次，"大地炎歊，燥热殊甚，寓屋仄小，又向西南，晡后酷暑，如坐号舍中矣"，由寓所之酷热联想到其应试在号舍的情景。②

上述所记只是热的情形，有时气候变化无常，忽热忽冷，也使蜷缩在号舍中的举子感觉不适应。诸联《明斋小识》记载乾隆五十四年（1789）己酉科江南乡试的情况："初八日天气微凉，人悉兼衣。及明午暴热，日如火炙，甚于三伏，又旁置红炉，后叠衣服，遂致两眼昏愦，气不能出，至二场，以单衣进。十一夜半，大雨忽来，陡然寒冷，体僵齿战，左右皆作唧唧声，乃向炉炽炭，更取号帘号顶油纸，尽裹于身，四肢犹然颤动。"③ 叶昌炽应光绪乙亥（1875）恩科江南乡试，第二场时，本是晴天，但"天气甚冷，号中瑟缩几不可耐"④，午后就下起雨来，天气立刻变得阴冷。同治九年（1870）庚午科，湖南有一位叫杨恩寿的考生在初八入场日记写道："晴，极热。寅初入场……烈日似火，挥汗不止。有畏热者，携筐交

---

① （清）戴莲芬：《记丁卯闱中事》，"鹏砭轩质言"卷三，王韬等：《续聊斋三种》，南海出版公司，1990，第504页。
② （清）翁心存：《翁心存日记》，张剑整理，中华书局，2011，第1122页。
③ （清）诸联：《明斋小识》卷五，上海进步书局，1919，第5页。
④ （清）叶昌炽：《缘督庐日记》（第一册），王立民校点，吉林文史出版社，2011，第105页。

卷而出。"而初九日则"大风大雨，甚凉"①。天气变化之大，不可想象。

一般而言，包括北京在内的华北在中秋时节，冷热适宜，天气稳定，应试适宜。然而在会试的农历二、三月，南方到顺天贡院来应会试的举子会感到冷。会试本在二月，乾隆年间考虑到北京此时尚寒，还会下雪，改为三月，稍微宜人，但南方来的举子常常仍感觉冷，雪寒尤为难耐。清代道咸间贵州学者莫友芝（有研究者认为其是布依族）参加咸丰庚申年（1860）恩科春闱，头场初十日那天，经义成草，"北风凝寒，呵笔录真，三四字辄结冻珠，杂沙而黄"，需要用口气呵融凝冻的毛笔誊正稿，写上三四个字便又冻住了，如此写成之卷，如何有可能被取中？考完后，作诗寄送友辈，有"寒入深春意未央，重裘如铁试都堂。西山雪色通长白，锁院风声结硬黄。归雁离徒同耐冷，野鸦浓淡不成行"之句，描述考试时的苦况。② 同治十年，湖南举人王闿运参加会试，三月十一日第二场坐"寒"字号，"夜，雨，甚冷"，"有乡人同号携有夹褥，唯恐余借，言语支离"，没法开口，只好"以夹衫蒙头而睡"；十二日仍然是"夜甚寒"，没有写如何入睡，恐也与十一日夜一样。③ 翁曾翰（翁同爵之子，过继给翁同龢为嗣）参加同治四年（1865）乙丑科会试，初八日进头场，"夜卧极寒，重裘犹股栗"。④ 翁氏出身贵公子，当时又有内阁中书的职位，所携

---

① （清）杨恩寿：《长沙日记》，《杨恩寿集》，岳麓书社，2010，第287页。
② （清）莫友芝：《莫友芝诗文集》，张剑等编辑校点，人民文学出版社，2009，第382页。
③ （清）王闿运：《湘绮楼日记》1，台湾学生书局，1985，第62页。
④ （清）翁曾翰：《翁曾翰日记》，张方整理，凤凰出版社，2014，第81页。

带行李自不会少，犹有此感，遑论贫寒士子？

至于江南乡试柳兆薰参加的同治三年（1864）甲子科江南乡试，因金陵克复，整修贡院，十一月始行，初六日头场，第二场十一日白天入场时已经是“雪花大如鹅掌”，晚间在号舍中“雪飘未已，冷气逼人，幸号舍完固，雪之自孔入者尚少”，然而“寒冷异常”，忍受着寒冷作经义五篇，草草休息，“五鼓起来，砚、笔俱冻，用火酒续誊”，方能成卷①，是乡试顺延至十一月的特例。

南方多雨地带下雨天的情形，也让人头痛。江南贡院的前身是南宋建康府贡院，在南宋淳熙二年（1175）重建前，建筑简陋，“纬葭为庐，架以苍筤，雨风骤至，伛偻蔽遮，仅全文卷”②，此情景与后来贡院中的“棚号”雨天情境极为相似，很明显是就考生而言的。福州贡院原在越王山麓，“地处山隈，山水汇积，连遇飓风、大雨，多所倾圮，号舍低浅，士子持笔砚入，不能转侧。卒遇风雨，上漏下湿，濡体涂足，艰难万状，甚至有撄疾不能终场者”③，境况极为狼狈。清中期著名幕人汪辉祖，曾参加乾隆二十四年（1759）己卯科浙江乡试，八月初九日，“昼夜雨，号舍水没至踝”，导致其于十二日得病，勉强三场完卷，“试毕舆回，僵卧，勺水不进，汗流不止，肢体滞重，不能转侧，医屡易不效”，病情凶险到预备

① （清）柳兆薰：《柳兆薰日记》，“太平天国史料专辑”，《中华文史论丛》增刊，上海古籍出版社，1979，第 345～346 页。

② （宋）杨万里：《建康府重建贡院记》，《杨万里诗文集》（中册），江西人民出版社，2006，第 1183 页。

③ （清）陈弘谋：《重修贡院记》，（清）徐景熙：《乾隆福州府志》卷十八“公署一·贡院”，上海书店出版社，2009，第 438 页上。

后事的程度，最终有同试者以"此号舍水气直达上部"为病源加以诊治，方得痊愈。① 清朝后期湖南诗人周寿昌在一首诗中回忆自己乡试遇雨在号舍中的狼狈情境，有"致身弗早了不怍，妄欲举手援天灾。风横雨劲迫仓卒，濡首已遍颡与腮。坐念宣房近冲决，流亡何处容凿坯"之句②，很是狼狈，只是不知道这是哪一科湖南乡试的情形。

有时还会因为下雨号舍进水，考生无法答卷而引起"群体事件"。《玉堂丛话》中记载了明代中期的一起"群体事件"：

> 浙江较士日，大雨如注，号舍皆漂流。诸生急，乃投瓦砾，掷按察，按察走匿，堂阶哄然。监临大惧，欲易明日试，刘公大夏曰："非制也，且雨骤，势必霁。"乃令一武官立案上传言："诸生宜自度，能决科则留，否则出。"诸生皆听公言。已而出者云涌，监临惧，以为遂空群矣。薄暮雨止，诸生请烛者尚八百余，诸执事方喜公处分得宜。是岁试者少，主司精于检阅，得人最盛。③

北方有些位处地势低湿的贡院也不能幸免。清代河南贡院在清朝初年建于明周王府基址，地本低洼，且"西北三面皆水塘，坲起如环墙，而以闱中为釜底，凡雨水之汇于塘者，复自塘渗入于院，宣泄无由，垫高不易"，永无干涸之期，而号

---

① （清）汪辉祖：《双节堂庸训》，王宗志、夏春田、穆祥望注释，天津古籍出版社，2016，第190页。原文断句有误。

② （清）周寿昌：《周寿昌集》，岳麓书社，2011，第24页。

③ （明）焦竑：《玉堂丛语》卷之六，中华书局，1981，第214页。

舍之潮湿可想而知，因此只好迁选新址。① 清末以迄民国时期的著名学者许宝蘅 1904 年参加在汴闱举行的会试，首场三月初八夜里，"大风，雨，卷曲矮屋，更增愁闷，睡不成寐"；三场十四日，又遇风雨，"巳初入场，正值大雨，自项至踵，雨湿泥泞，为向来考试所未尝之苦"②。是科为最后一科，然而号舍中境况与数百年前的明朝，并无什么区别。

雨天不仅影响心情，影响健康，而且因为号舍低矮逼仄，前部敞开，出屋即为号巷，号巷中排水不畅，泥泞满地，如杭州贡院号舍数十间，共一长衔，"向来衔中皆土地，三年闲旷，蒿莱塞满，蛇蚓虫豸之迹交于檐内。且即届秋试，埽除之，而三场九日之中必有雨水，雨水既降，围墙沟塞，巷内泥深没踝，士子夜眠临水，粪舍之污逆泛而上矣"③，如此潮湿污浊，一至于此！有时积水甚至漫进号舍，如明神宗万历三十七年秋八月，"初七日雨，至初十日骤雨如注，昼夜不止，初九日值乡试，锁院水深三尺，士子危居木板上属文"④，如何危居号板之上属文，不能想象。

这种雨天，不仅影响心情、影响答卷，而且更可能导致

① （清）田文镜：《改建河南贡院碑记》，《河南通志》卷四十三"学校下·贡院书院义学社学附·开封府·祥符县"，无出版社及出版年份。翁心存曾在开封入学幕，其所居处曾深受此苦，可为旁证，在一首诗的序言中曾言"汴滨大河，地势汙下，土多斥卤，屋鲜爽垲。……夏淫雨，水瀡瀡，从墙隙流，秋阳酷烈，土气蒸人，不可耐"。时翁氏以举人身份在河南学使署中作幕僚，居尚如此，何况号舍？见其《知止斋诗集》卷第四《败屋二首》，清代诗文集汇编 571 册，上海古籍出版社，2010，第 475 ~ 476 页。

② （清）许宝蘅：《许宝蘅日记》第一册，中华书局，2010，第 51 页。

③ （清）丁丙：《武林坊巷志》（第六册），浙江人民出版社，1988，第 60 页。

④ （清）丁丙：《武林坊巷志》（第六册），浙江人民出版社，1988，第 56 页。

"污卷"，这是因为号舍是贡院建筑群中数量最大，而建筑质量最为低劣的建筑物，晴天尚可稍以遮阳，雨天则容易漏雨，极易发生滴漏到卷子上造成"污卷"，若此则此科功名休矣，而三年辛苦付之东流，最为晦气。故老于考场经验的人作有《忮秋试诗》组诗，向人传授考场经验，其中就有一首《防屋漏》云："三篇草就气如虹，一事疏防最恼公。溜雨忽浇文案上，丸泥恰坠砚池中。"指点考生于进入号舍之初，就要仰脸看看屋顶有无雨漏之痕迹，若有则要事先防备。[①] 设若不幸遭遇此种事件，考生在号舍中徒唤奈何，只有归罪于命、自认倒霉。

对于考生在号舍中的这种处境，不少外帘考官能够设身处地，在职责范围内，力所能及地改变应试环境，如阮元每到一处任督、抚，都把整修贡院作为其为政的一项重要措施，赢得士子欢心，则更多时候还是出于一片体恤士子应试之苦心，则亦有可以肯定的地方吧？[②] 而内帘考官，则由于职分所系，不能出闱，却也在一些诗文中表述了对考生的同情，如上文所引

① 姜传松：《中国古代应试指南——〈忮秋试诗〉管窥》，《教育与考试》2012年第2期，第46～49页。

② 如其整治号舍，"杭州贡院号舍数十间，共一长衔。向来衔中皆土地，三年闲旷，蒿莱塞满，蛇蚓虫豸之迹交于檐内。且即届秋试，埽除之，而三场九日之中必有雨水，雨水既降，围墙沟塞，巷内泥深没踝，士子夜眠临水，粪舍之污逆泛而上矣。兄惊苦之。乃于辛酉科，将一万一千余号全铺大石版。计衔一百九十余条，南微低，北微高，近贡院甬路中者高，东西围墙者低，沟道通畅。复为粪舍，置缸舍外，置侧石于舍中，穴墙之半。如厕者，粪流墙外，内不见秽。每遇大雨水，雨止而石干，士子号军，永居爽垲"《武林坊巷志》（第六册），浙江人民出版社，1988，第60～61页，有人作诗以吟咏之，赞颂阮氏此心与少陵"广厦万间"之仁怀相同，诗曰：谁教矮屋变康庄，白石粼粼雨不妨。已免深泥沾体足，便从大块得文章。檐凭剞㔉横承霤，洫藉锤松暗设防。席帽九千人衽席，万间愿许少陵偿。沈仲忻："石砌号径，向未平治，遇雨则泥深没踝，如坐涂炭。中丞为致长石漫砌之，举子受其福"，载《武林坊巷志》（第六册），第68页。

何绍基道光二十四年（1844）为贵州乡试主考，贵州多雨，自入闱起就一直下雨，"铁砚峻蜻布席单，风檐万瓦雨声寒"为之苦恼；其在黔省贡院中的"玉尺堂"衡文，看到下得"响透空阶润逼衾"的大雨，想到在矮屋中应试的士子，在"矮屋支残檐溜直"的情境中，"蚕声食叶多辛苦"，该是如何难过，因此"白日看天夜数更"，希望上天"好放秋光十日晴"，以成作育人才之美意①，自是仁者胸怀，比起唐朝贡院中下雪，考官只知道自己吟咏瑞雪，附庸风雅，却忘记在"廊下"被冻得乞乞缩缩而吟哦不停的考生，自有天壤之别。

　　考生在号舍中的苦况，除了上述几种外，还有一个饮水方面的问题。最早出现此方面问题的，大致是北宋的"焚香礼进士，撤幕待经生"，明经应试时，则不仅无茶水，连遮阳、挡风雨之帐幕也要撤去，应试者口渴时，只好暂呷砚台之水湿唇以缓解口渴，故其口吻皆黑。② 而到明清时，随着应试举子在号舍待的时间延长，且数量巨大，故饮水成为问题，多发生在长时间不能解决地表水渗入造成污染的一些南方贡院，如江南贡院的井水长期很不干净，考生多有生病；后来有人引自来水入闱，才解决了这个问题，光绪十五年己丑科江南乡试，入闱监临的贵州贵筑人黄彭年（时署理江苏巡抚）曾有诗咏及："似到月宫游已遍，偶思江水引来便。"③ 江西贡院虽有井，因

---

① 上三诗诗题分别为"次韵答藕庚中丞丈闱中苦雨见简"、"夜雨念应试士子"及"望晴"，均出自湖湘文库编辑出版委员会编《何绍基诗文集》一，岳麓书社，2008，第195页。

② （宋）范镇：《东斋记事》卷一，中华书局，1980，第8～9页。

③ （清）黄彭年：《紫泥日记》，黄益整理，《陶楼诗文辑校》，齐鲁书社，2015，第455页。

地势低洼，临着东湖，"水积不流，一城污秽皆聚其中。闱中井，皆湖水渗入者。以其水烹茶，入碗中，碗面有黄油一重，兼其味咸，饮之令人腹痛"，因此士子入闱时，自己用竹筒盛河水带入，然所带有限，"二三日仍饮井水，故三场毕后，鲜有不病者"；再后来，主试者在龙门内开一池塘，"点名日命兵挑河水灌塘中，任士人吸取"，但所取水仅供一日饮；有人建议仿照江南贡院做法，则以没有经费托词，人们也没有办法。①乾隆中叶的江西铅山才子蒋士铨，曾在此应试并中举，后有乐府诗咏及此事，有"当午白袍立如鹄，逻者争汲折辘轳，一斗之泥果入腹，井渫不食公乃蹴"之句，当是写实。②云南贡院、浙江贡院也都有过类似问题。其中浙江贡院在林则徐为道光二年壬午科提调时，曾对之非常注意，八月初一日，距离开考尚有八天时间，"赴贡院随中丞阅视，又自复武林门外查看桃花港蓄水，拟惟运送贡院之用"；八月初九日，因为天气炎热，举子众多（一万五百五十二人），"午后缺水，亟催水夫挑送，并饬外墙辘轳接运"，"因热甚，消耗甚速，至三鼓，水方运足"，很是尽心。③但从整体而言，这个问题主要存在于南方贡院，可能与南方乡试时天气尚热，且不便打井有关；而北方贡院这个问题不太突出，恐与此时天气较为适宜，用水不多，且打有水井等因素相关。对于这个问题的解决，除江南贡院清末改为自来水得到解决外，其他较为突出的如浙江贡院、江西贡院、湖南贡院等，都没有得到很好解决。

---

① （清）欧阳昱：《见闻琐录》，岳麓书社，1986，第42页。
② （清）蒋士铨：《琐闱歌》，《忠雅堂集校笺》，上海古籍出版社，1993，第277页。
③ （清）林则徐：《林则徐日记》，中华书局，1962，第104页。

因已有系统论述者①，兹不赘述。

三　号舍之中作文完卷之苦况

正如上文所引的一首诗中所吟咏的，"已分煎熬无立足，那堪文字又攻肠"②，考生在贡院中所面临的问题，绝不仅仅是上文所胪列的生活方面的问题；对于应试者而言，如何能够在环境条件这样恶劣的情况下顺利完卷，有"中式"或"入彀"之望，才是其最为关注的事情。因此在下文中，笔者要将叙述的重心放到，应试考生经历了一个在外部环境恶劣及文章写作时间紧迫的双重煎熬下怎样的心理路程的描述上面。

（一）"功令大于题"之下形形色色的完卷过程

从整体上来说，"考生"作为一个群体，其本身固然有诸多相似甚至完全相同之处，例如性别；但亦有诸多相异之处，如年龄、出身、经历、知识水准，甚至进考场的动机。因为有这些相异之处，在朝廷与考官看来是一个整体的"考生"，在考场之中也就呈现出不那么纯色甚至斑驳陆离的色彩。为了便于我们展开论述，我们试图从以下几个分类来进行。首先是有些考生文思敏捷，接到题目常常很快就能做完，而不用多加思考。特别是那些上年才获隽入学之秀才，或者是才中举人，正意气洋洋，顾盼自雄，对于自己的考场作文写作极为自信，往往不作第二人想。这些考生进入贡院，接到题目，常常文不加

---

① 李兵：《明清贡院供水趣谈》，《教育与考试》2008年第11期，第88~89页。
② （清）丁丙：《武林坊巷志》（第六册），浙江人民出版社，1988，第64页。引陈桐生"秋闱酷热，矮屋中有喝死者，马石民兄以诗吊之，依韵继声"诗。

点，一气呵成，如韩愈所描绘的"傲兀坐试席，深丛见孤罴。文如翻水成，初不用意为。四座各低面，不敢揿眼窥"① 那样顾盼自雄；元代吴存吟咏自己参加浙江乡试的情境，以中秋时节杭州特有的"十五西湖月色，十八海门潮势"的壮观景色，引发作者文思，"七十幅，五千字"的巨大篇幅完成时，刚刚到吃完午饭时候②；潘德舆应道光元年（1821）在辛巳恩科江南乡试，头场初九日黎明题下，至中午，完成首艺"论语"题，因为号中天气炎热，痛楚不堪，晚上休息，至次日五更，完成次艺，初十日黎明，三艺、诗俱成，中午誊写完毕，交卷出场；后二场完卷更快，特别是三场策题，子时题下，未时已真草毕，出场后还有雅兴东关步月，作《水调歌头》词一③，很是从容。而恽毓鼎完卷更快，其在光绪八年壬午（1882）参加顺天乡试，初八日进头场，夜三鼓得题，"一挥半篇"，初九日至四点钟（下午）三篇俱完，初十日从容作诗题，并誊真，午正交卷；在光绪十二年丙戌首次会试时，十日三鼓接到题纸，"略布局，势，仍倒头酣睡"，十一日黎明起，"连挥三篇，黄昏写作俱毕，握笔研思，颇不作第二人想"，十二日八点就完成卷子，交卷而出④，文机极畅。湖南人杨恩寿参加同治九年（1870）庚午科湖南乡试，自言首场"构思甚速，未初而四艺俱完，脱草稿后，犹未上灯也"，也就是接到题纸

---

① 陈伯海：《唐诗汇评》（中），浙江教育出版社，1995，第 1701～1703 页。

② （元）吴存：《水调歌头·江浙贡院》，唐圭璋编《全金元词》（下），中华书局，1979，第 826 页。

③ （清）潘德舆：《养一斋日记》，《潘德舆家书与日记（外四种）》，朱德慈整理，凤凰出版集团，2015，第 75～76 页。

④ （清）恽毓鼎：《澄斋日记》，浙江古籍出版社，2004，第 9～10、18～19 页。

后，只用了多半天时间即将三篇四书文、一首试帖诗完成草稿，傍晚时已经修改完毕定稿，第一天就完卷。[①]

这类文机极畅、作文速度很快的考生，在考生整体中应该占有一定比例，特别是江浙、湖广一带考生中，比例应该更大。他们之所以会做到这些，是因为从北宋以“一切以程文为准”的衡文标准确立以来，对于“文”特别是适合于考场文章写作方法及其训练方法的研究，经过南宋、元、明数百年的积累，已经形成了一整套经验。能够参加举人考试的，是秀才中的优秀分子，常常就是能够快速写作文章的人；而能够参加会试的，有相当大比例是在经学、辞章等方面有较深研究的人，因此这种现象，应该是普遍现象。明人王立道在一封书信中，曾经说到过这种“科场文字”的标准及训练方法：

> 科场文字要气充辞畅，平正丰润。须于六七月间作得百篇，则自下笔有助。然辞之繁简，亦要得中，切忌支离涩滞。论、表须胸中先立间架，然后措辞，亦不可落尘腐套子。策场偶记旧料，亦要转换，恐至雷同耳。[②]

王氏在书信中结合自己的科场经历，提出科场文字标准是“气充辞畅，平正丰润”，也就是思想感情充沛，语言流畅，观点立论不偏颇，内容丰富；要想达到这种标准，就需要在六七月间（乡试之前）进行强化训练，言之谆谆。事实上，在一些日记记载中，确实可以看到在接近考试时间时进行这种强化训练的事例，如张謇在同治十三年中秀才，光绪元年、二年

---

① （清）杨恩寿：《杨恩寿集》，岳麓书社，2010，第287页。
② （明）王立道：《与懋及弟书二通》，《具茨文集》卷五，四库全书本。

连续应乡试，自元年三月起，日记中"读文、作文、誊文"几乎每日均有，就是六月间中暑，身体不舒服，也不间断，一直持续至七月底。① 应会试的情况也是这样。丁治棠在应光绪十五年（1889）己丑科会试时，经过近两个月的长途跋涉，于二月初七日到达北京，每日所为之事，除会客、拜同门及老师外，大多数时间是在寓所"写字、阅文"，进行考前训练，有时还会为"作字不成，阅文数首，心绪瞀乱。计廿日后即临场，腹笥无字，何以供矮屋驱使"而"五内仓皇，辄淋愧汗"。②

当然也有作文迟滞者。这类举子接到题后，常常是谋篇莫定，患得患失。如张謇应光绪元年（1874）恩科乡试时，首场接到题目，"五更起构思，先以文学诘题，继询之同号生，则所见比比皆是，而所作已成大半，因复弃却重构，更初脱稿"，至初十日仍在斟酌，"因尚有陈文中所用话句也"③。翁曾翰应光绪二年（1875）丙子恩科会试，首场也记述自己首艺写作时"文思枯涩，三更方脱稿"④。丁治棠第三次应会试是在光绪己丑（1889），初九日五更题下，对于首艺"子曰：行夏之时……"谋篇莫定，自己主张"中平中寓侧之局，前笼后总，中点四段肖题"，结果文成冗甚，到脱稿已经是当日初更，费尽苦心，经营筹措⑤，而与丁氏一道参加此科会试的安徽举人姚永概（戊子科江南解元）首场五艺"傍晚均成"，

---

① 可参张謇日记光绪元年、二年等相关记载。
② （清）丁治棠：《往留录》，《丁治棠纪行四种》，四川人民出版社，1984，第94页。
③ （清）张謇：《张謇全集》第6卷·日记，江苏古籍出版社，1994，第66页。
④ （清）翁曾翰：《翁曾翰日记》，张方整理，凤凰出版社，2014，第382页。
⑤ （清）丁治棠：《往留录》，《丁治棠纪行四种》，四川人民出版社，1984，第105～106页。

且"夜又誊二艺"，第二天巳刻已经出场，明显作文速度较快。①

作文迟滞、文思不畅的最终体现，就是交卷迟缓，有些甚至一直到本场结束的最后期限，尚未完卷。如咸丰己未科（1859）四川乡闱，韩锦云（海南文昌人，时署四川按察使司），入闱为提调官，闱中遇雨，交卷甚迟，以诗句"檐底屡滴催诗雨，漏尽犹挑起草灯"描述已到亥刻，尚未完卷之情境，又以"调进清平原不易，篇传《急就》更难能；怜才愿借长风力，送到蓬山上上层"表达对于这些考生的理解与同情。② 然而，功令严酷，试卷不完篇，不弥封、不誊录，绝无中第可能。王文韶为湖南巡抚时，监临光绪二年（1876）丙子科湖南乡闱，初十日记此科首场，"此次交卷甚迟，午前殊寥寥，未正放头牌，仍不过五、六百人，至子正尚有百余人未出场。小睡三刻，亦未能成寐，寅初出视，尚有六人未完，勉收三卷（均系补稿誊诗者），撤三卷（有三篇只有半篇者，有试帖尚未做起者），若待天明放出，未免太不成事，亦不得不如此也"③。这是因为明天十一日二场要进场点名，不得不进行清场以便容纳其他考生，没有做完也只好如此。

值得提出的是，这种作文"迟滞"有时并非平日表现，也并非一定与学问状况相一致，而是各种因素交织在一起的结果，可能与题目有关，也可能与考生的身体状况、心理素质有关，还有些是年龄上的原因，未必一定就是学问问题。有人记载，清代著

---

① （清）姚永概：《慎宜轩日记（上）》，黄山出版社，2010，第387页。

② （清）韩锦云：《白鹤轩集》，见（明）邢宥等：《北泉草堂遗稿等七种》，海南出版社，2004，第315页。

③ （清）王文韶：《王文韶日记》，袁英光、胡逢祥整理，中华书局，1989，第396页。

名乾嘉学者余姚邵晋涵，应乾隆三十六年（1771）辛卯科会试，首题为"若臧武仲之知"四句，平日"学问素充，经经纬史，下笔千言"，"是日忽文思涩滞，至夜半而首艺尚未成，心甚慌惚。忆前己丑科落卷内有'子在陈曰'至'狂简'后二比似可移置，不暇修改，而竟直抄之，聊以塞责完篇"，而考官看到此文"遂句句叹赏，以为空中议论，通场所无，竟置榜首"①。贵州诗人郑珍应道光十七年（1837）丁酉科贵州乡试，黎明时分进入贡院，夜晚发下题目，自己感觉"文字如榨膏，爇急膏亦倾"，勉强完卷，自觉榜上无名，心灰意冷，不抱希望②，结果是科中式。次年清明入都，参加会试，"病寒，遂夜疟。至三月初七二更，与乡人诀而气尽。三更复苏，以必与试，归始给火牌驰驿，明日仍入闱。卧两日夜，交白卷出，适生日也"，出闱后感慨万端，诗兴大发，连作六首绝句，其一有"一病天涯死更生，命存那复计浮名"这样沉痛悲伤的句子，因此发誓"掷将空卷出门去，王式从今不再来"（其三），再也不参加这样几乎要将性命丢掉的考试了。③ 这是因为犯了病，没办法完卷；要不是想着（完卷）归程能得到"火牌驿驰"的方便，连考场都不想再进。王文韶记湖南光绪二年（1876）丙子乡闱第二场，十三日晚，"子正封门，尚余八人，开门时放出湘阴老生易化鸿，年八十四岁，草稿全完，誊真尚短两篇，怜其老，令其于封门前出场，俟次日补誊"，八十四岁的老生写到这种程度，自然是不易。④ 当然

---

① （清）钱泳：《履园丛话》十三"科第"，中华书局，1979，第351～352页。
② （清）郑珍：《巢经巢诗笺注》，巴蜀书社，1996，第296页。
③ （清）郑珍：《巢经巢诗笺注》，巴蜀书社，1996，第502～504页。
④ （清）王文韶：《王文韶日记》，袁英光、胡逢祥整理，中华书局，1989，第397页。

也有平时不注意这种写作训练，以致文思不畅的，如明朝著名文章作家归有光，三十五岁中江南乡试第二名以后，八上春官不第，其原因，就有人归结为"以为举业可无学而能，即弃去不复习，而益习古文词。比应试檐暑间，已不能促办，稍信笔抒写胸中所自得而已，于有司之绳尺阔如也，故试辄不利"①，即平时没有进行这方面的强化训练，导致不能按照要求写出文章。清代中晚期宁波秀才管庭芬，一生十四次应乡试，终未获一第，今人通过仔细研读其日记，即认为与其"并没有充分准备应试，平日主要忙于课馆和校书，每次都是匆忙应试"有直接关系。②

事实上，在考场中，文思敏捷者与文思迟滞者，本身都不利于中式。不必说后者因为文思迟滞，未完卷，或者文章思路不通畅、文字不顺畅而不能中，而前者则常常有意想不到的情况出现。按说，前者更应该易于入彀，因为此种考生平日经过严格的考前训练，已经形成了考场文字的写作思维，应该更能够进入考官的法眼；后者作文迟滞，思路容易不清晰，不容易引起考官注意。但考场文中，并没有一定的事情。如张謇五次应乡试，四次应会试，其中有明显感觉"文机甚利"的，只有 1879 年第三次参加江南乡试（光绪己卯科，1879），但九月榜发，仍然未中。③

① （明）徐学谟：《徐氏海隅集》卷二三，《四库存目丛书》集部第 124 ~ 125 册，齐鲁书社，1997。

② 李细珠：《乡村士绅在"近代"边缘的生活世界——嘉道咸同时期管庭芬日记解读》，《社会科学研究》2016 年第 3 期，第 121 ~ 139 页。

③ （清）张謇：《张謇全集》第 6 卷·日记，江苏古籍出版社，1994，第 182 页。

这是因为考场文字（包括八股文与试帖诗），对于格式的要求，一定程度上超过了对于文章本身的衡量。清代后期，有人总结出科举文字易于取中的风格，是"大抵场屋文字，察理宜精，而才不可敛；审法宜密，而笔不可枯。必也以沉实之思，运高华之气，风骨近于古，而声调合于今，斯为举业利器"[①]。能够写出这种风格文章的人，才气自是非同一般。然而，这主要是对于内容及语言风格的要求，其实对于考场文章，更重要的还是格式上。受卷官接受卷子，首先就要看是否符合格式要求，若有丝毫溢出，不仅不再誊录，而且还要蓝榜贴出，取消下场考试资格，故考生在作文时，战战兢兢，唯恐在这方面犯错误。格式要求非常多，有些就印在题纸的后面，如"添注涂改式"：

添注涂改式

诗文每篇末填写添注几字，涂改几字。有添注无涂改，则写添注几字，涂改无。无添注、有涂改。则写添注无、涂改几字。添注涂改俱无，则写添注无、涂改无。

头场添注涂改总数，另行用大字居中写通共添注涂改若干字，写在诗后，低二格。

累计字数有涂去一字改写一字者，止算一字。若涂去一字并无改写者亦算一字。至有涂去一字改写二字者，以二字计算。涂去二字改写一字者亦以二字计算。其余字数加多者准此累计。

填写添注涂改字数紧接诗文各结句、用小字单行旁写，不得另行写，亦不得作双行写。一字一格，不得跨格挤写。

[①]　（清）陆以湉：《冷庐杂识》卷一，中华书局，1984，第26页。

如有本行余格不敷，准于另行接写。或结句已抵末格者，亦于另行旁写。其接写之处，文艺后仍顶格，诗后仍低二格。

填写数目，务须写壹贰叁肆伍陆柒捌玖拾等字，不得作一二等字，违者贴出。

添注涂改过一百字者，贴出。

添注涂改字数，如有以多报少报多不符，在十字外者，贴出。①

种种规定，层层要求，用郑珍的诗句来说，就是"功令多予题"②；而文思敏捷的考生，往往沉浸于作文思路中，容易在不知不觉之中在某些方面犯错误，导致前功尽弃。如蒲松龄在康熙二十六年（1687）参加乡试，头场"文思如注，运笔如风"，却不小心在誊正时，犯了"越幅"，亦即书写中间留了一页空白；按照《科场条例》，试卷题字错落、真草不全、越幅曳白、涂抹、污染太甚等，均以"违式"论处，蓝榜贴出，取消下场及后场考试资格③，铩羽归来，自赋《大圣

---

① 郭佐唐：《乡试考场规则》，《东阳文史资料选辑》（第13辑），1997年，第183~184页。所引此文后尚有对于"贴出"一词的解释，亦可参见，然系以今人口气，故不录。除了上述违式要被贴出外，《清史稿》选举志八尚有："试卷题字错落，真草不分，越幅、曳自、涂抹、污染太甚及首场七艺起讫虚字相同，场表失年号，三场策题讹写，暨行文不避庙讳、御名、至圣号，以违式论贴出。"（清）李天游《北游日记》卷下对于卷面情况，也有详细描述，与此同。对于场屋作文的格式要求，自然应采用《钦定科场条例》上的相关记载，但此类皇皇大文，笔者以为固然有其规范意义上的价值，却不如采自民间士子的记述生动，因为这表明前者已经被当作必备"知识"进入士子头脑之中，成为其知识储备的一个必备部分。

② （清）郑珍：《完末场卷，矮屋无聊，成诗数十韵，揭晓后因续成之》，《巢经巢诗笺注》，巴蜀书社，1996，第296页。

③ 袁世硕：《蒲松龄评传》，南京大学出版社，2000，第141页。

乐·闱中越幅被黜，蒙毕八兄关情慰藉，感而有作》词一阕，有句云"得意疾书，回头大错，此况何如？觉千瓢冷汗沾衣，一缕魂飞出舍"①，后悔得不得了。在下一科（康熙二十九年，1690 年）乡试中，蒲松龄在二场表、论卷子中，又出现了"违式"被贴出（具体是哪一种违式，尚不清楚），再次被黜。场后亦赋《醉太平·庚午秋闱，二场被黜》词，有"风檐寒灯，谯楼短更。呻吟到天明。伴倔强老兵，萧条无成，熬场半生。回头自笑濛腾，将孩儿倒绷"之类自嘲句子。② 因为蒲氏一生十入秋闱，虽不获中而文名藉甚，可为科场老手，居然连续发生低级"违式"，不正是"三十岁为老娘，而倒绷孩儿"者吗？光绪甲午科，湖北孝感人秦翔应顺天乡试，首场试帖诗以诗末"升平"二字未另行抬头，违背格式要求，尽管首三艺得主考佳评，亦未获入彀；有人询问是何原因导致违式，秦

---

① 路大荒：《蒲松龄年谱》，齐鲁书社，1980，第 35 页。

② "倒绷孩儿"出自北宋魏泰《东轩笔录》卷七，为科举常用熟语，多所引用，见岳国钧主编《元明清文学方言俗语辞典》，贵州人民出版社，1998，第 794 页。直接看出的明显的"违式"，可能被"贴出"而取消本科考试资格，而有些不易看出者，却可达于试官之目，甚或有高中之幸运，如严修应光绪八年（1882）壬午科顺天乡试，"同考官程午坡先生娄，得公二场经艺卷，叹为典核华赡。头场首题是'子曰雍之言然'，公以偃修作起讲，程初阅未荐，至是复阅，知非恒流手笔，即为补荐。正考官徐公荫轩，击节称赏，与副考官乌公达峰、毕公东河、孙公燮臣三人传观，已定首选矣。嗣以二场《礼记》题：春秋冬夏、风雨霜露，无非教也。公误将'雨霜'二字颠倒，群相惋惜，乃改为副榜第一。孙公以荐卷二场无佳者，竭力怂恿，宜仍列正榜，惟名次当稍抑之，毕公亦以为然。遂定为第一百九十一名，复试列一等第十六名。"见严修《严修年谱》，齐鲁书社，1990，第 24～25 页；严修自己也说："壬午榜发后，余随同年十余人谒徐荫师，师拈同人手本如聚头扇形，依次问孰某年兄，问至某，某则立。及至余立，师作惊讶之声曰，可惜失一解元，非房师力争，并正榜亦不可得矣。余始知二场第五题，题字误写，例应被贴而未贴，例不应中而竟中也。闱中曲折，详房师程午坡先生日记中，余曾摘钞。"见严修《年谱》，齐鲁书社，1990，第 25 页，据 1919 年 4 月《日记》追记。

氏答曰："不但知之，且知顺天试场，诗无颂扬语，亦是违例（颂扬语必有抬头），而场屋中缮竟时，虑有错失，复阅二三次，竟未注意及此。临交卷时，遇姻戚某君，以卷视之。某君且盛赞诗之工，亦未看出，科场信有鬼欤？"有人认为这是"得失心重，反致瞢懂一时"①。

固然，也有考生在事后发现"违式"而想方设法弥补，甚至传得神乎其神者，如吕海寰应同治六年（1867）丁卯顺天乡试，第三场试策论五道，十五日午后五策均脱稿，"不意誊真时，将第四道末遗写'添注涂改'，而卷尾只剩五字之空。缘五道策一气誊出，一时失于检点也"，百思不得其法，非常懊恼，"遂困睡于案板上"，"忽梦中觉有人唤我，举头一看，陡见先祖着平素衣在面前扶杖，我遂欲呼而不能出声，浑身不得动转，极力挣扎起来，而先祖倏尔不见，醒来浑身是汗"，"因思先祖显形，必非恶因，或中之兆乎？然卷子有如此大错，不登蓝榜，即为万幸，焉敢别有奢望乎？"，"反复思之，忽然想起数目字不落，即不为犯规，遂将'添注'二字旁写，中写'无'字，'涂'字中写'改'字旁写，中写'拾捌字'，恰好系五字"，"交卷时收卷官打上戳记，并谕云，请放心，此不为犯规，惜匆匆未及问收卷官姓名，然此人亦可感矣。此乃先祖默为呵护提撕，故小子得以觉悟也"，"榜发，果得中二百六十六名举人"②。此梦境可能为真，刨去其神秘地方，其实是可以理解的。吕氏出身书香，而此时极贫，与其父在京以塾师为生，收

① 徐凌霄：《凌霄·一士随笔》，山西古籍出版社，1997，第126页。
② （清）吕海寰：《吕海寰资料两种·吕镜宇自叙年谱》，李文杰整理，中国社会科学院近代史研究所近代史资料编辑部编《近代史资料总123号》，中国社会科学出版社，2011，第133页。

入微薄，故用功读书，急需通过科举改变处境；此为其第二次
应乡试，首场感觉闱作"甚得意"，有中举之望；第三场对策
亦极顺利，五道策问一气誊出，却失于检点，至四策末才发现
漏写"添注涂改"四字，不仅中举无望，前功尽弃，而且还
面临着"名登蓝榜"的危险，怎不懊恼之极？竟然在号板上
睡着，是因为实在是无计可施，疲劳加懊恼所导致者；然而醒
后头脑清楚，急中生智，自然也会想到弥补的方式。

（二）"揣摩"风气

考生在号舍中苦心为文，除了必须遵守严酷苛细的格式要
求外，一定情况下还必须考虑当时的文章流行风格与考官个人
的文章风格与学术偏好。

就后者来说，唐代科举初兴，韩愈即有"有司者好恶出
于其心"的感叹。[①] 比较常用的例子是欧阳修作主考时，痛刷
险怪之"太学体"，一时扭转文风。[②] 到了明清，考场所用之
八股，虽是一种标准文体，但在不同时代也有不同的文风，乡
会试主考官的个人喜好，也会对文风的扭转产生作用，如明朝
中叶，理学家丘浚也利用自己主持乡会试之机，痛抑"文尚
险怪"之恶习，而文体一反于正。[③]

至于清朝，随着科举制度的最终定型，逐渐形成了"清真
雅正"的衡文标准，而落脚于文章的具体呈现"理法辞气"[④]。

---

① （唐）韩愈：《与崔立之书》，《韩昌黎文集校注》第三卷，马其昶校注，
　　上海古籍出版社，1986，第166页。
② （宋）沈括：《梦溪笔谈》卷九，上海书店出版社，2003，第78页。
③ （清）张廷玉等：《明史》卷一八一，中华书局，1974，第4808页。
④ 龚延明、高明扬：《清代科举八股文的衡文标准》，《中国社会科学》
　　2005年第4期，第176～191页。

这一说法是建立在对相关文献的认真梳理与抽查部分中式硃卷评语的基础上得出的，应该能够反映实际情况，是具有科学性的结论。但在另一方面，我们也认为，在实际操作过程中，尽管有这样的整体要求，考官个人的好恶，如文章风格、学术取向等，事实上也在影响衡文的具体操作。不必说宋元两朝，就是在制度化程度很高的清朝中期，也还存在这种现象，如《淡墨录》卷十三"庄梦未醒"条的记载：

> 阁学武进庄方耕存与，乾隆十年乙丑榜眼。累司文衡，酷好短篇，所取闱墨，不过三百字，即间有至四百字者，而元文必短。士子见其来，率以假成宏规模应之，所谓卖假古董也。其中亦有故以千寻之才，入咫尺之短而中者，然要之以皮毛弋获者居多，而莫甚于二十三年浙江乡闱所取解元高毓龙者，乌程监生也。本不读书，随其父某在任所办事，是科方耕偕编修山东鞫恺典试，高方从任所归，人言今科主考好短篇，只消随笔写数行，便可望中，高自发蒙成篇后，即出外奔驰，空疏久矣，闻之心喜，亦随众观场。首艺题为"颜渊曰愿无伐善无施劳，子路曰愿闻子之志"，高不知文法，直作两比，寥寥数语，首尾俱无起结。庄搜落卷，已为诗五房房考朱瀋所抹。瀋字约斋，宁夏举人，即乌程令也。庄得之大喜，以为元，朱力争此文稚气未除，浙江文献之区，以发解，恐人讪笑。庄素刚愎，坚不肯从。既定元，以为必名宿也。鞫畏其势，不敢开口。榜发，见系监生，又素无名望，乃心悔之。时先北路亭公宰秀水，亦在内帘，分礼记房考，亲见其事，高三艺潦草，皆庄为之代作发刻，今尚有庄所改高原稿本。房魁为仁和王学濂，亦素无名望，与高同，

皆主考搜落卷而得之者。①

至于考官的学术偏好，也往往直接影响考生的中第与否，至于清代中叶以后，尤为突出。康雍时期，汉学兴起，乾嘉臻于极致，然而宋学仍然不废，二者几乎如水火；考官们学术派别不同，也自然影响衡文过程，从而直接影响考生的命运。清代中期学者俞正燮的经历可为典型。俞氏为著名汉学学者，受到著名学者阮元的赏识，"越年春，仪征太傅主会试，命下，诸巨公辄相贺曰：'理初人彀矣。'"山西学者张穆曾为誊录官，曾看到俞氏的"经义策问皆折中群言，如读唐人《正义》、马氏《通考》而汰其繁缛也"，然而"榜发，竟报罢"，原因是"其卷在通州王菽原礼部房，礼部固力荐之，而新安相国深嫉（汉学为）迂诞之学，捆束置高阁"，卷子根本就不曾荐送到阮元那里，落第是必然的了。② 此是持"宋学"立场的考官摈落持"汉学"取向的考生。至于清末癸卯科（1903）会试，恽毓鼎为同考官，在阅卷时，对"（落卷）诸君四书义首篇，多有驳斥注中伊川、龟山之说者，甚至诋及朱子。余皆

---

① （清）李调元：《淡墨录》，辽宁教育出版社，2001，第188～189页。
② （清）张穆：《癸巳存稿序》，见俞正燮《俞正燮全集》3，黄山书社，2005，第229页。冯建民对此有一定研究，认为"占据清代学术主流地位的乾嘉汉学无论是对科举考试的科目调整、命题范围的变动，抑或对于乡试、会试、殿试三级科举考试的试题内容的调整，还是对于科举考试的阅卷方式和取士标准的变化，都有很深的渗透和影响。这些都使得这一时期的考试文化具有浓郁的考据学色彩"，见其文"清中期汉学兴盛下的科举考试变革论析"，载上海市教育考试院：《招生考试研究》，2012年第1辑（总第15辑），上海教育出版社，2012，第92页。此观点固有其道理，但结合多种史实与相关学术史资料，则对于此种影响达到何种程度的探究，尚需深入进行。

与抹出。……余非恶其立异，恶其心术之不正也"。① 相反的事件，亦容在在有之。至于清朝末期，学术纷争又加上"新学""旧学"等因素，越发使得"衡文"的标准扑朔迷离，而考生作什么样风格的文章以便入考官法眼，自然也就充满了神秘色彩。

大多时候，考官个人往往是根据朝廷功令，结合自己的文章写作经验以及科举经历，而形成自己对于文章中式与否的判断。在这种情况下，考生要做的事情，就是对于目下所流行的时文风格有准确把握，还能够想方设法探知主考甚至房考所喜好的文章风格，以便自己能够有针对性地进行写作，有时候甚至还要"以逆得之"，即明知当时文章风气与考官所好，故意从相反的风格来行文，以使在千人一面的文章中独具风格，被考官"慧眼识珠"，如江苏长洲人蒋元益应乾隆十年（1745）乙丑进士，"时制义多浓郁，窃意此种文字者不少，似难与争锋，不若守其故我，清矫拔俗，或亦制胜之道"，题纸发下，"念题极闲冷，浓则不称，清乃肖题，遂率意一挥，日未下春，三艺已就"，四月十一日榜发，"衰然为举首"，是因为"座主相国史文靖公，以为飘飘有仙气"，列进呈御览第七卷，御笔改为第一。②

考官个人好恶，对于文章风气甚至社会风气，自是能够产生重大影响，然而无论从哪个方面来说，都是对于朝廷功令，甚至科举制度的消解。若考官是正直之人倒也罢了；若考官个人所喜不正，则对于考生甚至社会风气的负面影响，也就由此

① （清）恽毓鼎：《澄斋日记》，浙江古籍出版社，2004，第189页。
② （清）李调元：《淡墨录》，辽宁教育出版社，2001，第189页。

而产生。如《萍州可谈》卷一所载事例：

> 大观中，主文柄者专务奉上，于是程文有疑似之禁，虽无明文，犯必黜落，举子靡然成风。如"大哉尧之为君"、"君哉舜也"，皆以与灾字同音，并不用；"反者道之动"，易反为复，"九变而赏罚可信"，易变为更，此类不一。能文者执笔不敢下，憸夫善逢迎，往往在高第。①

在这种情况下，揣摩考官好恶，在文章中投其所好，以得中第，自然成为绝大多数考生的第一要务。如此"揣摩"好恶而求中第，对于个人的品德建设，能够起什么作用？如此以善于"逢迎"者登第为官，对于社会道德建设，又能起什么作用？清末严复总结科举考试之三大弊端，其二为"坏心术"，而其具体表现，则除了各种舞弊之外，尚有抄袭他人旧说、揣摩风气等多种，当其出身之日，既已"教以赫赫王言"，而实则"等诸济窍飘风"，无怪其做官时"刑在前而不栗，议在后而不惊"②。

四 发生在号舍之中的种种离奇之事及其解释

上文我们简要描述了考生在号舍之中呕心沥血、苦心完卷以求中式的过程，我们看到的是"功令大于题"之下考生小

---

① （宋）朱彧：《萍州可谈》卷一，中华书局，2007，第123页。
② 严复：《救亡决议》，《严复文集》，线装书局，2009，第254页。科举本以"富贵"诱人，本无助于所谓"道德建设"；而世人想尽各种方法以博一第，亦无非为获得此诱人物事而已；至于考官带"条子"入闱，大员千方百计以辨认笔迹、拖延或提前收卷等方式使其所私之人中第等"藐视"制度之事，本不鲜见，童试、乡试、会试甚至殿试亦在有之。然而，当事人不以为不然，而编纂者往往以"佳话"视之，其何故哉？

心翼翼的情态。其实，考生能够中式与否，仅仅就试卷因素而言，还是远远不够的。在"号舍"这个集约化空间之中，成文既已不易，而在文章写作过程中，还会有不少意外的事情发生，直接影响考生的科场命运甚至人生走向。

（一）"污卷"或丢失试卷

在号舍之中，对于考生来说，最为重要的无疑是卷子。乡会试卷，先期由考生亲添籍贯、履历于卷首，而后交纳，谓之"纳卷"；纳卷后由官弥封、钤印，在点名入场时，再行发给，一经遗失，再难补给，故考生于接卷之后以卷袋装之，悬之胸前，跬步不离，以昭慎重；然而就在这样的小心翼翼之下，仍会发生许多意外的事情，比如梁间尘泥落于试卷造成"污卷"、晚间灯花烛花落于卷上而导致焚卷、不小心将墨汁弄到正卷等，发生此类事情，考生就是叫起撞天大屈，头撞号壁，又徒唤奈何？冥冥之中，似乎真有一双看不见的命运之手在操纵着考生的命运。盛唐时期，科举方兴，已有落第者发出"时命不将明主合，布衣空染洛阳尘"的无奈感喟①；南宋末期的福清布衣诗人陈藻，屡试不第，一次与堂弟一起应解试，自己因"笔误"落第，而堂弟得以发解，因此作《试后自题，因送从弟敬之赴省》，开篇即云："银袍二万纵人多，笔误无如鬼魅何？只恐有司长鲁莽，那知昏病自蹉跎！"②自怨自艾之情，溢于言表。清代末期光绪三年（1877）丁丑科会试，

---

① （唐）綦毋潜：《落第后口号》（一作《早发上东门》），《全唐诗》卷135，中华书局，1960，第1372页。

② （宋）陈藻：《乐轩集》卷一，《四库全书》1152册·集部91·别集类，上海古籍出版社，1987，第35页。

江苏苏州举子叶昌炽在第三场（三月十五日）早起，准备答策论题，曾发生了一件很危险的事："平明起，检查书籍，一时失慎，祖龙为厄，竟致焚如，共毁去书三册。幸卷袋相去尚远，不然名登蓝榜矣。"① 幸亏没有烧毁试卷，要不然名登蓝榜，外人就该议论纷纷。对于卷子的小心保护，甚至成为一种"常识"；清初人石成金辑常人居家常识及昔贤嘉言懿行，即有"中式金针"一组，其中关于保护卷子之言曰"试卷慎保全，场数字宜添。怕污尤怕雨，防烛更防烟"，"两怕""两防"，其实还是"四怕"，因此要"四防"。②

《唐摭言》卷九记载了这样一件事：

> 房玙，河南人，太尉之孙，咸通四年垂成而败。先是名次定矣，无何写录之际，仰泥落击翻砚瓦，汙试纸，玙以中表重地，只荐玙一人，主司不获已须应之；玙即临曙，更请叩副试，主司不诺，遂罢。③

按照唐代的习惯，房玙作为太尉（房绾）之孙，已被答应录取，但不想在誊写试卷的时候，房顶落下泥土，打翻砚台，造成"污卷"，申请再试不许，只好落榜。这可能是有记载的最早的"污卷"事件。

明后期人朱国祯的《涌幢小品》中记述了这样一个奇事：

> 范春，会稽人，有文学。嘉靖己卯场中，誊真已毕，

---

① （清）叶昌炽：《缘督庐日记》第一册，王立民校点，吉林文史出版社，2011，第171页。

② 龚笃清：《明代八股文史探》"附录二"，湖南人民出版社，2006，第694页。

③ （五代）王定保：《唐摭言》，中华书局，1959，第94页。

手试卷自校，得意甚，谓可取解元，忽飙风骤攫去，凌空莫知所之。投笔墨，叹息而出，曰："命也。"①

清代科场中，还有更为离奇的事情：

> 乃今年辛卯正科，江南场中状元新号，有某旗生于誊正首艺后，不知如何，将杯中之茶泼翻卷上，一时惊慌失措，遂将卷子晒诸矮屋之上，适一鹰振翅而过，摄至空中，几如纸鸢之临空飞舞，既而四五鹰互相争夺，将卷撕破。……本生号哭不已，求监临官补给，监临以向无是例，不允所求。……有谓旗人喜猎，故有是报者，安得获是鹰而质之？②

这是发生在号舍中，已经誊正首艺的试卷先是被茶水泼湿，希望在号舍瓦顶上将其晒干，不想又被老鹰抓走；这一连串的倒霉事情确实是发生了；还有比这更稀奇的，发生在领卷归号途中：

> 士子入闱应试，变故多端，或登蓝榜者有之，或交白卷者有之，或卷忽遗失遍觅而竟不珠还，或卷自撕毁心狂而不成只字，此其人类皆小有隐匿，冥冥之中，不欲遽杀其身，特于棘闱中略示以报应耳。本届江南乡试首场，当未封门前，有一生领卷至明远楼下，弛篮于地，欣欣然将试卷再三审视，反覆摩弄，正在手挥目送时，忽一鹰健翮凌风，从天而降，将卷摄去，若有神遣鬼使者然。该生仓皇无计，顿足长号，吁求监试转求监临补卷。钱阁学谓此中必有冤孽，不然何若是之巧而且奇耶，谕令该生以后不

---

① （明）朱国祯：《涌幢小品》（上册），文化艺术出版社，1998，第155页。
② （清）吴友如：《吴友如画报》（下册），上海古籍书店，1983，第10页。

必应试，免遭阴谴。该生唯唯，垂头丧气而出。①

在交卷过程中，也会发生这样离奇的事情：

> 汪桂槎太夫子言，癸卯科，天气清朗，贡院东桥茶肆
> 中，忽见场内油纸、油帘飘飘然吹出墙外，儿童争往拾
> 之。又有一伞，亭亭直上，久之方灭。而是日外间寂无风
> 也。戊午科，首场将毕，余至公堂交卷，见一人在甬道摇
> 摆而来，双手捧卷，满口咿唔，且读且行。忽一阵风来，
> 将卷吹去，愈吹愈高，如一匹白练，摇曳空口。其人望空
> 狂号。时交卷者纷纷皆驻足翘首，不能为力。俄如叶，俄
> 如豆，俄而不见矣。余匆匆出场，不知究竟。②

甚至就在号舍之中，也会发生跟卷子有关的离奇事情：

---

① （清）吴友如等：《点石斋画报》，上海文艺出版社，1998，第 1528 页。
② （清）丁丙：《武林坊巷志》（第六册），浙江人民出版社，1988，第 74 页
引"劫梦泪谈"所言。"劫梦泪谈"之书，据胡怀琛所记，为清代浙江归
安人吴绍箕撰。共四卷，第一卷为笔梦清谈，第二卷为劫梦泪谈，第三卷
为游梦倦谈，第四卷为尘梦醒谈，总称为"四梦汇谈"。第二三两卷所记
有关于上海事。所谓"劫梦"，系指太平天国时江浙间兵事。见胡怀琛著，
《关于上海的书目提要》，上海市通志馆，1935，第 32 页"四梦汇谈"条。
另，闱中此事，似以江南为多。管庭芬记道光十二年（1832）壬辰恩科乡
试，第一场初十日，"誊真之未刻乃投卷出场，闱中旋风之异，凡诸生之
考帘、监军之竹笠皆卷人云中，盘旋直上，如苍烟一点而没，群鸦鼓噪逐
之。且寒气逼人，殊不可耐，而闱外人不知也"，见《管庭芬日记》第二
册，第 690 页；而光绪十四年（1888）郭嵩焘在长沙，亦在八月十二日，
因拜经过贡院，见"市人环集，仰天哗言类衣、类风筝"，不以为意，
但其跟随之人王升"亦见之，言风卷贡院试（卷），飞扬满天，逾二三时
之久"，"由寿星街宅诣朱香荪，市人环集，仰天喧哗如故"，晚归，又听
人言"初若大油纸一二张，无数小油纸同飞，愈转愈高，历数时之久，直
上天顶"，见（清）郭嵩焘《郭嵩焘全集》12，岳麓书社，2012，第 329
页，则此事当是事实，然不知有多少士子因卷子被旋风吹走而号叫、哭闹？

康熙辛卯，余始应江南试，头场坐东文场之东新设以字小号内。午后闻棠字号中声甚哗，知某号失卷，监临遣官严查，遍查无有，询之本生云，已作二稿，因如厕，置卷袋中，挂壁上，布帘密钉，嘱邻号代看，归而布帘如故，卷袋亦如故而中已空，询邻号生，其一弗知，一云，甫去，即有人似揭号帘者，语以号中人如厕，其人遂去，未见入号也。少顷，至公堂传谕云：棠字号所失卷，已自空中飞落西文场，裂为二矣。此生求换卷，监临某公曰：“其中有鬼神，换卷无益。”俟开门，令扶出。①

至于不少直接在卷上写与试题不相干甚至干犯功令的文字，多有记载，兹不赘述。但毫无疑问的是，这些都直接导致考生本科不仅由此丧失登第的指望，而且还有“登蓝榜”的危险，不仅此科绝望，而且还要承受巨大的社会舆论压力（见后述）。

上述是发生在考生身上直接使其落第的意外之事，当然也有帮助考中之事，如陈夔龙自述其光绪十二年（1876）到京应试，首场第一日，夜三鼓，接到题纸，“首题为‘子张问行’全章，节目层出，头绪纷繁，略一构思，竟无从著手。自维久惯落第，恐又虚此一行矣。姑假寐，忽梦中有人告曰：‘速起。’天甫明，正拈毫属稿，第觉笔尖飞动，不假思索，汩汩其来，三艺一气呵成。冥冥之中，殆有神助。二、三场亦如之。榜发果获售。后二十六年余升授川督，请假回籍省墓。戊申元日敬谒文诚公祠，昭忠祠即在其右。入祠虔拜，不觉百

① （清）徐昆：《遁斋随笔》卷下，载《笔记小说大观丛刊》第十四编第十册，（台湾）新兴书局，1983，第6355～6356页。

感交集。时唐鄂生中丞丈致仕家居，约余于文诚祠相见。余述兹事始末，中丞亦为嗟叹不已云"，陈氏认为是自己原先在丁宝桢总督府当幕僚时，曾草拟一份恳请朝廷立祠表彰军中为国捐躯的将士的奏疏，为朝廷采纳所积阴德，因此说"从来报施之说，儒者不废。无心求报，其报愈神"[①]。

（二）科场果报观念的产生及其对考生的规训

对于上述离奇、意外之事，再加上在考场之中犯病、发疯甚至死亡等多种不幸事件，也包括各种似乎不可理解的一些事情，帮助考生得以中第者，从宋代以后，社会上逐渐开始用"因果报应"之说来解释[②]，至清代后期而臻于极致。登科则为积阴德所致，发生在答卷过程中的各种诡异事件，包括笔误、污卷、遗失卷子，甚至犯病、自杀等，则污为有"损阴德"之事。而能够得到他人帮助中第，不外是积有阴德所致，除上述类型外，还有"完人名节"、助人危困、拾金不昧等多种，其中最多的，大概是"不淫"之事。和邦额《夜谭随录》中，专有"棘闱志异八则"，列举此类事八件，且借他人之口议论道："棘闱之地，国家设以取士者也。堕行丧德之徒，冥报昭然，毫厘不爽。如是，何关节怀挟者，犹敢于光天化日中，行险以侥幸哉？"也就是说，这种"冥报昭然，毫厘不爽"，一定程度上能够保证"取士"的公平与公正。[③] 各种细

---

① （清）陈夔龙：《梦蕉亭杂记》卷一，上海古籍书店，1983，第 63～64 页。
② 何仲礼：《略论宋代的科举迷信及其对士人的影响》，《浙江大学学报》（人社版）2009 年第 1 期，第 118～125 页。
③ （清）和邦额：《夜谭随录》，王毅、盛瑞裕校注，中州古籍出版社，1993，第 180～189 页。

目，种种色色，一一都是"果"，一一皆有"因"①，人人谈论，文士尤甚。明清两代的笔记小说、稗官野史中，多多少少都会对此有所涉及，甚至于津津乐道，专门记载。

"果报之说中于人心，往往于疑似之间，示人以神妙之迹"②，这种观念从明清以来广为流传，深入人心，"科场果报"由此成为一种社会共识。一直到 20 世纪二三十年代，来到由开封贡院基址上改造而成的中州大学当校长的冯友兰，在看到其中残存的号舍时，还写道："就这样一块地方，一个应考的人进去，要住两三天，这是他睡觉的地方，是他做吃饭的地方，也是他做文章的地方。这样折腾两三天，身体不好的人，或者再有潜伏的疾病，很可能会发作，又得不到适当的治疗，可能就会死亡。如果有这种情况，社会上就会说这个人上辈子必定做了什么坏事，冤魂来报仇了。这个人除了功名无分，而且还蒙受了恶名，谁也不能替他平反。"③

---

① 《阅微草堂笔记》卷十五曾借文昌神之口，对于某人"每应试，或以笔画小误被贴，或已售而以一二字被落。亦有过遭吹索，如题目写'曰'字偶稍狭，即以误作'日'字贴；写'己'字末笔偶锋尖上出，即以误作'已'字贴"导致功名坎坷的原因是前身所致因果，每一种失误都是"业报牵缠"，可见此种观念深入人心的程度。见《阅微草堂笔记》卷十五，《纪晓岚文集》第二册，河北教育出版社，1995，第 392～393 页。

② 刘体仁：《异辞录卷二"光绪中乡试命题之文字忌讳"条》，中华书局，1988，第 37 页。

③ 冯友兰：《三松堂自序》，《三松堂全集》第一卷，河南人民出版社，2000，第 55～56 页。考场中类似于此之种种诡异事件，特别是考生死亡事件，是当时社会上在乡会试年份的热议话题之一，有不少记载，如张文虎在同治六年丁卯记乡试期间，有友人谈论其乡闱中考生死亡事件，"十三日……热益甚……言头场病死试士数人，有一以铜笔杳自刺心死，一人自以刀剖心死"（《张文虎日记》，上海书店出版社，2009，第 100 页）；而在近代媒体如报刊传入中国后，此类事件常常是其"抓眼球"的内容之一，如《申报》就曾报道过几次"浙闱纪事"的情形，兹不详述。

在借鉴已有研究的基础上，笔者认为，这种观念的出现及其强化，与科举制度的固有缺陷以及由此而产生的辩护密切相关。①

"任何一个制度，如果想要实现良好的运转，就必须在制度之正义性和公民德行之间形成相互支持的'自循环'格局"②；科举制度自从产生起，就存在与生俱来的痼疾，必须对之进行不间断修补，以保证其得以实施；而保证其顺利实施，又必须逐步进行制度上的完善，这样就使之走上了一个建构—修补—再修补……不归之路，正如在清朝咸丰年间担任过考官的王庆云所说："徐思所立之法，究不足以防弊，且立法仅堪以一试，至明年则又出于所防之外，尚非善策。塞洪流易，挽积习难，吾将如之何哉。"③ 科举的理论基础是儒家"尚贤""求贤"等观念，然而制度建构却立足于对于人性"幽暗意识"的理解而必须建立在法家思想基础之上，并且随着制度化程度的不断加强，法家因素越来越浓厚，而儒家因素却越来越稀薄，最终只是徒有其表，不但未形成"自循环"格局，而且所负载的重量越来越大，最终訇然崩塌，一朝废弃。

然而也必须看到，无论如何刚性的制度，其实施最终要靠"人"，个人的境遇与心态各有不同，因此对于制度的实施总

---

① 何仲礼与宋元强都对之进行了系统分析，前者偏重于宋朝，主要有科场竞争空前激烈、科举考试中的许多不确定因素以及有人借助科举迷信宣扬因果报应等三点，文见前揭；后者侧重于清朝，主要归因于报考人数众多、中式有限，统治阶级有意宣扬以及社会教化的需要等三点，见宋元强《清代科举与士子宿命论思想》，《求是学刊》1993年第4期，第99~103页。

② 周濂："'另类右翼'与美国政治"，《读书》2018年第1期，第20~31页。

③ （清）王庆云：《荆花馆日记》上册，商务印书馆，2015，第279页。

是有可能与纸面上的条文有出入，更何况科举这样一个前后数十万人牵涉其中的一个重大事件（若加上童试，则恐有数百万乃至上千万之众）？因此，不管是考生在号舍中搜肠刮肚作文，还是考官们在衡鉴堂里疲倦不堪地衡文，都会产生各种各样的"偶然性"，种种"偶然性"盘根错节地结合在一起，最终会侵蚀、减损制度中的"刚性"成分，而使得有不合标准的人会"幸运"地被取中，在产生一些"幸运者"的同时①，所产生的"不幸运者"数量必定会更大；也就是说，这种越来越刚性的制度，不仅不能保证所有"真才"都被取中，就连取中的所有人是否都能符合基本标准也不能确定，从而使社会上产生疑虑，正如戴名世所言："夫科目之贵久矣，天下之士莫不奔走而艳羡之，中于膏肓，入于肺腑，群然求出于是，而未必有适于天下之用。其失者，未必其皆不才；其得者，未必其皆才也。"②

科举本是以"选拔真才"为标的的制度，所选之人非皆"真才"；无论是幸运的考生，还是录取那些"幸运儿"的考官，为了应对社会质疑，都必须对之有一个比较恰当的解释，甚至寻找各种理由，以应对并消除落第士子对这种结果的种种质疑，使之其归穷委命，安分守己，等待下一个机会。

这一点有四个能够大致看出这种脉络的例子。

---

① 早期典型者如北宋张芸叟以误押韵而中第四名，见（宋）王明清《挥麈录》"后录"卷之六，中华书局，1961，第155页；又如晚清教育名人严修在顺天乡试二场经题误写而得中，见《严修年谱》，齐鲁书社，1990，第25页，据1919年4月《日记》追记。

② （清）戴名世：《河墅记》，《潜虚先生文集》卷11，《清代诗文集汇编》第185册，上海古籍出版社，2010，第204页下。

一是北宋江休复《江邻几杂志》卷下所载者：

> 宋相与高铼发天府解，《日月为常赋》，象字韵押之状者，以落韵先剥放近百人，无何一人投牒云："某不落韵。"取卷视之，状下有"可想"二字，然赋亦纰缪，其如落韵剥放。举人不伏，高与甲忧闷，或醉或睡。洎庠更点检，诗只五韵，急呼二人起视之，二君欢欣，举子惭怍而已。[①]

二是明代著名贤相李贤应对落第考生的质疑：

> 天顺四年，会试举子不中者俱怒考官，有鼓其说者，谓贤有弟让不中，亦怒考官。一举子遂奏考官校文颠倒，宜正其罪。……（礼部）具奏其狂妄，遂枷于部前以示众，群议方息。……贤谓此举子曰："若尔所作文字有疵不中，是尔学力未至，非命也。若尔文字可取而不中，乃命也，不知安命，可为士乎？"初，亦有朝臣子弟不中者，皆助此举子，及见此事发，赧然而愧矣。[②]

三是明代《客座赘语》卷五所载者：

> 妻大父王西冶公，为诸生最有名。大京兆某公奇之，

① （宋）江休复：《江邻几杂志》，中华书局，1991，第28页。
② （明）李贤：《天顺日录》，中华书局，1985，第58页。此"校文颠倒"之事，在明代因同考官入帘校文资格尚未明确，故当有之；至于清朝，同考入帘校文已有制度，然恐亦未杜绝，如道、咸间人徐宗干所言，"甲午有同房考某不知文，余助某阅之，于落卷中得其数卷荐中，内有次科得鼎甲者"，见《斯未信斋杂录》卷二，《清代诗文集汇编》第593册，上海古籍出版社，2010，第332页下。考作者生平，此"甲午"应为道光甲午（公元1834年），时在山东为知县。

延以教其子。正德丁卯乡试，填榜将终，不见公名。某公大言于主考曰："我应天学中如王鏊者，国士无双，何以不入彀？若无此子名，榜不可出也。"乃令遍搜诸卷字号，得应天者三十人，一一拆之，皆非公。某公怏怏甚。至二十九卷，主考与监司曰："天明矣，不容更待。"某公不得已，以二十九卷人名填榜。既发，其第三十卷犹在案上，试拆之，乃西冶公也，因共叹以为定命，不可强乃尔。[1]

四是清代陈其元《庸闲斋笔记》卷九所载者：

嘉庆戊寅，福建乡试，先外舅闻蓝樵先生充同考官，题为"既庶矣"二节。主司阅文，合意者少。至十八日，犹未定元。外舅适得一卷，荐之，主司大喜，以为独得骊珠矣。传集诸房考示之，合座传观，咸啧啧赞赏，内中一人独曰："文甚好，记从何处见之。"主司骇曰："是必抄刻，不可中矣。然此文君究从何处见来？"某凝思良久，无以应。外舅乃前谓之曰："每科必有解元，解元原无足奇，各人房中必有一房元，我房中即不得解元，亦无足损，然君无确据，而以莫须有一言，误人功名，未免不可耳。"某大惭，因向主司力白，谓其文剧佳，读之有上句即有下句，故似曾经见过，实则并未见过也。主司又令各房官于刻文中再加搜索，竟无所得，遂定解元。比放榜后，某公于落卷内随手翻得一卷，即以前所见者，与解元文一字不讹。持以示外舅，共相惊叹，谓此君必有阴德。

---

[1] （明）顾起元：《客座赘语》卷五，南京出版社，2009，第146页。

继乃知其母抚孤守节三十余年，子又甚孝，其解元固天之所以报节孝也。科举衡文，升沉难料，故谈者每好言命运及因果焉。[①]

仔细阅读这四则资料，可以窥见这种观念在考官群体心理中的产生与发展历程。起初，考官为应对落第士子的质疑，想方设法在试卷中找错误；未找到时，因为社会舆论的压力，把考官愁得"忧闷，或醉或睡"；而当终于发现了错误所在时，高兴得欢呼起来，因为终于有了借口压倒考生，使之无可置辩，承认失败。而李贤对此落第举子说的话，却说考生取中与否，与其所作文字没有直接联系，而是跟考生自己的"命"直接相关，振振有词，直接教训举子要"安命"，不要再闹事；李贤号称贤相，"恭严庄重，不为小廉，曲谨平居，无疾言遽色，其容粹然，见者如在春风中。论者谓……三杨之后，文达一人而已"[②]，但上面这番话却实在听不出什么"如在春风"，其实是要求士子能够"认命"以至"安命"，而不要抱怨科举中的"校文颠倒"，却忘记了"校文颠倒"实在是对于科举"公平"的一种强有力消解。至于考生本有才名，考官是想方设法让其登第，但最终只是差之毫厘而落榜，考官共同认为登第与否，皆有定命，没有办法。而最后一则中，以"雷同"他文却得中解元，起始有人质疑，却不能肯定，使之高中；而中解元后才发现系雷同之文，无可奈何，只能以

① （清）陈其元：《庸闲斋笔记》卷九，中华书局，1989，第229页。其页尚有"解元抄袭陈文"可参见。

② （明）张朝瑞：《皇明贡举考》卷一，鲁小俊、江俊伟校注《贡举志五种》（上），武汉大学出版社，2009，第797页。

“此君必有阴德”为解。

这表明至于明清特别是清朝，以“命定”及“因果”成为解释科举衡文过程中那种转瞬升沉的“偶然性”，已成为考官们的主要思维方式。[1] 内帘考官在阅卷时碰到不可思议的卷子时，大都用这种方式来解释原因，前者如清代龚炜所记：“先君分校江右，得张君文杜卷，荐之主司；及阅二场卷，失一判，业已甄拔，主司不忍弃置，遂录之。夫一字错误，外帘犹必帖出，累累数行，阅几人而不及检，场中洵有神乎？张登进士，任蒙阴令。”[2] 二场卷实际上没有做完，但主考“不忍弃置”，其原因确实不可考。阅卷的内帘考官如此认为，外帘官员亦如此认为，咸丰元年辛亥（1851）恩科顺天乡闱，时任顺天府尹王庆云为监临，十三日的日记中记道，“举子中有无疾而毙者，视其卷则三篇写作清晰，同号言其曾为河南刑幕”，言外之意大致也是如此。[3] 就连处理卷子的地位低下人员如刻工，也这样认为，如徐宗干所记，徐为闽闱监临，“闻刻文者为漳州属之王治云：有三场正写第一问誉其数行字极工，忽接书乱谈，且有‘帐里风流’字样，字亦大小不一，是有冯焉，其必有因果乎！”[4] 其时已值清末，科学思潮已传入中国，然而

---

[1] 对于此种心态，固然有不赞同者，如梁章钜引纪昀的记载说，纪氏尝偶言“穷达有命”之说于其父，“姚安公怫然曰：‘……应举之士，传此语则可；汝辈手掌文衡，传此语则不可。聚奎堂柱有熊孝感相国题联曰：“赫赫科条，神理常存惟白简；明明案牍，帘前何处有朱衣。”汝未之见乎’，则可知自有正人如此者。”见（清）梁章钜《楹联丛话》，白化文、李如鸾校点，中华书局，1987，第57页。

[2] （清）龚炜：《巢林笔谈》卷四，中华书局，1981，第95页。

[3] （清）王庆云：《荆花馆日记》（上），商务印书馆，2015，第282页。

[4] （清）徐宗干：《斯未信斋杂录》卷二，《清代诗文集汇编》第593册，上海古籍出版社，2010，第333页上。

仍有不少人如此认为，恐不能仅仅以"保守愚昧"言之。

弥漫在科场的"果报"观念，扩散到社会上，就是"科场果报"的观念不断强化，而最终成为社会共识。明朝万历年间，黄冈人王同轨搜集了不少谈闻资料，编纂为五十四卷《耳谈类增》，专设"冥定篇"两卷，言"科第祥征"八十六条，绝大部分为"科举果报"，而偏于"冥定"①；同治年间阎湘蕙所辑《国朝鼎甲征信录》最为洋洋大观，将其前所有文献中能够见到的类似资料几乎搜罗净尽，目的是为了说明"修德获报，昭昭不爽"；其之所以选科举功名的最高层次——鼎甲之实例，是因为"科名重矣，而乡举一途，十余年不过需次一县令耳；成进士优矣，然或馆选，或观政，或司牧，皆历年方得实任。惟鼎甲三人，当即职任撰编，不数年即云翔台阁，膺宰辅重望"，亦即可以马上得到官职，以后升迁也快，最能快速实现读书人所梦寐以求的宰辅之梦。② 然而事实上，清朝开科百余次，膺鼎甲者不过三四百人，而此三四百人之中，能够膺宰辅者，也不过数十人而已，这能够说明问题么？

但不管怎样，得中者以之沾沾自喜，考官以之安慰落第者（考官亦常常以此自慰自己衡文迟慢甚至讹误以应对社会质疑，详见后文），而落第者亦以此自悔，固然也要以此自励、自愤，以图将来，所谓"志足立命"。科举制刚刚产生社会效应的唐朝末年，王定保已经认为："士之谋身，得之者以才，失之者惟命，达失二揆，宏道要枢……及知命也者，足以引之

---

① （明）王同轨：《耳谈类增》，吕友仁、孙顺霖校点，中州古籍出版社，1994，第106～134页。

② （清）颜湘蕙编辑，（清）张椿龄增订：《国朝鼎甲征信录》，明文书局，1985，第21页。

以排觖望”，亦即要“知命”，不要因为自己落第就产生各种不满①；明中期人叶盛开始对周忱“年少者多遄行，彼锐气利得，且科第自有命耳”的话“甚讶其言”，表示不理解，但自己科举登第，在景泰二年当殿试弥封官，见识了殿试的阅卷情形，结合自己所闻“试场卷子，榜中榜外，固有相去不甚远者，数尽即止，无如之何”的现象才有感悟，且发出“亦岂止科第为然哉”的感慨。②纪晓岚在为福建一个自明朝以来至此“十四世为秀才”，“未有掇巍科、登显宦”的福建梁氏作文中所说：“人自数岁受书，孰不期粉身功名耶？一挫于有司，愤矣；再挫，疑矣；数挫以后，悔而谢去者不知凡几。况能传及再世？况能传及十余世？困顿三四百年而不悔，此其人海内不数也。困顿至十余世，命也；困顿十余世而不悔，安命也。此其志足立命矣。”③也就是说，对于科举落第，不必“愤”“疑”，更不必“悔而谢去”，而要在安命的同时，能够坚持下来，自己这一辈不行，下一辈也许能中，子子孙孙延续下去，总有可以成功的时候，就像这家梁氏，老太爷的两个儿子都中举了，其中一个还中了进士，有声词馆，不就应验了吗？

尽管不乏有识者对此提出异议，如早在果报观念与科场始相联系的宋朝，已有识者对之持冷静态度，“祸福报应之理，

---

① （五代）王定保：《唐摭言》卷八，中华书局，1959，第93页。

② （明）叶盛：《水东日记》卷二“读卷填榜名次”条，魏中平点校，中华书局，1980，第14页。

③ （清）纪昀：《梁天池封翁八十序》，《纪晓岚文集》第一册，河北教育出版社，1995，第222~223页。对于类似现象，邱巍《吴兴钱家：近代学术文化家族的断裂与传承》（浙江大学出版社，2009，第31页）中精到论述。然而其中绝大多数可能只是能够勉强维持此初级功名，成功兴起且维持数代的家族，毕竟还只是极少数。

浅言之则不验，深言之则近怪，故儒者之于祸福，可以默会，难以言谈也"①；康熙时期的阮葵生认为，"古者政教衰微，下民有情弗伸，有冤弗白，乃诉于神，而诅盟之事，由此而起，鬼神邪昧，亦遂凭依而大著其灵异。于是赏罚之柄，默而移之于冥漠之中，蚩蚩者氓，畏王法反不敌其畏鬼谴。凡地狱之说，感应之篇，斋醮之文，皆诅盟之余习也。故曰：有道之世，其鬼不灵。鬼者，指一切神人仙佛而言之"。② 阮氏在此似乎也承认有"鬼神邪昧"的存在，但其"大著其灵异"，只是政教衰微时期的产物；由此而推论，本来"一切以程文为去留标准"的科场，上至考官，下至考生，却把注意力放在"果报"之类冥漠之事上，难道不是科举制度本身的"合法"与"公正"所导致的危机吗？清朝后期的浙江海宁人陈其元曾自述："科场中，世每艳称鬼神事，以彰果报。余自道光戊子科起，至咸丰乙卯科止，共乡试十五次，前后居矮屋中计一百三十五日，可谓久矣，然鬼神之变幻，不特目未之见，即耳亦未之闻。"③

不仅如此，就在"科场果报"观念深入人心、弥漫社会的乾嘉时期，已有人认识到，"科第之得不得，在衡文之中不中，与其人之人品学问，原不相涉；不是中鼎甲、掇巍科者，就有学问也"④，其实在现实中，那些"得中者"也未必都是有"盛德"者，也有许多"不惬于众口"者。咸丰元年（1851）辛亥恩科浙闱，九月十二日揭晓，海昌中式其人，只有二人学问为管氏"素所推服"，其余"则总归之命运矣"；第二年（1852）壬子科浙江

① （宋）施彦执：《北窗炙輠》卷下，中华书局，1985，第33页。
② （清）阮葵生：《茶余客话》卷四"土木偶像"条，中华书局，1959，第113页。
③ （清）陈其元：《庸闲斋笔记》卷二，中华书局，1989，第29页。
④ （清）钱泳：《履园丛话》卷十二"科第"，中华书局，1979，第339页。

乡试亦在九月十二日揭晓，海昌只中式一人，管庭芬认为其"才品无所取"，而中副榜之朱雪篁，则"文行俱优"，士论皆惜。[①] 安徽桐城人姚永概参加光绪十一年（1885）乙酉科江南乡试落榜，因是自己初次乡试，"不怨天，不尤人，当以之自勉"，却发现桐城登第者三人中，有二人"平日皆有遗行"，产生"不知苍苍者何以录之也"的疑问。[②] 至于科举既废，更有人以归谬之法，从而论证此说之谬，则更可证此说之不经。[③]

尽管考官本人自己也知道这种状况，如清末曾经当过会试同考官的袁昶也说过："场屋之文，或遇或否，或奇或偶，机有迎剧，志有通阂，云谲波诡，千变万态，莫可究诘。"[④] 此言可能有夸大成分，但忖度他们在衡文时的各种心态，就可明白，考生之文或荐中或扫落，考生本人或登第或落榜，实则是多种因素共同作用的综合结果；至于何种因素起主导作用，反倒是不容易分得清的。然而考官群体，却在很大程度上强化这种观念，从而为科举考试过程（包括内帘衡文过程）中一些不可思议的事情找出理由，为自己在衡文过程中常常产生的刹那间心态变化而使考生在瞬间得第或落第的举动辩护。元代胡

---

① （清）管庭芬：《管庭芬日记》第 4 册，张廷银整理，中华书局，2013，第 1415、1449～1450 页。

② （清）姚永概：《慎宜轩日记》上，黄山出版社，2010，第 229 页。

③ 清末民初小说家吴趼人曾就此表达过自己看法："我佛山人方捉笔撰小说，忽闻人言科举废矣，明诏且见矣。急索报纸视之，果然。乃投笔叹曰：'今而后神号鬼哭矣。'或曰：'哭煞酸秀才耳，于鬼神乎何有？'曰：'子不见求科举者欤？仆仆亟拜于文昌帝君、魁斗星君之前也，今而后谁复祀之？谓神不当号耶？抑不闻科场果报之说欤？科举废，而含冤负屈于重泉之下者，不复得修怨之地，谓鬼不当哭耶？'"，《新笑林广记》附录一，广东人民出版社，1981，第 19 页"神号鬼哭"条，以此可见果报观念之不经。

④ （清）袁昶：《遇合论》，春闱杂咏附录，《清代诗文集汇编》第 761 册，上海古籍出版社，2012，第 405 页。

助有诗《试院和察士安韵》，有“科场得失有神司，为国求才孰敢私？……老眼昏花读卷迟。桂籍广寒先已定，不由天命却由谁”等句子，一方面肯定科场衡文是“为国求才”，不敢存有私心，另一方面又承认得中与否，系由个人命运，早已确定，考官本人也没有办法。[①]《夜谭随录》中曾如此记述：

> 举子入场之前一夕，执事官公服致诚以召鬼神，请神以红旗，招家亲以蓝旗，引恩怨鬼以黑旗。召讫，插三色旗子明远楼四角，吏且招且呼曰：“有冤者报冤，有仇者报仇。”云云。故场中怪异叠见，愈出愈奇。予之亲戚往往有监视者，予以招神招鬼之事质之，亦云不妄。[②]

咸丰二年（1852）壬子科四川乡闱任副主考的沈炳垣在

① （元）胡助：《试院和察士安韵》，《纯白斋类稿》卷十一，商务印书馆，1935，第102页。

② （清）和邦额：《夜谭随录》，王毅、盛瑞裕校注，中州古籍出版社，1993，第180页。明远楼上插各色旗之事，虽尚未见到制度上之规定，然则有不少蛛丝马迹，前文已有所涉及，今再补数例。如孔兆熺有《庚戌科三月十五日题号舍自寿》诗，云：“四回秋荐才通籍，十次春闱望出身。楼上旌飘风送韵，舍中帘厂月成轮。此中得失由天定，且自闲吟贺寿辰。”当是实录，转引自周洪才著《孔子世家艺文志》下，国家图书馆出版社，2015，第617页。清代道光间安徽宣城举人李文瀚曾作《闱中竹枝词》组诗，以应试士子的视角吟咏闱中事物，中有《红黑旗》诗云：“红红黑黑影迷离，不是呼风喝雨旗。只管人间阳隙事，半空摇曳鬼神知。”在潘超、孙忠铨、朱锦翔主编《安徽古典风情竹枝词集》，安徽文艺出版社，2014，第79页。道光二十六年丙午科顺天乡闱，御史王东槐奉派为内场监试官，所描述贡院情形亦有“明远楼上设红蓝牙旗四”，可见确为事实。见（清）王东槐《丙午乡试监试记》，《王文直公遗集》卷二，《清代诗文集汇编》第610册，上海古籍出版社，2010，第221～222页。然此旗帜之作用，明人所绘《考试图》认为是招呼士子归号，而解说者以为起始本用以如此，然而亦有增强“明远楼”规训效果之作用；此图见金卫东主编《明清风俗画》，上海科学技术出版社，2008，第41页。

八月初六日入闱时亦曾见：

> 入门，见坐号列两旁，似比吾浙稍宽。前有至公堂，路旁装鬼卒四名，大叫"有怨报怨，有雠报雠"。①

当然也有人认为不可信，如梁恭辰所记："余随任粤西，值家大人三次监临乡闱，并未闻有召鬼之举，岂边省独不行乎？然历来场中果报之事则层见叠出，亦与他省无殊也。"② 蔡元培参加清末浙江乡试，也这样记述："集万余人于考场，偶有神经错乱，于试卷上乱写情诗或漫画杂事，甚而至于自杀的。闻者每附会事因，认为报应，并且说点名将毕时，有官役举一黑旗，大呼'有恩报恩，有冤报冤'云云，皆无稽之谈，但那时候常常听人道及的。"③ 还有一些比较"明理"的地方官，不仅不相信此事，而且严禁此事，如张伯行为江苏巡抚

---

① （清）沈炳垣：《沈文节公星轺日记》，光绪十一年蜀刻本复印本，第33页。

② （清）梁恭辰：《北东园笔录初编》卷五，进步书局，1912，第11页。此书本卷尚有"叶宫詹"条，记叶宫詹"尝夏夜校阅，尽屏仆从，惟留一幼僮在身后挥扇，风扇忽灭灯，饬童火。……当灭灯顷，宫詹以两手各压两边灯上，乃暗中有一卷飞压左手之背，及灯至覆阅之，则未过目之卷，其文实不佳，乃将此卷另行批抹，遍示幕客而不言其故，于是署中惊以为神"，此当为阅童生或秀才岁、科试卷，尚且如此，何况关系重大之乡会试卷？故种种鬼神之事，或者只是假借其名而掩盖其各种不便言说内幕之言说而已。然此种观念，甚而及于童试，如清朝嘉道中学者郭尚先为四川学政，岁试有邻水某童诗文俱佳，然而"题前书二十四字云：'富贵福泽，心田普照，若取斯人，冥无显报，用警世人，改恶向道。'诗后又书云：'人在号边，神在号前，叫我先写阴鸷与心田，后写文字与诗篇。若不信他言，恐负神人劝。若要信他言，恐误我黄卷。霎时间昏迷不醒，叫我一时难分辨。悲苍天，悲苍天，前若有缘，后若无缘，我只得实情对苍天。'查卷出，批云：'是必有阴夺其魄者。'词虽俚，足见在在有鬼神也"，见（清）王培荀《听雨楼随笔》卷七，巴蜀书社，1987，第413页"试卷批语"条。

③ 蔡元培：《蔡元培自述》，中国言实出版社，2015，第20页。

时，监临南闱，"值江宁乡试，公为监临。故例，将点名，先召恩仇二鬼进。公大怒，正色而言曰：'进场考试者，皆沐浴圣化、束身□璧之士，尔辈平日何以不报，乃正当国家取士大典一切关防严肃时，岂许纷纷鬼祟进场沙扰耶？'是科南闱无一病者"。[①] 以维护科场秩序的严肃性。

毫无疑问，不论其具体情形如何，都给蜷缩在号舍中的考生以巨大的精神压力。在登第者洋洋得意、自认为福德俱全，而以多种形式夸耀科第连绵的同时[②]，落第者不但要承受落第被人嘲笑的压力，还要承担来自于这方面的社会舆论压力，而失意苦闷，甚至就此沉沦。

在这种情势下，身居号舍中的考生，固然有多次科举均遭落榜，对于中第不再抱有指望，只是因为亲友感情所激，或被其怂恿，才不得已姑且来此"观场"者，如潘德舆曾记载了与

① （清）钱泳：《履园丛话十五"鬼神"》，"张抚军退鬼"条，中华书局，1979，第 393 页。

② 如昆山徐氏乾学等，以同胞昆弟三人先后得鼎甲，跻膴仕，泂为科名盛事。相传徐之父坦庵、母顾夫人当明末兵乱，有武将俘妇女数十人，扃徐别室，顾设计纵火出之。及三子登第，人谓阴德之报。婿申穟亦举顺天庚子江南解元，联捷成进士，逮后科第绵长。曾记其厅事一联云："祖孙、父子、兄弟、叔侄，加以外甥宅相，女婿门楣，人人得第；子午、卯酉、辰戌、丑未，兼于丁巳乡闱，己亥会试，岁岁登科。"诚足传也。榆巢杂识清赵慎畛撰，徐怀宝校点，中华书局，2001，第 214 页。然其家自乾学子徐骏以"清风不识字"狱被斩，家遂凌夷，迁于安徽，虽间有科第，终不复兴；刘禺生《世载堂杂忆》记其后人在民初曾有为"清吟小班主妇"者（刘禺生著、钱实甫整理《世载堂杂忆》，中华书局，1960，第 21 页），其凌夷之状可知。民国人瞿铢菴曾述：……在科举制度盛行之日，家族盛衰之故，亦往往有耐人寻味者。一姓之兴，或勃焉而不知其所由；兴矣，或再三传而泽斩，或十数传而始替，或乍替而旋兴，或忽起而忽灭，此亦近世社会史中一公案，申待学者之研索者也。沈云龙主编、瞿铢菴著《杶庐所闻录》，文海出版社，1967，第 27 页"家族兴衰之传说"条。则其"积德"之说，或为其家之勃焉兴起至辩护，亦可获知。

其当时的安东人徐念劬，“十应乡试，乃获解”，“年六十许，六应礼部试被黜”，只是其父“少以苦读，致略血疾，仍手一编，血暴涌，淋漓满帙”，其母常常以此激励其苦读成名，以慰父志，故至此“犹不已于行”①。民国时期号称“水泥大王”的河南汲县人王锡彤，一生三次应河南乡试，均未得中，第一次失败后，觉考官衡文尚公正，即磨砺以须，参加下科，又遭失败，“仍是落第”，立志不再应考，但到第二年 1889 年，皇帝大婚，开恩科乡试，亲友有集资送路费劝其乡试者，授业之师也劝他，于是应考，又遭落第，一直到废科举前夕的 1903 年，仍参加最后一届。② 但也不乏才华横溢、才名盈野的胸怀大志者，特别是传统儒家思想那里，“立志”是人生修养的重要内容，而“显亲扬名”是最大的孝道，兴致满满，信心充足，在这种情况下，如果遭遇这些意外因素不仅此科无望，让为自己专心应举而付出艰辛劳动，巴望着自己登科以改变家庭经济困境，提升社会地位的父母、妻子甚至辛苦送考的仆人失望③，还要至

① （清）潘德舆：《题〈霜灯课读图〉》，《潘德舆全集》，《养一斋集》卷之四，朱德慈辑校，人民文学出版社，2016，第 109 页。

② （清）王锡彤：《抑斋自述》，河南大学出版社，2001，第 104～105 页。

③ 一人落第，众人失望之事，固在在皆是；仆人亦为之失望者，亦在在多有。如清末许宝蘅参加县试，头场名在九十四，“余文章不佳，自知名次必下，而仆人闻之甚不高兴于我，可愧”，而数天后的第二场发案，“余在第八，仆人闻之皆大欢喜，盖其辛辛苦苦送考、接考，名次一高，则劳亦情愿”，见《许宝蘅日记》第一册，中华书局，2010，第 7～8 页。诸联《明斋小识》卷六所记一事与之相类：张星槎（泰）年逾不惑，无立锥地，犹困童子场，赖室人倪贤，借其女针黹纺绩，以易薪米，冬夏皆至丙夜。偶有不给，则忍饿饲其夫，终不以家事妨诵读。逮丁巳四月科试后，予探其家，则目汁滚滚，如断贯珠。问之，曰：“吾空无颜见妻子也。”漏刻间，报条喧至，予亦为之狂喜。一衿不足为荣，亦数十年辛苦，聊以偿报耳。最低级的童试尚如此，何况“一举成名天下知”的乡会试？

少再为自己操劳三年，更重要的是将要名登蓝榜，承受"科场果报"方面的社会舆论，在社会上受人指指点点，压力如何不大？并且，由于此路越来越拥挤，越来越难，往往就是应试者本人也逐渐信心动摇，"是佛何妨频历劫，成仙未必尽凭丹"，然而高堂之命难违，室人谪言盈耳，只能在"徒增矮屋三年苦，欲慰高堂一笑难"的心态支配下再一次步入那个地方。①

戴莲芬《鹏砭轩质言》记有如下事：

> ……安徽李生，得题后，疾书三艺摇首哦不止。同号厌之，至夜寂然。众以为入酣乡也。初十，号已罄，生仍无声。瞯之，僵矣。卷上四艺已脱稿，浓圈密点，墨淋漓未干。末草书二行，读之成绝句，记其结云："分手不如携手好，夜台从不病相思！"盖亦被欢喜冤家把臂去矣。②

又如俞樾《右台仙馆笔记》中所记载者：

> 咸丰乙卯科，浙江乡试。头场，有绍兴某生，于卷上大书一绝云："绣鞋踏遍几回寻，相会当年未了因。记否红栏明月夜，楼头偷占一枝春。"人询其故，摇首不言。至初十日黎明，缴卷而出。余门人高梅垞，与同坐一号，先一日相与论文，极相契合。其三艺皆已脱稿，读之甚佳，及夜间忽有此异，是必于温柔乡中失足者也。诸书言

① （清）潘孺初：《乡试归题将军驿壁四首》（其二），（清）潘存等：《潘孺初集·抱经阁集》，海南出版社，2004，第42页。
② （清）戴莲芬：《鹏砭轩质言》卷三，见王韬等《续聊斋三种》，南海出版公司，1990，第504页。

> 科场果报事，类此者极多，此则梅垞实亲见之。①

这两则记述里的主人公，文章已经做成，并且还做得不错，也没有发生"污卷"之类意外之事，有望中式；但到底是什么因素驱使着他们在卷上写下这等文字，前一个还搭上性命？这则记述的阐释者以为是"必于温柔乡中失足"。对照在当时社会上已有的"科场果报"观念，我们则宁可这样认为，即此人学识本好，或有此事，一直懊悔在心，在号舍中文已完成的情况下，联想此事，想到已经产生此事，阴德已亏，就是文章做得再好也必定不能得中，于是干脆破罐破摔，在卷上题此寻春之诗。然而这样做的结果，又使"科场果报"的典型事件再增添一件，而"科场果报"的观念再一次得以坐实。若此判断成立，则我们认为，"科场果报"作为一种社会舆论，其对于应试者的心理压力是无法衡量的；心理压力越大，发生各种意外之事的可能性越大，而"科场果报"的传说则愈得以证实。到底孰为因果，反不可探究清楚。②

清人刘廷玑《在园杂志》卷三记述了下面一件事：

> 四川己酉乡试后，孝廉数人结伴公车，过陕境，内一

---

① （清）俞樾：《右台仙馆笔记》，齐鲁书社，1986，第171页。

② 彭卫有较为精辟的描述，在其《历史的心境——心态史学》，河南人民出版社，1992，第265～266页提及"尽管古代医学对精神异常行为作了理性解释，但深入人心的仍是种种超自然的设想。……在中国古代……却多了几分'因果报应'、'触怒天道'、'邪鬼侵身'、'神灵惩罚'等貌似理性实际上仍是简单化的超验分析色彩""……这种思维方式，自然影响着人们对精神异常行为的判断，影响着精神异常行为在文化中的位置。把精神分裂症、癔症的某些表现归咎于'鬼神附体'，反过来又促使人们对'鬼神附体'的恐惧，加重了社会中的异常行为——毕竟，精神行为是导致异常行为的重要原因"，可参见。

少年留宿狭邪，以假银给之。次日北上，自觉于心不安。入闱，恍惚见妓，不终场而罢。归途复经前处，邻人告曰："自君行后，妓以银付鸨母，母识假银，怒而扑之，身无完肤，妓泣曰：'命薄至此，何以生为？'夜即投缳死矣。"孝廉闻之，不胜愧悔。后拣选县令，未任而殂，人以为薄幸之报云。①

此则传闻中，应试举人，先是留宿妓女，后又以假银付嫖资，果然导致在闱中"恍惚见妓，不终场而罢"的结果，很明显是"科场因果"的观念已经深入其内心，故而有此结果。

于是，在大如山、密如网的严苛"功令"规训之下，又多了一种来自社会的规训，使得入号士子在忍受溽暑暴晒、风雨淋漓，在搜肠刮肚、吟哦为文的同时，还要战战兢兢、小心翼翼，唯恐犯错，保不准什么时候就会有"鬼"寻上门来，破坏自己的答卷，于是产生出了多种今天看来不可思议的举动。除了前所述的"祭号鬼"外，据清末参加过乡试的河南秀才马佛樵的相关记述，其在壬寅年（1902）参加顺天乡试（是科补行庚子、辛丑两科乡试，借闱开封）时，曾发现"同号生有自书姓名贴门外者，防阴鬼错认，闻有内疚之人每多不敢下场"，因为之作诗曰：孤灯矮屋度深宵，自写里居姓字

---

① （清）刘廷玑：《在园杂志》卷三"薄倖之报"，张守谦点校，中华书局，2005，第111页。此页接此则，又有一条"诓骗之报"，开首即云"妓女无良，人尽知之。至其肆恶设骗，未闻有果报者"，此后尽管所记仍是一条妓女骗银而来生为犊以偿之事，但前所言仍有一定价值，亦即"果报"观念为何偏与入闱之士子尤为显著？

昭；为恐阴沉风雨夜，冤魂错认到颜标。① 唯恐有"冤魂"找错门，自己也受连累。其时已届 20 世纪初叶，西方"科学"思想渐次传入，却仍有此种情形，可见此种观念对于入试举子心理的影响；而贡院，特别是号舍这个地方的神秘与恐怖，亦由此而得到强化。

五 "号舍文学"的产生

在上述多种复杂心理的支配下，各种"号舍文学"由此产生；对于这些"号舍文字"进行分析，能够感受到来自于这些士子的心理的一个侧面。

最早的号舍文学，可能是唐代才子们在考场中的题诗。尽管此时尚无"号舍"之名，但作为考生，自古及今，其心态实有共同之处，故以"号舍文学"称之，当是比较合适的称谓。从这些文字的载体而言，大致有两种形式，一是题写在考试之所的墙壁上，如咸通八年（867）韦承贻在策试之夜，暗中在应试场所"都堂"西南隅（应是韦承贻的座位）暗中题写了"长句"，有"褒衣博带满尘埃，独上都堂纳试回，蓬巷几时闻吉语，棘篱何日免重来"，一直到唐朝末年还有人看见。二是题写在草稿纸上，有的甚至直接写在正卷之上，破罐破摔。至于题写在号板、甚至明远楼等处，也不是没有，但没有上述两种情况多。

从内容上看，首先是描绘考场情境，吟咏考试生活的痛苦，主要是此地的低矮、透风及其他生活不便，以及由此而引出的

---

① 杨庆化：《马佛樵顺天乡试诗、文校订》，《开封文博》1998 年第 1～2 期合刊，第 69～71 页。

对于中第的强烈期盼，典型的如蒋士铨《八月十五夜题号舍壁》组诗（共四首），其一开篇即有"残杯冷炙不能餐，四壁苍苔拥暮寒"之句，言此中食、宿之种种艰苦；其二有"危楼檐铎夜丁当，蚁穴蜂房界短墙"之句，描绘考场情境，声色并茂；其三、其四言自己"笔端谁有千钧力？横扫收他数十城""巨手能开五凤楼，九霄雕鹗共盘秋"之信心，但在弥封、誊录等森严的防范下，还是有"何处云梯接上清，文昌桂籍未分明"的忐忑不安，还是盼望着主考官能够放自己中第，"不知击节欧阳老，可放门生出一头"（其四）①。蒋氏才高名大，是试一举中第，然而在后来的会试中，四试方得中第。清嘉庆二十三年（1818）戊寅恩科乡试，浙江上虞士子许正绶初与乡闱，感觉良好，第三场八月十五日夜，在号舍中对月赋诗，有"十四艺，风云气；十五夜，鱼龙化""投笔思将蟾窟步，翻身不再棘闱来"等句子，自信满满②；却不料在九月十一日发榜后，"顷刻贤书满吴会，尔我依然穷措大"，"难期丹桂中秋月，依旧寒窗午夜灯"，很是失望。③ 道光二十六年（1846）丙午科广西乡闱，广西宁明士子黎申产与试，在八月十五日夜题号舍壁，有"从头朗诵惊人句，老眼无花一任看"及"广寒折桂寻常事，只要朱衣肯点头"等句，充分表达了自信④，是科果

① （清）蒋士铨：《忠雅堂集校笺》，邵海清校，李梦生笺，上海古籍出版社，1993，第147页。
② （清）许正绶：《秋闱对月》，《重桂堂集》卷一，《清代诗文集汇编》第592册，上海古籍出版社，2010，第299页。
③ （清）许正绶：《九月十一日纪事》，《重桂堂集》卷一，《清代诗文集汇编》第592册，第299~300页。
④ （清）黎申产：《丙午八月十五日题棘闱号壁用蒋心馀先生韵》（一）（二），《菜根草堂吟稿》，刘映华校注，广西人民出版社，1993，第22~23页。

然中第。从内容上看，这一类应该是号舍文学中最多的。

有不少考生，多次应试，不能得中，因此每次进场，常常是感慨万端，不能自已；种种感慨之中，既有自己屡踬棘闱的苦闷，又有人生年华虚掷的懊悔与无奈。湖北人罗世材，是嘉庆四年进士，然而距其乡试中举，已经十一上春官，其题号舍诗曰："年年弃甲笑于思，依旧青鞋布袜来。三十三回烧画烛，可知蜡泪已成堆。"① 可能此诗作于会试之中，据其所言"三十三回烧画烛"，则乡试也经历多次方得中，其考试之艰难由此可知。清末探花俞碧云，出身世家（俞樾之孙），亦曾六上春官不第，其《题号舍》律诗，有"纸声飒飒暗风吹，残梦扶头强自支。奇辟偶从天外想，矜持翻使笔端迟。忍寒鹤惊三更露，沸水蚕抽百炼丝。留取堆盘银烛泪，为君曾向吐心时"之句，疲惫无奈，小心翼翼，心情复杂，向谁诉说？② 而其晚年，已入民国，仍对此诗念念不忘，有言曰："余六度应礼部闱试，始登第。曾题诗号舍云云。今科举久废，各省试闱，亦变易无遗。后之见此诗者，倘为数百年来末路文人颠顿场屋者，低回一叹耶？"③ 感慨之深，无以复加。

然俞氏、罗氏毕竟幸运，终得一第，俞氏竟高中探花，得世其家，总算有个结局。然而实际上有多少没有"结局"者的泪水淹没在其中？康熙年间江阴诸生黄蛟起，少聪颖，困于场屋数十年，至雍正元年，年过七十，仍入闱考试，题诗号壁，以"老人头雪白，辛苦尚重来"作为起句，后来见到的人"莫

---

① （清）洪亮吉：《北江诗话》卷二，中华书局，1985，第 25 页。
② 钱钟联主编《清诗纪事》（二十）"光绪朝卷 宣统朝卷"，江苏古籍出版社，1989，第 13977 页。
③ 邵钰：《湖州历史文化"西吴墨韵"》，黄山书社，2001，第 110 页。

不叹息"。① 清乾嘉间琼州名儒王承烈六入乡闱而不中，在给另一个"乡试首荐皆不遇"的儒士的科举文集《风檐录》作序时说，"夫自来文人名宿，怀才不遇，厄于科第者，不知凡几"，除极少数走"名士路线"倾动当世外，"伏处乡间，无人延誉，老死于雪案芸窗之下者，不可胜数"，从而发出了"何天之生其才，而不予其遇，使之困厄若是也"的疑问。② 清代遂宁诗人张问安，一生六应乡试，七应会试，一生在考试途中仆仆奔走三十年，最终不得中进士，只得在嘉庆八年（1803）应教习试，五月十九日在号舍对月，感慨万端，作诗云："如此矮檐深夜月，那禁七十九回看"，"能知三十年来事，只有姮娥是旧人。"③《淮安河下志》曾记载了一个连"号舍文学"的内容也没有流传下来的故事：

> （吴）寄天名父之子，幼承家学，早擅文誉。秋赋屡踬不偶，尝于棘围中赋《黄莺儿》词十首，题号舍壁，醉墨淋漓，声情激越。有外帘某见之，击节称赏，立命梓人刻之，流播南省，名噪一时，传写者为之纸贵。寄天才豪而遇蹇，羁馆涟水，浪游濠上、曲阳，悲歌慷慨，皆发之于诗。遗集甚伙，乾隆甲午没于水。其子承书搜得剩稿百八十余首。④

① 钱钟联主编《清诗纪事》"康熙雍正朝"卷，江苏古籍出版社，1987，第4033页。
② （清）王承烈：《风檐录序》，《扬斋集》，见（明）邢宥等《北泉草堂遗稿等七种》，海南出版社，2004，第187页。
③ （清）张问安：《五月十九日号舍对月》，《亥白诗草》卷六，《清代诗文集汇编》第448册，上海古籍出版社，2010，第107页上。诗题下有小注云："余六应乡试，七应会试，每试凡六宿号舍；癸亥夏初，应试教习，复宿此，遂有第四句。"
④ （清）李元庚：《淮安河下志》卷十五，（民国）王光伯原辑，方志出版社，2006，第434页。

这里所载的"寄天"，出身自然不同一般，从其所作《黄莺儿》词的流传来看，尽管我们不知道其内容如何，然而"醉墨淋漓，声情激越"，自是才情并茂，而终艰于一第，不知所终。漫漫千余载，浩浩中华地，有多少这样的"才子"被淹没在科举漫长路途之中？中唐诗人刘得仁，在《省试上崔侍郎四首》组诗中描述其二十余年考试经历及由此而产生的复杂心理，其一有"衣上年年泪血痕，只将怀抱诉乾坤"之句，其二则直云："如病如痴二十秋，求名难得又难休。回看骨肉须堪耻，一著麻衣便白头。"① 考生这种"如病如痴"及"难得又难休"的复杂心态，一直贯穿于科举始终。至清后期，管庭芬前后曾十上秋闱，均未获中。其首应乡试，在道光元年（1821）辛巳恩科，时年 24 岁。第三场策论作毕，时值八月十五日薄暮，题七律一首于号舍墙壁，诗曰"棘园（或应是'闱'）今夜度中秋，月色空濛露气浮。万丈文光腾矮屋，一天星斗绕崇楼。漏长花烛频摇影，运到朱衣或点头。且酌残醪邀旧雨，遥听画角报更筹"，充满了自信②；二十多年之后的道光二十四年（1844）甲辰科，已经十入秋闱，仍然落第，在和友人的诗中充满了功名蹭蹬、自怨自艾的情感，有"揽镜形容愧少年，棘闱看月十回圆。抟风未遂摩云翅，破浪难求顺水船"之句③，越发感觉前路渺茫；后又四次入闱，均报罢。清朝道咸中河南永城诗

---

① （唐）刘得仁：《省试上崔侍郎四首》，《全唐诗》卷五四五，中华书局，1960，第 6303～6304 页。

② （清）管庭芬：《管庭芬日记》第 1 册，张廷银整理，中华书局，2013，第 147 页。

③ （清）管庭芬：《管庭芬日记》第 3 册，张廷银整理，中华书局，2013，第 1171 页。

人洪一波，乡闱十六考不中，直到咸丰八年方得一"副榜"鸡肋，其第十五次乡试时，在闱中作诗云："鏖战棘围十五场，个中甘苦已深尝。鱼须凭水方能跃，花未逢春空抱香。画烛烧残眼似雾，秋风吹冷鬓中霜。此来徒博英年笑，莫是狂夫老更狂？"[1] 十五次乡闱，不说三年一次，加上各种恩科，至少也应该有二十多年吧？明末清初的著名学者姜宸英，曾为一吴姓友人作墓志铭，发出这样的议论："国家制科，三年即放进士至三四百人，少亦不下百五十人，而天下省试所录士又无论以千计。其间贤不肖杂糅，冠未上头，一经未上口，猥列贤书，冠进贤，以齿序于缙绅者何限？而宿学硕儒，砥行立名，蹉跎而不得进，终于襕衫席帽，赍恨入棺。如吴氏一门，祖孙、父子、夫妇之间，至以涕洟相慰勉，贫老至死不悔。彼为之有司者，果公与明非耶？讵读无人心耶！夫自有道者视之，穷通得丧，彼在外者亦何与己事，奈何当事者之曾不加意，致使士没齿有不平之叹耶！"对于科举的所谓"公平"产生深深怀疑，使人"每一读之，辄感喟不已"；而姜氏本人也是这种"公平"制度的受害者："久困名场，年七十始登第，生平呕心矮屋，艰苦备尝"；登第后"于康熙己卯主顺天乡试，以目昏不能视为同官所欺……遂发愤死刑部狱中"[2]。

在这种情况下，考生最容易产生的情绪是抛弃科考，逃离此地。有的说得含蓄些，如潘德舆在会试结束，将出贡院，作诗有"南宫丰日春如画，此味还教付子孙"句，表达了放弃

---

[1] （清）洪一波：《闱中作》，《永城古诗词百首》，侯永之选注，中华诗词出版社，2012，第46页。

[2] （清）陆以湉：《冷庐杂识》卷三，中华书局，1984，第137页。

科举的想法，比较含蓄[1]；有的就说得非常直白，如清末湖南
词人王以敏《念奴娇·丙戌春闱题号舍壁》云："一方蜂穴，
是天然、凿就骚人愁堑。……花样新文，水般旧泪，何补前生
欠？云梯好在，祖鞭知是谁占。……月暗幽州，云凄碣石，一
例名心淡。高歌投笔，烛龙怒吐奇焰。"[2] 表示要投笔、烧文，
彻底放弃。在朝廷的眼里，在社会上多数人眼里，科举自是
"云梯"，但能从此如"蜂穴"般的号舍中登上此梯者能有几
人？虽然三年有准，制度化的时间非常准确，各方面的要求非
常规范，但对于个人来说，希望却是越来越渺茫，个人努力赶
不上文体要求的变化，因此还不如投笔弃去。有类似想法的，
还有何庆涵（何绍基之子）的《辛未春闱题号舍壁》，其诗
云："矮屋低回十四春，文章花样日翻新。敢云磨尽英雄气，
正好陶成杰士身。几辈鹓鸾奋云路，多年鹰隼老风尘。明朝襆
被辞君去，也似依依恋故人。"[3] 回顾了自己的科举经历，文
章风气也变了多次；正是在追逐这样日翻新的"文章花样"
的过程中[4]，英雄老去，虽然要离开此地，但仍有些恋恋

① （清）潘德舆：《将出礼闱作》，《潘德舆全集》，朱德慈辑校，人民文学
出版社，2016，第 269 页。

② （清）王以敏：《檗坞词存别集》卷二，光绪刻本，转引自巨传友《清代
临桂词派研究》，上海古籍出版社，2008，第 146 页。

③ （清）何庆涵：《眠琴阁遗诗文　约庵诗录》，（台湾）文海出版社，
1973，第 67 页。

④ 清末学者文廷式曾对清朝道光以后的文风变化历程进行过概括，在《南
轺日记》，章伯峰、顾亚主编《近代稗海》第十三辑，四川人民出版社，
1989，第 56 页。其所言之"妥帖铿锵"，光绪十五年（1889）己丑科会
试，重庆合州举子丁治棠见到是科会试中式之同乡、著名经学家廖平的
卷子，上有"说经铿锵，通场所无"等批语，"知诸大老倾倒至矣"，而
文廷式至下年恩科会试中式，则对于此种风气把握自然准确。丁氏之说
在《丁治棠纪行四种》，四川人民出版社，1984，第 121 页。

不舍。

从体裁上看，"号舍文学"主要是诗，以律、绝等短章为常见，词就不多，而套曲、歌行体长诗也很少见；这是因为在棘闱这个压缩时空之中，考生的主要任务是在规定时间内按照严格的格式要求完成考卷，而不是文学创作；题壁抒情，是其"余事"，不及选择体裁，更无时间按照词牌填词，而以七绝等形式直抒胸臆即可。故从整体来看，尽管作诗对于大部分考生而言是"本色当行"，尽管也有不少考生确有才情，但极少能够尽情抒发，故酣畅淋漓、抒发情感臻于极致者，笔者所见不多。从数量上来说，明（包括明朝）以前，因为考生每场在闱的时间只有一天，忙于写卷，时间紧迫，故此类诗作只是偶尔见之，如韦承贻所作者，已是吉光片羽，非常珍贵。而明后期以后及清朝，因为乡会试时间延长，每场考试考生从入闱到交卷，大致有两个夜晚，两三个白天，有些考生会有时间作诗抒情，留下的"号舍文学"，亦以清朝为多。

本章结束，笔者以詹应甲的套曲《北双调·新水令　中秋闱中望月》，与读者一道感受此种情感：

【新水令】嘹高台上月轮高，悄无声酸风满号。碧油帘不卷，红蜡烛停烧。银汉迢迢，空隔著土泥墙望不到。

【驻马听】木板三条，覆鹿藏蕉何处找；策题五道，涂鸦满卷未曾交。珠光剑气已全消，青天碧海劳相照。谁喧笑？隔墙老卒声声叫。

【沉醉东风】猛听错华灯游龙夹道，汲新泉渴马腾槽。号官儿意气消，号军儿语言妙。检筼篮冷炙残膏哦。我辈三年共此宵，博一个团圞醉饱。

【折桂令】忆秋闱独坐深宵，瓜果中庭，烛烬兰烧。有花气溁溁，钗光袅袅，帘影萧萧。盼云阶兰芳信杳，卧风檐棘院人遥。望断红绡，梦断蓝桥。只落得数更筹至公堂静，听鼓吹明远楼高。

【沽美酒】俺想那跨山塘花市遥，泛秦淮灯船早，竹西歌吹千家闹。同盼上琼楼瑶岛，争一刻是今宵。

【太平令】堪笑的谱霓裳掷杖成桥，驾星槎折木为瓢。莫须有月斧亲操，想当然玄霜空捣。一种种云翘翠翘，被罡风吹掉，都散做花枝压帽。

【离亭宴带歇指煞】素娥掩面何须笑，朱衣点首何曾恼。君不见世上儿曹，有多少玉楼文，有多少金銮草，有多少孙山康了。洗愁肠一尊绿浇，粲花心三条红照，脱不尽书魔旧套。若不是广寒梯跌了脚，蓬瀛路迷了道，郁轮袍走了调，因甚价年年矮屋中，唤不醒才子英雄觉。担误着青衫易老，诌一套棘闱秋，要和那吹角声寒唱到晓。[1]

"人们是以他们获得的环境的意义来对环境作出反应的"。[2]"棘闱"这个环境中，本身被朝廷表征为"求贤""取士"的礼乐空间，理应充满雍穆庄重，使人有如沐春风之感。然而在现实中，作者由号舍这个特定地方的环境特征，而感受

---

① 王起主编《元明清散曲选》，洪柏昭、谢伯阳选注，人民文学出版社，2013，第441页，未注选自何处；（清）方浚师撰《蕉轩随录》，中华书局，1995，第45～46页，载有此曲，文字相同。而笔者核对《清代诗文集汇编》第465册所收之詹应甲《赐绮堂集》，则未载此曲，故应以《蕉轩随录》所载者为准。

② 〔美〕A. 拉普卜特：《建成环境的意义》，黄兰谷译，中国建筑工业出版社，1992，第3页。

到浓重的"被剥夺感"以及由此而产生的"失败感"。大概是作者所被分给的号舍邻近"瞭楼",故一抬眼首先看到此处。在贡院建构中,这是与明远楼一道起监视作用的建筑设置,只是处于贡院中考试区域的四角,起着不仅监视号舍,而且监视着贡院墙外的动静的作用,且有专门的"委员"专司此任[①],因此,这是一种具有典型意义的"倾向于由视觉接受"的"非言语行为"[②]。在考生眼中,这是一种规训性的存在,是一种压迫的存在。由此起兴,意在于此。而在号巷内部,摇头晃脑、浅吟低唱其所草文的声音不绝于耳,而实质上不过是陈陈相因、人云亦云,甚至接到题目之后,连出处在哪里都不知道的,恐怕也不在少数,最后只好根据历科程墨以及坊刻的《策学统宗》之类似是而非文字,敷衍成篇,勉强成卷,不致曳白(幸运的也会骗过考官一举登第,其实绝大多数人都是这样想的),在"棘闱"这个充满了压抑以及酸腐之气的简陋环境中,不由自主会使人(特别是多次应考又多次失利的考生)产生强烈的"挫败感",从而对耗费人生多半美好时光,而参与这样一场"游戏"的意义产生怀疑。

"任何活动均可分解为四个部分:(1)活动本身;(2)活动的特定方式;(3)附加的,临近的,或联想的活动,成为这个活动系统的一部分;(4)活动的意义。"[③] 考生从省内各

---

① 李星沅日记中,有"未刻望楼委员禀有廷寄至,即传提调开门捧入"的记述,可见其作用,载《李星沅日记》,中华书局,1987,第572页。

② 〔美〕A. 拉普卜特:《建成环境的意义》,黄兰谷译,中国建筑工业出版社,1992,第39页。

③ 〔美〕A. 拉普卜特:《建成环境的意义》,黄兰谷译,中国建筑工业出版社,1992,第5页。

地或国内各地来到贡院，就是为了参加这样一场考试；参加考试就是一种"活动"。然而，这种活动本身，却由烦琐而又严苛的系列特定方式组成，环环相扣，滴水不漏，从表面上的"煌煌大典"而异化为对于参与这个活动的各色人等的一种"规训"，最终使得人们对参与此项活动的意义产生怀疑。① 这支由六支曲组成的套曲，就是鲜明地体现出这种理论的"棘闱文学"的典范之作。

---

① 如李细珠对于先后十四次上秋闱而不中的浙江宁波士子管庭芬的心态变化的勾勒，"起初是踌躇满志，志在必得，企望金榜题名，光宗耀祖"，多次挫折后，就"体察到科考的种种弊病，转而痛斥科举"，见其文《乡村士绅在"近代"边缘的生活世界——嘉道咸同时期管庭芬日记解读》，《社会科学研究》2016 年第 3 期，第 121～139 页。

第四章　在闱之三

——"功令"下的多重"互动"及其呈现

上文我们分别用了两章的篇幅，考察了贡院中考官（主要是内帘）与考生两大群体的活动及心态，所使用的笔触较为轻细，而近似于微观的、静态的探讨。实际上，贡院作为科举制度的有形体现，本身既是科举制度得以实施的场所，也是由此而成为充满着各种互动的场所。从制度化的角度而言，此中所应该有的"互动"，只是考官群体（代表着朝廷）依据朝廷"功令"对于考生群体进行组织，使之服从；而考生只能接受这种"功令"的安排（包括被安排到一定的位置、这种位置用"编号"的形式体现，接受考题，而答题过程中有着繁杂的格式化要求等），因此只应该存在一种单向度的"规训"而不是"互动"，并且这种规训是公开的、面向全体考生的而不是针对个人的，因此使用"互动"这个词来形容贡院之中的活动，实在是大有值得商榷之处的。然而，"人"是复杂的，只要有"人"存在的地方，就存在各种各样的"互动"的可能性；贡院之中不仅仅存在上述那种单向度"规训"，而且或明或暗地也存在多种多样的互动，发生在个体与个体、个体与群体、群体与群体，具体表现考官之间、考生之间以及考生与考官之间；而在互动形式上，又呈现为合作、竞争乃至冲突等多种形式。从而使本应呈现的"单向度的规训"，以维护科举制度的正常运行，实际呈现多重主体、多重方式的"互动"，从而对于科举制度本身产生消解及解构作用，这些无疑是应该看清楚的。因此，对于这些多重形式互动的考察，一定程度上能够避免科举制度研究中一直存在的"重制度、轻实践"的弱点，对于人们更真切地了解这个制度的实施状况，以及由此反映出的制度运作的某些方面的情形，还是有一定的实际意义的。

事先值得提出的是，"互动"本是一个非常复杂的社会学范畴，对于互动的定义又有多种不同理解，本章使用的概念，是较为常见的，一般都能接受的"社会上个人与个人、个人与群体、群体与群体之间通过信息的传播而发生的相互依赖性的社会交往活动"[1]；又因互动主体的复杂性，使得互动呈现纷繁复杂的形式，要想从根本上来厘清其中的头绪是不容易的。因此，我们以贡院中的互动主体作为主线，以之来作为描述贡院中互动形式的主线。

一 唱和、礼仪、科层及其他不便言说者——考官群体之间的互动

我们在前文曾经指出，科举制度逐步完善的一个较为明显的标志是，考官队伍随着考试人数的增加、科举制度的逐渐严密而不断增加，最终形成一个功能分工明确，相互补充而又牵制的庞大群体；这个群体，又逐渐分化为外帘官与内帘官两个次级群体。这两个次级群体内部组成人员的互动，以及两个次级群体间的互动，构成了贡院中考官群体互动的主要形式。

---

[1] 张晓丽、赵杨、杨林：《社会学》，航空工业出版社，2015，第 80 页。

（一）"礼仪"与"唱和"外表下的冲突——内帘中的互动

从人员组成结构上而言，内帘官是专门负责拟题、制卷、阅卷、终定录取名次的官员，无论是直省乡试还是礼部会试，都由正副主考（会试为正副总裁）与数量不等的同考官组成。乡试正副主考明清以来，大致由考差名次靠前、例由科甲出身之实缺现任京官出任，同考官则由直省督抚调取进士、举人出身之州县官，试以文艺，年壮学优者入内帘，余供外场执事。① 会试正副总裁也逐渐由进士出身之大学士、学士、尚书、侍郎及都察院堂官内简用（后逐渐扩展之翰林出身官员），同考官则由进士出身之在京翰、詹、司、道等官。

不管是乡试的正副主考与会试的正副总裁，都是由官品较高的人员组成，而乡会试的同考官，则由官品较低的人员组成，由此可见，内帘组成人员在官阶上有比较明显的差异；并且由此而存在一定的等级制度，这种等级关系体现在多个方面，如居住房屋的位置、在衡鉴堂集中阅卷时的座次、贡院供应生活物资的等次等，最主要的是在阅卷过程中的基本程序。

由于内帘官员，无论是正副主考、同考，还是监督他们出题、衡文的监试之类，大都为"科甲"出身，因此对于儒家"真义"在出题、衡文过程中的探讨，应该是其应有之义，或许有一些争执，但还是以题目中所涉及的经义为准。因此，内帘虽则有"科层"色彩，然而仍呈现较为明显的"合作"关

---

① 故宫博物院：《钦定礼部则例》卷84，仪制清吏司·乡会试考官同考官，海南出版社，2002。

系，洋溢着"礼"的色彩。这种"合作"既体现在棘闱这个特定环境中数十天的共同生活中，也体现拟题、阅卷等工作过程等多个侧面。这种"礼"，主要体现在初入内帘时，主考与同考之间的"往拜"与"回拜"，但在拜的时候，帖子之类是必不可少的，如林则徐在江西任副主考时，还分批与同考官一道吃饭，进行交流；翁同龢为同治元年会试同考官，"巳初到贡院门见查职名御史，至公堂见知贡举，至聚奎堂见四总裁。入至会经堂，孙燮臣、范鹤生先在。余住堂西南向第二屋，行李随至。申刻诸君到齐，总裁来拜，随会齐各房诣总裁处答拜，一揖而退。诣内监试、内收管，并诣各房，供给官顾承惠送酒及食物至，公堂送锅碗等来"①，将事各员之间一团和气，还是总裁先拜同考，然后同考一齐答拜总裁，进退揖让，面面俱到。就拟题而言（清代顺天乡试首场题目常常由皇帝自拟封送贡院，自是不同），为保密起见，知道的人越少越好，常常是正副主考分工，有人拟首场，有人拟次场，而与同考官一道拟定三场策论题；就阅卷而言，主考官主持抽签，同考官抽到几房就是几房，等等。这是因为内帘的基本工作，是"拟题"与"衡文"，都是与"文章"密切相关的事务，是科举机器的"灵魂"所在；而参与其事的，无论是正副主考，还是同考官，一定程度上都是科举考试中的成功者、胜利者，代表着"衡文"的最高水准，他们之间往往还有一些同年等关系，这在科举时代是一种很重要的人际关系。

一定情况下，正副主考还要维护与同考官的关系，这在直

---

① （清）翁同龢：《翁同龢日记》（第 1 册），陈义杰整理，中华书局，1989，第 189 页。

省乡试中表现得尤为突出；尽管正副主考都来自京城，是经过朝廷选拔出来、代表朝廷来"典试"的，但最终还得依靠来自地方的"同考"帮助阅卷。李调元记载了一则故事：

> 周学健，江西名士。癸卯乡试题为"学而优则仕"一节，文思幽奥，房考张不能句读，怒而批抹之。归寝，忽呓语，自批其颊曰："如此佳文，而汝不知，尚忝然作房考乎？"家人以为中风，急呼各房考检视之，见所抹卷，乃曰："试荐之何如？"时正主考为礼部侍郎任兰枝，阅而惊曰："此奇文，通场所无，可以冠多士也。"副主考德公，方假寐几上，其醒告之。德问何字号，曰"男字第三。"曰："不必阅文，竟定解元可也。"任问故。曰："我寝方酣，忽见金甲神向我贺曰：'汝第三儿子中解元矣。'今果男三号，非其验乎？"榜定后，众问张房考呓语，茫然不知也。①

这个故事的真实性值得探讨；但故事的当事人均有名姓可查，有可能是真实的。"文思幽奥"之文，自非短时间所能读通；房官之"呓语"，只能说明其拿不定去取时的心理冲突之剧烈；主考未必全能看懂，但为了维护房考的面子，只能承认此乃奇文；而副主考则未必是在做梦，很可能是听到众人议论之后的顺水推舟。所以在不少人笔下，内帘衡文充满了"雍穆"的祥和气氛。尽管纪晓岚借他人之口认为在这个地方不宜"俳谐"②，则说明此时之风气，已远不是可以随便唱酬的

---

① （清）李调元：《淡墨录》卷九，辽宁教育出版社，2001，第137页。
② （清）纪昀：《阅微草堂笔记》，浙江古籍出版社，2015，第334~335页。

北宋欧、梅时代，而是动辄引起“嫌隙”的时代。这样的“嫌隙”不仅仅发生在考官之间，也很可能发生在考官与其他朝官之间，甚而至于引起朝廷的“嫌隙”，从而不经意间酿成大狱。这种祥和气氛对于规避“嫌隙”无疑是有利的。

至于其间冲突，亦容有之，这主要是因为正副主考（无论乡会试）的官阶相对较高，且乡试主考官来自京城，代表朝廷利益，而乡试同考官来自地方，且多官阶较低，考虑问题的角度因而较多，二者不能避免冲突，典型者如光绪戊子科江南乡试，正副考官为李文田、王仁堪，取中姚鼐后人姚永概为解元，其中原因竟然是“副主考已定第六名朱瑗，命某房官拟批。某适大病，托邻房代之，邻房心欲他荐一元，故摘其短呈上。副主考大失意，因让其人。正主考闻之，解曰：‘高下同一得也，何必存成见乎？今房官惟曾友如最有名，以其房首为元可耳。’予适出曾房，本中第十一，因取出观之，副主考亦疵其中字句，正主考因与副主考分改之，遂中元焉。此闻之虞锟山大令，渠亦入闱，当确也。鹬蚌相争，渔人得利。万事有数，岂偶然哉。”[1] 来年姚氏上京会试，拜见主考，又得知“本拟第二名中元，因元当中上江，乃改用第六名。房官均不服，指其疵累，遂易用予（姚永概自称）……又言房官于上江卷子极其草率，且不喜荐。十本之中，下江居其七，盖因下江多中朝达官，若遇其子弟，便可联络，求其函牍请托”的情况[2]，则可知正副考官与同考官之间，“去取之间”有多重

① （清）姚永概：《慎宜轩日记》上，黄山出版社，2010，第368~369页。
② （清）姚永概：《慎宜轩日记》，黄山出版社，2010，第368~369、382~383页。

考虑，有诸多不便言说之处。

其实，朝廷设置正副考官及同考官的目的，也在于"相互掣肘"，即剥夺正副主考直接从卷子中选拔中式人选的权力，使之只能从同考官所推荐的试卷中选拔，从而使其权力有所限制。这一点，乾隆皇帝曾直截了当地表述过。乾隆五十年（1785）己酉科会试，正考官为大学士韩城王杰，副考官为内阁学士铁保；"向例同考官分十八房，如本房无佳卷，准考官搜中落卷，中后始交本房，补用荐条，是以房官遇有疵类之卷，仅自登记，不批卷面，以备考官搜取之地。其中五名前者，谓之五魁。本科第二某，第三某，即考官所搜中也"，本来以为没有什么事情，却不料被乾隆帝认为不合适："乡会试额设正副考官及同考官，原恐衡鉴未公，互相防范，即有疵类，房官亦应签出质商，果瑕不掩瑜，方可录取。犹之督、抚，必待两司卓荐。若业经定取，始交两司补详，保无通同'狗'隐之弊。若然。则督、抚已足用两司，犹之考官已足，何须十八房？"因此要求"嗣后考官阅卷，即将诗文优劣、荐与不荐之故，注明卷面。正副考官亦将中与不中之故，批于卷面，俱交磨勘官核阅具奏，候旨定夺"，并要求各省乡试遵守，而此次正副考官所搜中第二三名，不得滥侧前列，著改列五十名后。[1]

朝廷是如此心态，则主考与同考之间，关系微妙，常会因为对取人的标准及程序不一致而产生龃龉。前者如汪辉祖受聘乾隆戊申湖南乡试房官，"初六日，入内帘，主考翰林院检讨、仁和蔡毅堂先生（共武），刑部山西司主事吴县潘畏堂先

---

① （清）李调元：《淡墨录》，辽宁教育出版社，2001，第236～237页。

生（奕藻）。畏堂先生，余都门旧交，然每呈荐，颇不相得，盖先生所取，尚才气风华。而余荐卷，则取沉实。先生笑语，余何以必欲得老门生。余曰：'某中式时，已近四十。设尔时，本房师专取少年，则某且不得为房官矣。'先生曰：'君言良是，第抡才大典所取之士，他日当为朝廷出力，若是迟暮，何所用之？'事后深思，有味乎其言之也"①。主考与同考本为旧交，但对于到底该取什么样的人中第，产生不一致，从而产生冲突。后者如康熙二十二年癸亥科（1683 年，本年非乡试年，然以四川底定，补行二十年辛酉科乡试）乡试考官方象瑛所记：

> 十九日内帘鬼啸。易两房例解十名，一房佳卷多至六卷，而二房仅得四。余谓取士务真才，何论彼此，乃以一房赢卷入二房，众以为公。已二房有后言，余不怿，索回而责二房，终不得。是夕，鬼从后出，余勿闻也，王吏部（指副考官，吏部员外郎王材任，作者注）闻之，且语余，余笑曰："佳卷不得隽，鬼神固宜怒耳。"俄尔各房至，人人皆闻，并研令仆人且亲见之，朱衣长身，从易二房出，循墙至中堂而灭。于是众皆惊叹，二房亦颇寤，谓别易一卷，前卷定本房第二。是夕寂无声。盖十七名涪州刘衍均也。②

很明显，这是因为"拨房"而导致的主考与房官之间的

---

① （清）汪辉祖：《汪辉祖自述年谱》，北京图书馆出版社，1997，第 178 页。
② （清）方象瑛：《使蜀日记》，在"西北稀见丛书文献"（第四卷），兰州古籍书店，1990，第 531～532 页。

冲突，尽管最后以"内闱鬼啸"而结束冲突，但这种皆大欢喜的结局，其中微妙是容易看清楚的。

当然，在不少文人的笔下，正副主考与同考以及同考之间，也还能够保持一定的协作关系，和睦将事。特别是乡试的同考官，多由直省科甲出身的知县及某些科甲在省候补人员担任，这些人员科名不高，分发直省（大多为知县），仕途也就往往开始蹭蹬不顺，且整日面对簿书讼牒之类无趣之事；能够被抽调之内帘衡文，对他们来说，固然是对其"能文"的肯定，也可以暂时从案牍之劳中暂时抽身，过一段稍微与"文"有关的事情；再就是从京师来的正副主考，多为翰苑清贵，玉堂隽才，前途不可限量，是他们艳羡的对象①，同时也是联络的对象，因而接到房考之命，常常乐于从事，就如同担任过同治七年（1868）戊辰粤闱同考的黄承吉所言，"戊辰乡试，奉调为同考官，凡入闱二十八日，释簿领而亲文事，远胥吏而接有道，为入粤来未有之愉悦"，能借此机会接触这些玉堂金马人物，"职守分，意气不分，昼校文，夕则迭治尊酒，论文讲学，或至夜分"，非常愉快。② 清道光十七年（1837）丁酉科江南乡闱，沈炳垣（时以举人任江苏某县知县）被抽调内帘分校，中秋日内帘官小聚，作诗述怀，即有"分校征吾曹，襆被来锁院；言登飞虹桥，人比瀛洲选。……同人坐堂皇，批阅逮昏旦。……少小不相识，生长异乡县。兹辰忽团聚，洽比

①　明清翰林之清贵，清末人朱克敬之《翰林仪品记》中描述甚细，载其所著《瞑庵杂识·瞑庵二识》"瞑庵二识"卷二，岳麓书社，1988，第122页。

②　（清）黄承吉：《闱中纪事》，《梦陔堂文集》卷十，《清代诗文集汇编》第502册，上海古籍出版社，2010，第797～798页。

若里闬。出门左右望，闻声即觌面"，描述的也还是这种情境。① 因此他们对于正副主考亦即"主司"们的要求一般都能满足。清代后期人诸联曾记了下面一件事：

> 我郡某邑宰，奉聘入闱分校，得一卷，文极浅陋，信笔涂抹之。未几，主司索是卷，奈已勒遍，同僚劝谓无妨，遂以勒者进。及放榜，竟得中式，疑为检阅，卷则是而文已非。更换之妙，殊无痕迹，真具绝大神通。②

在这件事里，主司亦即"主考官"的舞弊迹象极为明显，而同考官某邑宰对于主司的做法尽管不赞成，但也没有极力抗争，主要也是因为主司们从京城而来，官品较高，地位清贵，而作为同考的"邑宰"仅是七品县令（清朝后期常有在省候补人员入闱之事），从多种因素考虑，也没有与之进行争辩的能力与心态，故主司索取之卷，即如所索而呈。这种事情，显示出主考与同考们进行"合作"的实际情形。

不仅如此，就连"拨房"这种容易产生是非的事情，也能够"正确"处理，从而使"棘闱"这个实在不让人感到适宜的地方呈现一种"其乐融融"的气氛。

主考官与同考官之间，本应有一定的科层关系，《钦定科场条例》卷十九规定："同考阅卷，随阅随呈，听主考去取，

---

① （清）沈炳垣：《中秋日，何竹艻招同内监试赵兰友（庭熙）太守、收掌梁梓口（玉森）司马暨同校诸君小聚经房赋呈》，《祥止室诗钞》卷六，《清代诗文集汇编》第 675 册，上海古籍出版社，2010，第 818 页上。

② （清）诸联：《明斋小识》卷二"换卷"条，《明斋小识》（第一册），进步书局，1912，第 12 页。

房考不得争执，违者指参。"① 若同考去取不当、衡文乖谬，甚或有其他可疑情事，则主考官有参奏之责，这一点在下面事例中得到应验。乾隆五十四年己酉科会试，正考官韩城王杰发现，"房官编修祝堃，浙江人，所分卷束内有浙江四卷，应回避，与他省卷换阅，已换江南二卷，尚应换江西二卷，以足四卷之数，堃坚执不换，哓哓不已。考官韩城相国，以形迹可疑，且其房考荐卷多不佳，不荐者多可搜取。反纵肆乖张，出言挟制，心不可问，请参"，最终的处理结果是"交部严议，部议削职"②。故其间或有冲突，常以同考退让告终，如左宗棠应道光壬辰乡举之时，"已为本房所黜，赖搜遗始获隽"，主试者为礼科掌印给事中徐法绩，编修胡鉴副之，胡病卒于贡院，徐独任其事，奉诏搜遗卷，"本房同考官（山东福山人）于左卷已批'欠通顺'三字"，徐嘱其易批补荐，"某谓：'中不中是星使之事，荐不荐是房官之事，星使欲中即中，批不可易也'"，明显不合作，"嗣由诸同考官婉劝，始易一字为'尚通顺'云"，方得中第，而"当时闱中自内帘监试官以下，颇疑是卷为温卷也"，也就是私下认为徐氏有"作弊"嫌疑。③

　　然而需要明白的是，二者冲突，最终吃亏的是考生。同治元年（1862）甲戌恩科会试，已经到了四月初二，最终确定考生能否登第的关键时间，同考官王拯"有福建一卷，久发刻矣，熙少农点易数句，少鹤深不惬意，提板令勿刷，而熙公深护前事，摘三场微疵，竟撤去之"，是同考官王拯不满于副

①　（清）礼部纂《钦定科场条例》卷十九，（台湾）文海出版社，1989，第1322页。

②　（清）李调元：《淡墨录》，辽宁教育出版社，2001，第237页。

③　秦翰才：《左宗棠逸事汇编》，岳麓书社，1986，第221页。

总裁熙麟（户部左侍郎）对其荐卷进行修改，而熙麟就指摘考生第三场试卷的一些小错误，最终将之从拟登第的试卷中撤去。同为同考官的翁同龢记下此事，认为"此谓两失之"①，两人互不让步，意气用事，却忘记了因此而落榜的考生本人，亦即二人闹矛盾，最终吃大亏的还是考生。

正副主考之间，无论是会试的正副总裁，还是乡试的正副主考，都是皇帝钦点，经过一定的程序（有不少时间甚至是"钻谋"）得来的"差事"，按理来说应该是"同寅协恭"的合作关系，在具体过程中应"和衷去取"，且因为正副主考之间大都是翰林出身，有科第、年辈之分，故还能和睦将事。但在实际中，有些是场外就不相能，有些是因为去取之间不能一致，还有些是因为最后定名次闹别扭，最终演化为种种冲突。这种冲突，乡试中较少，而会试中较多，影响考试质量，最终引起朝廷注意，发文指摘由于正副考官"容各任己见，不能和衷去取之间，互相争执，遂有庸格而滥充中额，佳文而反遭摈弃"②。

至于正副主考之间，尽管此时权责平等，但因原先科名、官阶有差别，其间关系亦常微妙。翁方纲乾隆二十四年己卯充江西乡试副考官，少司空钱维城为正考官。二人于江西所写试题皆同，彼此合作相洽，传为佳话；但研读相关记载，却发现，最后尽管以"相与欣赏""相协更深"结束，但之前二人并不相知，且有纪晓岚先入之言，故翁氏在与钱维城相处过程

---

① （清）翁同龢：《翁同龢日记》（第 1 册），陈义杰整理，中华书局，1989，第 198 页。

② 光绪《大清会典事例》卷 347，清宣统元年上海商务印书馆石印本。

中，不可能不小心供事，且因为钱氏为乾隆十年状元，深得帝眷，至二十四年即为工部左侍郎（正二品），年方不惑，而翁氏此时27岁，尚为翰林院编修（正七品），故无论从科名、科份、职位甚至年岁，翁氏都处于较弱一方，再加上纪氏先入之言，处处退让，自是情理之中。①

有一条流行较广的记载，却是副主考藐视正主考：

> 闻各省典试，多于命下之日倩人代构策题及试录序。出己手者，十无四五焉。广东某科，三场问岭南形胜，有"选帅重于地镇"之语。监试疑焉，以质正考官曰："'地镇'二字当作何解？"正考官贸然不知所对，乃强颜曰："出题自使者事，纵有错误，使者自当之，与足下无与，何必穷究为！"监试遂问副考官，答曰："题非我出，我何知焉？且出题之人尚在京师，安得走使万里而问之！"盖二考官素不相能，故以口语侵之也。监试乃谓诸同考曰："有能解'地镇'二字者，愿直言无隐。"有韩令者，素强项，与正考官有违言，遂奋然进曰："以愚意观之，乃'他镇'之讹耳。'选帅重于他镇'昌黎《送郑尚书序》中语，吾乡三尺童子亦能诵之，阁下岂未之见耶？"因命取书阅之，信然。副考官胡庐大笑，监试及诸同考亦鼻哂有声，正考官踧踖不自比于人数。②

---

① 沈津：《翁方纲年谱"家事略记"》，台北，"中研院"中国文哲研究所，2002，第20页。

② 王云五、吴曾祺：《万有文库》第一集，一千种旧小说（十七），商务印书馆，1930，第135页"代构策题"条。此则所记，《亦佳庐小品》言出自"茶余客话"。笔者核对现行各版本之《茶余客话》，均无此条；故以"旧小说（十七）"所载者为准，然其未明出处，不知何本。

此事件固由正主考之违背功令及不学无术引起，故不得谓之"冤枉"。就第一个方面而言，康熙二十四年（1685）议准，"会试二三场题目，令考试官拟出，遵例恭进。后会试并顺天乡试俱照此例行"，明文规定，"策题，考官亲出，不得假手房考"①，策题"考官亲出"固为功令；然而，因策题涉及经济、学术、军事、地理等多方面内容，而出题时间短（二场题发出后，考官即要出策题），字数多（乾隆中定为不超过300字），还要考虑各种忌讳，洵非易事。查一些考官的考试日记，头场四书题、次场经题拟定过程，往往详细，二策题拟定过程则不详细，如林则徐为江西副考官时，八月十三日，"录策题五道，传匠缮刻"②；潘祖荫在咸丰戊午科任陕甘乡闱正考官，关于策题的拟定情形，据其所记，"初十日，王映山来谈，即将三场题交沈拣泉、刘子谦、金石船，转致各房分写……"，"十一日，同叔平拟二场题……"，"十二日，以三场策题交沈、金、刘诸君缮写"，"十四日……子刻，补服送三场策题"，则可知，初十日，头场尚未结束，可见已将策题送给三位同考官"分写"，已经将策题准备好，此"分写"不过是征求意见；十二日为"诸君缮写"则为定稿，誊正上板，准备印刷；十四日晚印刷完毕，送交外场。时间从容不迫，而其赴陕途中亦未有与翁氏商议此事之记载，则可知在京城日，已经准备好，至于是自拟还是倩人，则不可知③；翁同龢在同治元年（1862）壬戌恩科山西乡闱主考时，八月十二

---

① （清）礼部纂《钦定科场条例》，（台湾）文海出版社，1989，第1172、1169页。

② （清）林则徐：《林则徐日记》，中华书局，1962，第57～58页。

③ （清）潘祖荫：《秦輶日记》，西泠印社民国三年版本复印本，第16～17页。

日记，"晨起甚倦，以策题交内监试，请各房分写"，十五日日记又有"经、史、风俗、说文、地势"等语，很明白就是策题的内容，而其前并无与人商议此项事情之记，可见或已预为拟定①；其在光绪十四年（888）为当年顺天乡闱主考时，八月初六日，"天未明笔帖式定彬来告，奉派顺天乡试考官，即起告祠堂，检书籍衣服，喧聒纷纭，殆难言喻"，当日午刻入闱；初七日，"请房官庞、张、黄、刘（雅宾）至余处，以策题嘱令考核，并再拟数道"；十二日"午后校策题，请两监上堂，以策题面交，托其在会经堂刊刻"②，则策题亦为预先草拟者。③ 由此可见，上述第一句所言的为事实，亦为众人所心知肚明者，然而不出错、不揭发，大家心照不宣，则可平安无事。就后者而言，已为主考，主持乡试这样的"抡才大典"，却连韩愈"三尺童子亦能诵之"的名篇文章尚未读过，实在是很成问题，却能够登高科、膺显仕，是不是对于科举制度本身也成了一种"反讽"？当然，本文所关注的，不过这件事中的"二考官素不相能，故以口语侵之也"，亦即本来就有不合，此"不合"很可能就是副主考看不起主考的"浅陋"，故此时以尖刻之语讽刺。由此亦可见正副主考间，也有不少不能见诸字面的东西。笔者由此而生的疑问是：既然副主考与之

---

① （清）翁同龢：《翁同龢日记》（第 1 册），陈义杰整理，中华书局，1989，第 226 页。

② （清）翁同龢：《翁同龢日记》（第 4 册），陈义杰整理，中华书局，1989，第 2222 页。

③ 至于"试录序"，华学澜《辛丑日记》载，"乡试录后序，在京即烦仁安拟就"，亦预为安排，只不过正主考认为所写不好，只得临时再为倩人代作，可见上所载之事洵为实情。见华学澜《辛丑日记》，商务印书馆，1936，第 124 页。

“不相能”，同考也与之“有违言”，在接下来的几十天里，主考官大人如何开展“工作”呢？

光绪十九年（1893）癸巳科顺天乡闱，翁同龢为正考官，事后翁氏回顾说：“是科闱中倡和最乐，孙莱山平生故人，内监试李莼客，庚辰门人也。”①，然而细细查找翁氏与莱山交往，却发现二人早已交恶，积怨甚深，莱山且阻挠过翁氏门人张謇会试中式②。翁氏此时所云之“内监试李莼客”，为李慈铭，而其《越缦堂诗文集》中有《次日聚奎堂夜坐再寄云门（癸巳八月十六日〈日记〉）》诗一首，中有“彩笔红氍列广筵，一堂风月聚群仙。久无梁陆通关榜，绝少欧梅唱和篇”之句，尤可见翁氏所言之为门面话语。③ 而就在此科之中，据李氏所记载，李氏与翁氏尽管有门生与座主关系，但因为各自职分所系，也还发生过一次冲突：

> （九月）初二日，辛巳。晴和。纲斋、葆良来谈。葆良房首为第七名满贡一，其三艺皆止三百字，首艺一讲祇四句，起云“诚无为，几善恶”，以三字为句，而实不可解，盖学先辈而荒率不能成章者，翁孙两尚书皆极赏之。葆良房中，有夹察九一卷，甚佳，欲以为房首，属余再言之主司。翁尚书亦以为然，而以满卷无佳者，十名之中，

① （清）翁同龢：《翁同龢日记》（第八卷），翁万戈编，翁以钧校订，中西书局，2012，第3858页。是语在陈义杰整理本中未记，故用如上版本。
② 张謇曾记：光绪十六年会试，张謇荐而不中，以“三场无批，堂批‘口衍’”，知道“堂批出孙毓汶”，故所谓“平生故人”，恐是门面之语。载《张謇全集》第6卷·日记，江苏古籍出版社，1994，第309页。
③ （清）李慈铭：《越缦堂诗文集》（中），刘再华校，上海古籍出版社，2008，第625页。

必得一魁选，此卷有数语尚中肯，孙尚书、裕侍郎皆叹为高古，翁遂重移，竟置第七。葆良意甚不欲，属余从翁尚书取其发刻者，为之改削。余不得已作书致尚书，哺后，诣聚奎堂，以各房所缴十卷交翁孙两公，又面言之。两公意皆怒，常熟咈然有辞，余与相往复，至历两时许，常熟乃易辞曰，此卷本不佳，本房必不愿以为房首，请易去可也。余一笑而出。此事何与监试者，先生乃不惮烦乎。①

为了一个满人考生的名次问题，李氏居间，房官与翁氏争论了两个时辰，最后似乎以翁氏的"退让"而告终。有门生与座主名分关系的二人尚且如此，遑论他人？

因此，内帘中平静的外表下，也不是没有冲突与竞争；这里的冲突主体，除了正副主考与同考官外，往往还有主考与内监试之间发生的冲突。明朝已有"监试"之官，但其职掌在外帘，如成化二年（1466）即重申的，监试官要在贡院内与提调官"公同往来巡视，不许私自出入"等②，以后其职责逐渐加重，已能对于去取产生作用，从而导致考官与之矛盾，典型的如下则记载：

> 乙未会试，南昌张位为总裁官，拆号填榜，李鸿中式。本房某请于南昌曰："愿易他卷。"南昌问故，某云系吴县相公女夫，理应避嫌。南昌曰："信如君言，不但相公子弟不当读书，并相公女夫亦不当读书矣，岂有此

---

① 陈左高：《〈癸巳琐闱旬日〉未刊稿》，见谢国桢、张舜徽等《古籍论丛》，福建人民出版社，1982，第324页，全文在其书第321～335页。

② （明）申时行等：《万历明会典》卷七七"科举·乡试·凡入场官员"，商务印书馆，1936，第1796页。

理！"监试御史某从旁冷笑，南昌曰："君何笑？"御史曰："相公女夫，岂有中理？"南昌大怒曰："若相公女夫不应中式，则不应入场，罪在监试官，既已入场，则内帘所凭者，文而已矣，怎知是李鸿不是李鸿？"御史曰："请借文事一看。"看毕曰："文字也中不得。"南昌曰："衡文，内帘职也，与外帘无与。"随取鸿卷与各房同考官，请看此卷中得中不得，各房俱云文字优通，中得。南昌曰："若有议论，学生一人承当，不以相累。"李遂得填榜……①

至清朝乾隆以后，无论乡会试，内帘监试官的职权逐渐扩大，"移入内帘列坐，专司办理内帘供给、督理匠役等事。且各房荐卷，令其验明登号，再送主考官披阅"②，在事实上他们对于以"衡文"为主要职掌的考官群体，形成了很大的牵制，从而导致二者之间的紧张；其间嫌隙，造成的直接后果是考生不被录取。最为典型的例子是乾隆四十九年（1784）甲辰科会试中洪亮吉的遭遇；"三月，洪亮吉应礼部会试毕，本房编修祥庆，阅卷最迟，至四月四日方以三场并荐，纪晓岚奇赏洪卷，必欲置第一。时内监试丰润郑澂侍御，以得卷迟疑之，欲移至四十名外，晓岚坚执不允，因相与忿詈不可解，胡高望调停其事，遂置不录"③，吃亏的最终还是考生本人。

---

① （明）文秉：《定陵注略》，《中国野史集成续编》第 19 册，巴蜀书社，1976，第 628 页。

② 王炜：《〈清实录〉科举资料汇编》，武汉大学出版社，2009，第 259 ~ 260 页。

③ （清）洪亮吉）：《"续怀人诗"组诗之"纪尚书昀"》，《卷施阁诗集》卷十五，《清代诗文集汇编》第 413 册，上海古籍出版社，2010，第 745 页。

当然，内监试与正副考官之间，亦有多种合作方式，如正副主考以文与之商讨，其实内监试并无衡文之责，此种商讨本为逾制，但因为监试往往亦是甲科出身，在内帘常常有"技痒"如拟墨，甚至参阅文章之事，如乾隆丁卯山东乡闱，福建建安人、时任兖州知府郑方坤入帘为内监试，在"中外茫茫隔一帘，锁闱体制本森严；立监未许参簪笔，职内如同设典签"的情况下，却能够"却笑得臣每寓目，个中谛义每同参（自注云：主司每以试卷相商榷，故云）"，很明显是主司主动与其进行这方面合作的[①]；甚至有相互合作挽回前失，以避纠劾者，如《三异笔谈》卷三所载三场策论并未交卷然而得中的奇异情形：

> 吴孝廉兴仁，述金陵一老学究，率诸子弟同入棘闱，三场坐号已邻龙门。十六日交卷，恭然踽踽甬道中，遇一及门亦来交卷，呼之曰："吾惫甚，倩汝代为一投。"弟即接置卷袋，鼓勇而上……而卷未交也。……未几而师捷报至，徒往贺而疑其误也，切切问经书籍贯姓名字画皆符合否，师怒曰："汝为若等英俊不第，而老头巾不合侥幸耶？"徒乃曰："事已露，不能不直告，三场卷失投，尚在枕中也。"取出呈之，师乃惊绝，亟走本房师所谒见，见即谓曰："正欲相问，场中因君，几酿大狱，吾荐头场七艺，荷主司已列魁首，及吊后场，而三场无有，疑其不到，则三处点册硃痕灿然，疑其帖藏毁，将劾外帘。监试大窘，不得已各员凑成五策，缮硃卷入。榜放，将召子补

---

① （清）郑方坤：《丁卯奉大中丞阿公檄调内帘监试供职三旬即事有作四首》，《蔗尾诗集·杞菊轩稿》，《清代诗文集汇编》第275册，上海古籍出版社，2012，第93页上。

誊墨卷耳。"学究乃具陈其故，且出原卷以证，房考乃惊叹曰："若真命应孝廉，吾非汝师，若徒乃真师也。此卷若投，讹误百端，虽赏首场，不能不割爱矣。"[1]

此事未必是事实，但内外帘合谋以规避参纠的一种临时"合作"之事，则恐亦非为孤例，只是因为此种事例是在制度规定之外的，不便形诸文字，故记者甚少。

（二）"科层"——外帘中的互动

相对于内帘的"礼仪"互动，因为外帘所办理的，都是一些具体事务，并且要保证进度与质量，故在外帘中，明显存在"科层"性质的互动。

首先，就人员组成结构而言，乡会试外帘的人员组成结构具有明显的"科层制"特征。就乡试而言，居于顶端的是监临、监试、提调等，居于中级的是各所官，分管受卷、弥封等具体事务，居于底层的则是人数众多的杂役人员，如誊录书手、弥封所弥封人员；就会试而言，官员的级别更高，居于顶端的大总裁常常由大学士、尚书等大员担任，并与数名品级相去不远的副总裁一起组成领导班子，又有提调、监试等员，组成会试的最高权力机构，其他与直省乡试、顺天乡试相同。这种分工，与他们在贡院外部的实质官阶有必然联系，如乡试监临常常由巡抚担任，负责所有考试事务，提调、监试也由藩司、臬司等省级官员担任，对于整个考试事务也由一定发言权。而各所官，则大都由知州、同知、知县甚至候补人员担

---

① （清）乐钧、许仲元：《三异笔谈》卷三，重庆出版社，1996，第77～79页。

任，清朝则往往由"调帘"笔试名次在后者担任。至于从事收卷、弥封等具体事务者，则是由临时招募的社会人员担任，他们只能在专门的地点（如誊录有"誊录号"、弥封有"弥封所"、对读有"对读所"）干自己的定额体力工作，领取一份微薄工食钱，在贡院中享用最低的供给，没有说话的地方。

其次，就外帘的管理模式而言，也具有明显的"科层"特征。负责具体事务的"所官"要对监临等大员负责，监临对于考试区域的一切事情都要负责，细故当堂呵斥，遇到重大问题要直接向朝廷汇报。如贺长龄为贵州巡抚时，监临乡闱，事后这样汇报其工作情况："臣于八月初六日公同正副考官入闱监临，所有执事官役人等行李悉心搜查，内外帘官当堂分派，督同提调粮储道任树森、监试思南府郭鸣高在至公堂眼同将诸生坐号戳记掺杂，令掌卷等官随手印用，以杜联号之弊。誊录、对读、弥封三所，人杂事繁，臣分饬承办各官详慎办理，不使稍有草率。"① 对于办理相关事务不善者，往往大发雷霆。李星沅在道光二十四年（1824）陕西恩科乡试为监临时，首场进场日（八月初八），发现"天未曙，士子鱼贯而入尚不拥挤，惟头门点名册不及印明未投卷，甚耽工夫，此科场房疏懒之咎，应责惩"②。王文韶在光绪元年恩科湖南乡试中为监临，其日记记载："十一日……头批卷誊录所迟误限期，大为怄气，传孙、欧、刘三令，当堂大加申斥，颇动声色，事后思之，固属因公，仍是涵养未到也。"③ 当堂训斥，被训者固然觉

---

① （清）贺长龄、贺熙龄：《贺长龄集　贺熙龄集》，岳麓书社，2010，第84页。
② （清）李星沅：《李星沅日记》，中华书局，1987，第571页。
③ （清）王文韶：《王文韶日记》，袁英光、胡逢祥整理，中华书局，1989，第340页。

得不好看，但在讲究涵养、不主张动辄大发雷霆的中国传统士人而言，就是修养有所欠缺所致，故王氏事后如此反省。

但由于科举牵涉面广，有"科场无小事"之说，故对于严重事件要及时向朝廷汇报，对主要责任者要进行参奏，自己也常常负连带责任。乾隆乙卯四川乡试，二场内帘交出主考官表题，内写凡有条奏，悉乙夜披览，俱抬头写。时提调官为盐驿道顾赟，传谕士子不用抬写，以至通场悉字下，一概将乙字涂改，显涉疑窦。抚臣题参，罚俸一年。其奉疏云："如果错误，例应禀明，传进内帘改正，况非错误，何得擅改。轻率之咎，诚不能为顾赟宽也。"① 作为监临的巡抚并不以为提调位高权重而有意袒护，而是如实题参，使其为自己的随意变更考试规则承担相应责任。对于提调尚且如此，何况其他官阶低于此者？王庆云在咸丰二年戊子科监临顺天乡闱，八月十八日场事完毕出闱，至九月初八日复入闱，协同正副主考填榜，发现"中式第二百十四名广元，本汉军人，弥封误印为满字号，幸而查出，不然则中额不符，此错不小"，主考官商酌良久，只好临时抽去，"取副榜中满卷补中"，第二天王庆云就"拟请弥封所错误处分折"，请求处分。② 之所以如此，是因为外场所办理事务，具体而紧要，一环扣一环，一个环节出问题，直接影响下一个环节事务的开展，必须严格督促，立即办理。如翁同龢担任光绪十四年戊子科顺天乡闱主考时，第三场已经进场，而"誊录因席号雨漏不能写，进卷极稀，各房皆坐待"③，造成拖延。黄彭年（时署

---

① （清）李调元：《淡墨录》，辽宁教育出版社，2001，第147页。
② （清）王庆云：《荆花馆日记》（上册），商务印书馆，2015，第417页。
③ （清）翁同龢：《翁同龢日记》（第4册），陈义杰整理，中华书局，1989，第2223页。

理江苏巡抚）为光绪十五年（1889）己丑科江南乡试监临，有"示谕誊录。所誊卷佳且速者赏，违者惩责"的记载，这是因为"誊、对两所近二千人，动辄滋事。驭之之术，在赏罚严明，尤贵体恤，故必须得人"①，其实不仅是因为所需人多，更重要的还在于这两个部门的工作质量与进度，直接关系到阅卷质量与进度，若出问题，不仅直接当事人，其直接管理人员（誊录官、对读官）与监临都要受到处分，关系实在重大，固当"赏罚严明"。

当然，因为外帘官群体中，从各所官直至监临、提调等大员，也大都是科甲出身，其间也会有唱酬和诗之类活动，主要是监临先唱，属员和之，如《紫泥日记》中所记，"上下江帘员投和诗者甚多"，但因为场中事务繁杂，环环相扣，且文网严密，故能够优容唱和的，明清之后要少很多。

但我们应该看到，这里的"科层"，主要是就其管理模式而言，且主要发生在高层—中层—基层之间。而在每个层次的内部，主要是较高层次内部，也往往发生"冲突"，有时候这种"冲突"甚至会闹到恶语相向以至拳脚相加的程度，如下面所记的明朝后期的一件事。

> 顾侍御骧宇（龙桢）以行人入西台，出按广东，不甚谙吏治，而性刚戾自尊大。广州知府方逯者，以部郎出守，为其所詈，自罢去。其下郡僚令长，为所辱者接踵，以渐及于蕃臬。王迹斋（泮）为左辖，素以清直著声，至是已先为备。时庚子秋试，王以提调偕侍御入闱，王点名散卷毕，偶以一公事相争，遂诟詈，至以老奴才目王。王亦以恶声答之，

---

① （清）黄彭年：《紫泥日记》，《陶楼诗文集辑校》，齐鲁书社，2015，第461页。

因两掉于至公堂上，王奋拳击之，顾不能胜，堕冠弛带，以吉服而盘旋于地。有邑令倪姓者，名失记，司外帘，力为解劝，顾即揽其裾痛殴之。令故美须髯，顷刻颐颔俱空，不知王出外久矣。王返藩司，即具疏言状，且请罢，得旨顾革任听勘。顾疏寻至，王亦去如顾勘。例事下抚按，又转委之两司，俱碍直指体貌，久不能结。其后按臣李时华者，黔人，乙科，竟欲坐王而直顾，以藩桌不从，遂两平之。时人皆知曲在侍御，后京考以浮躁处之。①

在这则"极端"事例中，我们看到的是，双方均为高官，却为了一件"公事"闹得风度尽失，颜面全无。其所争之事我们不得而知，然而却能够坐实科场为"战场"的论断。进入清朝之后，贡院中总裁、监临的官品常常最高，在讲究级别的官场中，上述那种不顾体面、不顾后果的争斗事件想必不会再有；然而诸如顺天戊午科乡闱中，顺天府丞蒋達为提调，以"供给草率、呼应不灵"参劾监临梁同新（时为顺天府尹）等，成为"戊午科场案"的前奏②，以提调而参奏监临，表明外场同样也是一个充满着冲突的场所。③ 只不过这类事情，当

---

① （明）沈德符：《万历野获编》卷十五"御史方伯相殴"，中华书局，1959，第392页。

② 钱仲联：《清诗纪事17》，南京古籍出版社，1989，第11859～11860页。

③ 至于各所官之间，因为各自职责所系，责任较为明确，工作地点也相对独立，故发生各种互动的情形应该不多，但并不表明其间没有互动，有些也有诗歌酬唱，例如胡助为礼闱对读官，曾作有《南城试院和王子肃韵二首》，其二有句云"风檐光景莫虚过，变化鲲鹏北海波。但觉衔枚如赴敌，敢谈辩口似悬河？……帘外官闲深院锁，诗笺往来不嫌多"，可见有所互动。诗见《纯白斋类稿》卷八，商务印书馆，1935，第71页。只不过此是在政治制度粗疏的元朝，而明清时期，所官有此雅兴进行互动者恐不多见，需要有相当资料佐证。

事人往往不便记录，或者不能记录，存留下来的记载较少而已。

（三）礼仪与冲突——内外帘考官间的互动

自北宋中期将考官按照工作地点分为内帘与外帘以来，考官逐渐被分成两个群体；对于这两个群体的互动，从北宋至明清，各个朝代均有明确的规定，如明弘治四年，"令各处乡试帘内事不许帘外干预，考官务以礼待，不许二司并御史欺凌斥辱，文章纯驳，悉听去取，不得帘外巧立五经官，以夺其权"[①]；明代嘉靖十年，礼部奉旨重申的会试条例中，即有规定，"试官入院之后，提调、监试官封锁门户，不许私自出入"，"提调官、监试官不得干预考试卷"[②]；清代要求更为严格。因此，在贡院中，自监临等人送内帘考官入闱、将内帘门上锁加封之后，监临、提调及监试等主官与内帘之正副主考、监试等，只能就公事发生交往，不能一言及于私；就是个别时候，可能会有考试之外的个人事情，但一方面都是有多人在场，只能三言两语解决了事，另一方面只能隔"帘"，不能越雷池一步。如林则徐为江苏巡抚，在道光十四年（1824）甲午，入闱监临江南乡闱，八月十三日得到正副主考分别为江苏学政、河南学政的任命，"遂至内帘门与两主试称贺"；十七日又记，"云汀制府来，即与同至内帘门与两主试隔帘坐谈，

① （明）张朝瑞辑《皇明贡举考》，《贡举志五种》上，武汉大学出版社，2009，第46页。
② "中研院"历史语言研究所：《明实录》6，"明太祖实录卷160"，1966，第2467~2469页。

少顷即别去"①；李星沅在道光二十三年癸卯监临陕闱，正主考王吉云得授湖北学政，李星沅只能在八月十二日内帘进卷子时，"遂诣贺吉云，并候薇客，隔门小坐。吉云商发折子似在关防期内不能专丁，记上届沈朗亭由蜀使得秦学，即属今咸宁令驰书询之"②。

这种"来往"使用"互动"一词来指称，恐怕是不妥当的。然而，事实上，内外帘是由于科举考试事务分工所造成的，由于事务关系，内外帘之间不可能不产生互动。

首先，从表面上来看，二者之间的互动是制度上的，什么时候、该发生什么样的互动，都是制度规定好的。"监临督率外帘诸务，于内帘取中之事，绝不与闻"③；出题、印题纸是内帘的事务，"三场题纸，主考、内监试应用关防发出，仍加用监临、知贡举、提调、监试关防，于初九、十二、十五等日分给各号，不得过卯、辰二时"而另加关防④，则是外帘事务，故在首场、次场、三场进场后的当日晚子时（或稍晚），内帘一定要将卷纸印好，加盖关防，按照每束百张的数目包好，按照约定好的信号，外帘监临要携带其他同仁，一道至内帘门口"请题"，然后加盖监临关防，派出委员至号栅散发；而考生试卷做好之后，受卷所接受，交弥封所编号弥封，发誊录誊写，对读之后，仍旧分束、成包，交内帘阅卷（所谓

① （清）林则徐：《林则徐日记》，中华书局，1962，第153~154页。
② （清）李星沅：《李星沅日记》，中华书局，1987，第523页。
③ （清）礼部纂《钦定科场条例》卷十二，（台湾）文海出版社，1989，第966页。
④ （清）礼部纂《钦定科场条例》卷十六"考官出题"条，（台湾）文海出版社，1989，第1169页。

"进卷"），一切都在制度的严格遵循下进行。

对于内帘向外帘交付题纸的情形，王文韶、华学蘅均有描述。前者于光绪丙子监临湘闱，初八日头场直到子时，进场完毕封门，"子初晚膳，丑正请题，与主考隔门三揖，不叙谈如常仪"①；后者作为内帘考官，记载最为详细："初八日。……戌正一刻，题纸印毕，共四千一百余张。……监试先通知外帘，使迎题纸。……已而监试遣人请余等花衣补服出送题纸。房吏已将题纸以红纸束之，置于桌上，舁之前行，余等随其后，送内帘门，坐而俟。少顷，门外击云板，门内答以梆。门开，监临、提调、监试、两道与余等隔阈互揖，立谈数语，然后将题纸一一点数送出，又与监临等一揖而退，已亥正二刻矣。"②

很明显，能够参与这些"互动"的内外帘考官，大抵只有内帘的正副主考、内监试与外帘的监临、监试、提调等处于内外帘"领导"位置的官员，其他官员如内帘之同考官、外帘之受卷、弥封、誊录、对读等"所官"，只要干好自己所分管事务即可，无由参与这种互动；有时可能也会在以"群体"的方式进行的互动场面中，就是碰到故旧，但也无由会晤，不能通语，只能瞩目相看而已。成化二十三年会试，翰林院编修王鏊为同考官，大名府推官吕㦂为弥封官，二人应为同乡好友（吕为无锡人，王鏊为吴县人），且一京官，一地方官，见面叙谈机会本来就不多；而在贡院这种场

---

①　（清）王文韶：《王文韶日记》，袁英光、胡逢祥整理，中华书局，1989，第396页。

②　（清）华学蘅：《辛丑日记》，商务印书馆，1936，第121～122页。

所，一入内帘阅卷校文，一在外帘弥封，不能有所会晤，且连那种“礼仪”上的互动都不可能，所以王鏊赋诗（应在试后）赠之，有“棘院深锁夜厌厌，每听钟声识外帘。咫尺相看成不语，两心对越幸无嫌”之句，表达的就是这种情感。①

但是，从实质上看，二者之间也会有一定的冲突；这些冲突尽管记载较少，但也能从一些零星记载中看出蛛丝马迹。这些冲突可能会是一些具体事件上的，例如，王庆云在咸丰二年（1852）壬子科顺天乡闱担任监临时所记，“初九日昨夜用二场关防。午后打坐号，二鼓而毕。寅初领出题纸。每束多不满百张，未免纷纷请益。散毕，日将升”②，是在抱怨内帘印制题纸数量不够，散卷委员“纷纷请益”，发完卷已经“日将升”，快要过“卯、辰”这个时间节点了；这是外帘对于题纸数量的抱怨。另外，据翁同龢在担任光绪十四年（1888）戊子科顺天乡闱主考官时，第二场“十一日，……酉正刷印题纸讫，请监临房考饭，亥初三刻送题纸。方就枕，外帘传鼓，云题纸欠四百余张，余起与监临语，甚斥其非，盖外帘委员随意藏匿，向来如此”；可为补充。③ 这种不愉快事情在直省乡试中也有，如翁同龢在担任同治元年（1862）壬戌恩科山西乡试正考官时，初十日记载“内监试高桂坡来言，前日头场题纸，据至公堂委员禀，外监试称每百张短一二张，共短四十余张”，其实并不是短少，而是“外官习气事事回护，以前日发题纸时曾开一单，说明外帘多进一张，故特作此语抵赖耳”，故在印制

---

① （明）王鏊：《王鏊集》，吴建华点校，上海古籍出版社，2013，第17页。
② （清）王庆云：《荆花馆日记》（上册），商务印书馆，2015，第408页。
③ （清）翁同龢：《翁同龢日记》（第4册），陈义杰整理，中华书局，1989，第2222页。

二场题纸时，"与桂坡分数题纸，手腕欲脱"，以杜绝外帘这方面的不满。① 像"分数题纸"这种体力活也需要"玉堂金马人物"亲自动手，自然凸显了这个场域中作为关系存在的某些特点。

导致这些冲突的原因，主要是因为由于内外帘工作内容的不同。外帘负责考场事务，内帘负责拟题、印刷卷子、衡文。外帘外紧而内松，只要维护好考生进场秩序，使之有序进场、及早归号，在考试过程中软硬兼施，不致发生"闹考""罢考"甚至"冲击考官"等"群体事件"，等到八月十六日晚或三月十六日晚，考生尽数出闱即可长出一口气，剩下的只是弥封、誊录等有专门人员负责的具体事务；而内帘则在这一段时间，除了拟题、印刷卷子之外，反倒没有事情，可以诗酒唱和。之后的时间，外帘闲下来，而内帘则开始忙碌起来。正如刘廷玑所言者：

> 秋闱省试，内外帘官各有所司。自初六至十五，凡十昼夜，诸务冗杂，外帘之监临、提调、监试诸公无片刻之暇，恐少懈即有舛讹。惟赏月后稍安适也。头场毕，内帘主考率同考官传点催卷，然一时誊录不及，盖在内空闲也。过中秋频频解卷，内帘渐次冗忙，而外帘又闲矣。②

本来内外帘这样按照相关时间节点来处理自己职责内事情，即可相安无事；然而由于外帘是想着尽快把事情办完，所以想提前向内帘"进卷"，而内帘则出于多种考虑，不希望过早进卷，二者由此可能发生不愉快。如翁心存所记其在道光十五年

---

① （清）翁同龢：《翁同龢日记》（第1册），陈义杰整理，中华书局，1989，第225页。
② （清）刘廷玑：《在园杂志》卷一，中华书局，2005，第28页。

乙未（1835）为浙江乡闱正考官时，八月初十日，头场尚在进行，"是日监临传信来，云欲即日进卷四百"，"余以明日方刻二场题，诸多未便，且恐急则誊录潦草，婉复之，而不听，只得勉从之"，然而"逮夜复来告，云今晚如欲进卷，必须俟二更后，恐赶不及矣"，弄得翁氏无所适从，只得"一叹，听之"。①

有时候还会因为一些生活琐事闹矛盾。如有人记载：清初诸锦典试福建时，"巡抚馈正副主考瓜各五十，而先生之瓜少送一枚。先生大怒，请巡抚面问之。巡抚曰：'此系误数，即当再送。'先生益大怒曰：'我岂为一瓜争乎？膰肉不至，而孔子行；醴酒不设，而穆生去。瓜虽微，亦可以见礼意之衰也。'一时传为笑谈"。② 如此为少一只瓜而上纲上线至于"膰肉不至""醴酒不设"的高度，可见当事人之不通世故、斤斤计较；当时虽"传为笑谈"，然而未必不在当事的另一方心里留下芥蒂。这类事情不大，记载比较少见，是因为无论是外帘还是内帘，大都是科第出身，对于这些冲突尽可能少发生，而为维系关系起见，也尽可能采取化解的方式，或者忍气吞声。如果闹大了，最终的结果只能是两败俱伤。并且，因为各直省乡闱中，正副主考来自京城，尽管只是来主持内帘拟题、阅卷事务，也是"王命在身"，对于本省的人才选拔实在是具有重要意义，且他们回京后还要写《××乡试录序》之类汇报材料，还要面见皇上，当面汇报考试具体过程（包括路途见闻），当地各大员的棘闱办理情况自然也在其内，因此，一般外帘监临对于正副主考都能够在制度规定的范围内尽可能招待

---

① （清）翁心存：《翁心存日记》，张剑整理，中华书局，2011，第171页。
② （清）孙静庵：《栖霞阁野乘卷》下，山西古籍出版社，1997，第98页。

好，以保证将考事完成，也使他们不便将其他情况向朝廷汇报，但仍可从中发现内外帘官之间关系的微妙与耐人寻味。

二　竞争与合作——考生之间的互动

我们在上文就考生在贡院中的行为、心理等方面进行了一些描述，企图揭示的是考生作为个体在这个空间中的心路历程；然而应该看到的是，"人类是以社会群体的形式存在于这个世界的，这是一个不争的事实，我们每个人都身处于各类风格迥异的群体之中"，"因此，我们与他人进行的大量互动是发生在某种群体架构下的，在这里，我们不单作为独立的个体存在，而且还作为各自社会群体的代表而存在"①。只有从"群体"的视角来对其行为、思想进行阐述，也才可能对于他们在这个空间中的活动的全貌有一个大致清晰的描述。

（一）竞争——科举制度设计的初衷及其在考试过程中的显现

按照社会学相关理论，群体"是一群拥有同一目标和规范的个体，是相互影响、共同活动、具有内聚力的一个集合体"②，形成"群体"的一个基本条件是一群拥有同一目标和规范的个体。很明显，对于参加乡会试的考生来说，他们来到这里，就是为了一个目标"中式"，通过考试，获取比他们来这里之前要高一层级的社会身份，这使他们具备形成一个特定群体的先决条件。

但仍需说明的是，考生这个群体，与一般社会群体还有根本

① 〔美〕玛丽莲·布鲁尔：《我们　你们　他们　群际关系心理学揭秘》，李卫华译，机械工业出版社，2016，第2页。
② 俞国良：《社会心理学》，北京师范大学出版社，2006，第531页。

不同的地方，就在于这是一个由多个"陌生人"组成的群体。考生来到贡院，是为了进行考试；在这里他会碰到许多与他一样身份的人，这些与他有着同样身份的人，他或许认识几个，但大部分是不认识的。乡试的考生来自一省或数省，认识的人或有一些；会试的考生来自各直省，不认识的人会更多。然而，无论如何，他们都是来考试的，于是他就进入了这样一个几乎全是由"陌生人"组成的群体之中。并且，从宋朝开始实行"坐图"以迄于明清"印号"，管理者都倾向于将一个地区的考生分开、打乱，尽量不使他们能够坐到相近或者同一号巷之中，使每个人在自己被给定的周围均是"陌生人"的位置上或号舍之中，聚精会神，埋头做文章，尽可能发挥自己的长处，将几篇"锦绣之文"呈现出来，而不必管他人如何。在朝廷的相关制度规定里，若能够将所有考生都安置在一个"位置"上，每个考生都能在被这样给予的"位置"上，则科场考试的秩序自然是理想状态。

很明显，这样做的目的，是减少或者消除其"合作"的机会，而增加其"争夺"的成分。争夺的原因，就在于中式的名额是"极其稀缺的资源"；人们之所以来到这个地方，甘愿过三场九天"磨成鬼"的生活，就是奔着这个"资源"来的。就此而言，似乎很符合齐美尔笔下的那种"竞争者当中的每一个人都自为地奋力奔向目标，没有把力量用在对手的身上"竞争形式。[1] 由于周围所处的都是"陌生人"，遇到有所请求时，就可以不顾及熟人面子之类事情，毫不犹豫地加以拒绝。事实上也是如此，早在北宋时期，有人就这样记述："一人言，乡中有士人至□

---

① 〔德〕齐美尔：《竞争社会学》，见齐美尔《社会是如何可能的——齐美尔社会学文选》，林荣远编译，广西师范大学出版社，2002，第224页。

在场中，虽骨肉至亲如之，卒不告一辞。"① 对于骨肉至亲尚不告一辞，遑论"陌生人"？这个空间里的气氛由此而紧张起来。

尽管考生在考场中遇到的基本都是"陌生人"，发生"互动"的概率比较小，若无意外事件，一般不会轻易与他人发生联系，不仅如此，还要小心谨慎同这些"陌生人"相处。有论者指出："科举考试不只是一个知识能力的考试，它同时让考生经历许多身体与精神的试炼。他们不仅要挥别家乡的亲友和熟悉的环境，独自面对一个未知的未来，同时也必须与盗匪、窃贼、色诱和牙吏等进行各式各样的斗争。"② 上述所言只是考生在奔赴贡院的途中所可能打交道的各色人等及可能遭遇到的各种不测危险，似乎一旦进入考场，就没有那么危险了，然而事实并非如此。

拥有丰富应考经验的清中期陕西人路润生作《馂秋试诗二十八首》，介绍入场、临场经验，其中有《栖神》言："入闱静坐且垂帘，帘外喧阗君莫顾。号舍虽多识面人，风檐不是谈心处。"意思说进入号舍，一番铺排之后，要将号帘垂下，自己在号内"静坐"，外面有喧哗也不要管，即使有认识的人，也不要与之谈心聊天，这里实在不是聊天之处；之所以如此，一方面固然是因为"乡试是一场高强度、高难度的智力竞赛，士子在考前必须排除一切内心杂念和外界干扰，保持心境的静虚空灵，思绪神游八极，这是考试成功的必备前提"③，

---

① （宋）施彦执：《北窗炙輠卷下》，商务印书馆，1939，第40页。

② 吴雅婷：《飞锡者可以驻足，行李者可以息肩——宋代寺庙的旅宿空间特质》，浙江大学宋学研究中心编《宋学研究集刊》（第一辑），浙江大学出版社，2008，第182页。

③ 姜传松：《中国古代应试指南——〈馂秋试诗〉管窥》，《教育与考试》2012年第2期，第46~49页。

然而笔者更愿意认为这是一个竞争的地方，大家都是本着同一目标而来，世事险恶，人心惟危，不要说陌生人心不可测，就连熟人、朋友因为一言不合而生事陷害的事例还少吗？考试前过于张扬，似乎高科显第已在囊中，结果遭受攻讦，最终连考试也不能参加，唐寅等人不就是典型的"前车之鉴"吗？故而在这种"竞争"的环境里，还是少说话甚至不说话为宜：一则用以保持心静，不宜因之而分神；二则可以减少与陌生人交往，保护自身安全；三则这里的空间设置就没有给你留出适合谈论说话的地方，每号仅容一人坐卧，若有交谈势必要立在此号舍前的号巷，而号巷又很狭窄，最多能容两人并行，因而谈论势必影响他人，所以最好还是不说话为好。①

---

① "少说话"也是遵照"功令"的结果。明成化二年，礼部即奏准改革并申明会试条例十条，其第三条中即有"举子入场，务要严加搜检放入，就舍坐待题目；文成二篇之上者，方许如厕，随即还舍，不许交接讲论"，明宪宗实录卷二五"成化二年春正月丁卯"条，第 503～505 页。清《钦定科场条例》卷二十九"场规"条规定："士子接卷后，不许逗留龙门，如有接谈、换卷、换号……等弊，并从旁怂恿者，照例治罪。""功令"之所以禁止说话，就是因为谈论用以交流思想，导致作弊，甚至闹事。有过多次考试经历的蒲松龄，写有一出短剧《闹窘》，写一腹俭秀才应乡试时，问邻号写完了没有？邻号的回答是"这使不得！这使不得！"秀才给他许愿，也没得到确实回答，只好自己发泄不满"这低人，不许瞧，难道这通省开科，只中你一人不成？全无那一点慈悲，将人奚落！"这时老军上介：相公速请归号，巡桌的看见。短短几句话，将号舍内士子间的互动描写得活灵活现。见《蒲松龄全集》（第 3 册），学林出版社，1998，第 1 页。然而，也有借助于这种陌生人环境进行交往甚至订交者，如据刘光第记其应癸未会试，三场时与长沙黄敦孝联号，相谈甚欢，黄氏又言其祖父在乡闱中遇曾国藩、胡林翼两伟人之事，且述其语"尔等莫谓矮屋联肩，偶然邂逅，正可留心物色人才。犹记余与胡公连号时，公方盛年，好使气，晋号军。余戒其须善养气，公便欣然订交；余又深服其度量宏远，后来竟作许大功名；尔辈慎勿轻量天下也"，可见在号中交往亦为有益；出其所编《联檐谱》一编，专记在号中所遇人物，见刘光第《联檐谱志感》，《刘光第集》，中华书局，1986，第 30 页。

此组诗中还有一首诗《密贮试卷》："数行草稿要珍藏，贼眼还须着意防。欲度金针君自度，莫教人看绣鸳鸯。"要人们在这个竞争激烈的地方，最要紧看好的是自己的试卷及草稿，以防他人的抄袭；抄袭会导致他人卷子与己卷雷同，若临填榜发现，视为抄袭，他还对此举例说明："凡平日有文名者，入场后众人耳而目之，每乘间窃窥草稿。……场中试卷，最宜严密收贮，举动随身，虽值熟人，苟非素服者，概勿示人以草稿，但就所知为之指授可也。"① 其实，这样做还有防止他人偷卷销毁的意图；考生得中与否，全系一张试卷，至关重大，若为他人偷去，不要说中式无望，甚至还要名登蓝榜，被逐出场，背负"果报"恶名。而"偷取他人卷子"，使对方失去考试资格，从而为自己减少对手，本身就是一种"竞争"的表现形式。前所引卷子被封在号舍之中丢失的离奇事情，其实也不排除被他人偷去的嫌疑。所以清末有人言：考试卷子由官给发，钤以关防，所以杜弊窦、防更替也。……考生一经遗失，再难补给，故考生于接卷后夹以卷夹袋，悬诸胸前，跬步不离，以昭慎重。② 这种小心翼翼保存试卷的行为，甚至成为一种从事科举的"常识"；在人文鼎盛、科甲迭出的江苏常熟，甚至成为一种"掌故"："按卷上号数，寻到号舍之后，须先检点号板，有无缺少，如发现缺少，则唤号军代找。或由'锯子'（木作）来添配。自己在号舍中，挂好号帘，挂好布制软书橱，搁好号板卧具，以及食具、笔、墨、书籍等。如尚

① 姜传松：《中国古代应试指南——〈饯秋试诗〉管窥》，《教育与考试》2012 年第 2 期，第 46～49 页。
② 薛冰点评《南京旧闻》，古吴轩出版社，2003，第 118 页。

未封号，可以就本号或近号略行走动，但须将卷袋挂在胸前，盖卷子最关重要……"①

这种竞争常常有多种表现形式，上述的"偷取他人试卷"仅仅是其中之一；其实凡是能够有利于自己中式，同时又可阻止他人登第的方式，常常可以在一些记载中看到。北宋时期，因为考生位置尚未全部隔开，故此时未免有考生会向其他人商量，或咨询题意、出处，可能发问者并未意识到这是个竞争的地方，而常常是被问者一方不愿说，或者故意两可其说，甚至故意说错，使对方失败。如北宋名臣宋祁在应安陆（宋祁籍贯）发解试时，首场"试《仲尼五十而学易赋》"，"次日，试《周成汉昭孰优论》，景文质其是非于令狐子先，答以两可之说。既出，各举程文，令狐乃以孝昭觉上官桀谋为优于成王不察四国之流言也。景文由是不怿"②，闹得很不愉快，甚至绝交。朱子的经历也很典型。他在绍兴十八年应礼部试时，题为"刚中而应"，有人说此句在《周易》中共七次出现，"某将《彖辞》暗地默数，只有五个，其人坚执，某又再诵再数，只与说记不得，只记得五出，且随某所记行文"，"已而出院检本，果五出耳"③，此则中的"有人"，朱子既然能够同他讨论，则应该不是陌生

---

① 江苏省政协文史资料委员会、常熟市政协文史资料研究委员会：《常熟文史资料辑存》（第20辑）"常熟掌故"，《江苏文史资料》第56辑，江苏文史资料编辑部，1992，第135页。

② （宋）王得臣：《麈史卷中"场屋"条》，中华书局，1985，第23～24页。

③ （宋）朱熹：《朱子语类》卷104，中华书局，1986，第2623页。俞文豹《吹剑录·四录》记载此事，且补上朱子"出院检示，乃悟同经者相忌"一句，极为传神。见（宋）俞文豹《吹剑录全编》，古典文学出版社，1958，第90页。

人；然而其"坚执"错误答案，或许真是误记（朱子所记），也极有可能是"误导"，使之出错，从而减少竞争对手（俞文豹所认为者）。

就在同一本书《吹剑录》中，还记载了两个与之相近似的事：

> 东莱与唐悦斋同试宏词，问唐路鼓在寝门里寝门外，曰："在门里。"及试出检验，始知为其所诒。既而悦斋中选，东莱语之曰："只缘一个路鼓，被君撋在门里。"
>
> 吾乡解试《孟子勇于义》赋，一人欲以"过孟贲者远矣"为第四联，而未得其对。忽友人来问，若荆轲则盗诸，何以对？其人隐而不言，竟以此联魁取。故晦庵因此，每戒人自为实学。①

这里两件事，前一与朱子事相类，确实是一种以"误导"诱使对方出错，以减少有力竞争对手的方式；后一件事则是受到问者的启发，而不告知对方，从而自己中选。故朱子深有感慨，在考场中，不要说是陌生人，就是亲友，都是竞争对手，所以只有依靠自己，将学问做扎实才是正事。

其实，还有比上述更低级恶劣者，发生在明人的记载中：

> 二秀才俱《春秋》有名，相善。秋试前夕，同榻。一生俟睡熟，密取彼生誊真之笔，悉嚼去其颖。明日抽用已尽秃，大惊。取起草者姑代，则湿滥如帚；乞诸邻，又皆坚拒。恸哭，欲弃卷出。倦而假寐，有神拊其背，曰：

---

① （宋）俞文豹：《吹剑录全编》，古典文学出版社，1958，第90页。

"起，起，写，写。"既起，视笔，依然完好。执之，且疑且写。既毕，仍秃笔也。交卷至二门，一生在焉。迎问曰："试文称意否？"谢曰："无之，但得完卷耳。"其人面发赤，趣出宿于别所。明日，其名粘出，不得终试。秃笔生魁选联第。①

这种将同伴的笔嚼去笔尖，使其不能书写，从而为自己减少强有力竞争对手的做法，真是无所不用其极的"下三烂"手段；尽管记录此事的人是将重心放在后半部分，表明"吉人自有天相"，最终以神异方式帮助其完成试卷，且魁选联第，但仍能感觉到前半部分才是真实可信的，那种在棘闱中"起草者姑代，则湿滥如寻；乞诸邻，又皆坚拒。恸哭，欲弃卷出"的无助与绝望状态，即如作者亲身感受到过一般。

至于清朝之后，因了号舍制度严密，在"功令"与制度的约束下，且有号军（这在号舍中也不是一种可以忽视的存在）的监督（名义上是"服务"）下，大家心照不宣，自己干自己应该做的事情，号舍中种种以恶劣方式阻止他人答卷的竞争方式应该少见（这样似乎就能"公平竞争"了）。然而事实上是人们将各种恶意"竞争"更多放在场外，诸如科考之前的各种举报、揭发，登第之后的各种谣言攻讦、检举揭发等，只不过是将考场内"竞争"延续至考场外，但从本质上讲，仍旧是在"科场"之内，从而为"科场"这个充满各种"竞争"的场所，在所谓"公平"的外表下，平添了浓墨重彩。

---

① （明）朱国祯：《涌幢小品》，文化艺术出版社，1998，第158页。

事例很多，兹不列举。①

（二）“合作”——如何与“竞争”共存

然而，必须看到的是，考生们在进行着各种竞争的同时，也在进行一定程度的“合作”。在“棘闱”之中，“竞争”是朝廷希望看到的（恶意的竞争朝廷应该也希望看到，因为无论结果如何，最终得益的还是朝廷），而“合作”则冠以各种“舞弊”的名义而给予压制、禁止。尽管如此，种种色色的“合作”在科举里面几乎没有停止过。

早在唐宋时期，考试座位相关制度尚不严密，故考生在考场中有一定的“合作”，其类型常常有相互商量、讨论诗韵、

---

① 最早者如唐宪宗元和二年（807），年方十八的李贺进京应进士试，因“进士”之进与其父“晋肃”之“晋”谐音，遭到嫉妒他的举子的攻讦，使之连考场都未能进入。北宋方勺自述，“元祐中，东坡帅杭，予自江西来应举，引试有日矣，忽同保进士讼予户贯不明，赖公照怜，得就试；因预荐送，遂获游公门”，《泊宅编》卷一，《宋元笔记小说大观》，第2108页。《李星沅日记》中记载其为道光二十三年癸卯科陕西乡闱监临时，八月十四日“玉门县监生刘栻与同邑生张国桢讦指顶冒，应即两造交审，而提调阆阆令入场，似非正办，即饬查刘栻头场卷文，气颇清爽，在聿右号六十余卷中竟可望中一名，恐顶冒之弊不免，拟于交卷后押首府讯供，以杜幸中”，十六日又说“因三场玉门县环攻刘栻冒籍，即饬于交卷后押发首府质审，旋据禀明，原告张国桢等亦无指控实据，但求免究，如能不中，即可帖然，闻刘栻之父曾任玉门典史，即流寓报捐，果尔，尚非顶名幸中者比”，则可见举报攻讦者的心态，如对方不中，则可相安无事，见《李星沅日记》，中华书局，1987，第325～326页。若对方得中，则借机敲作，否则出首揭发，至为典型的是，《钦定科场条例》所载案例，江西巡抚程含章所汇报的“生员呈控举人胡钺系枪代中式一案”，“原告丁鸣岐等（在号中）见胡钺誊写另纸草稿，当时并不禀究；直至揭晓两月之后，始行出控”，“生员余晒……既知胡钺抄录旧文，并不据实禀首，辄行扬言恐吓，得赃（银二十两）藏匿”（礼部纂《钦定科场条例》卷二十九“场规”，第2050～2051页），此是中式者（转下页注）

经义，帮助对方解释题意出处，指出错误，甚至拿已经做成的
文章让对方抄袭。唐大中三年，李褒侍郎知举，赋题为《尧
舜如天赋》，有宿州李使君弟李浗不识题意，"讯同铺，或曰：
'止于尧之如天耳。'浗不悟，乃为句曰：'云攒八彩色之眉，
电闪重瞳之目。'赋成将写，以字数不足，忧甚。同辈绐之
曰：'但一联下添一"者也"，当足矣。'褒览之大笑"②。这
里是请求一起参加考试的人帮忙，却遭戏弄。但仍可见考生之

(接上页注①)本有情弊，侥幸中式，知情者借机敲诈，但也有无辜而受其害者，
《海上墨林》曾记了一个书法家"周白山……出姚燮门下，而不愿附弟
子列，时人目以为狂奇……嗣冒试江南获隽，为士子攻讦被褫，郁愤以
殁"，见杨逸编辑《海上墨林》，上海古籍出版社，1989，第62页。至于
童试之前报名、发案之后攻讦更夥。其实无论考官，还是社会舆论，对
于这些攻讦似乎都不赞成，如《齐东野语》卷八载"士子诉试"条，
"王希吕仲衡知绍兴郡，举进士。有为二试卷，异其名，皆中选。黜者不
厌，哗然诉之。王呼其首问曰：'尔生几何年？凡几试矣？'众谓怜其潦
倒，则皆以'老于场屋'对。王曰：'曾中选否？'曰：'正为累试皆不
利也。'王忽作色曰：'尔曹累试一不得，彼一试而两得，尚敢诉耶！'
叱而出之"，（宋）周密：《齐东野语》卷八，中华书局，1983，第135
页；其"苏大璋"条，"三山苏大璋颐之，治《易》有声。戊午乡举，
梦为第十一人，数为人言之，以为比如梦告。既试，将揭榜，同经人诉
于郡，谓其自许之确如此，必将与试官有成约，万一果然，乞究治之。
及申号至第十一名，果《易》也。帅携此状入院，遍示考官，谓：'设
如此言，诸公将何以自解？不若以待补首卷易之。'众皆以为然。即拆
号，则自待补为正解者，大璋也；由正解而易为待补者，乃投牒之人也。
次年，苏遂冠南宫"。载此书第136～137页。上述两件事情，前一人明
显不合规章，而苏大璋所言之"梦"，亦着实可疑，然皆以告讦者失意结
束，可见考官还是社会舆论对于告讦之类事情并不赞成。当然，值得提
出的是，朝廷对于"攻讦"是支持的，从宋代开始，就有"出官钱，立
赏格，许告捉怀挟、传题、传稿、全身代名入试之人"（元）脱脱等：
《宋史卷》一五七，中华书局，1977，第3637页。延及明清，此类典令
所在多有，举不胜举。

② （宋）王谠：《唐语林校证》（下册）卷七，周勋初校证，中华书局，
1987，第638页。

间有较多的互动自由。又如《唐摭言》卷十二记载苦吟诗人贾岛的"事迹"："贾岛不善程试，每试自叠一幅，巡铺高人曰：'原夫之辈，乞一联，乞一联！'"① 能够"巡铺"亦即挨座位向其他应考者求"一联"句子，可见考场中实在是有这种现象。《太平广记》卷二六一所载"梅权衡"条："唐梅权衡，吴人也，入试不持书策，人皆谓奇才。及赋题出《青玉案赋》，以'油然易直子谅之心'为韵，场中竞讲如何押'谅'字，权衡于庭树下，以短筵画地起草，日晡，权衡诗赋成，张季遇前趋，请权衡所纳赋押'谅'字，以为师模。权衡乃大言曰：'押字须商量，争应进士举？'"② 从此记载中的"场中竞讲"及"押字须商量"，可见考场中考生之"合作"非常普遍，以致不进行如此合作的梅权衡成为其中"异类"。北宋时，欧阳修在省试时帮助某李姓者，"王君辰榜，是时，欧公为省元。有李郎中，忘其名，是年，赴试南宫。将迫省试，忽患疫，气昏愦。同试相迫，勉扶疾以入。既而疾作，凭案上困睡，殆不知人。已过午，忽有人腋下触之。李惊觉，乃邻座也。问所以不下笔之由，李具言其病。其人曰：'科场难得，已至此，切勉强。'再三言之。李试下笔，颇能运思。邻座者乃见李能属文，甚喜，因尽说赋中所当用事，及将己卷子拽过铺在李案子上，云：'某乃国学解元欧阳修，请公拆拽回互尽用之，不妨。'李见并怀若此，顿觉成篇，至于诗亦然。是日程试，半是欧卷，半是欧诗。李大感激，遂觉病去。论策

---

① （五代）王定保：《唐摭言》卷十二，中华书局，1959，第140页。
② （宋）李昉等：《太平广记》卷二六一"梅权衡"条，中华书局，1960，第2044页。

二场亦复如此。榜出，欧公作魁，李亦上列，遂俱中第云。后李于家庙之旁画欧公像，事之等父母，以获禄位者皆公力也。李尝与先祖同官，引先祖至影堂观之。先祖、先公每言此，以为世之场屋虚诞、以相忌嫉者之戒云。"① 还有在交卷途中遇到未成试卷而帮助其完卷交上者②，甚至在宋朝时已出现"老儒卖文场屋，一人传十，十人传百"之说。③

至明清，随着号舍制度的定型，考生之间的"合作"并不方便，因为处在陌生人环境中，陌生人既是竞争者，又是监督者，又由于有号军监守"服务"、巡场御史不时会从明远楼上远眺、巡绰官不时会从号栅缝隙中窥探号中情形，然而各种合作也从来没有停止过，其中主要是首场、二场中考生可能会有私下商议文章的构思，以及三场的"分条对策"，有时还会有帮助其他考生完卷、誊真等。这几种情况在笔者所能看到的文献中每种都有所记载，并且既发生在所熟识考生之间，也有可能发生在陌生人之间。乾隆三年（1738）戊午科河南乡试，巡抚尹会一监临科场时，发现豫闱四大弊端，其二即为"士子有越号混坐"，具体表现为"（应举士子）工夫疏浅者于表判策论诸题多未讲求，迨至二三场，每向熟识亲友连坐一处，希图彼此凑换，习以为常"，且当监试整顿此弊，谕令不准越号时，反而被应考生监指为多事，"混行吵嚷"④。又据丁治棠所记，其应光绪己丑科（1875）会试时，首场得到题纸，"沉

---

① （宋）王铚：《默记》，中华书局，1981，第 21 页。

② （宋）周密：《齐东野语》卷十五，中华书局，1983，第 86～87 页。

③ （元）脱脱等：《宋史》卷一五七，中华书局，1977，第 3637 页。

④ （清）尹会一：《科场办理事宜疏》，《尹少宰奏议》卷六，张受长编，中华书局，1985，第 55～56 页。

思首题，谋篇莫定。至号栅舒眼。适遇尊经院友刘健卿，系去岁中北榜者，喜同乡竟有人，胡昨未之睹？相与商题定局。伊主截作，以夏时三项为上截，韶舞句作下截，各截还二比，中为小过脉。颇称题势。已则主中平中寓侧之局，前笼后总，中点四段肖题"①；尽管这种商议并没有对写作产生任何影响，但可表明，这种形式的"互动"恐怕还是不在少数的。

也有帮助对方誊录文章者，甚至将文章草稿给人的。清嘉庆九年（1804）甲子科贵州乡试第十八名举人倪兆奎被发现第三场墨卷前后笔迹互异，贵州巡抚福庆以"传令默写头二三场诗文策稿，均无舛错。又经出题面试，文理亦属通顺，且验得该举人病发未剃，面色黄瘦，可见患病属实"最终确定"倪兆奎带病入场，五策草稿俱已做就，委因第一二道誊完后，寒热交作，眼花手颤，不能书写，恐致贴出，托同号之人写完，适邀中式"，"而代誊之同号生员，倪兆奎尚不能举出名字，是真平日本未熟识，非预为雇倩可知"汇报朝廷，最后处理结果是"看来此事并无关弊窦，倪兆奎尚可加恩，留其举人；惟试卷托人代誊，究有不合。著罚停会试一科；其代誊之同号生员及外帘失察各员，均从宽免议"②。乾隆三十六年辛卯（1771）会试首场，浙江人潘庭筠遇同乡友抱病不能作文，想要曳白出场，潘劝之，"且示以己作，嘱其运化"，也就是要那人改变一下，不想"其人喜，直钞之"，考官阅卷时"两卷俱荐，此人定魁，而会元即潘也"，结果"后以雷同

---

① （清）丁治棠：《往留录》，《丁治棠纪行四种》，四川人民出版社，1984，第 105～106 页。

② （清）礼部纂《钦定科场条例》卷二十九"场规"，（台湾）文海出版社，1989，第 2035～2036 页。

并黜，潘大恚，遂成心疾"①。将草稿给予他人誊抄的，亦在在有之，兹不赘引。

还有一些是明显得到他人帮助而中第的事情，如《秋灯丛话》所载之《半生沦落》条所记：

> 吾乡孝廉张某，雍正壬子应试省闱。漏下三鼓，陡见妇人搴帘谛视，曰："非也。"转瞬失所在。张大惊，遍语同号生。一老儒蹙额曰："是为我来也。"张愕然问故。曰："先兄即世，寡嫂守志。忽有煽中酽语者，予恐为门户羞，白诸母，令改适，嫂遽自经。后每试辄相扰。惟是衅有自起，萋菲者实阶之厉，奚独予咎？虑其仍为祟也，延僧忏悔，谓庶几可免。今复尔尔，是终不我释也。"言讫，神色惨沮。张解慰间，号板忽訇然扑地，砚覆卷上，墨污殆遍。生凄然曰："今生已矣，夫复何尤？"索张视之，曰："君文虽佳，虑难入彀。吾三艺颇得意，君试录之，倘朱衣首肯，庶知予半生沦落，非战之罪也"张如言。榜发，果隽。②

最为普遍的是第三场策题。本来，乡会试只重首场，而首场只重首艺。到了清朝后期，"光绪癸酉以后，始渐尚实策，盖自石印书大行，诸士子率以对实策相矜。凡场中可用之书，无不携入，甚或一人不能胜，则纠合数人为之。各认一道，互相易换，惟策首数句及篇中诸虚字，略为改易而已"。也可能

---

① （清）钱泳：《履园丛话》（下册）卷十三"科第"，中华书局，1979，第349页。

② （清）王椷：《秋灯丛话》，华莹校点，黄河出版社，1990，第89～90页。

会瞒过考官，是因为"试官阅至第三场，已昏昏欲睡，况又遇此千首雷同之作，欲其过目，乌可得哉"①。因此，当策题一发下来，考生会跟其他人分条承担查找资料的任务，而不管这些人是熟人还是陌生人。张謇应光绪元年（1875）乙亥恩科乡试，"十四日，三场，与馥涛、彦升、若愚、子清、少穆、冀墀同号。二更后得题：第一问经学，二问史学，三问训诂，四问算学，五问水利，就中惟训诂最难"，"十五日馥涛、彦升、若愚及余三人分对，日夕始成。誊至四更竣"；光绪五年（1879）应己卯科乡试时，也记道："十四日三场策问，第一道经，第二道史，第三道韵学，第四道新疆舆地，第五道吴中人物"，"十五日经学舆地归彦升，韵学归子翀，史学人物归余"；中间亦应1876年乡试，未记此种情形，但并不能说明没有发生这种事情。② 叶昌炽在光绪六年（1880）庚辰科会试第三场时，"坐才字七十号。顾康民同年坐陆十号，于是相约通力合作。闽县王旭庄同年，康民所谂，亦来订约"③。丁治棠记三场对策则是发生在陌生人之间，第三场入场后，坐效字号三十八号，"号之左，为直隶余某，右隔一舍，即忠州冯复轩，尊经院相识友也。余某携书甚多，谈亦博洽，遂联冯友而三，订明日对策之约。……十五日，五更初，策题下，防破梦，转伤神，掷题枕旁，晓起读之：首问《仪礼》，次史汉地理，三兵制，四管子古字古义，五书目。派作之：己对首、次

---

① （清）徐珂：《清稗类钞"考试类"》，中华书局，1984，第628页。

② （清）张謇：《张謇全集》第6卷·日记，江苏古籍出版社，1994，第67页，第182页。

③ （清）叶昌炽：《缘督庐日记》，王立民校点，吉林文史出版社，2011，第279页。

条；冯对三；余对四五。各寻书典，大约十对七八，惟管子条无书可核。余某揆以意，得失参半，尚漏紧要三条，乃自参心解"①。恽毓鼎参加1882年顺天乡试时，记第三场策题"自己实对四篇，五篇抄之他人"，未言被抄者是谁，应该是陌生人；其在1886年应会试时，第三场五道策题，"俱不甚难。偕养源互查，十得八九"，此处之"养源"，未记姓氏，笔者也无从考核其究系何人，然而可见是熟人。② 有时在号中遇不到熟人，没法合作，转觉郁闷，如恽毓德应光绪壬辰会试，第三场坐西生字四十七号，"熟识者均相隔甚远，无一联号者，殊为闷闷"③。

清朝后期，号舍管理已经趋于松懈，有时候考生为了能够合作答题，不惜"越号""乱号"以达目的。如姚永概参加光绪戊子科乡试时，第三场十四日所记，"五更遣人接卷，午刻进场，拟对实策，因静潭坐往字号，因五人同移入其中。下午来本号一二人，与之商对号，竞允而去，始铺设焉"；十五日，"早策题下，首题问《春秋》地理，次题问《辽史》，三题问诸子，四题问海战，五题问金石篆隶。五人搜罗各书，得其大半，又集诸友之力始全，实所不竟知者三四条耳。"④ 是科其中解元。潘伯寅的一条记载，可见此种情况确属实际发生者，"近日时文之弊，大率不求文从字顺，上者务诡异，下者

---

① （清）丁治棠：《往留录》，《丁治棠纪行四种》，四川人民出版社，1984，第107页。

② （清）恽毓鼎：《澄斋日记》，浙江古籍出版社，2004，第10、19页。

③ （清）恽毓德：《壬辰春试记》，常州图书馆编《晚清常州名贤日记四种》，凤凰出版社，2013，第545页。

④ （清）姚永概：《慎宜轩日记》（上），黄山出版社，2010，第359页。

务声调，至二三场，则捆载书籍，牛腰巨篋，牵挽以入，十五为朋，钞袭成之"①。

这些"合作"，尽管在当时的规章制度中，是不合法的，今人看来，也完全是一种"舞弊"；然而当时的记载者并不以为如此，考生自己如实记下，亦并不以为有何不妥；考官在试后会发觉，但大都只是针对"雷同"，一并黜之，对于当事考生本人，并无载进一步的追究与处罚。至于社会舆论，则不仅不反对这种现象，反而以之为佳话美谈，而对于拒绝这种合作者，则营造不利于彼的社会舆论，前者如蔡絛所记："昔东坡公同其季子由入省草试，而坡不得一，方对案长叹，且目子由。子由意解，把笔管一卓，而以口吹之。坡乃寤乃《管子》注也。又二公将就御试，共白厥父明允，虑一有黜落奈何。明允曰：'我能使汝皆得之，一和题一骂题可也。'由是二人果皆中。噫，久不获见先达如此人物也。"② 这种"合作"若发生在考官与考生、考生兄弟之间，被作者认为美谈，且发出"久不获见先达如此人物"的感叹。后者如上文所引宋景文的相关事件，即于其后接着说："是年，景文首荐，令狐被黜。"③ 《北窗炙輠》中连续记载了几件这样的事，其中言一"乡中士人"："有士人至在场中，虽骨肉至亲如之，卒不告一辞。而其人实高才，平生诗文，混之《东坡集》中，人莫能辨也。今年且六十矣，犹困场屋。陈阜卿兄弟居常卷子，令所知恣观，然兄弟皆早第。由是言之，在彼不在此也"，又说

---

① 陈左高：《癸巳琐闻旬日》未刊稿，见谢国桢、张舜徽等《古籍论丛》，福建人民出版社，1982，第324页，全文在其书第321~335页。

② （宋）蔡絛：《铁围山丛谈》卷二，中华书局，1983，第29页。

③ （宋）王得臣：《麈史》卷中，中华书局，1985，第23~24页。

"刘得初、白蒙亨、刘观，皆太学名士，太学魁往往三人皆专之。下日尝在场中会卷子，得初先出之，犯讳，二人不言。次蒙亨出之，又犯讳，二人亦不言。最后观出之，复犯讳，二人亦不言。三人者皆自喜，谓二人犯讳，魁将谁归？及见点，始知皆犯讳，此何容心"。[①] 很明显，对于这种只知道"竞争"却不顾及"情面"，在考场中明知人家出错，却不施以援手、给人提醒的情形，当时的社会舆论是不赞成的，却将在考场中将"卷子"给人尽情观看的事情当作"佳话"来记述。

（三）对于"合作"与"竞争"共存现象的解释

这种"竞争与合作"共存，一定程度上"合作多于竞争"的现象，尽管现在少有议论者，进行科举制度研究的人大多将"合作"作为"舞弊"来议论，且大多当作"科举衰落"的一种"表征"来论述，笔者认为此种结论实在有些值得讨论之处。

有历史学家认为："一些事在一个特定的年代、一种特定文化中是可理解、可接受的，而在另一个时代、另一种文化中就不再是如此的了。"[②] 在此基础上，笔者赞同对于这种现象应该有稍微本质一些的论述的做法。

首先，二者同时并存是一种社会现象。正如社会学家所指出的，"我们所居住的空间，把我们从自身中抽出的，我们生命、时代与历史的融蚀均在其中发生，这个紧抓着我们的空

---

① （宋）施彦执：《北窗炙輠》下，中华书局，1985，第40页。

② 〔法〕菲利普·阿里埃斯：《心态史学》，见〔法〕J. 勒高夫等《新史学》，上海译文出版社，1989，第170页。

间，本身也是异质的。换句话说，我们并非生活在一个吾人得以安置个体与事物的虚空（void）中，我们并非生活在一个被光线变幻之阴影渲染的虚空中，而却是生活在一组关系中，这些关系描绘了不同的基地，而它们不能彼此化约，更绝对不能相互叠合。"① 我们所生活的社会是一个大空间，存在各种各样的关系，每个人都是这个关系上的一个"点"；考生所经历的"棘闱"也是一个空间，其中也必然存在各种各样的关系。社会上，固然存在"竞争"，然而往往就是在"竞争"存在的地方，也就存在"合作"，二者既不能够彼此化约，更不能相互叠合，而是你中有我、我中有你，不分彼此地融合为一体。因此从"棘闱"这个空间开始建构起始，"合作"与"竞争"二者就同时共存，而与"棘闱"共存亡。其实也可以这样认为，这种现象也应该能够与"棘闱"背后的支持力量共存亡。只要这种制度存在，这种现象就存在；也是一种可以理解的现象。

其次，源于制度设计与社会观念的一定错位。对于朝廷来说，设置这个制度的目的就是企图以"竞争"的方式获取"真才"，似乎就认为，"竞争"越激烈，"真才"出现的可能性就越大，因此设置多种手段以促成、支持、保护竞争，而对"合作"进行防范、打击。然而社会上，我国传统文化以儒家思想为主体，以道家思想为辅助，后来又加入了一定的佛教色彩。儒家社会教化，以"息争""止讼"为目标，不喜竞争；

---

① 〔法〕米歇尔·福柯：《不同空间的正文与上下文》，陈志梧译，见夏铸九《空间的文化形式与社会理论读本》，（台北）明文书局，1988，第227页。

道家言"无为"，顺应自然，而"竞争"自属有为，是其所不认可者；佛家讲"空无"，则"竞争"更是无谓。所以就整体的思想文化而言，国人对于"竞争"有本能的反感与排斥。到了宋代以后，"命定论"与"果报论"对于科举的影响逐渐显著起来，人们认为，命中有者（是前生之果），别人如何争夺也夺不走，故不屑于争，反而以帮助他人为佳话；命中没有者，你自己怎样争夺也得不到，即使暂时得到也会被夺走，最后落下被人耻笑之话柄。社会上，"每个人自己特有的目标都不同于他人的目标，并随时间不同而发生变化。但当个人追求自己的特有目标时，他们的行为一般仍要服从并依赖于大体相似的基本价值。"① 因此尽管在这个被设置为"竞争"的场所，但才高之人不屑于竞争，"居高以临下，不至于争，为其不足与我角也"，而只有才不足、识不全者方斤斤计较，甚至采用下三烂手段。② 这些观念对于竞争实际上产生了一定程度的消解作用。不仅如此，能够扶危济困、帮助他人走出困境，则成为一种美德，能够帮助别人的时候，尽可能帮助，熟人间如此，陌生人的求告也不忍心拒绝，而拒绝帮助他人之人则为人不齿。这种观念不仅发生在考生之间，也往往发生在考官身上，内帘官看到所批阅文章有几点不妥甚至违式之处，暗中对之进行"点染"以使中式，外帘官员在遵守《科场条例》的前提下尽可能帮助考生渡过难关等事例中，都可找到这些观念的影子。

---

① 〔德〕柯武刚、史漫飞：《制度经济学社会：社会秩序与公共政策》，韩朝华译，商务印书馆，2000，第84页。

② （清）刘大櫆：《息争》，《刘大櫆集》卷一，上海古籍出版社，1990，第16页。

至于清末，随着科举制度的衰落，这种"合作"的事例应该有更多，"合作"的状况更应该五花八门，据徐凌霄所记：

家兄䌟佛云："考场中每号号舍，多者五六十，少者二三十，有号官为管理，有号军一人或二三人为服役。甲辰年，余在汴应会试，第二场同号邻舍，忽有人大声疾呼，连称'了不得'面亟问所以，则系某显宦之公子，瘾君子也，其仆代理考具，误将空烟盒置于箱内，瘾发无人御之，惶急万状。乃公议询同号中，有同嗜者共为凑集，以资救急，结果同嗜者仅有三人（彼时不禁烟，然烟民之数，乃大逊于今日，因无强有力者专卖提倡故也），所携不多，既不能从井救人，只分出少许，不足应需要，且质劣不合用。因又有人提议，请号官来设法，号官霎时巡查至栅外。余舍最前，因代为呼曰：'号官老爷请住。'乃公恳代觅。号官欣然承诺，取得二两广膏以赠。此人喜极，拱手点额，一道谢不已。号官笑曰：'但愿今科高中，将来多照应我们这小官儿罢。'因留姓名而去。此虽小事，且颇可笑，然亦足表示场屋为尊重道德之地，一旦相逢，则秦越一家，同患相恤，不于竞争得失之时，存幸灾乐祸之念也。是日更有一事足记者，余与同号某君，正谈论头场题目时，一号军从旁屦言，议论风生，语皆中肯。问其名，曰王执中，乃陈留老岁贡也。累试不第，满腹牢骚，曾受同学揶揄，谓'今生今世会试场中没有你的分了。'因趁借闱机会，来此一泄忿气耳。遂共加优礼，不以寻常号军视之。"斯则足见科举之困，而失意者之可悯也。《儒林外史》之写周进哭号板，情景盖如画矣。①

此应是清朝最后一次也是科举制度最后一次会试中发生在考生、号官与号军之间的一次多方"合作"的事例。考生进场烟瘾发作，最终要"号官"帮忙；而体现着朝廷功令的号官不仅不拒绝，反而"欣然承诺"，满足考生们的要求，只是因为抱着考生一旦将来得中，可能会"将来多照应我们这小官儿"的心态。言谈者、记载者均不以之为不正确，而认为"场屋为尊重道德之地，一旦相逢，则秦越一家，同患相恤，不于竞争得失之时，存幸灾乐祸之念也"，亦即合作重于竞争，而将能够合作看成是"道德"的一种体现，尤可见这种"合作"观念之深入人心。由是，制度设计（"朝廷功令"）与社会观念发生错位，不能不冲淡"功令"的严酷色彩。

最后，"制度"本身的有限性宿命。关于这一点，我们在上文已经有所涉及，此处再稍微进行一些补充。"绝大多数制度都是社会自生自发和人的主观理性建构共同作用而成的产物"，人对事物的认识总是有缺陷的，认知的有限性决定了制度的有限性，"当人据此进行制度建设的时候，必然造成制度的不完善性"，"不存在完美无缺的制度"②。科举制度也是这样，尽管在清朝后期，钦定科场条例 60 卷之巨，煌煌大典，事无巨细均有规章可循，制度设计上已经臻于完善，密于凝脂，几乎没有漏洞可钻，然而就在此时，各种情事层出不穷，

① 徐凌霄：《凌霄·一士随笔》，山西古籍出版社，1997，第 139 页。
② 江必新、王红霞：《国家治理现代化与制度构建》，中国法制出版社，2016，第 147~148 页。

朝廷疲于应付，就拿最后一道关口"磨勘"来进行把持，然而却不能再对"磨勘"进行"磨勘"，最终亦使之流于形式与表面。① 考生在号舍中是被监督的对象，然而因为考生众多，元朝与明朝初年考场中那种"考生入场，每人用军一人看守"的情形②，考生数量少的时候可以办到，明朝中后期及清朝乡会试一般考生都在数千以至上万，"每人用军一人看守"如何办到？自然此仅仅是其一端，故号舍合作的情形，自是"干犯功令"，科场条例所禁止者，然而却被当作正常的事情记录下来，且在合作过程中无人干涉，无人阻止，也说明了这一点。

三　"服从"与"反抗"——考生群体与考官群体之间的互动

我们在前面已经提到过，"考官"与"考生"这两个群体

---

① 如郭嵩焘曾参与咸丰戊午科乡试中式试卷磨勘，郭氏自己发现，"河南分卷四本，涂改挖补，无卷无之。科场积习已深，情轻法重，不忍揭出。所签应议之卷……举其抬头不谙体制一端而已。……不为之加刻"，也就是尽管问题很多，但只是找一些明显格式上的毛病贴出来，不因此而加重处罚，即便这样，"其间有疑问重者，且援情意解之，虽获议处，亦所甘也"，见《郭嵩焘日记》第 1 册，湖南人民出版社，1984，第 185 页。郭氏心态应该也是不少磨勘官员的心态。其时正处戊午科场大案尚未最终决定处理结果时期，尚且如此，何况其他？至于皇帝亲自磨勘，发现问题，这又是另外一种情形了。然而，清朝后期，连续几代小皇帝，何有清朝前、中期康熙至道光、咸丰那样发现卷子中出题乃至衡文纰漏、差错的能力？科举衰落，自与清朝统治力的下降有密切关系。其实，早在乾隆朝清朝统治力尚在强盛之时，对于磨勘之事，便已有类似于此之复杂心态，如乾隆中期人钱载被抽调"磨勘试卷"，所作诗所言"我圣崇科选，群公慎所归；所难言黜落，岂独念寒微"，诗在《箨石斋诗集》卷二十二，《清代诗文集汇编》第 314 册，第 119 页。其实，另据相关文献，钱氏本人亦为"磨勘"之受害者。

② 明洪武十七年甲子礼部所颁《科举成式》，郭培贵：《明代科举史事编年考证》，科学出版社，2008，第 15 页。

是在贡院这个空间中的两个最主要的群体，并且在上文用了较长篇幅来论述这两个群体内部的多种多样形式的互动，从而使人们对于这两个群体各自在这个空间之中的活动方式与内容有了初步了解。然而仅仅这样还是不够的，这两个群体间也有着多种形式的互动，使我们这个空间之内的活动形式有更为全面的了解。

（一）渐行渐远的“上请”与隔离的形成

然而必须看到的是，考生与“考官”之间互动的形式与内容，则与“考官”群体的组成形式的变化有密切关系。科举制度刚开始实行的唐朝，考官较少，其办公地点所在的“都堂”，而考生的考试地点就在“都堂”前面庭院两旁的廊庑之中，并且由于没有考官与考生之间互动形式的制度性规定，倒是由于诗赋试题“不皆有所出，或自以意为之，故举子皆得问题意，谓之‘上请’”[①]，也就是举子可以向考官询问题意，且有名称曰“上请”，因此，在考试过程中，考官与考生之间，这种“上请”应该是最主要的互动形式，但因为相关文献记载很少，所以其具体情况尚不得而知。不过，这种“上请”至于宋朝仍然存在，且有生动的事例可为佐证。范镇《东斋纪事》，曾记载北宋真宗年间杨亿知举时的一段趣事：

杨文公知举于都堂，帘下大笑。真宗知之。既开院上殿，怪问：“贡举中何得多笑？”对曰：“举人有上请尧舜几时事，臣对以有疑时不要使。以故同官俱笑。”真宗亦为之笑。[②] 类似

---

① （宋）叶梦得：《石林燕语》卷八，中华书局，1984，第113页。
② （宋）范镇：《东斋记事》“附录（一）辑遗”，中华书局，1980，第55页。

的"上请"在欧阳修等人知贡举也有发生，据岳珂《桯史》卷九"尧舜二字"条所载：

> 欧阳文忠知贡举，省闱故事，士子有疑，许上请。文忠方以复古道自任，将明告之，以崇雅黜浮，期以丕变文格，盖至日昃，犹有喋喋弗去者，过晡稍阒矣。方与诸公酌酒赋诗，士又有扣帘，梅圣俞怒曰："渎则不告，当勿对。"文忠不可，竟出应，鹄袍环立，观所问。士忽前曰："诸生欲用尧舜字，而疑其为一事或二事，惟先生幸教之。"观者哄然笑。文忠不动，徐曰："似此疑事，诚恐其误，但不必用可也。"内外又一笑。①

尽管一直有臣僚认为士人"上请于殿陛之下，出题官临轩答之，往复纷纭，殊失尊严之体"，而要求停止"上请"②；宋仁宗宝元二年（1039）知制诰郑戬言："南省引试。都堂垂帘，两边钉小幕，小试官不得辄上都堂，诸色人非指使呈覆签押文字，不得到都堂上，如违，严断。进士引试，依旧写札所出去处、注疏，一处晓示，不令上请。或疑处须得上请，止在厅砌下，不得逼近帘帷。"③ 此建议被朝廷采纳，由此确立下来的"内外帘"制度，用以将出题、衡文官员与贡院中的其他闲杂人等隔开，是考试制度史上的重要建树。尽管对于考生"上请"仍旧允许，但考生止步于厅砌之下，不能登堂；而终宋一朝，"上请"之事不绝如缕，时有发生。

---

① （宋）岳珂：《桯史》卷九"尧舜二字"条，中华书局，1981，第98页。
② （宋）王林：《燕翼诒谋录》卷五，中华书局，1985，第39页。
③ 刘琳、刁忠民、舒大刚、尹波等：《宋会要辑稿》选举三，上海古籍出版社，2014，第5295页上。

"上请"的内容，主要是与考题相关，有考题出处、内容，甚至是题目中的错别字等多种类型；上请的方式，也大都是考生问，考官答。考官的性情不同，对待"上请"的态度也有差异。《东轩笔录》记载刘邠的事迹："刘邠博学有俊才，然滑稽，喜谑玩，屡以犯人。熙宁中，为开封府试官，出临以《教思无穷论》，举人上请曰：'此卦大象如何？'刘曰：'要见大象，当诣南御苑。'又有请曰：'至于八月有凶，何也？'答曰：'九月固有凶矣。'盖南苑豢驯象，而榜帖之出，常在八月九月之间也。"① 刘邠才高而性滑稽，善于开玩笑，对待考生的"上请"仍旧以"滑稽"出之，而流于戏弄。而晏殊为知贡举时，"出《司空掌舆地之图赋》。既而举人上请者，皆不契元献之意。最后，一目眊瘦弱少年独至帘前，上请云：'据赋题，出《周礼·司空》。郑康成注云："如今之司空，掌舆地图也；若周司空，不止掌舆地之图而已。"若如郑说"今司空掌舆地之图也"，汉司空也。不知做周司空与汉司空也？'元献微应曰：'今一场中，唯贤一人识题，正谓汉司空也。'盖意欲举人自理会得寓意于此。少年举人，乃欧阳修也，是榜为省元。"② 这是故意出有歧义之题，期待对之有正确理解的考生来"上请"，以便发现真正人才，体现出晏殊细心搜访人才的苦心。

当然，也有考生利用这种"上请"机会，访知题意，从而导致舞弊事件者。如周密《癸辛杂识》后集所记林竹溪事以及连带的另外一件事：（林）字肃翁，又号虙斋，福清人。

① （宋）魏泰：《东轩笔录》卷八，中华书局，1983，第89页。
② （宋）王铚：《默记》卷中，中华书局，1981，第26页。

乙未吴榜由上庠登第，凡三试，皆第四。是岁，真西山知举，莆田王迈实之预考校。……林居与王隔一岭，素相厚善。省试前，林衣弊衣邀王车，密扣题意。王告以必用"圣人以天下为一家"，要以《西铭》主意，自第一韵以后，皆与议定。……至引试日，题将揭晓，循例班列拈香，众方对越，闻王微祝云："某誓举所知，神其鉴之！"是时乡人林彬之元质亦在试中，上请，以乡音酬答，亦授以意。亦预选云。此为理宗端平二年（1235）省试事，考官公然在拈香（应该是明清贡院中考官"祭魁"或"盟誓"的前身）时，要求神灵保佑其"举所知"①。省试尚且如此，地方解试更不可问矣。

　　至于生活上的事情，也会有考生来上请。如北宋时有应"三礼"的考生清晨入场时，掉落在考场前的大渠中，"举体沾湿。中春尚寒，晨兴尤甚"，考生不胜其苦，"遂于帘前白知举石内翰中立，乞给少火，炙干衣服"，却不想引来石中立的一顿奚落。②

　　宋朝时期，雕版印刷技术已经非常发达，充斥着错别字甚至漏句、错行等错误的盗版书也大量出现，考官若选择不慎，以之作为出题根据，常常导致考生"上请"。如《石林燕语》卷八所载："熙宁以前，以诗赋取士，学者无不先遍读五经。余见前辈，无科名人亦多能杂举五经，盖自幼习之，故终老不忘。自改经术，人之教子者，往往便以一经授之，他经纵读，亦不能精。教者亦未必皆读五经，故虽经书正文，亦率多贻误。尝有教官出《易》题云：'乾为金，坤亦为金，何也？'举子不免

---

① （宋）周密：《癸辛杂识》后集"私取林竹溪"，中华书局，1988，第106～107页。
② （宋）魏泰：《东轩笔录》卷十五，中华书局，1983，第170页。

上请。则是出题时偶捡福建本，坤为釜字，本谬，忘其上两点也。又尝有秋试，问'井卦何以无象'，亦是福建本所遗。"①

至于因为考官经书不熟、出题不审，而闹出考生"上请"而导致的"群体事件"，则亦有记载，如《齐东野语》所记："癸酉岁，庆元秋试，两浙运司干官临川龚孟鐩为考官。龚道出慈溪，忽梦有人以杯酒饮之，且作'四'字于掌中。晓起，便觉目视晄晄。及入院发策，第一道中误以一祖十三宗为十四宗。于是士子大哄，径排试官房舍，悉遭棰辱，至有负笈而逃者，龚偶得一兵负去而免。刘制使良贵亲至院外抚谕，遂权宜以策题第二道为首篇，续撰其三，久之始定。于是好事者作隔联云：'龚运干出题疏脱，以十三宗作十四宗；刘制使下院调停，用第二道为第一道。'龚后为计使所劾。明年秋，度宗宾天，于是'十四宗'之语遂验。"②

尽管责任在考官出题不审，但这里考生"径排试官房舍"之类行径，却有一些"反抗"的意味。这种发生在考场内，考官与考生之间的互动形式，其实还是考试制度尚不严格的表现，也说明考生在考场内尚有一些行动自由，考官与考生之间尽管要隔着"帘"进行互动，尚未完全隔绝。不仅如此，二者还可能有机会联络起来，形成类似于"舞弊"的互动，如南宋洪迈在《夷坚甲志》卷十九所载："湖州安吉人沈持要（名枢）考完经义刚要出考场时，被一位考场巡视人员阻拦，问其故，曰：'见君箧中一二烛甚佳。非湖州者邪？若无用，

---

① （宋）叶梦得：《石林燕语》卷八，中华书局，1984，第115页。
② （宋）周密：《齐东野语》卷十七"龚孟鐩策问"条，中华书局，1983，第312页。

幸见与。'沈慷慨付之。"第二天考试诗赋，此人又来，沈枢以为还想要蜡烛，又赠予他；沈枢要交卷出院时，挽使再读，直到发现并改正了押韵错误之处，最终，沈枢登进士第。[①] 此"寻常人员"问考生索要东西，本身就"干犯禁令"；但在考生慷慨赠送之后，又利用权力之便，使得考生延迟交卷，发现错误，从而登第。但在记述者与考生本人来说，似乎并没有什么不妥。

元代长时间不行科举，至延祐初年方得复行，对于考官与考生之间，似乎也没有一定的隔离措施，因此考官与考生之间，也可能存在一定程度的互动。俞希鲁记郭昇在参加延祐丙辰科乡试时的情境，"次场，试《太极赋》，日方午，盘桓场屋间。时宪使佟公伯起实监试栲闱中，望其状貌魁梧，遣吏召之前，问乡贯姓名，且曰：'汝赋已就乎？'曰：'已纳卷矣。'曰：'汝能背诵乎？'君应口诵无疑，音吐洪畅，听者属耳。曰：'汝能更赋《秋阳》乎？'君曰：'唯唯。'即授简，援翰立就，亹亹数十韵，多奇峭语。佟公大奇之，曰：'取士得如此，足矣。'"[②] 但榜发之后，郭昇并未登第，原因是考官避嫌。这个事情描写生动、翔实，可见考生、考官在贡院内有一定的自由度，且能够发生一定程度的互动。至于这些"互动"是否都像上面所引情形，则因为相关材料较少，不敢断言。

（二）"规训"与"服从"

至于明清，随着科举制度的逐渐成熟，"区分"与"隔

---

① （宋）洪迈：《夷坚甲志》卷十九"沈持要登科"，中华书局，1981，第173页。

② （元）俞希鲁：《郭天锡文集序》，《快雪斋集》，《中国考试史文献资料集成·宋辽金元卷》，第844页。

离"两种手段在贡院内的使用，则考生不仅与内帘考官完全隔开，就是外帘考官，因为有"提调、监试官员不许私自入号，务要是同往来巡视；其巡绰官员止于号门外看察，不许入号与举人交接"①，则考生与考官之间的互动从制度上而言，全部隔绝，唐宋时期考生向考官"上请"的现象完全消失；考生在号舍之内，所能感受到的"制度上"的存在，就只有那高高耸立的明远楼与每条号巷之内的号军了。

然而，尽管考生与号军之间，会有一些交往行为，例如后者对于前者的一些服务，甚至互殴，后者利用机会偷窃前者东西等，却不是我们本书中所认可的"互动"，这是因为上述这些不是制度上的，更不会是平等的，这是因为后者处于社会最底层，绝大多数人没有文化，而前者是"士"，根本不会与他们进行"互动"，正如刘大鹏所言"乡试场中号军称士子皆呼'先生'，会试场中号军称士子皆呼'老爷'，名分之不同有如此者"②。并且相关制度上规定，考生与号军之间，也不能发生互动，如万历四年丙子十二月，礼科都给事中李戴等奏准会试条例，其中"巡绰当密"条为："士子坐定，巡绰人役更番潜行伺察；各军衔枚肃立，毋得故为先声，递相传报。"③ 不让号军说话，自然也就不能与应试士子进行"互动"。清代则每条号巷分派一名或数名，"贡院为试士之所，诸生席舍曰'号房'，人以一兵守之，曰

---

① 嘉靖十年，礼部奉旨重新确定并申明之会试条例，见《礼部志稿》卷七一《科试备考·试法·题行会试条约》，四库全书598册，第209页下~212页上。

② 刘大鹏：《退想斋日记》，乔志强标注，山西人民出版社，1990，第42页。

③ 《明神宗实录》卷五七"万历四年十二月乙亥"条，第1312页，见郭培贵《明代科举史事编年考证》，第212页。然其页下注释"衔枚"，却以典故为实指，恐误，只是要求他们保持肃静，未必真的要像夜晚行军那样"衔枚"。

'号军'，始于明也。盖明代科举，功令极严，故派军役守之，以防枪替传递。本朝亦有号军之名，则仅供扫除，为士子服役而已，且非军人也，充之者皆贫人"①，名义上只是"提供服务"，但常常偷盗考生物品，敲诈考生，与考生发生冲突，甚至厮打②，从而导致"群体事件"者，亦在在有之，然而这些不能说是"互动"。

考生是贡院内数量最大的群体，却是被规训的对象；所有的"科举成式""科举条例"，最终都指向他们。他们的各种行为，要按照"科举成式""科举条例"的规定进行；若有违规，会被提到至公堂，被监临等外帘官员讯问，受到不同程度的惩处。明成化二年丙戌（1466）即已规定："举子入场，务要严加搜检放入，就舍坐待题目；文成二篇之上者，方许如厕，不许交接讲论。"③后来又加入了"每舍容举人一人，用

① （清）徐珂：《清稗类钞"胥役"类》，中华书局，1984，第5263页。
② 如陆以湉《冷庐杂识》所载，道光壬午北闱，仁和蒋侍御诗为科场训号官，有号役讦告某士子怀挟文字，蒋谓："若果怀挟，则当搜检时，诸王大臣岂肯纵其入闱？此必汝藏匿之物，借以挟诈耳。"立予杖责耳逐之，是亦能以爱惜士子为心者。见《冷庐杂识》卷四，中华书局，1984，第201～202页。恽毓鼎光绪八年壬午（1882）应顺天乡试所记，第三场十四日，"东场有一士子为号军所殴，血流满面，诸生共抱不平，故而至公堂禀明，当即将号军立送刑部，从重治罪。其被伤之士，则请医诊看，给药敷治，以了此案。彼号军因属不法已极，而该士为无妄之灾矣。"见恽毓鼎《澄斋日记》，浙江古籍出版社，2004，第10页；其记监临示诸生牌甚趣："诸生且各归本号，本堂自有道理，为诸生泄愤。"则可见监临等官员对于士子群体的态度，亦甚为有趣。一定程度上，似可认为，监临等官员亦多从科举出身，亦具"士"之身份，对于贡院中各种体现着"防弊"的制度不满而对考生充满同情，故而有如上举动；最为典型者，应该还是万历野获编卷十六所载"会场搜检"条，中华书局，1959，第413页；此条反映情况最为复杂，不仅牵涉士子与监军冲突，更有同作为监试之二御史之冲突，更与科场果报观念扭结在一起，可参见。
③ 《明宪宗实录》卷二五"成化二年春正月丁卯"条，第503～505页。

军士一人看守"的内容①。清顺治二年，甫临中原，清鼎未
定，即行科举，要求"场内临期委能干官二员，专察诸生领
卷寻号时，有在号外停立者，登时扶送监临诘问"②；《钦定科
场条例》卷二十九"关防"条规定："士子接卷后，各归号
舍；归号后不许私出栅栏，违者均即扶出。如有哄聚多人，紊
乱场规者，将为首之人照例究治。"③ 李星沅为道光二十三年
癸卯科陕闱监临，第三场进场时，"大通县生员孔某已接卷入
闱，复出龙门取考具，即刻扶出"④。之所以如此，是因为龙
门之后、至公堂前，而以明远楼为中点的甬道上，虚空程度较
大，能够容留多人站立，可能成为发生"群体事件"的"场
所"⑤。王庆云为咸丰二年壬子科顺天乡闱监临，三月十五日
夜，"是夜月明如昼，而席帽欢哗：自戌至子，无复文气，大
煞风景。后一生推倒号栅，提卷至堂，众始稍戢。余谓，毕竟

---

① 郭培贵：《明代科举史事编年考证》，科学出版社，2008，第165页。
② （清）礼部纂《钦定科场条例》第六册，（台湾）文海出版社，1989，第
2021～2022页。
③ 同①，第2017页。
④ （清）李星沅：《李星沅日记》，中华书局，1987，第524页。
⑤ 此处是贡院内唯一能够聚集多人之处。当考生成为"群体"与考官发生
冲突时，此地常常成为考生表达意愿的"场所"；而考生们形成"群
体"，要表达集体愿望，亦必须借助于此处空间。例如王文韶为湘抚监临
光绪二年（1876）丙子科乡闱时，第二场就发生了这样事情："先是场前
讹传洋人将来湘开设码头者，士气颇为不靖，本日申初封门后至公堂前
聚集一二千人，呈递公禀，求为作主阻止，当经好为开导，并明白悬牌
示谕，均各散归号中，固足见义愤所在，不约而同，然当此中外交涉日
形棘手之时，而湘中人情如此，正惧其肇衅而偾事也，吁，可畏哉！"后
又在三场结束后，"示谕各生安静回籍，勿轻信浮言，托名公愤，附和多
事，致误功名"，见《王文韶日记》，中华书局，1989，第397～398页。
必须尽快将其从此地驱离，而不能使之在此存留；明清贡院内的多次群
体事件，均发生于此地，详见后文。

读书人，易镇压也"①，这种认为考生"毕竟读书人，易镇压"的心理，应该是外帘考官们进行"规训"时候的普遍心态。孙宝瑄记其光绪二十三年，（1897）丁酉顺天乡试第三场，十五日，"日西斜，栅扉犹扃闭，有越而行者系去。薄暮，人哄然出，往来杂沓，忽大呼捉人，皆惶恐归巷。至夜二鼓，始放出"②。从"规训"对象的单向度意蕴而言，"互动"之词似乎用得不太恰当。然而我们却不能说他们之间没有"互动"，通过繁苛的"制度"，他们之间也产生了形式多样的互动；也正如考生群体之间的"互动"表征为"竞争"与"合作"纠结在一起，"规训"之下的"服从"与"反抗"扭结在一起，成为考生与考官互动的特征。

对于考生而言，他们来到这里，绝大部分都是怀着"弋取功名"的理想来的，并且浸润于儒家"礼"的规范，所以一般而言，尽管考场条件简陋，在此生活艰苦，还有考题可能偏、怪、难，录取率越来越低，而得中的希望也就越来越小，还能够遵守考场的各种规则制度，抱着一丝希望，而"考试"还能够按照制度规定大致正常延续下去。无名举子"华月一轮辉矮屋，文星数点映低檐。潇潇蛩韵和更急，咿咿蚕声走笔尖"③ 的描述、"短檠心一寸，画角梦三更。我欲寻丹桂，天风到几程？"④ 的疑问，都是这种情景的反映。

考官为了维护这种秩序，除了使用"规训"手段，还使

---

① （清）王庆云：《荆花馆日记》（上册），商务印书馆，2015，第409页。

② （清）孙宝瑄：《忘山庐日记》，上海古籍出版社，1983，第130页。

③ （清）丁丙：《武林坊巷志》（第六册），浙江人民出版社，1988，第66页。

④ （清）丁丙：《武林坊巷志》（第六册），浙江人民出版社，1988，第69页，引无名氏"闱中中秋"诗。

用诸如维修号舍、添设号板、改善伙食等方式，以取得考生们好感，从而免于闹出群体事件。唐朝时，考生就在廊下答卷，天寒地冻，非常艰苦，舒元舆上书请求改善应试条件，"试之时，免自担荷，廊庑之下，特设茵褥，陈炉火脂烛，设朝晡饭馔"①，不知道结果如何；南宋初淳熙年间，胡元质重修四川贡院，第二年适逢大比，"命供帐考校者，悉倍前规。鹄袍入试，茗卒馈浆，公庖继肉，坐案宽洁，执事恪敬，闾阎于于，以邕于文，士论大惬"，双方似乎都很满意；但不想第二天因为题字失慎而闹出大乱。② 嘉庆庚午（1810）江南乡闱，两江总督松筠"优恤士子，添设号板一块，每场又给鸡脯果饼，人多沐其惠"，结果出现"初九日闻号哨""中秋夕，王观察见奎星立明远楼顶、手携红锦"等祥瑞之象③；道光二年（1822）壬午，林则徐提调浙江乡闱，天气炎热，遇事尽心，除督促水夫加快担水、解决考生饮水问题外，亲自"督视供给所分给干稀两饭及火腿鲞鱼"④；道光二十三年（1823），李星沅监临陕闱，"午初发诸生饭，各例肉一方，精多肥少，咸宁较佳，即饬陆令将长安厨丁责逐，申刻发小米粥，各饼四个，诸生以为胜往年，似可一饱"，且"予均挨号监放，亦从来未有之劳也"；次年恩科，入闱监临，亦同样尽心尽力，初九日记"午刻内供给稟，士子饭菜齐，出堂亲验，并同监试

① （唐）舒元舆：《上论贡士书》，《全唐文》卷七二七，上海古籍出版社，1990，第3318页。

② （宋）岳珂：《桯史》卷十"万春伶语"条，中华书局，1981，第119～120页。

③ （清）诸联：《明斋小识》卷十一，进步书局，1912，第9页。

④ （清）林则徐：《林则徐日记》，中华书局，1962，第104页。

周历号口"①。光绪二十九年（1903），去河南省城开封参加最后一次顺天乡试（在开封借闱）的河北枣强秀才贺葆真在是年八月十五日的日记中专门记道："凡场中所具食，颇洁美。去岁每场稀饭一次，馒首二个，咸菜一块，盌箸各一分，中秋日加月饼二枚。今年将馒首改干饭，余如去岁，而美好有加，或曰监临陆公于此，必亲自检点云。"② 之所以如此，大致是因为监临、监试等官员大都为科举出身，大都经历过棘闱之苦，因此闹出乱子，对于考官、考生都有影响，故而有此举动。如杭州人、时为山东按察使沈廷芳在乾隆中为山东乡闱，与某监试赋诗，有"落叶正飕口，文场境独幽。酤方观蚁战，兴罢得龙头。……与君辛苦地，还共恤儒流"之句，表达的也是这种心态。③

但因考生数量巨大，此项供应数额巨大，因而往往成为中饱私囊的利薮，从而导致所贡食物粗劣不堪，不能下咽，甚至引起皇帝的注意。乾隆四年己未会试，先谕曰："近天气尚觉寒冷，入场士子除照例赏给棉氅衣及姜汤、茶饼外，著按名给予木炭，许其携带手炉以温笔砚。"又谕曰："士子入场，定例给予粥饭。近闻办理草率，冷硬不堪充食，著提调官加意料理。"④ 至清末浙江人李天隐参加甲戌科会试时，"明日（三月十二日）号外呼打粥，无往取者，饭则取之以给号军，以号军向举子索米，无可给也。分饭者褴褛如丐，遂有举子向之求

① （清）李星沅：《李星沅日记》，中华书局，1987，第523页，第571页。

② （清）贺葆真：《贺葆真日记》，徐雁平整理，凤凰出版社，2014，第99页。

③ （清）沈廷芳：《闱中即事与海槎监试》，《隐拙斋集》卷二十六，清代诗文集汇编298册，第418页下。

④ （清）赵慎畛：《榆巢杂识》，中华书局，2001，第62页。

益，亦可笑矣。饭黄黑色，无肴肉"；"十四日三场……明日分粥之后，分熟肉一块，重不能一两，盖三场多有，为号军窃取也。号军多盗什物，宜周防之"①。有时甚至恶劣到连这样粗鄙的食物也被侵吞干没。同治三年甲子科顺天乡闱，出身贫苦的山东秀才吕海寰头次入场，"闻场中有饭有粥，足敷饮食三需"，结果入场后发现"全是具文"，在贡院中饿了三天。②此时距离咸丰"戊午科场"惊天大案不过六年，即已如此，可见对于应试者的食物供应被中饱私囊的情状是多么严重。③

（三）"反抗"的种种形式

然而，这里又是一个充满着"反抗"的场所。就"反抗"的主体来说，主要有考生个人与群体两种方式。

就前者而言，其反抗形式不外是，在进场时与搜检人员发生冲突，或者在考试过程中，与监军之类人物发生冲突，以及发生在考官那里被认为是各种"发疯"的不可解行为，包括在试卷上写各种游戏文字，以及放弃考试、曳白出场等。前者因已在"进场"部分有所体现，兹不赘言；后者在"科举果

① （清）李天隐：《北游日记》卷下，杭州文艺书店，1931，第13页。

② （清）吕海寰：《吕海寰资料两种·吕镜宇自叙年谱》，李文杰整理，中国社会科学院近代史研究所近代史资料编辑部编《近代史资料》总123号，中国社会科学出版社，2011，第128页。

③ 有关科场经费之被侵吞干没，食物仅是其中一端，细如印题之纸，巨如整修贡院之费，亦皆侵吞干没，而以顺天贡院最为典型，如光绪十一年时任顺天府尹周家楣向朝廷汇报时说"官工层层剥削，到工无几，至有'修一回拆一回'之说，向来不进砖瓦，惟以灰土了事而已。所以光绪五年查看，官工万不能办，各号舍砖已展转用至破碎不堪，瓦则惟有拉开而已，必至遇雨即漏。士子到此，其何以堪"，情形可见一斑。见周家楣《期不负斋集·政书六》，《清代诗文集汇编》第726册，上海古籍出版社，2010，第546页上。

报"中有所涉及，其实可以认为这是一种以"消极考试"的方式进行反抗的行为。明代万历间名臣于慎行记其兄，"己酉乡试，先生年十九……故事士子入闱，解衣裸跣，陈兵夹索。先生叹曰：'此录囚耳，安取礼士？'念欲弗入，恐见不能，入而著义七篇，楷书如法，故为不具草。出则走城西伎馆，大醉累日，长歌而归，誓不从诸生试矣"①，不仅放弃了考试，而且连已到手的"诸生"身份也放弃了，显示出与科举的决绝。《阅微草堂笔记》的作者曾从别人那里听到过一件事：丁卯乡试，见场中有二士，画号板为局，拾碎炭为黑子，剔碎石灰块为白子，对着不止，竟俱曳白而出。夫消闲遣日，原不妨偶一为之；以此为得失喜怒，则可以不必。② 这种虽然进了考场，却以号板为棋局，下了一整场考试时间的棋，最终"曳白而出"，其实也可当作一种"消极考试"的方式。

有时候如果考生在自己的号舍中碰到熟人、朋友，也会结成小型团体，从而"违背功令"。张謇记其 1876 年应乡试，三场正逢八月十五日，至夜晚，五策完成，"欣甫馈肴酒甚丰旨，以板藉为席，凭水桶环而坐，各出烛一支，光照四壁，拇战声哄然，邻号生相顾咋舌，肴酒冷，爇炭更煮，乐剧"，并无人干涉③。此仅是几个人一起饮酒而已，固然有比此更为出格者。高照煦著《闲谈笔记》卷二述顺天乡试事云：

① （明）于慎行：《亡兄太学都讲航隐先生墓志铭》，《谷城山馆文集》卷二十四，四库全书本。
② 陈旭霞、李汉秋：《阅微草堂笔记鉴赏辞典》，上海辞书出版社，2015，第 310 页。
③ （清）张謇：《张謇全集》第 6 卷·日记，江苏古籍出版社，1994，第 105 页。

胞弟晓峰，同治癸酉由岁贡生应顺天乡试，尝言，辇毂之下，而场闱中较我陕狂悖反甚，第三场亦于十六日早始开门，然中秋一夕，文场比戏场尤杂乱，丝竹金革，即大锣大鼓亦有携带入场者。月明之下，登屋高呼，各招其旧相识，无论东西场号舍远近，闻声响应，栅门尽行踏坏。各携所带来乐器，群分类聚，西班南班，纷然开场。多于号舍顶上作会所，唱有远胜于优伶者。到恰好处，直有多人叫好，齐声呼喝，屋瓦皆震。策艺虽未完卷，只得将笔墨收拾，俟明日再作。甫黎明，场门即大开，交卷者异常拥挤，甚有去至公堂尚远，忙不及待，以卷裹砖石遥掷之者。盖缘每乡试，人辄逾万，大小公馆恶少多以监生下场，平日并不读书，徒趁热闹而已。其真正应试者，亦混其中，好丑莫辨也。[1]

此种"以科场为戏场"的行为，将煌煌大典闹得乌烟瘴气，固然令外场官员头痛，尽管也有人进行整顿，如董恂记咸丰九年己未顺天乡闱云："中秋佳节，士子完卷既夥。第是夕例不开门，渐乃拇战恢笛，升屋高歌，驯不可制"，故态复萌，董恂对此痛加改正，首先出告示，"剀切示禁"，又"逐号亲往面谕，犹或目笑存之"，"比月初上，故态复作，歌声

---

① 徐一士：《近代笔记过眼录》，山西古籍出版社，1996，第 45 ~ 46 页。顺天贡院三场考试过程中所发生此种情形，也可在参加过同治元年（1863）顺天乡试的辽宁铁岭士人魏爕均的《中秋闱中作》三首之一中看出，其诗曰："五篇策罢气如虹，一派声飞矮屋同。灯烛辉煌人扰扰，一齐高唱明月中。"其时距董恂整顿科场尚未两科，已然故我，科场衰败，可见一斑。诗载孙芋，《关于魏爕均的墨迹及其创作特点》，《沈阳文史研究》第三辑，沈阳文史研究馆，1988，第 97 ~ 103 页。

杂沓，旋止旋起，呵之不顾，扶出馀字号二人，并枷号军以徇，众乃定"，"当二人之乘栅栏而歌也，其一见监试陈心泉来，声益高，欲拘之，窜入众中而逸。提调责号军索之，不可得。恂闻声趋往，令号官入号。谕于众：同号能举之，则坐一人；同号不举，则查明坐号底册，扣除阖号试卷，均不眷录。俄而号底指前十号，第二号以下群指首号，首号复指第三十四号，遂饬扶二人出，交督门官。监试陆眉生虑众不尽晓，因令押号军周历详述，于是终夜肃然，无敢哗者，为数十年所未有"，"盖扣卷为攻心之药，枷号军以徇又药中之引也，药既得，痼疾以瘳"。此事还引起咸丰皇帝的注意；十九日宗室场毕，汉监临赴圆明园复命，召见勤政殿，问闱中前事，董醇据实直陈，并叩首言："臣等公商，是科本恩科，该生等对众扶出，已示薄惩。因仰体皇仁，念其三场辛苦，卷已早完，仍予眷录。"得到皇帝首肯。然而论者谓："北闱第三场秩序之凌乱，固相习成风，一时之整顿，仅能收效一时也。"①

小规模的考生群体，主要是考生自己组成团伙，有意违反考场要求，挑战考试规则，这明显是一种"舞弊"；也可以算作是一种"反抗"。早在北宋时期，欧阳修就已经发现过这种现象："事既太盛，弊亦随生。窃闻近年举人，公然怀挟文字，皆是小纸细书，抄节甚备，每写一本，笔工获钱三二十千。亦有十数人，共敛钱一（一作三）二百千。雇倩一人，虚作举人名目，依例下家状入科场，只令怀挟文字入至试院，其程试则他人代作，事不败则赖其怀挟，共（一作互）相传授，事败则不

①　徐一士：《近代笔记过眼录》，山西古籍出版社，1996，第46页。

过扶出一人，既本非应举之人，虽败，别无刑责，而坐获厚利。"① 这是大家利用当时地方发解试手续不完全的不足，集体雇佣一个不是举人身份的人假装考生，携带多种考试资料入场，被抓住最多就是其人被逐，若不被发觉，则雇用其人的一干人等都得好处。明朝嘉靖年间，曾有人列举考生集体或个人在号舍之中的种种"作弊"情形，如"有通同传递者，有买求同号生儒凑集文字者，有预将家人僮仆冒顶场中供事人役以图传递者，有将三场文字写成全部蝇头细书方寸小册，或造为假砚而藏匿其中，制为宽博而装缀其内，甚则公然怀挟出诸袖中而抄录者"②。至于清朝，则此类事件更多，使得朝廷防不胜防。

然而，代表朝廷具体行使科举考试之权的官员，最为恐惧者，倒不是考生"舞弊"，而是由考生引起的大规模"群体性事件"。这种大规模"群体性"事件，有发作于进场之时者，有发作于考试进行之中者，亦有发作于交卷出场之日者。

发生在进场之时者，如前所引段光清所记："（咸丰九年）八月，浙省乡试。旧例两司随抚军点名，浙省士习浮嚣，目无官长，胡抚军好内，尤为士子所轻，或大声而言曰：彼不过湖南一拔贡耳，安得为吾浙监临哉？应名不遵牌式，先点不来接卷，失点又拥挤而来，叫呼争攘，卷至自抽。抚军无言，惟余偶大声责之。"③ 很明显，这是发泄对于监临"胡抚军"科名差且又"好内"的鄙视，有意捣乱。最为典型的，还是1903年（岁次壬寅）借闱河南汴闱进行顺天乡试时，因为"某街口管灯

---

① （宋）欧阳修：《欧阳修集》编年笺注6，巴蜀书社，2007，第385页。
② （明）张朝瑞：《皇明贡举考卷一》，见鲁小俊、江俊伟校注《贡举志五种》（上），武汉大学出版社，2009，第51页。
③ （清）段光清：《镜湖自撰年谱》，中华书局，1960，第147页。

委员巡检典史之孙睡起糊涂，连悬十数灯，各街口齐悬"，是年各省士子逾万，散处城关，见之惊慌，怕误点名，匆忙携考具、竹竿、网篮争先奔赴辕门外，拥挤不堪，从半夜开点至日午，点入场者无几，士子们又饥又渴又热，"于是忽有人（强者）一声呼打，众竿齐举，先从西门打起，臬台亮帽被打落，抱头鼠窜，东亦如之，东门把藩台也打跑，中门巡抚见机自退"；突入贡院，齐集明远楼前，以没有试卷，默默站立，监临等官因此事关系重大，重新造卷，不再点名，凭试前所发之卷票领卷（以后二、三场均依此办理）归号，于是一场"群体事件"宣告结束。当年参加此次考试的河南监生马佛樵，目睹此情境，作有组诗吟咏其事，前三首分别有"击鼓悬灯侵晓寒，门前日午万头攒；蓝袍毕竟威风大，齐举竹竿打试官"、"三门大放万人行，试卷签筒尽踏平；明远楼前齐驻足，此时相对却无声"、"惊煞群官忙杀台，匆匆重把卷新裁；只凭卷票领将去，天地元黄归号来"之句[1]，可为实录。

上述这两次反抗，都与科场事宜办理不善有直接关系、反

---

[1] 马佛樵：《顺天乡试场中的见闻》，全国政协文史资料委员会编，文史资料存稿选编第24辑（教育），中国文史出版社，2002，第670页。杨庆化曾对之进行校订，见《马佛樵顺天乡试诗、文校订》，《开封文博》1998年第1、2期合刊，第69～71页。关于此科顺天及其他直省乡闱之乱象、衰象，石焕霞在《20世纪士人心态研究——以1902年乡试为中心的考察》中进行了较为详细挖掘，并做出了"回望1902年，关于科举制度虽然没有什么重大的决策或上谕颁布，但是从史料中所反映的1902年乡试种种，即可看出它并不像表面所显示的那样单纯和平静，其中存在着如此众多的人生面相和极为复杂的众生心理，使得这次乡试更具有追溯和探讨的价值"精彩论断，笔者认为此观念对于理解科举制度及其实践本身，亦应具有较为独到的认识价值，同时亦具有一定的方法论意义。此文载刘海峰主编《科举学的形成与发展》，华中师范大学出版社，2009，第727～739页。

抗必然会导致与相关人员发生冲突。然而，"反抗恶意权威最有效的方法，不是进行个人行为，而是集合群体力量"①；在上述两件事中，均以居于统治地位的考官退让而告终，主要是因为考生数量巨大，已经形成为"群体"，再闹下去，恐怕只会造成更为严重的事件，故以考官退让而匆匆收场，而制度的"权威性"亦由此招致衰减。

有发生在进场之后者。如光绪壬午年（1882）有闹考几成大狱一事。据清末秀才朱必谦所记：是科监临是贵州丁宝桢。此人平时就以治蜀尚严为宗旨，且以乡试是朝廷大典，"诸生为四民之首，均是衣冠中人，当守法知礼，却不守秩序，在场中东西奔走，是藐视王法，不成体统，打算力矫其弊。是时成都知县为山东耿士伟，颇以干员自负，见事生风，就承迎监临意旨，实行干涉，遇有不遵功令者，即饬侍从弹压。应考者都是名挂学籍，哪能接受。起初尚是辱骂，继后就喧嚷起来，一唱百和。有好事者，竟升梯上明远楼击鼓，声声呼叫要罢考，一时场中大乱。监司大员至下阶作揖，令耿士伟跪在至公堂下，始得平息。华阳县生员杨泽、周黉两人，素以豪侠自命，其姓名早为官府注意，当闹场时是否在场指挥，不得而知，但他俩恐被连累，小心翼翼，到外帘官所前去声辩，说并未与闻。试毕后，丁宝桢余怒未息，要惩办数人，以顾全官场面子。但是在众怒中，何人为首，何人为从，无从清查。外帘官中的监试某某，还记得当时来声辩时的杨、周两人姓名，遂按名捉拿，终未捉到。乃令学官开除他两人的学籍，通

① 〔美〕斯坦利·米尔格拉姆：《对权力的服从》，赵萍萍、王利群译，新华出版社，2013，第130页。

令缉捕。耿士伟亦因此革职撤任。"[1] 很明显，这是由于监临要维持考试纪律，而奉行者执行太过而引起的一次"反抗"，亦以"监司大员"让步妥协而告终。

有发生在考试过程之中者。典型者如南宋初淳熙年间发生在成都贡院的一件事：

> 胡给事既新贡院，嗣岁庚子适大比，乃侈其事，命供帐考校者，悉倍前规。鹄袍入试，茗卒馈浆，公庖继肉，坐案宽洁，执事恪敬，闉闉于于，以卺于文，士论大惬。会初场赋题出《孟子》，"舜闻善若决江河"，而以"闻善而行沛然莫御"为韵。士既就案矣，蜀俗敬长而尚先达，每在广场，不废请益焉。晡后，忽一老儒摛礼部韵示诸生，谓"沛"字惟十四泰有之，一为颠沛，一为沛邑，注无沛决之义，惟它有霈字，乃从雨为可疑。众曰："是。"哄然扣帘请。出题者偶假寐，有少年出酬之，漫不经意，亶云："礼部韵注义既非，增一雨头无害也。"揖而退，如言以登于卷，坐远于帘者，或不闻知，乃仍用前字。于是试者用"霈""沛"各半。明日，将试《论语》，籍籍传，凡用沛字者皆窘。复扣帘，出题者初不知昨夕之对，应曰："如字。"廷中大喧，浸不可制，噪而入，曰："试官误我三年利害不细。"帘前闑木如拱，皆折，或入于房，执考校者一人殴之。考校者惶遽，急曰："有雨头也得，无雨头也得。"

---

[1] 朱必谦：《清末考试制度琐记》，中国人民政治协商会议四川省委员会文史资料研究委员会：《四川文史资料选辑》（第33辑），四川人民出版社，1984，第142～143页。此事后由丁宝桢向朝廷汇报为"劣生挟众滋事"，所载与之有异，作为"例案"载于《钦定科场条例》卷二十九"场规"，（台湾）文海出版社，1989，第2126页，可参见。

或又咎其误，曰："第二场更不敢也。"盖一时祈脱之辞。移时稍定，试司申鼓噪场屋，胡以不称于礼遇也，怒，物色为首者，尽系狱，韦布益不平。[①]

此是由于考官出题不严谨造成的"群体事件"；尽管起始主持者千方百计讨好考生，但考生在发现出题不严谨，又没有合适的处理方案，导致"误我三年"的"大利害"时，仍然闹出了规模不小的"群体事件"。明清以后，由于"上请"已然消除，此类群体事件很少发生。

（四）"服从"与"反抗"发生在同一主体上的解释

怎样理解"服从"与"反抗"这样发生在同一群体上的两种行为？就字面意义而言，一般认为"服从"是"主体在特定的社会情境中，对客体所提供的社会信息的概括、判断和推理，为寻求奖赏和免受惩罚而产生的与客体一致的行为或态度"[②]。从制度实施的意义而言，服从是制度所赖以存在的第一要义。就在制度化程度不高的隋唐时期，对于科举的时间、空间、命题、参与人员等，也都有一定的制度要求，所有参与实施的人员（考官与考生）也都在遵守这样的制度的前提下进行各种活动。两宋以后，随着科举制度的制度化水平越来越高，亦即强制性程度越来越强，其所要求的服从意识也就越来越明显。

"在人类情感的每一层面中都有理性的算计；在所有的决定

---

① （宋）岳珂：《桯史》卷十"万春伶语"条，中华书局，1981，第119~120页。
② 宋广文、何文广、王新波：《做好社会人》，华南理工大学出版社，2011，第188页。

中，即使在最技术性的决定中，都有情感范畴的限制和制约。"①
就科举制度的设想来看，尽管有着"求贤""学而优则仕"以
及"庶人之子孙，立德行，正文学，则归之卿相大夫"等理
论基础，而朝廷也往往以之美化、粉饰，体现在贡院的空间建
构上，就是通过树牌坊、悬挂匾额联对等文字形式，力图使之
成为一"表征"空间；然而，在实际的操作中，由于其"幽
暗意识"实际上成为制度设计及空间建构的指导思想，故这
个制度却变成了一种类似于主顾与卖主的买卖关系；朝廷悬设
一些职位、开设一些条件，考生拿出自己所贮藏的"学"连
缀成文以"售"，"士子将自身看成是待价而沽的商品，在皇
帝为绝对权威的买方市场中，小心翼翼地求得出卖自身智慧的
权利"②，以便在传统社会里，社会上升通道几乎只剩下"科
举弋获功名"这一条途径，通过激烈竞争，以保持或提升社
会地位，甚至改变目前处境。因此，士子们来到贡院这个特定
的空间，就是要努力呈现出自己才华，为朝廷选中，亦即能够
"售"出自己，是最为理性的选择。在这种前提下，遵守那些
苛刻"功令"，小心翼翼使自己的文章不仅在内容上出众，而
且在格式上符合要求，应是其最为"理性的算计"。在这种情
况下，"权力就不单单是我们所对抗的东西，而在很大意义
上，权力是我们的存在所依靠的东西，和我们在我们所是的存
在中所隐匿和保有的东西"③ 的论断，由此得以论证。

---

① 〔法〕克罗齐埃：《科层现象》，刘汉全译，上海人民出版社，2002，第179页。
② 赵伯陶：《清代科举与士人心态》，《阴山学刊》（哲学社会科学版）1991
　　年第4期，第83~91页。
③ 〔美〕朱迪斯·巴特勒：《权力的精神生活：服从的理论》，张生译，江
　　苏人民出版社，2009，第2页。

由此，我们似乎可以这样认为，"权力"要想使"主体"服从，首先就得"生成"主体，"个人要想成为主体，要想占据主体的位置，就必须先屈从，先被社会规范支配、征服"①。在这种视角下来研究"科举"，一些问题似乎就会迎刃而解：正是由于有了科举制度这样的"权力"，才会有从隋唐时期就一直与之如影随形般存在的另一个"主体"——考生。除了极少数权豪势要子弟可以凭借祖、父"功业"取得入仕资格外，社会上绝大多数人及其子弟（包括一般官员子弟），如要"上进"，就必须接受这种权力所悬设的各种制度规范（"屈从"）。尽管"权力"所能提供的职位数量极为有限，尽管到后来获得这些"职位"的通道越来越长，层级越来越多，而"权力"的使用也越来越"精细化"，但社会似乎已经形成了这样的"共识"：吃得苦中苦，方为人上人。其中的"苦"，自然也包括在"精细化"程度极高的贡院中忍受一次数天的"苦"；前所引某贡院前场的最高首脑——监临对于被搜出夹带的考生的一种曲意保护就是"罚尔进场，受些辛苦"②，似乎也就是在这种认识的前提下所做出的行为。张謇后人张孝若回忆张謇一生的考试经历时说，张謇一生，花在考试中的时间，若从童试至于殿试算起，大致有一百好几十天（当核对材料出处），但张氏毕竟成为状元，站到了这项制度的顶峰，成了"人上人"，毕竟人生也算一种"了局"；但君不见，其背后有多少才华未必就不如张氏的人，一生心血倾注其上，花的时间比张氏还要多得多，却不能有个"了局"？

① 王玉珏：《主体的屈服与反抗——朱迪斯·巴特勒权力理论初探》，《安徽大学学报》（哲学社会科学版）2016年第6期，第1~8页。
② （清）诸联：《明斋小识》卷九"监临"条，进步书局，1912，第9页。

从这个意义来说，加入"士人"的行列，即意味着要面对这样一场"苦"，吃这样的"苦"就意味着对于各种"功令"的认真服从，这自然是其题中应有之义，无可讳言。

并且，传统中国士人本身即儒家学者，儒家"尊卑等级"观念自然要在他们身上产生影响，因此对于"功令"的服从，也是他们作为士人的必备素质。前已涉及，兹不详述。

然而，正如社会学家菲利普·萨拉森所言："作为一种网络，除了浓缩的权力连接点之外，它还包含反抗之点，反抗之结，反抗之源，他们或细密或疏松地散布在时间和空间当中。"① 之所以这样，是因为在贡院这个地方，感受到的处处都是强烈的"规训"，这些规训不仅包括严密的入场、归号制度，不仅包括偏怪难的三场考题及烦琐细碎，稍不留神就有"违式"被贴驱逐出场的各种格式要求，单单就那高高明远楼的重压、低矮号舍的憋屈，以及号栅外不时露出的窥视的眼睛，就根本不能使人感到这不是一个让人感到有丝毫愉快的场所。在这个地方所经历的，是种种色色的"被强制"体验，"被强制在本质上就是一种不愉快的体验"，"任何形式的强制都会使被统治者产生对抗性的冲突"②。于是，各种形式的"反抗"由此而生，而贡院这个本身是"规训"的地方，也由此而成为"反抗"的地方。这在一定程度上印证了福柯的论断："空间是任何公共形式的基础，空间是任何权力运作的基础。研究空间是为了明确人们在空间中的特定的定位、移动的

---

① 〔法〕菲利普·萨拉森：《福柯》，中国人民大学出版社，2010，第187页。
② 侯均生主编《西方社会学理论教程》，南开大学出版社，2006，第441页。

渠道化，以及符号化它们的共生关系。这种政治性的空间，既可能是统治的工具，也可能有助于人们的政治反抗。"①

在此基础上，笔者认为，对于绝大多数考生而言，科举本身"意义"的消解与"相对被剥夺感"的产生，也加重了这个空间之中"反抗"的成分。

正如前文所言，科举本身，对于朝廷来说，是一个名义上"选拔真才"的制度，也是"朝廷与士大夫共治天下"的理想的具体化、制度化；对于儒士来说，则是将自己的"学"呈现于朝廷，以获得自己出身的制度。由此而言，应是充满着理想化的，与"礼乐"理想密切相关的制度。朝廷以之"求贤"，儒士以之"修身""积学"，时至而"售"于朝廷，从而登廊庙、处掖庭，垂绅正笏，佐治太平，名留青史，光宗耀祖，为孝莫大于之。然而，从"信任"的角度来看，"人类的相互交往，包括经济生活中的相互交往，都依赖于某种信任"，"信任以一种秩序为基础"，制度就是为"维护这种秩序"而制定的"各种禁止不可预见行为和机会主义行为的规则"②。不仅如此，随着科举的社会效应越来越显著，参与科举考试的人数越来越多，科举本身制度化的要求也就越来越强烈，然而这种"不信任"的程度也就越来越高。这种"不信任"，既体现在朝廷对于考生采取严格的"点名""搜检"以及"号舍"等多种苛细制度上，也体现在朝廷对于考官采取严格的"锁院""弥封""誊录"以及"磨勘"等手段。这些

---

① 汪民安：《后现代性与地理学的政治》，载汪民安《身体、空间与后现代性》，凤凰出版传媒集团，2006，第107页。

② 〔美〕柯武钢、史漫飞：《制度经济学：社会秩序与公共政策》，韩朝华译，商务印书馆，2000，第3页。

手段在强化科举的"制度化"水平的同时，事实上也是对"科举"本身的意义的消解。这一点，无论是朝廷、考官还是考生本人，都意识到了，只好再以宣扬"科场果报"来作为解释，"科举衡文，升沉难料，故谈者每好言命运及因果焉"①，这尽管能够在一定程度上解释一些"偶然"因素，消弭应试举子的不满情绪，然而在无形中又加剧了科举自身"意义"的消解。

在这种情况下，对之感受最深的，还是考生本人。其从小就在"显亲扬名"的氛围中浸润成长，起始雄心勃勃，立志登第，然而其中除了极少数人能够得遂心愿外，绝大多数人在一次次的备考、入闱考试、落第……的循环中，在"蓬巷几时闻吉语，棘篱何日免重来"（前所引韦承贻诗）的焦虑与盼望中，在"年年忙底事，一笑又秋闱"的时光倏忽流逝中②，在一次次"抟风未遂摩云志，破浪难求顺水船；罢罢每添秋士恨，蹉跎反受俗人怜"③的失败痛苦中，岁月消磨，鬓发斑白，最终无可奈何认识到：人生只有科第一事，最是黑暗，没有甚定准的；自古道"文齐福不齐"，随你胸中锦绣，笔下龙蛇，若是命运不对，倒不如乳臭小儿、卖菜佣早登科甲去了。④ 由"怀疑"到"反抗"，自是其必然的心路历程。

由此而产生的"相对剥夺感"，无形中加重了"反抗"心

---

① 徐一士：《民国笔记小说大观》（第二辑），山西古籍出版社，1996，第48页。

② （清）管庭芬：《管庭芬日记》（第2册），中华书局，2013，第770页。

③ （清）管庭芬：《管庭芬日记》（第3册），中华书局，2013，第1171页。

④ （明）凌濛初：《华阴道独逢异客　江陵郡三拆仙书》，《初刻探案惊奇》，山东文艺出版社，2016，第398页。

态。"相对剥夺感"是指"当人们将自己的处境与某种标准或参照某种参照物相比较而发现自己处于劣势时所产生的受剥夺感"，"是指当人们将自己的处境与某种标准或某种参照物相比较而发现自己处于劣势时所产生的受剥夺感"，从而产生"愤怒、怨恨或不满"等消极情绪①。初次参加考试的考生，无论是乡试还是会试，都是前一阶段考试的"胜利者"，多是满怀理想，兴致勃勃而来，企图"连捷登第"；但在这个空间所感受到的情境，却是各种有形的和无形的"规训"；且有不少连续多次"不第"者，其胸臆中所积蓄的"挫折感"已经濒于临界。"当知觉到某种不平等的待遇时，人们会有不同的反应，其中很有可能是相对剥夺感，同时也是一种挫折感。按照挫折 – 攻击理论，人们遇到挫折时的攻击性倾向是显而易见的。"② 外场的监临等人对此也是心知肚明，故而小心翼翼办理科场事务，并采用手段减少士子集中发展成为"群体"的可能；一旦办理"场务"出现纰漏，则很可能成为科场中发生"群体事件"的导火索。

中国传统士子，读圣贤书出身，在很大程度上是朝廷法令制度的"维护"者，是社会基层组织进行"教化"的主导力量，力图在社会上留下"文质彬彬"印象，然而在各种"科场群体事件"中成为群体性的主角，社会心理学上"一个人

---

① "相对剥夺"（Relative Deprivation）最早由美国学者 S. A. 斯托弗提出，其后经 R. K. 默顿的发展，成为一种关于"群体行为"的理论，详见彭豪祥、冯耕耘《三峡移民社会适应性研究》，武汉大学出版社，2015，第210页。

② 孙科炎、程丽平：《隐蔽的人性：行为背后的人性秘密》，中国电力出版社，2012，第135页。

做出某种行为的原因，并不是由于他是一个什么样的人，更多的是由于他处在一个什么样的情境"① 的解释，应当对于"服从"与"反抗"这两种看似相反的人格如何集中在考生的身上，以及"棘闱"在形成这种类似于这种人格的过程中所起的作用，应该是比较合理的。

---

① 〔美〕斯坦利·米尔格拉姆：《对权力的服从》，赵萍萍、王利群译，新华出版社，2013，第232页。

末　篇

走出"棘闱"（代结语）

（一）

正如每场考试的入场要以"鱼贯而入"一样，每场考试结束，考生们还要"鱼贯而出"；三场结束，暂时或永远告别此地。

外场进卷完毕，除了"提调""监试"等少数人员留守办理相关事务外，其他相关人员依次"销差出闱"。

最后是，当内帘"衡文"完毕，中第各卷及其等第已然确定，即传知外帘监临、"提调""监试"等各官进入，打开内帘门，公同举行"填榜"仪式，煌煌烛光照临之下，这场竞争的"优胜者"脱颖而出；随后，写着这些"优胜者"大名的"榜"在鼓乐的前导下隆重揭出。鱼龙争变化，风雨近重阳；"满天寒气酿秋阴，蕊榜将开夜已深。万态悲欢分躁静，一时才命判升沉。尽多局，外都延颈，敢说文人不动心？最是老亲眠未稳，梦中犹自问泥金"[①]；"早随真侣集蓬瀛，闾阖开门尚见星。龙尾楼台迎晓日，鳌头宫殿入青冥。暗惊凡骨升仙籍，忽讶麻衣谒相庭。白辟敛容开路看，片时辉赫胜图形"[②]。名列其上者固然长出一口气，引以为"功成名就"，宴

---

① （清）杨恩寿：《长沙日记》，《杨恩寿集》，岳麓书社，2010，第185页。

② （唐）韩偓：《及第过堂日作》，《全唐诗》卷682，中华书局，1960，第7819页。

客祭祖，贺者盈门，自可荣耀一时；然而保不准在不久就要到来的高一层次的考试中，就会成为"失败者"，垂头丧气，蹀被出都，在梅雨愁丝连绵不断的季节中，"卢沟桥上频回首"，"含羞忍泪别京师"①；一路上在"不信文无价，谁云命有权"的愤懑中，在"梦里问天空有路，愁来渡海苦无航"的惆怅中，拿不定到底是"抛书箧"还是"放杯筯"②。就连留在京里的胜利者，尽管一时贺客盈门、贺声盈耳，自己也一时自信青云路近、青紫可期，却保不准会在"复试"以及"磨勘"中被寻出瑕疵，不准殿试或取消已经获得的功名，从而成为新的"失败者"。③

而这个地方，也就恢复了其原先的性质：或者仍然是官署，官员、吏役等出入办事（唐朝及北宋中前期科举考试往往借用官署）；或者就随此而关闭，这个空间也就成为一种"虚空"，

---

① （清）黎申产：《下第出都，由西大道出樊城，一路杂诗纪行十四首》（一），《菜根草堂吟稿》，广西人民出版社，2005，第463页。
② （清）丁耀亢：《下第途间题壁》，见张青吉《丁耀亢年谱》，南京大学出版社，1996，第20页。
③ 落第者固然有此心态，而甚至在殿试中名列二甲、三甲者也常以不得馆选为憾，亦有"失败者"心态，如丁治棠所言，"作部曹则难拗资格，用知县则浮沉宦海，渺无津涯，不知何时登岸"，此为清末情形，且未言及进士分发直省候补官缺之苦况，故名列三甲分发直省者，虽有"进士"之名，却亦常常有"落第"之心态，此心态不独清末候补壅滞严重时有之，即清康雍间即亦有之，如江宁人何梦篆在康熙辛丑年（1721）会试落第，三年后至雍正二年甲辰（1724）中第，科举尚称顺利，然其得中为三甲，分发直省，故其作"辛丑下第，由彰义门出归江宁；雍正二年，以进士待选，惘然复出此门，不异曩时"诗，有"都门万人出，一马得失殊。至今不才子，依然还吾庐；献荆由命达，忭考岂人虞？计程月不足，杨柳慰征夫"句子，显露的即此种"失败者"心态。前者见（清）丁治棠《往留录》，《丁治棠纪行四种》，四川人民出版社，1984，第121页；后者见（清）何梦篆《思无邪斋诗集卷三》，《清代诗文集汇编》253册，上海古籍出版社，2010，第650～651页。

任由草莱生长，狐兔出没，静待下一次使用。① 明远楼上的号角，至公堂上的鼓，以及内帘的"钲""梆"，都要被搁置起来；重要建筑如至公堂、衡鉴堂等可能会锁起来，明远楼则只剩空楼一座，高高矗立，似乎仍然在昭示着这个空间的性质，却似乎对号舍重新鞠为茂草，沦为蛇鼠穿窬之所无能为力。

但无论对于考官来说，特别对于考生来说，在这个空间里待过一段时间，总是人生历程中不能忘记甚至刻骨铭心的经历。考官们在此主持过考试，出过题，衡过文，尽管一时劳累，但在出闱时竟然也会有依依不舍之情。明朝中期李东阳曾主持过江南乡闱，在考试结束，要从贡院离开时，竟然有"恋恋不舍"之感，赋《留题南京贡院》诗，有"院宇森严绝四邻，暮堂灯火自相亲。公明合是无私地，夙夜惟存匪懈身。南客不堪犹梦寐，北归何意此逡巡。壁间拟作题名记，愧有清风继后尘"之句②；很明显是作者认为自己在此衡文，尽心尽力，公正取士，问心无愧。桐城人姚鼐曾在乾隆三十六年（1771）会试中为同考，从另一同考谢蕴山处得读山东济南举人方坳堂的卷子，印象深刻；22 年后，姚氏已经告退多年，当时主讲江宁书院，而方坳堂也已从"观察"退职居此，时相过从，一日方氏拿出自己会试朱卷，请姚氏题跋，姚氏感慨万端，题了一篇"跋"，文中写道："余再读之，因忆昔者危

---

① 清人徐兆丰在光绪己丑科春闱为外场监试，与同仁分咏外场旧迹，得诗四首，其一即为《龙门大黄》，其注云：龙门一带向出大黄，逢会试年，闻尤盛云。可见此处之草莱生长之情形。见（清）徐兆丰《春闱内场监试与同仁分咏旧迹得诗四首之"龙门大黄"》，《香雪巢诗钞》卷之六，《清代诗文集汇编》713 册，上海古籍出版社，2010，第 705 页上。

② （明）李东阳：《李东阳集》（第一卷），岳麓书社，1984，第 657 页。

坐终晷，握管披卷，时欣时厌，及获与诸贤聚居言笑之状，宛在目前，计去今二十二年矣！当时考官三人：诸城刘文正公、长白观补亭尚书、武进庄方耕侍郎，皆已亡。同考官十八人，及今存者，余与谢观察外，复四人而已。是科得才称最盛，而当时登第烜赫有声，若程鱼门、周书昌、孔葓谷、洪素人、林于宜、孔㧑约辈，今率已殒丧。况岁月悠悠，又自是以往者乎！因与坳堂语及怆然。”① 言下颇有不能自已之感。

考生们更是如此，无论登第与否，与试过程总是人生中一段印象深刻的经历。清朝中期诗人袁枚，12岁即中秀才，四应浙闱不中，后在23岁应顺天乡闱方得中举人，并连捷成进士，入庶常，得意一时，但仕途并不如意，在年过花甲的乾隆四十四年（1779，时年63岁）因事回杭，经过浙江贡院，赋诗曰：“风檐官烛旧时游，弹指人间四十秋。烧尾鱼行三万里，龙门重过尚低头。”② 此诗中之“尚低头”，大概是既可指在“号舍”（亦可称“矮屋”）科考之屈身，也有不能忘怀于当年在此的几次科举失利的双重意思吧？清朝后期浙江士子管庭芬，十四次参加乡试，迄未中式，最后不得不放弃，大概是最终并未忘情于兹吧，在经历兵燹、劫后幸存之后（同治四年乙丑，1865），路过杭州，触目伤怀，特地在雨后傍晚偕友人看贡院，“时新葺将落成，宏敞壮丽，胜于旧时，坐号亦高广，大门外九龙厂尽盖以屋，士子点名可免雨淋日炙之患矣”③；江

①（清）姚鼐：《方坳堂会试硃卷跋尾》，《惜抱轩诗文集》卷五，上海古籍出版社，1992，第80~81页。

②（清）袁枚：《过杭州贡院作》，《小仓山房诗集》卷19。

③（清）管庭芬：《管庭芬日记》第4册，张廷银整理，中华书局，2013，第1815页。

浦光绪壬午科恩贡生顾承熙，弱冠即为诸生，屡应乡举不售，在光绪壬辰（1892）经过江南贡院，回忆前事，感慨万端而作诗，有"矮屋风光领略多，半生潦倒奈愁何！而今已醒黄粱梦，脱却青衫衣钓蓑"之句①。末科探花商衍鎏，在丙戌年（1934）三月，经过开封河南贡院旧址（其时已为河南大学校园），因其系科举最后一科（甲辰科）探花，而此为其考试地点，故有诗《甲戌三月过开封贡院旧址》，有"南柯蚁梦忽重温，泥上依稀指爪痕；堂静空梁迷燕垒，河奔骇浪失龙门。禅林劫尽孤塔在，锁院春残片月昏；近日新栽花似锦，三千桃李盛文园"之句。②此时距其高中探花整整 30 年，而科举已废亦将近 30 年。尽管他为此地尚有贡院遗存之东鳞西爪而感慨，亦为此地成为高等学府而欣慰，但还是掩盖不住那种"堂静""春残"等怅惘与失落的情感。③

但我们应该看到，尽管人们在这个地方能够产生感慨万端，但它只是一个"场所"，充满着复杂感情的"场所"，也

---

① 顾克彬：《秋日金陵过贡院回忆前事感怀偶作》，《淡斋诗存》，未注出版社及出版年，第 39 页。

② 商衍鎏：《商衍鎏诗书画集》，文物出版社，2008，第 7 ~ 8 页。

③ 相较上数人，由清入民国的张元济似乎更为典型。其本系书香世家，18 岁入学，名列冠军；22 岁中光绪十五年己丑恩科第 10 名举人；26 岁光绪十八年壬辰科会试中式；殿试二甲二十四名，点翰林院庶吉士，科举一帆风顺，未尝落榜之苦，后虽未在仕途上发展，但从事出版业，经营商务印书馆，大获成功，而科举之事一生似乎未尝或忘，或诗或文，多所涉及，甚至在科举被废将近 30 年的 1933 年，犹将召集光绪甲辰同试郡城之人，"订于旧历之上巳日，同集于郡城之寄园，效修禊故事，所以联旧谊，叙幽情也"；所叙之"幽情"为何？应该有值得仔细思考的地方。张氏生平见张人凤、柳和城编著《张元济年谱长编》（上卷），上海交通大学出版社，2011，第 20 ~ 32 页；张氏此文题曰"甲申合郡同集鸳湖修禊记"，《张元济诗文》，商务印书馆，1986，第 310 页。

是会产生所谓"场所精神"的"场所"。根据建筑学家的提示，"场所都会具有一种特性或'气氛'"，因为"场所"是"由具有物质的本质、形态、质感及颜色的具体的物所组成的一个整体"，而"这些物的总合决定了一种'环境的特性'，亦即场所的本质"，从而形成所谓"场所精神"①。结合上文已有阐述，我们就不难发现，这个场所，通过层层道道、高低不一、厚薄有异、形式多样的"墙"，来实现"封闭与隔离"的建筑学目的；又通过高高的明远楼与低矮的号舍的"巧妙设计"，达成了"全景监视装置"从而使这个场所具备了"封闭与隔离""全景监视"的精神实质。无论是考官，还是考生，都不会对这个地方产生"安全感"与"认同感"，都会尽可能早点干完事情，早些从此地逃离。从这个意义来说，尽管这个地方有着"求贤""取士"的大牌坊，处处以"礼乐""至公"相标榜，却掩盖不住由其通过建筑二营造的"场所精神"，掩盖不住其背后所蕴含着的"阴暗"心态，以及对于考官尤其是考生在精神及肉体上的严酷规训。

（二）

"建筑完成后，它将在很长一段时间内屹立于风雨之中，见证世事更替，经历风云变幻，但它们的政治角色或许只和诞生的那一刻紧密相连。也有可能在以后的某一特定历史时刻，这种关联会在一个不同的背景中以新的面貌出现。"② 清朝末

---

① 〔挪〕诺伯舒兹：《场所精神：迈向建筑现象学》，施植明译，华中科技大学出版社，2010，第7页。
② 〔英〕萨迪奇著《权力与建筑》，王晓刚、张秀芳译，重庆出版社，2007，第282页。

年，科举制度废除了，作为科举考试场所的"贡院"似乎也失去了存在意义，其中大多被改作学校、官舍、市场。至于今，一个世纪过去了，大多数贡院只留存有蛛丝马迹，供人凭吊，如河南贡院只存留了两块石碑、云南贡院只存留了至公堂与东文场的极少部分号舍、湖南贡院只存老墙一段、山东贡院只存照墙、湖北贡院只留下嵌有"惟楚有才"匾的牌楼、浙江贡院只留下几块残碑以及一个名曰"贡院前"的小街等，大多数贡院如京师顺天贡院已经片瓦不存，只留下一些诸如"贡院东街""贡院西街"之类地名①，给路过者留下一些想象空间；就连号称全国规模最大、号舍数量最多、走出人才最多的江南贡院，在科举被废后不到十年的 1914 年，在善于触景生情的日本人眼里，已经成为如下样子：

> ……催人感兴之情者，莫过于南京贡院。……半世纪之后，科举废止，贡院之宏大建筑亦成无用之长物。至辛亥革命以来，更历经风雨侵袭，恐不出十年，则如北京贡院一般消失殆尽。贡院内五百间房舍，二百九十五号筒，阒然无声，跫音不响。大门常年紧闭，吾自旁侧泥墙崩坏处而入，时见秦淮疏浚废弃之泥土亦堆于院内。走道之处堆积不下，则毁弃大书着千字文字号的号筒小门，将泥土弃于号舍之内。局蹐而入两三间号舍，见墙壁凹陷之处尚

① 张亚群：《科举文化盛衰与贡院的命运》，《社会科学战线》2014 年第 6 期，第 86～92 页。顺天贡院在诸贡院中最早被损坏，且最早被挪作他用，宣统元年（1909）冬天，江苏吴县人、时任民政部右参议的汪荣宝陪同他人勘测顺天贡院旧址，将作为资政院用，即"行荆棘瓦砾中"，又陪人登明远楼，"四壁尽圮"，可见其残破景象，见《汪荣宝日记》，赵阳阳、马梅玉整理，凤凰出版社，2014，第 69 页。

存各年应试考生点灯所留之油痕。呜呼，此乃天下考生心血飞溅之痕迹，实不忍睹。昔时号吏叱咤呼唤之声犹在耳边，故便觉此处荒废殆尽、鬼气袭人，此情此景游人实难低吟徘徊。然又复见千万书生以毕生荣耀、立誓而越之龙门旁，阶前墙间一片芸薹，繁花似锦。吾国常见之黄色芸薹有之，间或开放紫色芸薹亦有之，始觉春日亦不忘此处，如约来访。故更添一股怀古之念，未能止于怅然自失之情，终得虚心考察之兴。①

至于20世纪二三十年代，此贡院"除明远楼直至衡鉴堂，以及龙门左右号舍数楹留作纪念外，余均辟为市场"，有人过而赋诗云："一从科举废，矮屋久荒凉。自昔文章府，今为市鬻场。登楼望烟水，煮茗话沧桑。独立思前事，槐花今又黄。"② 槐花又黄，而士子何往？言下不胜依依，而白云苍狗、雪泥鸿爪之感，悠然而充斥矣。然而至于今，只余一"明远楼"高高耸立于秦淮河畔，提醒着过往之人这里以前的空间形态。

然而，历史吊诡的一面是，尽管支持"棘闱"的科举制度早已成为历史陈迹③，建筑形态的贡院已然成为刍狗，所幸而残留的蛛丝马迹，经过有心之人的认真保护与仔细包装，成了有好古之心的人们寻奇猎胜之所；然而支持着"棘闱"背

---

① 熊娟、吴光辉：《原胜郎〈贡院之春〉与科举评价》，刘海峰、朱华山：《科举学的拓展与深化》，华中师范大学出版社，2013，第57～58页。

② （民国）黄协埙：《过贡院前感赋》，（民国）胡祥翰：《金陵胜迹志》，南京出版社，2012，第21页。

③ 民国某年举行过类似的行为，见房列曙著《中国近现代文官制度》下，商务印书馆，2016，第454页。

后的精神，作为一种无形的存在，却在很大程度上不仅没有随着"科举"的消失而销声匿迹，反而借助于所谓"现代科技手段"仍然存在，且大有"发扬光大"之势。尽管"明远楼高树郁苍，棘墙犹绕至公堂"的景象早已不再，然而"向来明月中秋好，依旧槐花举子忙"的考生处境，"当年辛苦挥毫地，珍重群才玉尺量"的考官心态①，甚至高考放榜揭晓时的社会关注程度②，却似乎仍然没有多大改变。且不必说在盛行于各级学校中的各种考试③，也不必说社会各单位、各部门中的各种考试，就连找工作、进职称、报课题，甚至行政部门对于下属机构行使管理手段，似乎也除了"考试"之外，没有其他更好的方法。不仅如此，形形色色、方式多样的类似

---

① （民国）廖道传：《三香山馆诗集》卷六"国立广东高等师范学校为贡院旧址，中秋夕阅诸生卷罢，登明远楼完月"，中山大学出版社，2000，第53页。

② 今人之关注度，自不必说，如郑孝胥所记"闽县案已发，观者如堵墙，人与墙摩，墙为之圮"的情形，大致与高考考试期间与放榜期间，各种地方报纸争相刊登有关新闻、路人亦争相讨论交流有关新闻等情况相似，2018年更有母亲在送考期间，特穿旗袍以寓"旗开得胜"之吉谶，与南京江南乡试归家、家人以"手持桂花一枝"相迎、以吉语相问何其相似乃尔？一区区童试尚且如此，遑论乡会试？在高等教育已然"大众化"的今日，毕业文凭价值大幅跳水的今日，高考尚且如此，遑论其他如研究生考试、公务员考试等与实际利益相关度更高的类型考试？今年高考及放榜期间，此类"新闻"较少，亦令人稍慰矣。前所引郑氏记载，见郑孝胥《郑孝胥日记》（第1册），劳祖德整理，中华书局，1993，第6页。

③ 黄明光曾就英语四、六级进行了"科举考试反思"，也指出"时过境迁，当代的英语四、六级考试，除高价聘用抢手、考前泄题、沿袭古代外，作弊的高科技含量远远超过古代。例如，考试作弊的隐形笔、豆粒大的窃听器等"；这是作者就十几年前的考试情境发出的感慨，现在十多年过去了，防弊手段更高级了，然而是否赶得上作弊手段，笔者不得而知。黄明光文见胡凡主编《黑水文明研究》，黑龙江教育出版社，2008，第427~431页。

"考试"的管理方式充斥国中，遍及各种领域，而各色人等，也就在"考官"与"考生"两种或多种角色中变来变去，上级考我们，我们就考我们的下级；到了基层，实在没有谁让你考了，就只好考自己的员工。而在形形色色考试方式上，相关工作人员的事先隔离、卷子的保密、考试场所的与外界隔绝、考生进场搜查等等，与科举中的"锁院""弥封""糊名"等如出一辙，极为神似，似乎不如此就不足以保证考试的正常进行（然而常常有各种各样的事件发生），似乎不如此就不足以保证考试本身的"公平"（然而各种"不公平"的事件常常见诸报端），似乎不如此就不足以保证政令的贯彻与实施（然而各种"有令不行""推诿拖延"之事多有发生）……林林总总，形形色色，仍然使人们意识到，一个个大小不等、方式多样而实质相似的"棘闱"，似乎仍然盘踞在我们的日常生活与工作中，主宰着我们的生活与工作，甚至命运。从这个意义上而言，"棘闱"精神，从来没有远离过我们，而是一直包围在我们左右；我们深陷其中，不能摆脱。

何日走出"棘闱"，在当前情势下，似乎还有很长的路要走。

征引文献

一 经书、基本史籍类

（春秋）左丘明撰、杜预注《左传》，北京大学出版社，1999。

（东汉）班固、颜师古注《汉书》，中华书局，1962。

（唐）孔颖达：《尚书正义》，北京大学出版社，1999。

（唐）李肇：《唐国史补》，古典文学出版社，1957。

（唐）杜佑：《通典》，中华书局，1984。

（后晋）刘昫等：《旧唐书》，中华书局，1975。

（宋）王钦若等：《册府元龟》，中华书局，1960。

（宋）薛居正等：《旧五代史》，中华书局，1976。

（宋）司马光：《资治通鉴》，吉林人民出版社，1997。

（宋）马端临：《文献通考》，中华书局，1986。

（宋）徐天麟：《东汉会要》，中华书局，1955。

（宋）李焘：《续资治通鉴长编》，中华书局，1985。

（金）宇文懋昭：《大金国志》，齐鲁书社，2000。

（元）佚名：《元典章》，中国书店，1990。

（元）马端临：《文献通考》，中华书局，1986。

（元）无名氏：《庙学典礼》（外二种），王颋点校，浙江古籍出版社，1992。

（元）脱脱等：《宋史》，中华书局，1977。

（明）宋濂等：《元史》，中华书局，1976。

（明）孔宪易：《如梦录》，中州古籍出版社，1984。

（清）张廷玉等：《明史》，中华书局，1974。

（清）徐松：《宋会要辑稿》，刘琳、刁忠民、舒大刚、尹波等校点，上海古籍出版社，2014。

（清）刘宝楠：《论语正义》，中华书局，1990。

（清）孙希旦：《礼记正义》，中华书局，1989。

（清）段玉裁：《说文解字注》，中州古籍出版社，2006。

（清）王夫之：《读通鉴论》，中华书局，1975。

（清）陈立：《白虎通疏证》，中华书局，1994。

（清）顾炎武：《日知录集释》，黄汝成集释，上海古籍出版社，2014。

《明实录》，（台湾）"中研院"历史语言研究所1962年校印本。

《清高宗实录》，（台湾）华文书局股份有限公司。

《清仁宗实录》，（台湾）华文书局股份有限公司。

（清）礼部纂《钦定科场条例》，（台湾）文海出版社，1989。

鲁小俊、江俊伟：《贡举志五种》，武汉大学出版社，2009。

二 方志、地理类

（宋）孟元老等：《东京梦华录》（外四种），古典文学出版社，1956。

（宋）周应合、王晓波、李勇先、张宝见等点校《景定建康志》，载《宋元珍稀地方志丛刊》甲编（一），四川大学出版社，2007。

（宋）梁克家、王晓波、李勇先、张宝见等点校《淳熙三山志》，载《宋元珍稀地方志丛刊》甲编（五），四川大学出版社，2007。

（明）陈文、李春龙、刘景毛校注《景泰云南图经志书》，云南民族出版社，2002。

（明）叶溥、张孟敬等：《（正德）福州府志》，王德、叶溥、张孟敬等整理，海风出版社，2001。

（明）黄仲昭：《弘治八闽通志》，福建人民出版社，1990。

（清）徐松：《增订唐两京城坊考》，三秦出版社，2006。

（清）王世俊：《康熙河南通志》，清刻本。

（清）于敏中：《日下旧闻考》，北京古籍出版社，1985。

（清）丁丙：《武林坊巷志》（第六册），浙江人民出版社，1988。

（清）徐景熹：《（乾隆）福州府志》，上海书店出版社，2002。

（清）刘坤一、刘绎等：《（光绪）江西通志》，上海古籍出版社，2002。

（清）升允等：《甘肃新通志》，清刻本。

（清）王士铎等：《上江两县志》，江苏古籍出版社，1991。

（清）瑞麟、史澄等：《（光绪）广州府志》，（台湾）成文出版社，1966。

（民国）黄佛颐：《广州城坊志》，暨南大学出版社，1994。

（现）长沙市志编纂委员会：《长沙市志》，湖南人民出版社，2004。

三 子书、文集、笔记、日记类

（唐）白居易：《白居易全集》，中华书局，1979。

（唐）李肇：《唐国史补》，古典文学出版社，1957。

（唐）韩愈：《韩昌黎文集校注》，马其昶校注，上海古籍出版社，1986。

（唐）杜牧：《樊川文集》，上海古籍出版社，1978。

（唐）柳宗元：《柳河东集》，上海人民出版社，1974。

（唐）封演：《封氏闻见记》，中华书局，1985。

（五代）王定保：《唐摭言》，中华书局，1959。

（宋）高承，金园、许培藻点校《事物纪原》，中华书局，1989。

（宋）欧阳修：《欧阳修集编年笺注》，巴蜀书社，2007。

（宋）王谠，周勋初校证《唐语林校证》，中华书局，1987。

（宋）梅尧臣：《宛陵文集》，四库全书本。

（宋）文莹：《湘山野录·续录》，中华书局，1984。

（宋）邵博：《邵氏闻见后录》，中华书局，1983。

（宋）洪迈：《夷坚志》，中华书局，1984。

（宋）林栗：《周易经传集解》，四库全书本。

（宋）楼玥：《攻媿集》，四库全书本。

（宋）蔡絛：《铁围山丛谈》，中华书局，1983。

（宋）魏泰：《东轩笔录》，中华书局，1983。

（宋）朱弁：《曲洧旧闻》，中华书局，1985。

（宋）范镇：《东斋记事》，中华书局，1980。

（宋）释文莹：《玉壶清话》，中华书局，1984。

（宋）释文莹：《湘山野录》，中华书局，1984。

（宋）司马光，邓广铭、张希清点校《涑水记闻》，中华书局，1989。

（宋）魏了翁：《鹤山集》，四部丛刊本。

（宋）陆游：《渭南文集校注》，浙江古籍出版社，2015。

（宋）陆游：《老学庵笔记》，中华书局，1979。

（宋）叶梦得：《石林燕语》，中华书局，1984。

（宋）周密：《齐东野语》，中华书局，1983。

（宋）洪皓：《松漠纪闻》，吉林文史出版社，1986。

（宋）郭印：《云溪集》，四库全书本。

（宋）文同：《新刻石室先生丹渊集》，（台湾）学生书局，1973。

（宋）杨万里：《杨万里诗文集》，江西人民出版社，2006。

（宋）俞文豹：《吹剑录全编》，古典文学出版社，1958。

（宋）王栐：《燕翼诒谋录》，中华书局，1981。

（宋）吕本中，朱晖点校《东莱诗词集》，黄山书社，1991。

（宋）黄庭坚：《黄山谷诗集注》，刘尚荣点校本，中华书局，2003。

（宋）黄庭坚：《黄庭坚全集编年辑校》，郑永晓整理，江西人民出版社，2008。

（宋）李心传：《建炎以来系年要录》，中华书局，1956。

（宋）江休夫：《江邻几杂志》，中华书局，1991。

（宋）洪迈：《容斋随笔》，上海古籍出版社，1978。

（宋）黎靖德：《朱子语类》，中华书局，1986。

（宋）艾性：《剩语》，四库全书本。

（宋）张扩：《东窗集》，影印文渊阁四库全书本。

（宋）陈藻：《乐轩集》，四库全书本。

（宋）朱彧：《萍州可谈》，中华书局，2007。

（宋）沈括：《梦溪笔谈》，上海书店出版社，2003。

（宋）王明清：《挥麈录》，中华书局，1961。

（宋）施彦执：《北窗炙輠》，中华书局，1985。

（宋）扈仲荣：《成都文类》，文渊阁四库全书本。

（宋）王得臣：《麈史》，中华书局，1985。

（宋）王铚：《默记》，中华书局，1981。

（宋）岳珂：《桯史》，中华书局，1981。

（宋）周密：《癸辛杂识》，中华书局，1988。

（金）赵秉文：《闲闲老人滏水文集》，商务印书馆，1937。

（金）元好问：《元好问全集》，山西人民出版社，1990。

（金）元好问：《湖海新闻·续夷坚志》，中华书局，1985。

（元）马祖常：《石田先生文集》，中州古籍出版社，1991。

（元）俞希鲁：《快雪斋集》，四库全书本。

（元）范梈：《范德机诗集》，四部丛刊本。

（元）刘一清：《钱塘遗事》，上海古籍出版社，1985。

（元）王实甫、王季思校注《西厢记》，河北教育出版社，2007。

（元）柯丹邱：《荆钗记》，中华书局，1959。

（元）宋褧：《燕石集》，书目文献出版社，1991。

（元）苏天爵、陈高华等校《滋溪文稿》，中华书局，1997。

（元）胡助：《纯白斋类稿》，中华书局，1985。

（元）虞集：《虞集全集》，天津古籍出版社，2007。

（元）邓文原：《邓文原集》，浙江人民美术出版社，2016。

（元）周伯琦：《近光集》，四库全书本。

（元）盛如梓：《庶斋老学丛谈》，商务印书馆，1939。

（元）吴师道：《吴师道集》，吉林文史出版社，2008。

（元）陶宗仪：《南村辍耕录》，中华书局，1959。

（明）王阳明：《王阳明全集》，上海古籍出版社，2015。

（明）余应登辑《皇明典故纪闻》，书目文献出版社，1995。

（明）冯惟敏：《冯惟敏全集》，齐鲁书社，2007。

（明）张岱：《夜航船》，浙江古籍出版社，1987。

（明）林俊：《见素集》，四库全书本。

（明）石珤：《熊峰集》，四库全书本。

（明）袁中道：《珂雪斋集》，上海古籍出版社，1989。

（明）沈榜：《宛署杂记》，北京古籍出版社，1983。

（明）高拱：《高拱论著四种》，中华书局，1993。

（明）汤显祖：《牡丹亭》，人民文学出版社，1963。

（明）俞汝楫：《礼部志稿》，四库全书本。

（明）沈德符：《万历野获编卷》，中华书局，1959。

（明）张居正：《张太岳集》，上海古籍出版社，1984。

（明）赵用贤：《松石斋集》，四库全书本。

（明）朱国祯：《涌幢小品》，文化艺术出版社，1998。

（明）杨慎：《升庵集》，四库全书本。

（明）车大任、车以遵、车方育等：《邵阳车氏一家集》，岳麓书社，2008。

（明）宋濂：《宋学士文集》，商务印书馆，1937。

（明）皇甫汸：《皇甫司勋集》，四库全书本。

（明）王世贞：《弇山堂别集卷》，中华书局，1985。

（明）周叙：《石溪周先生文集》，四库存目丛书本。

（明）王鏊、吴建华点校《王鏊集》，上海古籍出版社，2013。

（明）黄洪宪：《碧山学士集》，"四库禁毁书丛刊"集部30，北京出版社，1997。

（明）焦竑：《玉堂丛语》，中华书局，1981。

（明）李贤：《天顺日录》，中华书局，1985。

（明）顾起元：《客座赘语》，南京出版社，2009。

（明）朱橚等：《普济方》，四库全书本。

（明）丘濬：《大学衍义补》，四库全书本。

（明）朱国祯：《涌幢小品》，文化艺术出版社，1998。

（明）王立道：《具茨文集》，四库全书本。

（明）徐学谟：《徐氏海隅集》，四库全书本。

（明）沈德符：《万历野获编》，中华书局，1959。

（明）申时行：《万历明会典》，商务印书馆，1936。

（明）文秉：《定陵注略》，载《中国野史集成续编》第19册，巴蜀书社，1976。

（明）于慎行：《谷城山馆文集》，四库全书本。

（明）李东阳：《李东阳集》，岳麓书社，1984。

（清）梁恭辰：《北东园笔录初编·续编》，进步书局，1912。

（清）诸联：《明斋小识》，上海进步书局，1919。

（清）丁治棠：《丁治棠纪行四种》，四川人民出版社，1984。

（清）翁心存：《翁心存日记》，张剑整理，中华书局，2011。

（清）林则徐：《林则徐日记》，中华书局，1962。

（清）郑孝胥：《郑孝胥日记》，中华书局，1993。

（清）方浚师：《蕉轩随笔（续录）》，中华书局，1995。

（清）王庆云：《荆花馆日记》，商务印书馆，2015。

（清）李星沅：《李星沅日记》，中华书局，1987。

（清）王文韶、袁英光、胡逢祥整理《王文韶日记》，中华书局，1989。

（清）翁同龢：《翁同龢日记》，陈义杰整理，中华书局，1998。

（清）吴振棫：《养吉斋丛录》，北京古籍出版社，1983。

（清）李调元：《淡墨录》，辽宁教育出版社，2001。

（清）华学澜：《辛丑日记》，商务印书馆，1936。

（清）张文虎：《张文虎日记》，上海书店出版社，2009。

（清）钟毓龙：《科场回忆录》，浙江古籍出版社，1987。

（清）黄彭年、黄益整理《陶楼诗文辑校》，齐鲁书社，2015。

（清）陈夔龙：《梦蕉亭杂记》，上海古籍出版社，1983。

（清）陈夔龙：《松寿堂诗钞》，北京书店影印清宣统三年版本。

（清）平步青：《霞外随笔》，中共中央党校出版社，1998。

（清）蒋士铨：《忠雅堂诗集校笺》，上海古籍出版社，1993。

（清）袁枚：《小仓山房诗文集》，上海古籍出版社，1988。

（清）欧阳昱：《见闻琐录》，岳麓书社，1986，第65页。

（清）陶澍：《陶澍集》，岳麓书社，1998。

（清）杨恩寿：《杨恩寿集》，岳麓书社，2010。

（清）张謇：《张謇全集》，江苏古籍出版社，1994。

（清）黄遵宪：《黄遵宪集》，天津人民出版社，2003。

（清）杨守敬：《杨守敬集》（第一册），湖北人民出版社，1988。

（清）许宝蘅：《许宝蘅日记》，中华书局，2010。

（清）管庭芬、张廷银整理《管庭芬日记》，中华书局，2013。

（清）张棡、俞雄选编《张棡日记》，上海社会科学院出版社，2003。

（清）缪艮：《文章游戏》（上），（民国）朱太忙标点，大达图书供应社，1935。

（清）唐文治：《茹经先生自订年谱》，（台湾）文海出版社，1985。

（清）龚炜：《巢林笔谈》（续编），中华书局，1981。

（清）吴省钦、孙大鹏、张青周点校《吴省钦集》，复旦大学出版社，2016。

（清）易顺鼎：《琴志楼诗集》，上海古籍出版社，2004。

（清）阮葵生：《茶馀客话》，中华书局，1959。

（清）丁耀亢：《丁耀亢全集》，中州古籍出版社，1999。

（清）许瀚、崔巍整理《许瀚日记》，河北教育出版社，2001。

（清）段光清：《镜湖自撰年谱》，中华书局，1960。

（清）甘熙：《白下琐言》，南京出版社，2007。

（清）潘德舆等：《潘德舆家书与日记》（外四种），凤凰出版集团，2015。

（清）翁斌孙：《翁斌孙日记》，凤凰出版社，2014。

（清）何刚德：《春明梦录·客座偶谈》，山西古籍出版社，1997。

（清）曾国藩：《曾国藩全集》（修订版），岳麓书社，2011。

（清）文廷式：《文道希遗诗选注》，岳麓书社，2006。

（清）纪晓岚：《纪晓岚文集》，河北教育出版社，1995。

（清）张集馨：《道咸宦海见闻录》，中华书局，1981。

（清）李天隐：《北游日记》，杭州文艺书店，1931。

（清）刘声木：《苌楚斋随笔》（续笔三笔四笔五笔），中华书局，1998。

（清）蒲松龄：《蒲松龄集》，上海古籍出版社，1986。

（清）蒲松龄、赵伯陶注评《聊斋志异详注新评》，人民文学出版社，2014。

（清）李渔、王学奇等校注《笠翁传奇十种校注》，天津古籍出版社，2009。

（清）徐珂：《清稗类钞》，中华书局，1984。

（清）陆以湉：《冷庐杂识》，中华书局，1984。

（清）谭继洵：《谭继洵集》，岳麓书社，2015。

（清）梁章钜、白化文、李如鸾点校《楹联丛话》，中华书局，1987。

（清）欧阳厚均：《欧阳厚均集》，岳麓书社，2012。

（清）钱大昕：《潜研堂集》，吕友仁标校，上海古籍出版社，1989。

（清）潘祖荫：《秦輶日记》，清光绪刻本复印本。

（清）龙启瑞：《龙启瑞诗文集校笺》，岳麓书社，2008。

（清）英和：《恩福堂笔记·诗钞·年谱》，北京古籍出版社，1991。

（清）褚人获：《坚瓠集》，浙江人民出版社，1986。

（清）刘体仁：《异辞录》，中华书局，1988。

（清）福格：《听雨丛谈》，汪北平点校，中华书局，1984。

（清）汪辉祖：《汪辉祖自述年谱》，台湾商务印书馆，1980。

（清）李棠宣：《坚白石斋诗集》，山西人民出版社，1991。

（清）蓝鼎元：《鹿州全集》，厦门大学出版社，1995。

（清）施闰章：《施愚山集》，何庆善、杨应芹点校，黄山书社，1993。

（清）翁同龢：《翁同龢集》，中华书局，2005。

（清）高鹗：《高鹗诗词笺注》，尚达翔笺注，中州书画社，1983。

（清）周寿昌：《周寿昌集》，岳麓书社，2011。

（清）何绍基：《何绍基诗文集》，岳麓书社，2008。

（清）方象瑛：《使蜀日记》，"西北稀见丛书文献"，兰州古籍书店，1990。

（清）沈炳垣：《沈文节公星轺日记》，光绪十一年蜀刊本复印本。

（清）周锡恩：《传鲁堂集》，罗田诗词学会、凤山诗社刊印，2009。

（清）左宗棠：《左宗棠全集》（家书·诗文），岳麓书社，1987。

（清）姚元之：《竹叶亭杂记》，中华书局，1982。

（清）张廷玉：《张廷玉全集》，江小角、杨怀志点校，安徽大学出版社，2015。

（清）林则徐：《林则徐全集》，海峡文艺出版社，2002。

（清）郑珍：《巢经巢诗笺注》，巴蜀书社，1996。

（清）恽毓鼎：《澄斋日记》，浙江古籍出版社，2004。

（清）刘廷玑：《在园杂志》，中华书局，2005。

（清）王应奎：《柳南随笔》，中华书局，1985。

（清）翁同爵：《翁同爵家书系年考》，李红英辑考，凤凰出版社，2015。

（清）叶昌炽：《缘督庐日记》，王立民校点，吉林文史出版社，2011。

（清）莫友芝：《莫友芝诗文集》，张剑等编辑校点，人民文学出版社，2009。

（清）汪辉祖：《双节堂庸训》，王宗志、夏春田、穆祥望注释，天津古籍出版社，2016。

（清）钱泳：《履园丛话》，中华书局，1979。

（清）姚永概：《慎宜轩日记》，黄山出版社，2010。

（清）翁曾翰：《翁曾翰日记》，张方整理，凤凰出版社，2014。

（清）张维屏：《张维屏诗文选》，黄刚选注，华东师范大学出版社，1992。

（清）潘永因：《宋稗类钞》，刘卓英点校，书目文献出版社，1985。

（清）俞正燮：《俞正燮全集》，黄山书社，2005。

（清）郭嵩焘：《郭嵩焘全集》，岳麓书社，2012。

（清）郭嵩焘：《郭嵩焘日记》，湖南人民出版社，1981。

（清）李渔：《李渔全集》，浙江古籍出版社，1991。

（清）吴友如等：《点石斋画报》，上海文艺出版社，1998。

（清）吴友如：《吴友如画报》（下册），上海古籍书店，1983。

（清）洪亮吉：《北江诗话》，中华书局，1985。

（清）和邦额：《夜谭随录》，王毅、盛瑞裕校注，中州古籍出版社，1993。

（清）赵慎畛：《榆巢杂识》，徐怀宝校点，中华书局，2001。

（清）王锡彤：《抑斋自述》，河南大学出版社，2001。

（清）俞樾：《右台仙馆笔记》，齐鲁书社，1986。

（清）徐昆：《遁斋偶笔》，《笔记小说大观丛刊》十四编第十册，（台湾）新兴书局，1983。

（清）王椷：《秋灯丛话》，华莹校点，黄河出版社，1990。

（清）刘体仁：《异辞录》，中华书局，1988。

（清）陈其元：《庸闲斋笔记》，中华书局，1989。

（清）何庆涵：《眠琴阁遗诗文 约庵诗录》，（台湾）文海出版社，1973。

（清）林昌彝：《射鹰楼诗话》，新文丰出版公司，1987。

（清）姚鼐：《惜抱轩诗文集》，上海古籍出版社，1992。

（清）翁同龢、翁万戈编，翁以钧校订《翁同龢日记》（第八卷），中西书局，2012。

（清）李慈铭：《越缦堂诗文集》，刘再华校，上海书籍出版社，2008。

（清）纪昀：《阅微草堂笔记》，浙江古籍出版社，2015。

（清）乐钧、许仲元：《三异笔谈》，重庆出版社，1996。

（清）贺长龄、贺熙龄：《贺长龄集·贺熙龄集》，岳麓书社，2010。

（清）尹会一著，张受长编《尹少宰奏议》，中华书局，1985。

（清）蒲松龄：《蒲松龄全集》，学林出版社，1998。

（清）孙静庵：《栖霞阁野乘》，山西古籍出版社，1997。

（清）刘大櫆：《刘大櫆集》，上海古籍出版社，1990。

（清）刘大鹏、乔志强标注《退想斋日记》，山西人民出版社，1990。

（清）孙宝瑄：《忘山庐日记》，上海古籍出版社，1983。

（清）贺葆真：《贺葆真日记》，徐雁平整理，凤凰出版社，2014。

（清）严修：《严修年谱》，齐鲁书社，1990。

（清）吕珮芬：《星轺日记》，北平北江旧庐民国二十六年印刷复印本。

（清）顾克彬：《淡斋诗存》，未注出版社及出版年。

（清）彭定求等：《全唐诗》，中华书局，1960。

（清）董诰等：《全唐文》，上海古籍出版社，1990。

（清）顾嗣立：《元诗选》，中华书局，1987。

（清）龙顾山人纂《十朝诗乘》，卞孝萱等点校，福建人民出版社，2000。

陈伯海：《唐诗汇评》，浙江教育出版社，1995。

陈瑞赞编注《东瓯逸事汇录》，上海社会科学院出版社，2006。

上官涛、胡迎建编注《近代江西文存》，社会科学文献出版社，2015。

唐圭璋编《全金元词》，中华书局，1979。

魏元旷辑《南昌诗征》，成文出版社有限公司，1970。

曾枣庄等：《全宋文》，上海辞书出版社、安徽教育出版社，2006。

李修生等：《全元文》，凤凰出版集团，2004。

参考文献

一 近现代著述类

刘禺生、钱实甫整理《世载堂杂忆》，中华书局，1960。

徐一士：《近代笔记过眼录》，山西古籍出版社，1996。

徐凌霄、徐一士：《凌霄、一士随笔》，山西古籍出版社，1997。

徐一士：《亦佳庐小品》，中华书局，2009。

愚公编辑《新笑林一千种》，广益书局，1928。

王云五总编纂，吴曾祺编《一千种旧小说》（十七），商务印书馆，1930。

瞿铢菴：《杶庐所闻录》，文海出版社，1967。

蔡元培：《蔡元培自述》，中国言实出版社，2015。

陈独秀、滕浩主编《陈独秀经典》，当代世界出版社，2016。

况周颐：《眉庐丛话》，山西古籍出版社，1997。

张元济：《张元济诗文》，商务印书馆，1986。

汪荣宝：《汪荣宝日记》，凤凰出版社，2014。

廖道传：《三香山馆诗集》，中山大学出版社，2000。

张希清：《中国科举考试制度》，新华出版社，1993。

张希清、毛佩琦：《中国科举制度通史（隋唐五代卷)》，上海人民出版社，2015。

武玉环、高福顺、都兴智、吴志坚：《中国科举制度通史（辽金元卷）》，上海人民出版社，2015。

郭培贵：《中国科举制度通史（明代卷）》，上海人民出版社，2015。

李世愉、胡平：《中国科举制度通史（清代卷）》，上海人民出版社，2015。

贾志扬：《宋代科举》，（台北）东大图书股份有限公司，1995。

李国荣：《科场与舞弊——中国古代最大科场舞弊案透视》，中国档案出版社，1997。

马丽萍：《明清贡院研究》，东南大学出版社，2013。

王德昭：《清代科举制度研究》，中华书局，1984。

吴宗国：《唐代科举制度研究》，辽宁大学出版社，1992。

刘虹：《中国选士制度史》，湖南教育出版社，1992，第406页。

宋德金：《辽金论稿》，湖北教育出版社，2005。

李治安：《元代政治制度研究》，人民出版社，2003。

郭培贵：《明代科举史事编年考证》，科学出版社，2008。

刘海峰：《科举学导论》，华中师范大学出版社，2005。

卜永坚、李林主编《科场·八股·世变——光绪十二年丙戌科进士群体研究》，中华书局（香港）有限公司，2015。

童强：《空间社会学》，北京大学出版社，2011。

彭卫：《历史的心镜——心态史学》，河南人民出版社，1992。

吕思勉：《读史札记》（下），上海古籍出版社，1982。

刘海峰、李兵：《中国科举史》，中国出版集团，2004。

王勋成：《唐代铨选与文学》，中华书局，2001。

何仲礼:《科举与宋代社会》,商务印书馆,2006。

王超:《中国历代官制与文化》,上海人民出版社,1989。

傅熹年:《中国古代建筑史》(第二卷),中国建筑工业出版社,2001。

萧默:《敦煌建筑研究》,文物出版社,1989。

金卫东:《明清风俗画》,上海科学技术出版社,2008。

李树:《中国科举史话》,齐鲁书社,2004。

张延昭:《元代儒学教化研究》,中国社会科学出版社,2015。

傅璇琮:《唐代科举与文学》,陕西人民出版社,1986。

荆其敏:《建筑环境欣赏》,天津大学出版社,1993。

李允鉌:《华夏意匠》,天津大学出版社,2005。

刘海峰:《科举考试的教育视角》,湖北教育出版社,1996。

张宏敏:《黄绾生平学术编年》,浙江大学出版社,2013。

李玉民等:《百年萃英门》,兰州大学出版社,2013。

王璧文、毛心一:《中国建筑(外一种)中国建筑简史》,岳麓书社,2010。

李相状:《剪纸技巧 楹联与艺术》,内蒙古文化出版社,2009。

吴剑杰:《张之洞年谱长编》,上海交通大学出版社,2009。

蔡云万:《蛰存斋笔记》,上海书店出版社,1997。

陈文新:《〈清实录〉科举史料汇编》,武汉大学出版社,2009。

李世愉:《中国历代科举生活掠影》,沈阳出版社,2005。

陈文新:《明代科举与文学编年》,武汉大学出版社,2009。

郭华瑜:《中国古典建筑形制源流》,湖北教育出版社，2015。

萨伯森：《萨伯森文史丛谈》，海风出版社，2007。

景天魁：《时空社会学：理论和方法》，北京师范大学出版社，2012。

秦晖：《传统十论》，复旦大学出版社，2010。

祝尚书：《宋代的科举与文学》，中华书局，2008，第395页。

陈忠：《规则论——研究视阈与核心问题》，人民出版社，2008。

吴在庆：《听涛斋中古文史论稿》，黄山书社，2011。

张灵：《知识哲学疏论》，中国民主法制出版社，2012。

廖平胜：《考试学》，华中师范大学出版社，1988。

龚笃清：《明代八股文史新探》，湖南人民，2006。

李新达：《中国科举制度史》，文津出版社，1995。

唐君毅：《心物与人生》，（台湾）学生书局，1984。

赵兴勤：《赵翼评传》，南京大学出版社，2002。

李世愉：《清代科举制度考辨》，北方联合出版传媒集团股份有限公司，2012。

侯美珍：《明代乡会试〈诗经〉义出题研究》，（台湾）学生书局有限公司，2014。

姜传松：《清代江西乡试研究》，华中师范大学出版社，2010。

刘海峰、李兵主编《科举学的提升与推进》，华中师范大学出版社，2015。

梁启超：《梁启超全集》，北京出版社，1999。

高一涵、徐式圭、陈世材等：《中国考试制度史》，上海书店，1996。

陈左高：《历代日记丛谈》，上海画报出版社，2004。

何怀宏：《选举社会——秦汉至晚清社会形态研究》，北京大学出版社，2011。

周兴禄：《宋代科举诗词研究》，齐鲁书社，2011。

商衍鎏：《科举考试述录及有关著作》，百花文艺出版社，2004。

龚笃清：《明代八股文史探》，湖南人民出版社，2006。

袁世硕：《蒲松龄评传》，南京大学出版社，2000。

路大荒：《蒲松龄年谱》，齐鲁书社，1980。

胡怀琛：《关于上海的书目提要》，上海市通志馆，1935。

秦翰才：《左宗棠逸事汇编》，岳麓书社，1986。

沈津：《翁方纲年谱》，台湾"中研院中国文哲研究所"，2002。

王炜：《〈清实录〉科举资料汇编》，武汉大学出版社，2009。

薛冰：《南京旧闻》，古吴轩出版社，2003。

杨逸：《海上墨林》，上海古籍出版社，1989。

房列曙：《中国近现代文官制度》，商务印书馆，2016。

丁光：《慕雅德眼中的晚清中国》（1861~1910），浙江大学出版社，2014。

潘超、孙忠铨、朱锦翔：《安徽古典风情竹枝词集》，安徽文艺出版社，2014。

钱钟联：《清诗纪事（二十）》，江苏古籍出版社，1989。

邵钰：《湖州历史文化"西吴墨韵"》，黄山书社，2001。

陈旭霞、李汉秋：《阅微草堂笔记鉴赏辞典》，上海辞书出版社，2015。

李鹏年、刘子扬、陈锵仪：《清代六部成语词典》，天津人民出版社，1990。

岳国钧主编《元明清文学方言俗语辞典》，贵州人民出版社，1998。

〔美〕A. 拉普卜特：《建成环境的意义》，黄兰谷译，中国建筑工业出版社，1992。

〔英〕萨迪奇：《权力与建筑》，王晓刚、张秀芳译，重庆出版社，2007。

〔德〕黑格尔：《自然哲学》，梁志学等译，商务印书馆，1980。

〔德〕T. 帕森斯：《社会行动的结构》，张明德等译，译林出版社，2003。

〔法〕克罗齐埃：《科层现象》，刘汉全译，上海人民出版社，2002。

〔挪〕诺伯格·舒尔兹：《存在·空间·建筑》，尹培桐译，中国建筑工业出版社，1990。

〔挪〕诺伯舒兹：《场所精神：迈向建筑现象学》，施植明译，华中科技大学出版社，2010。

〔德〕恩斯特·卡西尔：《人论》，甘阳译，上海世纪出版集团、上海译文出版社，2003。

〔美〕本杰明·艾尔曼：《中华帝国后期的科举制度》，载《经学·科举·文化史——艾尔曼自选集》，中华书局，2010。

〔法〕米歇尔·福柯：《规训与惩罚》，刘北成、杨远婴译，三联书店，1999。

〔美〕斯图亚特·霍尔：《文化意象与意指实践》，徐亮、陆兴华译，商务印书馆，2003。

〔美〕何天爵：《西方视野里的中国形象：真正的中国佬》，鞠方安译，光明日报出版社，1998。

〔英〕阿雷恩·鲍尔德温等：《文化研究导论》，陶东风等译，高等教育出版社，2004。

〔美〕丁韪良：《花甲忆记》，沈弘等译，广西师范大学出版社，2004。

〔德〕柯武刚、史漫飞：《制度经济学社会：社会秩序与公共政策》，韩朝华译，商务印书馆，2000。

〔美〕斯坦利·米尔格拉姆：《对权力的服从》，赵萍萍、王利群译，新华出版社，2013。

〔法〕克罗齐埃：《科层现象》，刘汉全译，上海人民出版社，2002。

〔美〕朱迪斯·巴特勒：《权力的精神生活：服从的理论》，张生译，江苏人民出版社，2009。

二 期刊论文、析出文献、学位论文类

（一）期刊论文

何仲礼：《北宋礼部贡院场所考略》，《河南大学学报》（社会科学版）1993 年第 4 期。

周春芳、王军：《明清陕西贡院建筑研究》，《华中建筑》2016 年第 2 期。

王力：《明清贵州贡院的使用与维修》，《贵州文史丛刊》2015 年第 1 期。

范沛潍：《从开封河南贡院简论清代贡院》，《开封文博》2005 年第 1～2 期合刊，总 29 期。

吕肖奂：《元祐更化初〈同文馆唱和集〉考论》，《四川大学学报》（哲学社会科学版）2013 年第 3 期。

刘海峰：《贡院——千年科举的背影》，《社会科学战线》2009 年第 5 期。

欧明俊：《清末科举乡试的形象记录——林豪〈棘闱杂咏〉诗解读》，《教育与考试》2016 年第 5 期。

王寅：《意义的二元观、涵义观和体认观——基于体验哲学的"一物多名"新解》，《解放军外国语学院学报》2011 年第 5 期。

李恭忠：《张謇科举经历探微》，《江海学刊》2016 年第 5 期。

岳华：《中国古代行政建筑历史演进的思考》，《华中建筑》2010 年第 12 期。

赵向东、王其亨：《"世间万事纷如此，求其定论将谁从"——中国传统建筑归类的通约性探析》，《建筑学报》2012 年第 8 期。

郑若玲：《科举至公之道及其现实启思》，《厦门大学学报》（哲学社会科学版）2010 年第 5 期。

金滢坤：《试论唐五代科举考试的锁院制度》，《西北师大学报》（社会科学版）2005 年第 1 期。

王永颜、申国昌：《明清士子的科举考试活动》，《广西社会科学》2014 年第 6 期。

陈乔见：《先秦诸子公私之辨的本义及其政治哲学内涵》，《中原文化研究》2013 年第 4 期。

秦菊坡：《早期儒家"贵公"观的理论范式及其历史意义》，《社会科学家》2009 年第 10 期。

于祥成：《科举制兴废的政治学解读》，《现代大学教育》2009年第2期。

刘志扬、秦延红：《儒家和法家政治思想的几点比较》，《中国海洋大学学报》（社会科学版）2003年第6期。

王德毅：《宋代的科举与士风》，《厦门大学学报》（哲学社会科学版）2005年第6期。

赵方杜：《论传统儒家思想中的身体观念》，《兰州学刊》2011年第6期。

格明福、徐蕾：《儒家"身体"正名》，《中州学刊》2011年第11期。

龚延明、方芳：《宋代科场管理研究》，《浙江学刊》2015年第1期。

徐永明：《胡助年谱》，《古籍研究》2001年第4期。

朱和双：《晚清时期楚雄名儒谢焕章"覆试革举"轶闻补证》，《楚雄师范学院学报》2015年第8期。

崔国光：《厚斋自著年谱》，《蒲松龄研究》2002年第1期。

陈春生：《浙江科场舞弊案中重要人物周锡恩的诗文与心态》，《赣南师范学院学报》2013年第5期。

赵伯陶：《清代科举与士人心态》，《阴山学刊》（哲学社会科学版）1991年第4期。

张亚群：《科举文化盛衰与贡院的命运》，《社会科学战线》2014年第6期。

李兵：《明清贡院供水趣谈》，《教育与考试》2008年第11期。

姜传松：《中国古代应试指南——〈饯秋试诗〉管窥》，

《教育与考试》2012 年第 2 期。

李细珠：《乡村士绅在"近代"边缘的生活世界——嘉道咸同时期管庭芬日记解读》，《社会科学研究》2016 年第 3 期。

龚延明、高明扬：《清代科举八股文的衡文标准》，《中国社会科学》2005 年第 4 期。

何仲礼：《略论宋代的科举迷信及其对士人的影响》，《浙江大学学报》（人文社会科学版）2009 年第 1 期。

杨庆化：《马佛樵顺天乡试诗、文校订》，《开封文博》1998 年第 1～2 期合刊，总 29 期。

宋元强：《清代科举与士子宿命论思想》，《求是学刊》1993 年第 4 期。

（二）析出文献（文章、著述等）

1. 从古籍、资料汇编等中析出文献

（清）汤斌：《汤子遗书》，《清代诗文集汇编》第 102 册。

（清）归允肃：《入闱誓词》，《清代诗文集汇编》第 158 册。

（清）乔莱：《使粤日记》，《清代诗文集汇编》第 158 册。

（清）黄承吉：《梦陔堂文集》，《清代诗文集汇编》第 502 册。

（清）洪亮吉：《卷施阁诗集》，《清代诗文集汇编》第 413 册。

（清）沈廷芳：《隐拙斋集》，《清代诗文集汇编》第 298 册。

（清）钱载：《箨石斋诗集》，《清代诗文集汇编》第 314 册。

（清）戴名世：《潜虚先生文集》，《清代诗文集汇编》第185册。

（清）蒋攸铦：《绳枻斋诗钞》，《清代诗文集汇编》第481册。

（清）李光地：《榕村全集》，《清代诗文集汇编》第160册。

（清）詹应甲：《赐绮堂集》，《清代诗文集汇编》第465册。

（清）何梦篆：《思无邪斋诗集》，《清代诗文集汇编》第253册。

（清）李桑：《惜分阴斋诗钞》，《清代诗文集汇编》第405册。

（清）王东槐：《王文直公遗集》，《清代诗文集汇编》第610册。

（清）徐宗干：《斯未信斋杂录》，《清代诗文集汇编》第593册。

（清）翁心存：《知止斋诗集》，《清代诗文集汇编》第571册。

（清）文廷式：《南轺日记》，《近代稗海》，中华书局，2007。

（清）孙毓汶：《蜀游日记》，《近代史资料文库》第1卷，上海书店出版社，2009。

（清）吕海寰：《吕镜宇自叙年谱》，《近代史资料》总第123号，中国社会科学出版社，2011。

2. 从辑刊、会议论文集等析出文献

朱必谦：《清末考试制度琐记》，载中国人民政治协商会议四川省委员会文史资料研究委员会：《四川文史资料选辑》（第33辑），四川人民出版社，1984，第142～143页。

孙芋：《关于魏燮均的墨迹及其创作特点》，《沈阳文史研究》（第三辑），沈阳文史研究馆，1988，第97～103页。

钟毓龙：《科场回忆录》，《文史资料选辑》第32卷第94辑，中国人民政治协商会议全国委员会文史资料研究委员会《文史资料选辑》编辑部编，中国文史出版社。

郭黛姮：《两宋时期的教育建筑——学校、书院、贡院》，《建筑历史与理论》第六、七合辑，中国建筑学会建筑史学分会编，中国科学技术出版社，2000，第84～90页。

张鹏：《题科考届期应预行严饬事本（康熙十七年五月十一日）》，中国第一历史档案馆：《清代档案史料丛编》（第十辑），中华书局，1984。

李国荣：《清代科场夹带作弊防惩研究》，载邢永福主编，中国第一历史档案馆编《明清档案与历史研究论文选：(1994.10—2004.10)》下册，新华出版社，2005。

张希清：《宋代科举省试制度述论》，见朱瑞熙等主编《宋史研究论文集》（第10辑），兰州大学出版社，2004。

（清）梁章钜：《制义丛话》，载《梁章钜科举文献二种校注》，陈文新点校，武汉大学出版社，2009。

陈左高：《癸巳琐闱旬日》未刊稿，见谢国桢、张舜徽等《古籍论丛》，福建人民出版社，1982。

胡先骕，上官涛、胡迎建编注《读郑子尹〈巢经巢诗集〉》，《近代江西文存》，社会科学文献出版社，2015。

冯建民：《清中期汉学兴盛下的科举考试变革论析》，上海市教育考试院：《招生考试研究》，2012年1辑（总第15

辑），上海教育出版社，2012。

黄协埙：《过贡院前感赋》，载胡祥翰《金陵胜迹志》，南京出版社，2012。

郭佐唐：《乡试考场规则》，《东阳文史资料选辑》第 13 辑，1997。

王兴亚：《记述清代河南乡试的重要资料——〈甲午科河南乡试仪节〉介绍》，河南省人才史研究会编：《谈古论今说人才》，河南人民出版社，1996。

冯友兰：《三松堂自序》，《三松堂全集》第一卷，河南人民出版社，2000。

黄明光：《英语四六级的科举考试反思》，见胡凡主编《黑水文明研究》，黑龙江教育出版社，2008。

熊娟、吴光辉：《原胜郎〈贡院之春〉与科举评价》，刘海峰、朱华山：《科举学的拓展与深化》，华中师范大学出版社，2013。

马佛樵：《顺天乡试场中的见闻》，全国政协文史资料委员会编《文史资料存稿选编》第 24 辑（教育），中国文史出版社，2002。

石焕霞：《20 世纪士人心态研究——以 1902 年乡试为中心的考察》，刘海峰主编《科举学的形成与发展》，华中师范大学出版社，2009。

〔法〕菲利普·阿里埃斯：《心态史学》，〔法〕J. 勒高夫等《新史学》，上海译文出版社，1989。

（三）学位论文

孙慧东：《宋代锁院制度研究》，硕士学位论文，河南大学，2010 年。

宋亚飞：《宋代科举考官制度研究》，博士学位论文，河南大学，2016 年。

叶晓川：《清代科举法律文化研究》，博士学位论文，中国政法大学，2006 年。

王旭静：《清末江南贡院明远楼浅析》，硕士学位论文，南京大学，2015 年。

刘赟俊：《1873 年江南贡院格局及其构成浅析》，硕士学位论文，南京大学，2015 年。

刘小庆：《清代士子科举考试活动研究》，硕士学位论文，华中师范大学，2012 年。

钱洪来：《林昌彝年谱》，硕士学位论文，沈阳师范大学，2010 年。

后　记

　　本书是笔者本人近年系列著述规划中的一部，但不是计划中最先面世的一部。2010 年博士毕业重新走上工作岗位以后，在完成一定量的教学工作的同时，还面临着学术转型的问题。故经过两三年的重新适应工作岗位、重新选定研究领域及阅读相关理论书籍后，在 2014 年，自己拟定了一个由数部专著组成的研究规划，打算在数年内次第完成，为自己的专业发展打造新的平台。

　　从 2016 年秋季起，在已有研究的基础上，笔者开始了一部专著的写作工作；本来此书的框架已经搭就，有一些前期成果，手头积累的材料也还有一些，应该在 2017 年春季完成。然而意想不到的是，到了 2016 年冬天，写了一半多，写到某个章节的时候，实在写不下去，然而又没有越过此章往下写的打算，只好暂时丢下。而这本书手头积累的资料也还不少，思路亦较通畅，故在 2017 年 3 月开始写成了"导论"部分，暂时放下，酝酿正文的框架结构，并进一步查阅、补充资料。暑期开始正文的写作，至 2018 年 3 月底完成初稿。又经过近一年的修改，最终在 2019 年 5 月完成定稿。

　　尽管本书的写作完成具有一定的偶然性，但仍然是本人长期阅读、积累与思考的结果；本书写作的渊源，其实可以追溯至 30 年前，笔者在武汉读本科的时候。当时在大三，一个偶然机会，听说位于汉口交通路的武汉古籍书店有减价书卖，就在一个星期天的下午由武昌坐轮渡到汉口，找到那家书店（印象中只有一间门面），翻检了近一下午，因囊中羞涩，只买了几本，现在经常翻阅的，有《丁治棠纪行四种》与《道咸宦海沉浮录》等。前者一打开，就被作者生动、传神的语言吸引住了，其第三次赴京会试的记述，"黎明，题纸飞下。……"印像最深刻。

从 2006 年到 2010 年在华东师范大学读博的四年时间里，也许应是我人生历程中最为重要的一个阶段；在导师黄书光先生的谆谆指引下，虽尚不敢言已入学术门径，但其中甘苦却渐渐品尝。对于科举制，尽管博士学位论文所写不是这方面的，仍然与之有联系，而对于丁治棠等人的相关科举活动的理解也就更加深入了。至于在重新参加工作之后，广泛阅读与之相关的书籍，如日记、笔记、文集等，更感觉其中有很多东西可以探讨；但如何集中笔墨，找准突破点，则也还经过了不少时间，此处不再赘述。

无论如何，此书此时成型定稿，也还算是对自己的一个交代，也算是对于领导殷切关怀、家人辛苦支持的一个交代。这里首先感谢的是我的妻子。她也有自己的一摊工作，整日为之操劳；但为了我的学术发展，不仅包揽了全部家务，在力所能及的范围内多方帮助我，使我能够"两耳不闻家务事，一身端坐电脑前"，安心从事研究工作。当然还应该感谢我的儿子，一直自立自强、追求上进，默默而优秀地完成学业，从不让我们为其成长的事情分心。这些都促使我能够克服各种困难，努力做好工作，不断追求学术、事业上的进步，当然也要为下一代的继续成长做出表率与示范。当然，最应该感谢的还是社会科学文献出版社人文分社的宋月华社长不吝赐教，最终使本书有了面世的机会；责任编辑杨春花、孙以年老师对初稿进行细致阅读，校出了不少文献出处、字句甚至标点，等方面错误；编辑李建廷老师对于全书结构的进一步修改提出了很好的建议，使之臻于完善，在此一并表示感谢。

　　"一段明光锦，裁作贩夫裤"；本书写作越到最后，越有这方面的觉察，总感觉这应是一个非常好的题材，却被我这"拙裁缝"给做坏了，因此"混妍媸而成体，累良质而为瑕"（《陆机·文赋》），应该是本书的存在形态。相关专家学者给予批评、指正，使之有修订、补充以至"洗心革面"的机会，是本人所期盼的。

张延昭

2019 年 5 月 16 日

图书在版编目（CIP）数据

人在棘闱：作为"行动"的科举及其心态揭秘／张
延昭著. -- 北京：社会科学文献出版社，2019.12
　ISBN 978 - 7 - 5201 - 5652 - 3

Ⅰ.①人…　Ⅱ.①张…　Ⅲ.①科举制度 - 研究 - 中国
Ⅳ.①D691.3

中国版本图书馆 CIP 数据核字（2019）第 218726 号

人在棘闱：作为"行动"的科举及其心态揭秘

著　　者／张延昭

出　版　人／谢寿光
组稿编辑／宋月华　杨春花
责任编辑／孙以年

出　　版／社会科学文献出版社·人文分社（010）59367215
　　　　　地址：北京市北三环中路甲 29 号院华龙大厦　邮编：100029
　　　　　网址：www. ssap. com. cn
发　　行／市场营销中心（010）59367081　59367083
印　　装／三河市东方印刷有限公司

规　　格／开　本：889mm × 1194mm　1/32
　　　　　印　张：12.375　字　数：281 千字
版　　次／2019 年 12 月第 1 版　2019 年 12 月第 1 次印刷
书　　号／ISBN 978 - 7 - 5201 - 5652 - 3
定　　价／148.00 元

本书如有印装质量问题，请与读者服务中心（010 - 59367028）联系